華人穆斯林在馬來西亞

鄭 月 裡 著

文 史 哲 學 集 成
文史哲出版社印行

國家圖書館出版品預行編目資料

華人穆斯林在馬來西亞 / 鄭月裡著. -- 初版 --臺北市：文史哲，民 101.07
頁；公分（文史哲學集成；620）
參考書目：頁
ISBN 978-986-314-046-7（平裝）

1. 伊斯蘭教 2. 華僑 3. 馬來西亞

258.386　　101014303

文史哲學集成 620

華人穆斯林在馬來西亞

著者：鄭月裡
出版者：文史哲出版社
http:// www.lapen.com.tw
e-mail：lapen@ms74.hinet.net
登記證字號：行政院新聞局版臺業字五三三七號
發行人：彭正雄
發行所：文史哲出版社
印刷者：文史哲出版社
臺北市羅斯福路一段七十二巷四號
郵政劃撥帳號：一六一八〇一七五
電話886-2-23511028・傳真886-2-23965656

實價新臺幣七二〇元

二〇一二年（民一〇一）七月初版
二〇一五年（民一〇四）十月修訂三版

ISBN 978-986-314-046-7　　00620

華人穆斯林在馬來西亞

目　　次

圖目次

表目次

序　一

華人移居馬來半島甚早，約在第十五世紀初馬六甲王朝建國後，華人即有前往該國從事貿易及商業活動。雖然該國從第二位國王伊斯干達沙改宗伊斯蘭教，但無法確知當時住在該國的華人有多少是穆斯林。明朝鄭和曾率軍駐守馬六甲，建立中國和馬六甲的密切關係。鄭和具有伊斯蘭教背景，其部屬有多少是穆斯林，以及其在東南亞和南亞的活動，對於伊斯蘭教之傳佈有何影響，則少有歷史文獻記載。

從第十八世紀以後，馬來人從印尼群島移入馬來半島者日多，伊斯蘭教亦隨之散播擴大，從馬六甲向南、東和北方擴散，馬來人和伊斯蘭教成為二而為一的宗教族群。有不少的書籍記載，當第十九世紀大量華人移入馬來半島後，有不少華人娶當地女子為妻。由於這類記載並未詳明是何種當地女子，致生疑惑。蓋若係馬來女子，其信仰伊斯蘭教，如何能嫁給非伊斯蘭教徒之華人？抑或有人以為華人娶馬來女子者，有改宗之可能。無論如何，這些問題都沒有確切的記載，因此，很難給予可靠的答案。

關於華人信仰穆斯林之人數，最早的統計是英國人巴素（V. Purcell）在 1931 年所做的田野調查，他調查的資料顯示當時改宗為伊斯蘭教徒的華人人數有 3443 人，占當時華人人口的比例很少。至 1970 年代，馬華穆斯林人口略增，約有 7001 人，占馬來西亞穆斯林總人口數的 0.14%。2000 年，馬華穆斯林人口增加快速，成長八倍，約為 57221 人，約佔華人人口的 1%。在這些新皈依伊斯蘭教的華人中，馬六甲、吉蘭丹、登嘉樓和沙巴四州，男性多於女性，其餘各州則是女性多於男性。值得注意的是穆斯林居多數的吉蘭丹和登嘉樓兩州，華人皈依伊斯蘭教者比例較高。

華人具有堅強的華人特性，維護其傳統習俗和文化的心理強烈，雖然易地而居，亦很難消除其此一華人特性。因此，在馬來穆斯林社會環境中，華人改宗，雖不令人感到意外，亦有其理路可尋。通婚、對伊斯蘭教的瞭解和學習、親朋好友的影響以及經濟因素等，可能是導致華人改宗的最主要因素。無論何種原因，改宗者必須逐漸放棄華人特性，飲食習慣也要跟著改變，最為痛苦的是他（她）會逐漸脫離其過去的親友生活圈關係。至於他（她）改宗後，是否因此能進入馬來穆斯林社會的生活圈又是另一個重要的考驗。隨著馬來西亞社會的日漸開明，華人改宗已成為普遍可接受的觀念，未能習慣於馬來穆斯林社會者，亦能重回華人社會圈。馬國法庭對此華人改宗問題，都能合理審理，唯獨對馬來穆斯林改宗者採取嚴格限制態度。

在台灣的學術界，馬華穆斯林是一個極少人研究的課題，鄭月裡女士對於該一課題極富興趣，在其就讀國立政治大學民族學系博士班起就專注該一課題，其為了蒐集及進行田野調查研究，曾先後前往馬國 8 次，深入有華人穆斯林居住的窮鄉僻壤進行口訪，其鑽研之深和勤，令人折服。當時鄭女士家有夫婿及兩位子女待伺候，且其本人還在玄奘大學任教，而能在如此繁忙的工作下完成其博士論文，其堅強意志力，更令人讚佩。

鄭月裡女士的博士論文前後花了 7 年時間，通過論文口試後又對論文內容作了增補修改，使該論文更具正確性，其為學之態度孜孜矻矻，誠為學界典範。

茲該書即將出版，請余作序，謹嘉言勉之，以為後進青出於藍之期許。

政治大學歷史系教授
陳　鴻　瑜　謹誌
中華民國 101 年 6 月 28 日

序　二

嵌入歲月痕跡的研究成果

說起認識鄭月裡老師，時間的軸綫坐標得往前挪移到西元2000年前後，地點在吉隆坡的華社研究中心。在中心工作的學妹劉秀梅來電，要把兩位來自臺灣的老師，接送到吉隆坡樂聖嶺（Robson Heights），他們要去拜訪一家華人穆斯林的朋友。就這樣，以馬來西亞華人穆斯林爲題目，做田野調查的鄭老師結緣了。

馬來西亞是一個多元文化、多元宗教、多元種族的國度，然而觸及華人皈依伊斯蘭教的課題；在華人社會裡，依然是會招致異樣眼光的議題，其中改教、改名字、改變生活方式，在一般人的眼裡，就等同於拋宗棄祖、離經叛道，要做田調，預計鄭老師會遇到不少的阻力。

田調初期，我一面幫她，一面委婉的告訴老師，這是一條荊棘密佈的道路。果不其然，從聯絡官方組織、尋找訪談對象、都是過五關斬六將的冗長、繁瑣的過程，加上全馬不到六萬人口的華人穆斯林，散佈在東西馬各個不同的鄉鎮，要取得足夠的有效田調樣本，翻山越嶺在所難免，還得漂洋過海、甚至深入華人人口稀少的偏鄉地區。

記得有一次，鄭老師是在友人的引領之下，到了雪蘭莪州士毛月附近的一個土著部落，稍加安頓之後，友人就離開。鄭老師獨自在一個偏遠，沒水沒電的生疏地住下。在晚間只點煤油燈、用著山泉水的部落，獨力完成訪談。鄭老師前後八次來到馬來西亞，一一克服客觀環境的阻力，深入馬來西亞五個州屬、找到適合的訪談對象，做深入且全面的瞭解。有時碰到一些故作表面陳述的訪談對象，還得耐心的突破心防，引導對方把最真實的面向真心誠意地呈現。鄭老師的同理心、耐力和毅力的強韌度，可見一斑。

吉蘭丹位於馬來亞半島北方的東海岸，與泰國南部接壤，是一個伊斯蘭教黨執政超過 30 年的州；是長期以來，無論國內外媒體和身在州以外的普羅大衆，都帶著有色眼鏡，來遠距觀望的地方。2010 年齋戒月期間，鄭老師深入其境，感受穆斯林在齋戒月期間的信仰虔誠、扶貧濟弱的人道關懷。在首府哥打巴魯（Kota Bharu）親身參與並體驗馬來穆斯林，在日落後開齋進食的盛況。在市政府每天開席宴請子民的開齋宴中，驗證文獻中的描述，見證進食與禱告的順序，最難得的是，她因而得以近距離觀察當地華人與馬來穆斯林之間最不設防的日常互動，發現了相互尊重對方文化與宗教的寬容，並證實媒體報導與實際情況的落差，尤其是有一座中國建築風格的回教堂，竟能聳立於伊斯蘭教黨執政，全州華人人口少於 4%的吉蘭丹州。這無疑就是長期極力倡導伊斯蘭文化的州政府，對華人尊重、海納百川的一項強有力佐證。

新邦令金的經驗則更具代表性。它是柔佛州一個很小的鄉鎮，竟也是鄭老師進行田調的場域之一。我陪著鄭老師一起，見識當地華人雖不滿但卻沒有訴諸抗議行動，任由當地回教堂前的主要交通要道，為圖宗教禱告之便利，竟犧牲了公路使用者的權益。剛好同一時間，另一方面也看到了華人的堅持最傳統的民間信仰，中元普渡公開以豬隻爲祭品，酬鬼招魂，一向視豬爲宗教極大禁忌的馬來人，也只好敬而遠之，退一步海闊天空地忍受著。鄭老師好比中國古代旅行家徐霞客，「華人穆斯林在馬來西亞」這部書，細膩地記下她行脚所到之處的樣貌，無形中帶領著讀者，看到罕見而真實的華人穆斯林在馬來西亞社會的多重面貌。

在馬來西亞收集資料，也是一項挑戰。鄭老師每次完成田調返臺的行李，堆得滿滿的不是伴手禮，而是馬來西亞當地的剪報資料、相關的書刊、雜誌，文獻等等，除了英文、華文，還有馬來文的。雖然沒有學過馬來文，但鄭老師隨身備有馬華字典，便於閱讀馬來文的報章、雜誌、法令。可是，畢竟字典只能決定單字詞義。至於一長串的文句，鄭老師也不厭其煩的，在電腦鍵盤上逐句打字，通過我們當年唯一的社交網站：MSN相連繫，讓在吉隆坡的我，把馬來文的相關文章與學位論文做大意説明，她則在臺北細予記錄。這種做學問的精神，讓人敬佩。另外，一些官方數據的取得管道，遠不如想像中的便捷，譬如馬來西亞全國人口的普查資料，十年一次。而且要獲得相關政府單位整理成官方憲報，得等上一年的時間。

寫論文是和時間賽跑的，出書也等於是打一場戰役。細讀鄭老師這本著作，看到了字裡行間，正嵌入了十多年歲月的痕跡，以及戰果。

鄧珮君　2015.8.20
新紀元學院前招生處主任

自　　序

針對 Samuel Huntington 所謂五大 civilizations，會產生 clashes 的主張，本書提出在中文裡，究竟 civilizations 是「文明」？抑或是「文化」的問題？以及 civilizations 相互間是 clashes，意即「衝撞」，或者「矛盾」、「融合」……等等的問題？接著，提出華人穆斯林是否馬來西亞的「邊緣」族群？成為穆斯林，就成為馬來人嗎？華人穆斯林的認同具游移性嗎？從研究他們，是不是最容易看出 civilizations 的衝撞（clashes）？等問題。作者在給予界定和假設之後，以十年時間進一步深入探討。

本書研究途徑主要為民族學和人類學，輔助的途徑有歷史學、社會學、宗教學等。作者於西元 2004 至 2006 年深入田野實地作系統與密集的調查，從而獲得第一手資料。田調地點包括西馬的吉隆坡，雪蘭莪州的巴生、吉膽島、士毛月，森美蘭州，馬六甲州的亞羅亞野、馬六甲市，柔佛州的居鑾、新山、新邦令金、吉蘭丹的哥打峇魯和布賴；東馬：砂拉越州的美里和古晉。對 101 位華人皈依者，進行問卷及深度訪談。也從所蒐集的古籍、報刊、剪報等，分析族群關係。

本研究發現：華人穆斯林在馬來西亞，還看不見整體性相互融合，只能看到部份融合的現象，因此，距離整個族群同化的路途仍極遙遠。事實上，同化與融合都是極高遠的想像，在實際生活中並不可能，而只是一種因地甚至因人而異的多元性混雜。

研究海外華人原已不易，本書處理生活在馬來西亞的華人穆斯林，則更困難。因為這一小「群」華人，散居華人與馬來人社會的各個角落，要研究他們就必須花費更多的時間、精力以及金錢。在鑽研與撰寫的漫長的十年歲月中，有幸得到許多師、生、親、友和穆斯林以及非穆斯林的幫助，總算皇天不負苦心人。

首先是博士論文的撰寫（西元 2002-2009）。特別感謝我政大民族系兩位師父：陳鴻瑜及張中復教授的指導。從論文題目擬定、架構建立、問卷設計到審稿修辭，皆不辭煩勞，詳加指正。陳師與張師治學嚴謹、求真求實、思路清晰，是我學習的好榜樣。尤其是陳鴻瑜老師，他對於我的問卷調查，助益甚大，真是令我沒齒難忘。

論文口試委員宋光宇、湯熙勇、李盈慧、陳佩修、蔡源林，從不同的角度提問，以及七個學年之間，系上老師們的關懷與教導，均為草成論文不可或缺的要素。

在馬來西亞 8 次田調（含西元 2010 年）及蒐集資料的過程中，承蒙「馬來西亞華人穆斯林協會（MACMA）」Maswani 女士熱心：幫忙寄、收問卷；「華社研究中心」提供報章資料；鄧珮君小姐幫忙口譯、翻譯馬來文，甚至犧牲假期，駕車載我去柔佛、馬六甲、森美蘭作田調，以及 2010 年她的姨媽在吉蘭丹的幫忙；Osman Chuah 博士協助訪問；Amin Lum 在吉膽島的帶領，讓筆者見到很不一樣的皈依華人穆斯林的生活及其家中的擺設；Rosey Wang Ma 博士與筆者合作研究，成大僑生林志誠及其家人在柔佛新邦令金的大力幫忙；東馬美里的溫素華、余愛珠、鄧淑椒女士，古晉的林煜堂教授、田老師，以及眾多人熱心人士，特別是所有接受筆者枯燥訪問的一百多位受訪者，沒有他們的幫忙與配合，無法完成最基礎的田調。

當然家人在背後的全力支持與鼓勵，是我精神上最大的支柱。父親、弟妹多年來給我的關心與幫忙。兒子、媳婦對我身體的關心，女兒在我寒暑假赴馬來西亞田調時間擔負家事，並協助訪談照片的處理。由於以上種種，使得論文能夠得到僑委會的獎項。

然而，畢業約一年之後，中度「中風」幾乎把我擊倒。歷經艱苦的二年三個月的復健，我已經重新再站起來，重執教鞭也已經一個學年多。感謝玄奘大學師生，特別是宗教學系的老師與同學，在院長釋昭慧的領導下，給我機會，也給我溫暖，最令人難忘。政治大學民族學系主任張中復以及三名碩士生楊采華、陳雯琳與徐立真的關照與協助整理文字檔。再加上優秀而貼心的穆斯林看護小姐 Endang Sulastri 的陪伴與提供伊斯蘭知識，中央研究院許多友人的支持，以及陳偉之院長的幫忙，我成功地增補與校改博士論文。

此外，索引的製作使我進一步體會本書所處理的龐大相關知識與觀念之間的密切關係，例如：第一，「文明」（「馬來文明」、「伊斯蘭文明」、「華人文明」、「西方文明」、「印度文明」）其實指的是包含「伊斯蘭文化」、「中華文化」等等的「多元文化」；第二，在「回教國」之中，「宗教局」處理「皈依」、「入教」、「民俗信仰」（「民俗宗教」、「民間信仰」）的問題；以及華人與「伊斯蘭教葬禮」（「土葬」、「速葬」、「薄葬」）等的「衝突」與「矛盾」；還有「民族主義」與「民族認同」，「華人穆斯林」對於「脫離」與「信仰」所屬族群是「馬來族」或「華族」「混雜問題」，所產生的「衝突」。乃至於「大（全）馬伊斯蘭福利機構」與「馬來西亞華人穆斯林協會」（Pertubuhan Kebajikan Islam Malaysia; The Muslim Welfare Organization of Malaysia，簡稱「MACMA」）的介入，以及「伊斯蘭法」、「回教法」的特殊規定，不止更能抓住主脈，也讓我本人受益頗多。

從博士論文到這本書的完成，外子浤源在學術方法與方向上的提示，與生活以及精神上不斷地支持和鼓勵，最是我身心靈重獲新生的關鍵。希望在不久的未來我能夠站得更穩，更堅強，來回饋大家。

最後，我要將此書獻給我的母親，願她在天平安，並與我分享這份成果。

鄭　月　裡 謹誌
中華民國 102（2013）年 2 月 23 日

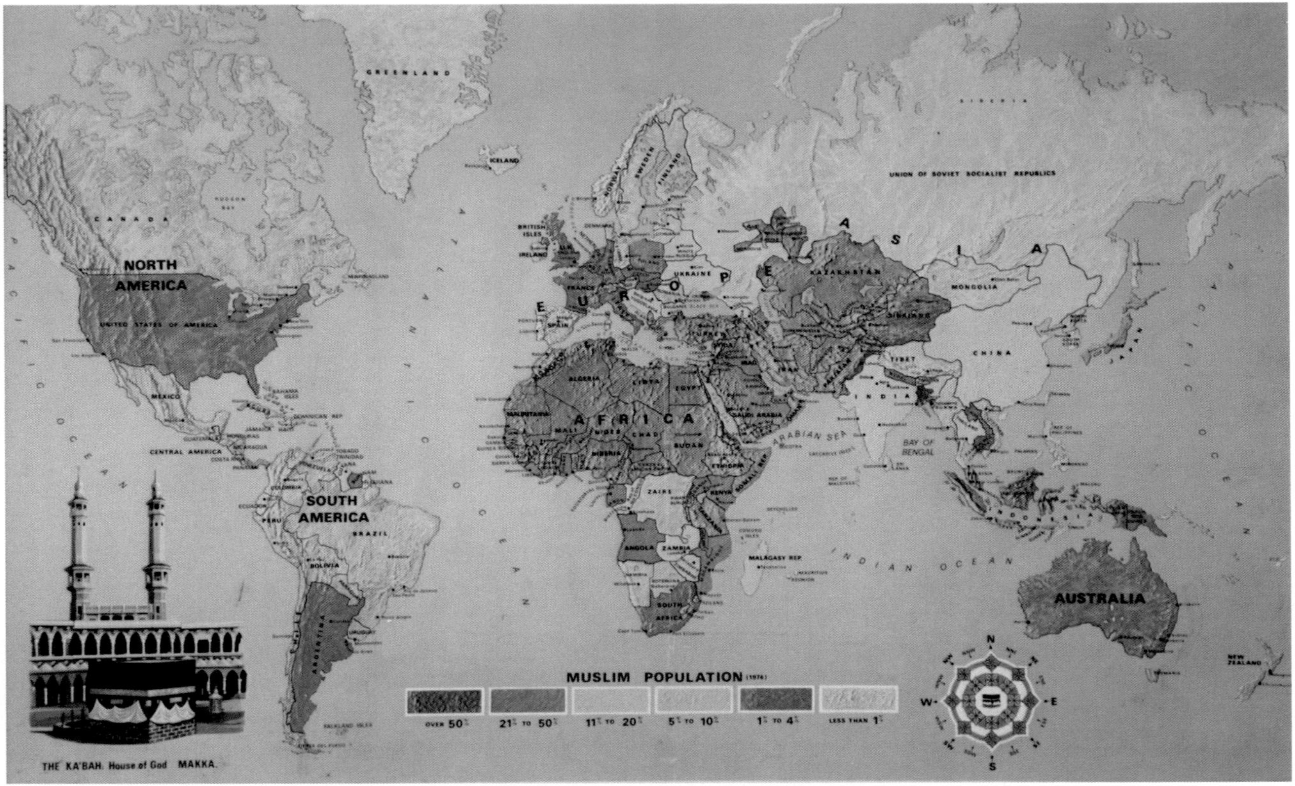

圖一：全球穆斯林世界地圖（The Muslim World）

製作：The Islamic Foundation, Leicester, U. K.　臺北清真寺提供　攝影：許捷芳

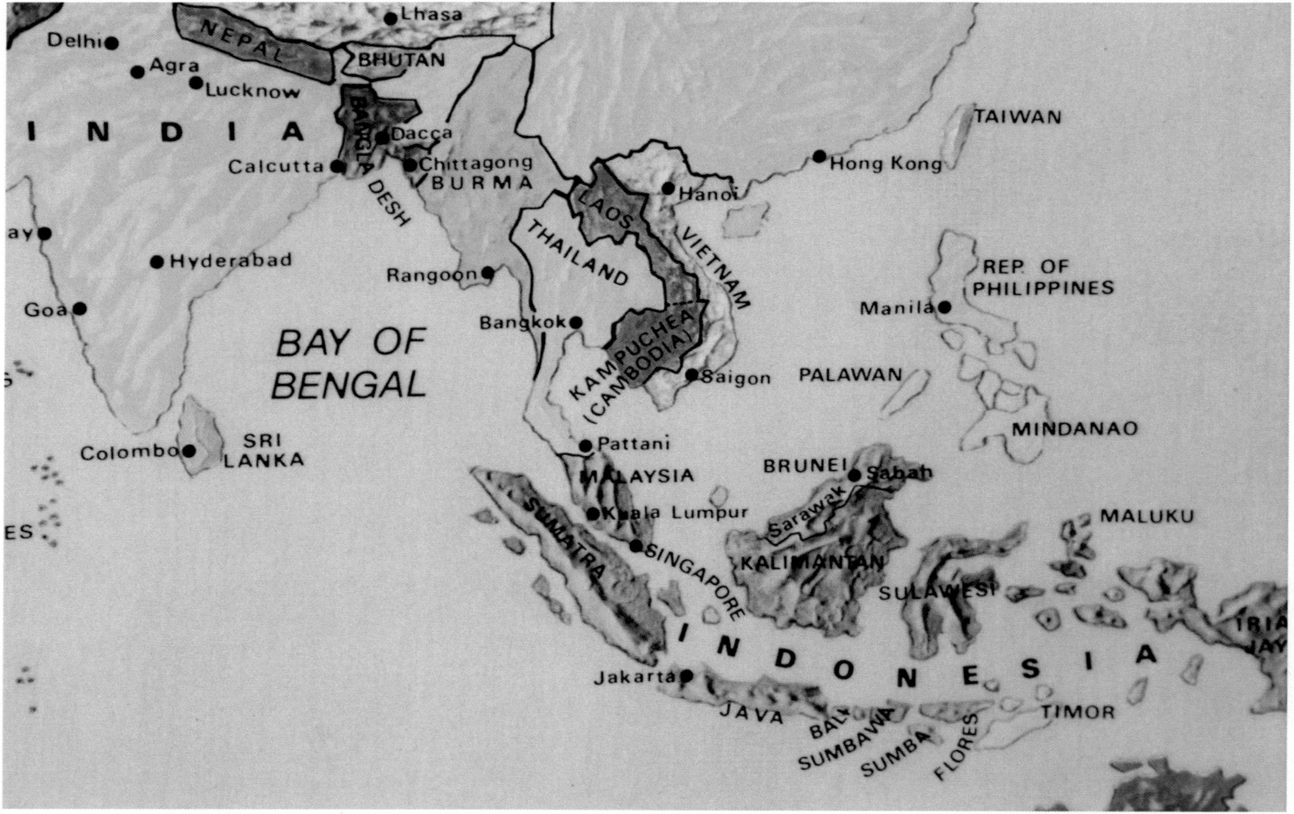

圖二：東南亞穆斯林世界地圖

製作：The Islamic Foundation, Leicester, U. K.　臺北清真寺提供　攝影：許捷芳

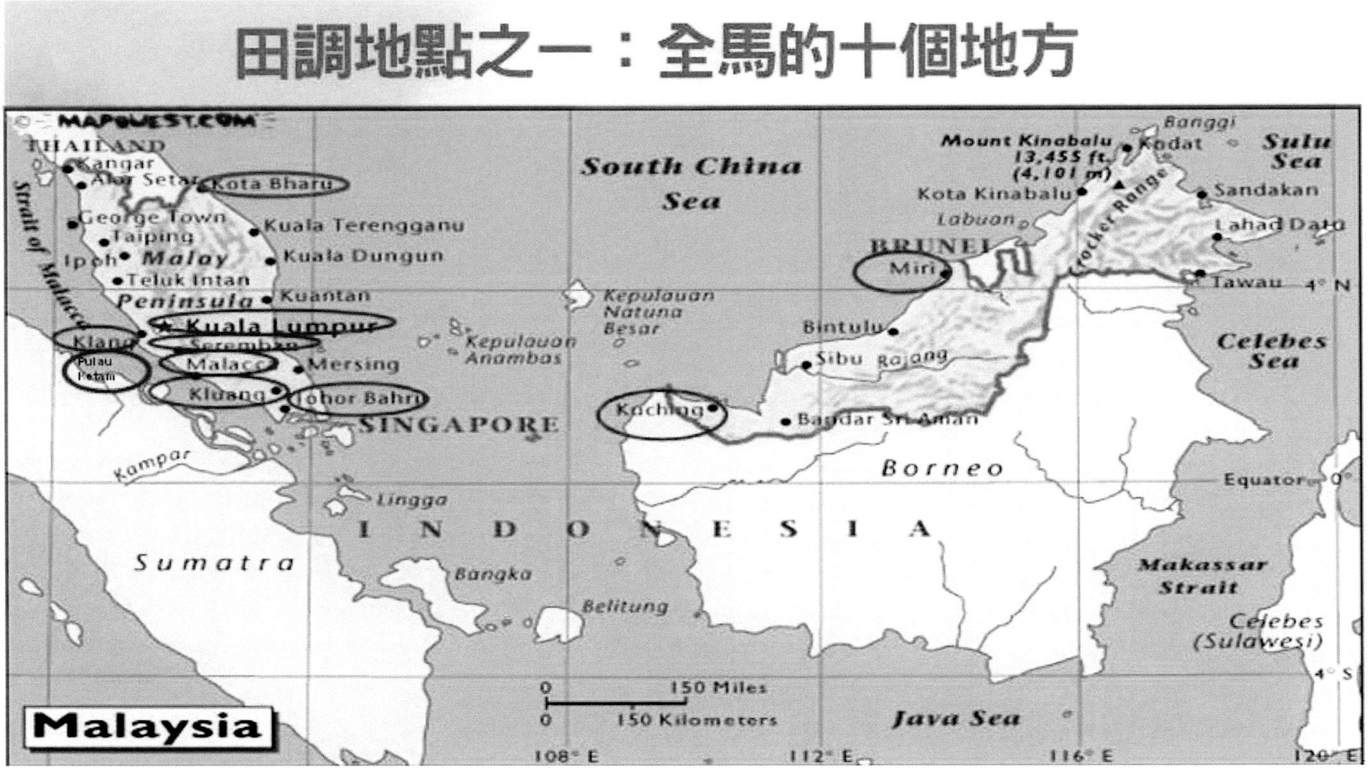

圖三：馬來西亞田調地點圖

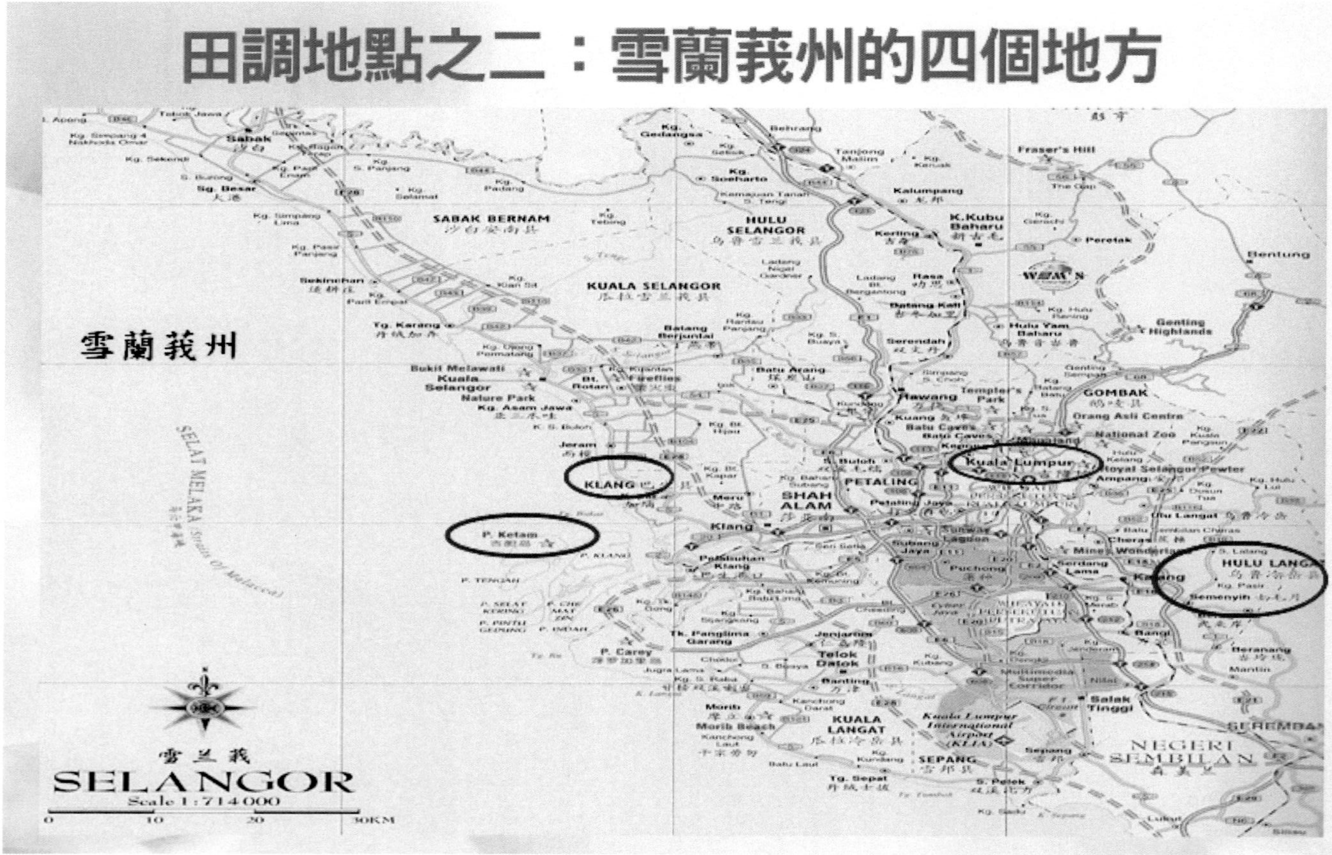

圖四：雪蘭莪州田調地點圖

緒　論

馬來西亞位於東南亞南部，由西馬和東馬兩部份組成，共有十三個州和三個直轄區（布特拉再也、吉隆坡、納閩）。面積近 33.67 萬平方公里，人口有 28,908,795 人（2010 年）。屬熱帶地區，雨量豐沛，宜植物生長，全國森林占總面積的 75%，有「綠色王國」之美稱。不僅具有豐富的物產，也是東西海路的孔道，實為當今的戰略要地。[1]該國屬新興國家，內部民族複雜為其特色，也因此不僅存在著民族問題，同時也存在宗教的問題。該國國語為馬來語，英語為官方語言。宗教有伊斯蘭教[2]、佛教、興都教（印度教）、基督教、民俗信仰等。華人總人口數為 6,520,559 人，[3]佔馬來西亞總人口數 22.56%[4]，馬來人佔

1 楊建成，〈西馬來西亞華巫政治關係之研究　一九五七～一九七五年〉（上冊）（台北：國立政治大學政治研究所博士論文，民 65 年），頁 185。

2 本文在詞彙上的使用，如：回教與伊斯蘭教、清真寺與回教堂、回教祈禱堂、回教徒和伊斯蘭教教徒，由於時空背景不同，而交互使用，以避免失其原意。

3 據 Jabatan Perangkaan Malaysia, *Penduduk mengikut jantina, kumpulan etnik dan umur, Malaysia*（Population by sex, ethnic group and age, Malaysia）, Jabatan Perangkaan Malaysia（Department of Statistics Malaysia）, 2010 整理而成。

4 華族人口 2006 年為 23.31%。比率減少了。

69.41[5]（包含其他土著），印度人佔 6.81%[6]，其他佔 1.2%。華人信仰伊斯蘭教者，也就是所謂的「馬華穆斯林」人口數，2000 年只有 57,221 人，[7]佔華人總人口數不到 1%。儘管如此，這還是一個值得注意的群體，並且為本書所關注。

一、研究動機與目的

為什麼作者要以馬華穆斯林[8]的文化變遷與社會適應作為研究的對象，大致可分為兩個階段來說明。第一階段，首先在 20 年前從馬來西亞一篇論文中閱讀到，華人穆斯林受到一般華人誤解、馬來人的排斥，在夾縫中求生存，想瞭解詳情如何？後又從報章刊載「搶屍風波」、「一屍兩葬」的新聞，令筆者相當好奇，究竟為什麼人死了，其屍體還要被搶來搶去，更想知道其中的詳細情形如何？之後，在因緣際會之下，與馬來西亞學者合作，參與中研院東南亞區域研究（即今亞太區域研究）中心計畫，探討馬來西亞華人穆斯林領袖馬天英與馬來西亞的關係。這是一個個案的研究，後來發現馬華穆斯林仍有很大的探討空間。

於是，在第二階段，即就讀民族學系博士班時期，除對第一階段的前面兩個問題繼續找尋答案外，並且思考居住在一個

5 馬來族人口 2006 年為 68.52%。比率反而增加了。

6 印度族 2006 年為 6.97%。人口比率也減少了。

7 由於目前沒有新的細節資料，所以，仍用這個數字作比較；參見 Jabatan Perangkaan Malaysia, *Taburan Penduduk Dan Ciri-Ciri Asas Demografi*（Population Distribution and Basic Demographic Characteristics）, Jabatan Perangkaan Malaysia（Department of Staistics Malaysia）, 2000, p.70.

8 馬華穆斯林：指馬來西亞信仰伊斯蘭教的教徒。

地方，是否需要與當地「打成一片」（融合）？倘若自己想融合，但對方不見得願意，怎麼辦？這種情況，有點像蛋生雞，或雞生蛋的問題：與當地人完全同化，或融合，並非自己單方面所能夠決定的。可是，事情難道衹是移民與當地人兩方相互說好，不需取得原鄉國的支持，就解決了這樣的嗎？這也就是在馬來西亞的華人穆斯林，數百年以來所遭遇的核心問題。

從十字軍東征以來，西方世界對伊斯蘭（Islam）的誤解、二十世紀末杭廷頓（Samuel P. Huntington）提出「文明衝突論」[9]對伊斯蘭國家崛起的緊張、以及美國總統布希（George Walker Bush）的進攻伊拉克，陷美國於泥淖之中，顯現出西方人對伊斯蘭世界的輕忽與誤解，也可以看出美國與西方世界對伊斯蘭的偏見。

不僅西方如此，就連清朝地方官吏也因不了解伊斯蘭教固有的禮拜儀式，將回民習俗，以批判語氣上奏雍正皇帝（1723-1735 在位），[10]並揚言「回回謀叛，夜聚曉散」，指出他們從事的宗教活動，是一種「惡習」、是「邪教」、「異端」。此外，從清帝對伊斯蘭教的詔書中，不難看出清廷對伊斯蘭教及其信徒的歧視態度，最常以「 狪 」字出現，以「 狪 」稱回，輕視之意相當明顯。

伊斯蘭教傳入中國千餘年，中國少數民族中，有相當多民族及人們信仰伊斯蘭教。以往漢、滿、蒙、回之間時有衝突。近代以來，又因封閉而落後，成為列強侵略的對象，以及侵華

---

9 Samuel P. Huntington, *The Clash of Civilizations and the Remaking of World Order,* Simon & Schuster, New York,1996.

10 國立故宮博物院編輯，《宮中檔雍正朝奏摺》（第 3 輯）（台北：國立故宮博物院，1978 年），頁 177-178。

的工具。事實上伊斯蘭社會一如中國社會一樣，都是列強侵略的對象。晚近伊斯蘭教在中國大陸活動的空間，較文革時期大有增長。[11]不過，從最近所謂「疆獨」（新疆獨立），很多穆斯林被處死的情況來看，伊斯蘭教在中國大陸，也一樣不怎麼受歡迎。

台灣是一個宗教信仰自由的地方，可是對伊斯蘭教卻相當陌生，很多人不了解伊斯蘭教的文化與生活習慣，甚至認為它是一個神秘的宗教。在台灣的民眾，以信仰佛教、本土道教，及民間信仰為主，而伊斯蘭教教徒很少，可以說是一個邊緣性的宗教。因此，數十年來，也為台灣社會所忽略。[12]

在海外的華人，對伊斯蘭不祇十分輕視，甚至到達「無知」的地步，馬來西亞也不例外。但是馬來西亞情況較為特殊，該國以伊斯蘭教作為國教，華人穆斯林處在馬來文化、伊斯蘭文化、華人文化、西方文化、印度文化等五大文化之中（如圖 0-1）。[13]並且只有在這群人身上，才能發現五大文化的同時存在。也因為如此，他們身上所反映的內涵，就特別受到關注。而他們對五大文化也最為敏銳，因此，特別值得研究。

---

11 唐屹主編，《我國少數民族概況研究》（台北：國立政治大學民族研究所，民 83），頁 243。

12 鄭月裡，〈馬華穆斯林相關研究述評〉《民族學報》（原邊政研究所年報）27（2008），頁 110。

13 鄭月裡，〈馬華穆斯林相關研究述評〉，頁 111。

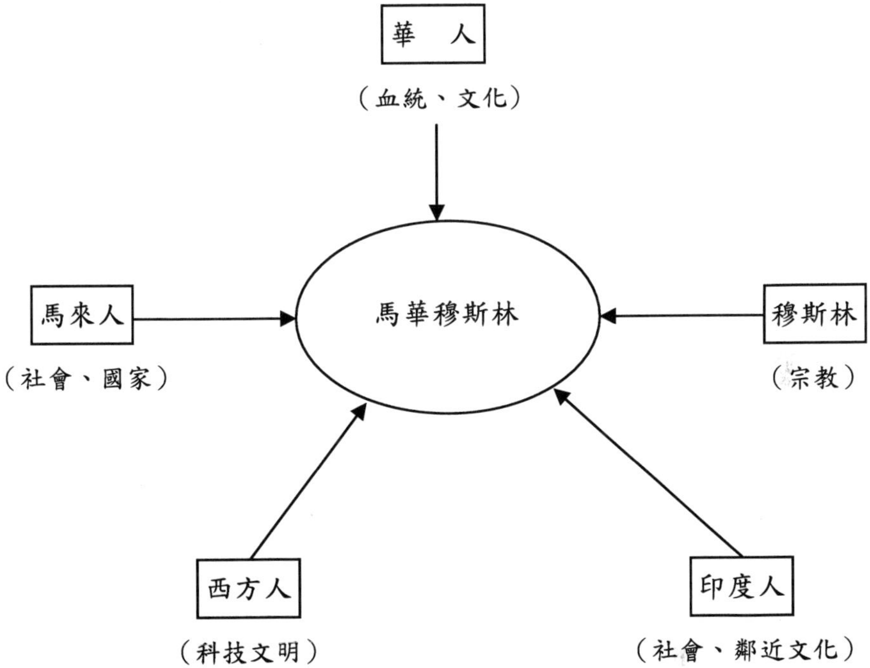

【圖 0-1】：馬華穆斯林與五大文化關係圖
製　作：鄭月裡
說　明：指馬來文化、伊斯蘭文化、華人文化、西方文化、印度文化對馬華穆斯林產生單向的影響。

筆者探討這一個核心主題的立足點，是民族學的架構，這裡面包括族群的食、衣、住、語言、文字、風俗習慣、宗教、社團、政治等多層面。透過鄭和下西洋前後至今的馬華穆斯林研究成果，可以了解華人穆斯林在馬來西亞的發展。

但是，綜觀馬華穆斯林研究概況，華裔皈依伊斯蘭教後，在生活方式上有所改變；在語言上，講的是馬來語；在國籍上，他們是馬來西亞的公民。然而他們並不因為這樣的改變，而被馬國及馬來社會視之為「馬來人」，他們的身分還是「華族」。

這點與杭廷頓（Samuel P. Huntington）所言不合。[14]

筆者進一步想知道：

（一）馬華穆斯林符合馬來西亞《憲法》成為馬來人的規定，卻不能成為馬來人，到底為什麼？

（二）居住某地是否需要化入當地？若當然要的話，馬來西亞情形如何？

（三）西方人對伊斯蘭世界真的了解嗎？

（四）馬華穆斯林處在五大「文化」中，似乎只有單向接受五大「文化」的影響。但其所反映的內涵為何？

以上問題，是引導筆者研究馬華穆斯林的文化變遷與社會適應的重要因素。

二、文獻回顧

馬華（馬來西亞華僑與華人）是否需要「入鄉隨俗」？在哪些面向入鄉隨俗？過去這一方面的研究，其實亦不在少數。而透過「入鄉隨俗」的細節，本文以 600 多萬人口的馬華之中，為數不及 1%的穆斯林，依時序加以探討。以下將馬華穆斯林自鄭和前後的至少 700 年的歷史，分為六項，來介紹對馬華穆斯林六個時期之各種研究的成果（參見表 0-1）。[15]

---

14 杭廷頓稱：「認同問題在由不同文明的民族所組成的分裂國家特別嚴重。……為了因應認同危機，對人民比較重要的是血緣、信仰、信心和家庭。人民向有同樣祖先、宗教、語言、價值觀和制度的人靠攏，而和那些文化不同的人劃清界限。」參見 Samuel P. Huntington（杭廷頓）著、黃裕美譯，《文明衝突與世界秩序的重建》（台北：聯經，1999 年），頁 166。

15 鄭月裡，〈馬華穆斯林相關研究述評〉，頁 113。

（一）鄭和下西洋前後：多元並存中繁榮的前近代（十四到十六世紀）[16]

根據有關資料顯示，在前近代馬六甲當地有多種語言，[17]具備多元種族的良好條件，而且不論是鄭和下西洋或是西人東來，均先到馬六甲，所以它是一個商業中心，也是個國際港。不過早期馬六甲當地的華人穆斯林的情況如何？當今學術界仍不完全清楚。以下以歷史重建的方法，將歷史學者對馬華穆斯林的研究成果摘要分別敘述與評斷。

學界對馬六甲皈依伊斯蘭教時間的看法不一，許雲樵認為，馬六甲王國是從第三代國王開始改奉伊斯蘭教的。[18]因此，馬六甲王國皈依伊斯蘭教不會早於第三代國王統治時期。但是，馬歡之《瀛漄勝覽》一書，記載的是第一代或第二代信奉回教。因為十五世紀初期，馬歡隨鄭和下西洋時已見到滿剌加「國王國人皆從回回教，持齋受戒誦經。其王服用以細白番布纏頭，身穿細花青布長衣，其樣如袍。」[19]據此，可判斷明代滿剌加國已伊斯蘭化。不過，馬歡是在 1413 年到馬六甲，其著書出版稍晚，故難以判斷是第一代或第二代信奉回教。另一位隨鄭和南巡的費信對「滿剌加國」有這樣一段描述：「男女椎髻，身膚黑漆，間有白者，唐人種也。」[20]由此可證實，鄭和

16 鄭月裡，〈馬華穆斯林相關研究述評〉，頁 112-116。

17 李銳華，《馬來亞華僑》（台北：自由中國社，民 43），頁 16。

18 許雲（云）樵譯註，《馬來紀年》（新加坡：新加坡青年書局，1966 年），頁 120-122。

19 馬歡著、馮承均校注，《瀛涯勝覽校注》「滿剌加國」（台北：臺灣商務印書館，1962 年），頁 23。

20 費信著、馮承均校注，《星槎勝覽校注》「滿剌加國」，頁 20。

下西洋前已有華人居住，但其著作並沒有提到第幾代國王信奉回教之事。

關於伊斯蘭教早期在東南亞傳播的問題，目前有一些研究成果。諸如菲律賓陳烈甫在其著作中，說明從古代到近代的華僑移殖、以及沙巴、砂拉越與汶萊的歷史與移殖概況。[21]再者，黃雲靜在其文章中提到，馬六甲王國的皈依，以及馬六甲在伊斯蘭教傳播中的地位與作用。並且介紹登嘉樓（Terengganu,舊稱「丁加奴」）一塊西元 1303 年的碑銘，上面記載伊斯蘭教教義，以及若干違反伊斯蘭教法律，所應受的處罰。[22]黃雲靜進一步指出：「有學者認為這塊碑銘是華人所立。如果這個判斷是正確的話，則說明華人與伊斯蘭教傳入該地區有密切的關係，不是傳播者就是較早的皈依者。」[23]

Nacholas Tarling 指出十五世紀之際，穆斯林王國出現在馬來半島西海岸的霹靂、吉打、彭亨、吉蘭丹和登嘉樓等地。這些地區從十四世紀末起，即開始傳播伊斯蘭教。[24]Tarling 還提到，登嘉樓一塊石頭上面的銘文，紀錄了王室對地方官員發布的一道命令，要他們擁護伊斯蘭教和安拉使者的教導，上面標有伊斯蘭教紀年日期，但因年代久遠已難辨認。[25]

---

21 陳烈甫，《東南亞洲的華僑華人與華裔》（台北：正中書局，民 68），頁 258。

22 黃雲靜，〈伊斯蘭教在東南亞早期傳播的若干問題〉，《中山大學學報》（社會科學報）40：1（總 163 期）（2000 年），頁 26。

23 黃雲靜，〈伊斯蘭教在東南亞早期傳播的若干問題〉，頁 26。

24 Nicholas Tarling（尼古拉斯・塔林）主編、賀聖達譯，《劍橋東南亞史 I》（雲南：雲南人民出版社，2002 年），頁 273、421。

25 尼古拉斯・塔林主編、賀聖達譯，《劍橋東南亞史 I》，頁 421。

表 0-1：馬華穆斯林研究概況一覽表

時段 \ 焦點 \ 學者 \ 地區		馬來西亞	台灣	大陸	日本	歐洲	其他
鄭和下西洋前後	多元並存中繁榮的前近代		朱浤源 鄭月裡 陳國棟	宋哲美、黃雲靜、蕭　憲、俞亞克		尼古拉斯·塔林（Nicholas Tarling）	陳烈甫（菲律賓）許雲樵（新加坡）
被殖民時期	拜里米蘇拉以後	王樂麗	李銳華	姚　枬、宋哲美、李鴻階、黃春花	今崛誠二 酒井忠夫	R.O.Winstedt 尼古拉斯·塔林 Victor Purcell	
二次戰後	中國內戰與「回民」移入	Osman Chuah（蔡福龍）、馬琳、王樂麗、林廷輝	鄭月裡			Victor Purcell	
建國後	徘徊在族群夾縫中	報章、林廷輝、宋婉瑩、鄭良樹、黃堯、駱靜山、Zainuddin bin Abdulla Amran Kasimin、Fadzilah binti Mustapa	李亦園 鄭月裡				
1990 年代	華人皈依與現代馬來西亞	報章、林廷輝、宋婉瑩、Osman Chuah、陳志明、Anuar bin Putehm、Haji Mohideen bin Mohamed Ali、何國忠、蘇慶華、王樂麗	蔡源林 鄭月裡 李寶鑽	田英成、張禹東、廖大珂、范若蘭、廖小健、陳玉龍			
二十一世紀	走出多元融合或並存的範例	林廷輝、宋婉瑩、方天養、王樂麗、林煜堂、Rosmani bt. Hussin、Shamsul A. B.、Zlina bt. Mohd. Zait、Shakirah bt. Mohd. Annuar	蔡源林 陳鴻瑜 麥留芳 鄭月裡				

另外，俞亞克探討十三世紀末到十六世紀初期，伊斯蘭教在東南亞地區快速傳播的原因與過程，及對當地社會的影響。[26]

---

26 俞亞克，〈伊斯蘭教在東南亞的早期傳播〉，《學術探索》4（2003），頁 69-73。

蕭憲也探討伊斯蘭教如何進入東南亞及它在東南亞的傳播，[27]但增添十五世紀中國和東南亞伊斯蘭教的情況，以及鄭和在海外的伊斯蘭教活動。

香港學者宋哲美在其著作中，對早期華人移殖馬來亞各州與在當地開發的經過、鄭和下西洋與華人的影響、以及中國當局出洋政策的演變，均有詳盡的敘述。[28]他指出：「鄭和至馬六甲時，華人居留者眾。」[29]並引用黃衷《海語》「滿拉加條」說到：「其俗禁食豕肉，華人流寓，或有食者，輒其惡，謂其厭穢。」[30]由此可見，明代馬六甲以當地回教徒（穆斯林）居多。中央研究院朱浤源教授也曾對鄭和做過研究，並在東馬沙巴發表論文，[31]內容提及鄭和與馬六甲的關係，但他並沒有專對馬華穆斯林研究。筆者也曾發表過相關文章，[32]當時也沒有注意到馬華穆斯林。1963 年出版的《馬來亞華人史》正面提到：「明代華人流寓於馬六甲者，已極眾多而普遍，且多與當地婦女通婚，而子嗣亦多屬混血種。」[33]推測當時馬六甲應該有一大群的華人穆斯林，在當地協助鄭和的船隊，其中很可能還包括懂得航海與天象等知識者在內。

---

27 蕭（肖）憲的〈鄭和下西洋與伊斯蘭教在東南亞的傳播〉，《回族研究》1（2003），頁 97-102。

28 宋哲美，《馬來亞華人史》（香港：中華文化事業公司，1963 年），頁 49-78。

29 宋哲美，《馬來亞華人史》，頁 51。

30 【明】黃衷，《海語》（台北：臺灣學生書局，1975 年），頁 11。

31 朱浤源，“Perspectives of Inter-Nationalism in the Twentieth Century Asia: Zheng He and Malacca as a Case Study,” 2000. 7. 31，共 35 頁。

32 鄭月裡，《鄭和研究與活動簡訊》（基隆：國立臺灣海洋大學海洋科學系，2003 年），頁 42-47。

33 宋哲美，《馬來亞華人史》，頁 51。

不過，從上述研究成果來看，都沒有提到華人穆斯林「入鄉隨俗」的問題。但是，相反地，許多證據顯示：當地人正流行著中國風。〈馬來半島人種〉一文中就提到：[34]

> 在十五世紀時候麻六甲蘇丹王公之宮殿，已經用中國之玻璃磚瓦。目下富有馬來人之住宅，不僅有採中國之規模，即歐州之設計及工程，亦被其採用矣。

十五世紀時，麻（馬）六甲蘇丹王公之宮殿，已經使用中國之玻璃磚瓦。不僅馬六甲當時蘇丹蓋宮殿使用，就連富有的馬來人也使用之。

馬六甲由於地理的優越性，是東南亞重要的商業中心，吸引了許多華僑移入。當地華僑來自福建，其中又以閩南人為主，福州人次之，其服飾、習慣及房舍，幾乎全部模仿中國，儼然是海外中國的城市。[35]

（二）被殖民時期：拜里米蘇拉以後的 300 多年[36]

拜里米蘇拉以後，西人東來，馬來亞在葡萄牙、荷蘭殖民之下，有多少華人穆斯林及其生活情況如何，由於缺乏資料，不得而知。

後來有英國殖民時期，英人 Victor Purcell（維多・巴素）到馬來亞實地調查，在 1931 年，具體指出華裔皈依伊斯蘭教的人口數。而第二次出現具體華裔皈依伊斯蘭教人口數，是在 1950 年，但無總量統計。

---

34 R. O. Winstedt，Malaya、俞君適譯，〈馬來半島人種〉，《南洋研究》5:4（廣州：國立暨南大學海外文化事業部刊行，1935 年），頁 62。

35 宋哲美，《馬來亞華人史》，頁 51。

36 鄭月裡，〈馬華穆斯林相關研究述評〉，頁 116-119。

1.拜里米蘇拉以後至十九世紀末

十六世紀之後，有關馬華穆斯林的研究，在地區上仍以馬六甲為主。西人東來之後，馬六甲的民族成分更加複雜。1678年，馬六甲人口 6,000 人，這當中包含了荷蘭人、葡萄牙人、中國人、阿拉伯人、印度人、馬來人與武吉斯人。[37]這些不同民族的移民，又分別使用自己的語文，使馬六甲很早就具備多元文化色彩。因此也有住宅採歐洲的設計及工程。

Tarling 指出：「一七五六年時的荷屬馬六甲，是馬六甲的華人與馬來人、印度人、葡萄牙人、歐洲人共同組成的一個『營』。」[38]除了 Tarling 外，日本今堀誠二對早期馬來亞的華僑社會的形成，也有較詳盡的描述，他說：[39]

> **馬六甲的華僑，當葡萄牙統治時，已有華人街；一六一一年的市街圖，已有中國甘榜（華人村）的地名，就是荷蘭統治時也一樣。**

今堀更認為，鄭和對南洋華僑的移殖發展，極具影響力。他對甲必丹與亭主的產生與功能，[40]以及鄭和的生平與事蹟，也有深入的敘述。

此外，華僑在馬六甲發展之後，亦擴及到其他地區。李鴻階、黃春花在其合寫的文章中便提到：「十九世紀中葉以前，華僑在馬六甲、丁加奴[41]、吉打、吉蘭丹、柔佛、檳榔嶼等地

---

37 李銳華，《馬來亞華僑》，頁 16。
38 尼古拉斯・塔林主編、賀聖達譯，《劍橋東南亞史》，頁 363-364。
39 今堀誠二著、劉果因譯，《馬來亞華人社會》（檳城：檳城加應會館擴建委員會出版，1974 年），頁 17。
40 今堀誠二，《馬來亞華人社會》，頁 17-34。
41 丁加奴，即今登嘉樓。

開發農業、礦產的貢獻，以及殖民地時期，華僑開發柔佛與威士利省的『種植業』[42]，以及霹靂、雪蘭莪、森美蘭、彭亨的錫礦業的貢獻。」[43]雖然他們只談華僑的經濟，敘述也很簡要，仍有助於瞭解華僑在當地開發的實況，但並沒有提到華人穆斯林。

值得注意的是，日本學者開始研究這一時期的華人社會問題，如酒井忠夫探討「星、馬華地域初期の華人社會」、「華人團體の成立をめぐって」、[44]「峇峇の團體」，[45]尤其對峇峇社會團體，有較深入的說明，但也沒有提及峇峇皈依伊斯蘭的議題。

而林廷輝[46]、宋婉瑩[47]則是在說明早期華人皈依伊斯蘭教是為了方便通婚，一些華裔移民與當地馬來女孩通婚後，恢復原來的信仰。他們以華裔峇峇（BaBa）為例，指出：「華裔峇峇的後代，即保留一些自己的文化傳統和風俗習慣。另一方面也跟隨馬來人的生活習俗。」[48]儘管如此，他們並不向馬來民族認同，馬來社會也不接受他們為馬來人，仍舊把他們當成華裔

---

42 包括甘蜜、胡椒、甘蔗、木薯、橡膠等種植業。

43 李鴻階、黃春花，〈論華僑對開發馬來西亞的貢獻〉，《八桂僑史》4（1999）（總第 44 期）（南寧市：廣西華僑歷史學會），頁 46-51。

44 即「關於華人團體的成立」。

45 酒井忠夫編，《東南アヅアの華人文化と文化摩擦》（東京：嚴南堂書店，1983（昭和 58）年），頁 104-144。

46 林廷輝：1983 年獲得馬來西亞理科大學碩士，1989 年獲得馬來西亞大學博士，現為馬來西亞森林研究院社會經濟研究員，專事研究人類社會與森林的關係。

47 林廷輝之妻子。

48 林廷輝、宋婉瑩，《華人社會觀察》（吉隆坡：十方出版社，1999 年），頁 80。

份子。以上所述雖然只是簡略介紹，但卻是鮮少人注意的問題。

總而言之，拜里米蘇拉以後西人東來，他們居於主要地位，中國人則處於配合的次要地位。值得注意的是，葡萄牙統治時，馬六甲已有華人居住，即使是荷蘭人統治時也一樣。此時中國人有沒有「入鄉隨俗」並不清楚，但從有關資料顯示，當地仰慕中國文化確是事實。

2.英國殖民時期

宋哲美的研究重點則放在敘述歷代華人移殖馬來亞的情況。[49]值得注意的是，清末民初的華北移民。田英成指出：「沙巴的山東村是從中國華北移民來的。」[50]這些人南來北婆羅洲（沙巴）乃根據英屬北婆羅洲政府與中華民國政府訂立之〈招殖條例〉，以及「英屬北婆羅洲招殖華民條款」，給予華北移民很大的優惠。他也提到：「有不少華北移民是回教徒，原因是他們在北方時已經信奉回教，因此與回教徒的關係也較為親近。」[51]

早期對華僑問題及華僑史的著述很多，但是，有始以來第一次提供馬華穆斯林人口數的是英人 V. Purcell。Purcell 早在 1931 年就在馬來亞做田野調查的工作。根據他在 1931 年的宗教人口調查指出：「轉宗基督教的 30,738 人，回教的 3,443 人。」[52]除了維多・巴素之外，大部分學者，集中介紹馬來半島上的

49 宋哲美，《馬來亞華人史》（香港：中華文化事業公司，1963 年），頁 51。
50 田英成，《砂拉越華族社會的結構與形態》（吉隆坡：華社資料研究中心出版，1991 年），頁 70-71。原載《亞洲文化》6（1985）。
51 田英成，《砂拉越華族社會的結構與形態》，頁 74。
52 維多・巴素（Victor Purcell）著，張奕善譯注，《近代馬來亞華人》（台北：臺灣商務印書館，1967 年），頁 27。

土著或原住民的文化。[53]有關這方面的著作內容所涉及範圍非常廣泛，總是環繞在風俗習慣、服飾、宗教信仰等方面，並非專對某一項目作深入的論述，而是全面性的概括介紹。

但是，若以馬來亞華僑史而論，早期有姚枬，從中馬古代的交通概述到華僑經濟的發展，作簡單的介紹。[54]雖然僅是薄薄的一本書，也沒有談到華人穆斯林，但卻有助於瞭解馬來亞華僑的最基本資料。

（三）中國內戰與「回民」移入：1945 至 1963[55]

Purcell 的另一本著作，除對馬來亞華僑歷史，作概括的記述之外，對華僑問題也作潛心的研究。[56]他從 1921 至 1946 年，曾在馬來亞政府擔任華民護衛司、華文副提學司及情報局主任等職。在馬來亞任職的二十年當中，對華僑史曾作長期間的實地考察，對華僑各項問題也有深入的研究。[57]

有關早期大馬各族人口，以及大馬穆斯林人口實況。Purcell 也提到，1911 年和 1941 年間，馬來亞的人口（包括海峽殖民地和馬來亞各州府）超過一倍，從過去的 1,673,000 人，增加

---

53 李則綱，〈馬來半島土人的婚姻〉（1928）；許士澄，〈沙拉越的土著〉（1928）；石楚耀，〈英屬馬來亞住民之風俗與宗教〉（1935）；R. O. Winstedt，"Malaya"、俞君適譯，〈馬來半島人種〉（1935）；G. P. Murdock 著，吳澤霖譯，〈馬來半島的西孟族〉（1935），這五篇文章內容大致包括人口、語言、婚俗、風俗習慣等敘述。

54 姚枬，《馬來亞華僑史綱要》（商務印書館，1943 年 4 月），頁 1-40。

55 鄭月裡，〈馬華穆斯林相關研究述評〉，頁 119-121。

56 維多．巴素著、劉前度譯，《馬來亞華僑史》（馬來西亞：檳榔嶼光華日報創刊四十周年紀念，1950 年）。

57 陳振亞，〈陳序〉，收錄於維多．巴素著、劉前度譯，《馬來亞華僑史》（馬來西亞：檳榔嶼光華日報創刊四十周年紀念，1950 年）。

到後來的 5,511,000 人。在 1911 年，馬來人（包括爪哇、蘇門答臘等地來的馬來人）核計在總數的 49.2%，華人 35%，印度人 14%；1941 年，各族所佔的百分率分別是 41%、43%、和 14%。值得注意的是最後一項數字（14%）不變。事實上此時的馬來亞已形成一個「多元」的社會。[58]1941 年之後，就沒有華人人口調查的數據。甚至馬華穆斯林的數據自 1931 年之後就沒有人統計，這與馬來亞當時被日本佔領有關，[59]直到 1950 年。

第二位具體講出數據的是 Osman Chuah（蔡福龍）。[60]他在博士論文中提到：「1950 年華人皈依伊斯蘭教有 4 人，1951 年到 1960 年間，華人皈依伊斯蘭教有 50 人。」[61]這並非全面性的調查，而且也沒有華人穆斯林的總量統計。

不過此一時期，皈依伊斯蘭教的人數，似乎沒有增加。主要原因有二：第一、在二十世紀的華裔從中國移民南來的人數，婦女的人數已大大增加。這可從華裔婦女對華裔男士的比率中看出。[62]1911 年，華裔婦女對 1000 名華裔男士的比率是 215 位。到了 1957 年，這個比率已增至 926 位。這也意味著大多數華裔（華人）男士不須要與馬來伊斯蘭少女通婚，造成華人皈依（入

58 維多．巴素著、張奕善譯註，《近代馬來亞華人》，頁 19。

59 朱浤源，〈沈慕羽　華教領導人與打造馬來西亞〉，收錄於何國忠主編，《承襲與抉擇　馬來西亞華人歷史與人物》（文化篇）（台北：中央研究院東南亞區域研究計畫，2001 年），頁 100-106。

60 Osman Chuah（Chuah Hock Dr. Osman bin Abdullah, Osman bin Abdullah, Chuah Hock Leng, 蔡福龍），目前為馬來西亞國際伊斯蘭大學副教授。

61 Osman bin Abdullah（Osman Chuah）, "Interaction and Integration of Chinese Muslims With Their Malay Counterparts in Selangor," Ph. D. dissertation, Universiti Malaya（馬來亞大學）, 1997.

62 林廷輝、宋婉瑩，〈從「華裔女中學生被迫皈依回教事件」談起〉，《南洋商報》，1986 年 1 月 19 日。

教）者沒有顯著增加。第二、馬來社會的民族主義運動和中國民族之間的磨擦及衝突，也間接不鼓勵華人皈依伊斯蘭教。雖然如此，在未獨立前，有一些華人也因為要與馬來伊斯蘭教少女結婚，而自願皈依。林廷輝與宋婉瑩相信這個數目不大。[63]

另外，回族領袖馬天英，出生中國回族世家。1948 年 6 月，出任中華民國駐馬來亞怡保領事館公使銜領事。1950 年，他便從怡保來到了吉打，與馬來人合開「米較」（碾米廠），名為「中馬碾米有限公司。」[64]碾米廠經營七年，卻不順手。1957 年，米較另聘請經理管理，[65]到新加坡和外孫作伴。馬來西亞建國之後，1960 年，受到英籍教胞穆賓（Tan Sri Mubin Shepherd）的電函催促，以及東姑阿都拉曼誠摯的邀請下，[66]共同籌組全馬伊斯蘭福利機構 （Pertubuhan Kebajikan Islam Malaysia， 簡稱「PERKIM」），[67]該機構以傳教為宗旨。1969，馬天英擔任該機構副主席。[68]當時，PERKIM 是馬來西亞唯一積極在非穆斯林之間從事宣教和傳播伊斯蘭教的機構。至今，它仍然是馬來西亞唯一受政府和公眾承認，負責向非穆斯林傳教的組織。[69]

---

63 林廷輝、宋婉瑩，〈從「華裔女中學生被迫皈依回教事件」談起〉。

64 鄭月裡，《馬天英與馬來西亞：1939-1982》（台北：中央研究院亞太區域研究專題中心，2003 年），頁 13。

65 〈領袖馬天英的廣播談話〉，《婆羅洲時報》，1964 年 12 月。

66 東姑阿都拉曼：是馬來西亞獨立運動之父，早年留學英國，回國後領導獨立運動，並大力圍剿在泰馬邊境作亂的共產黨。馬來西亞於 1957 年 8 月 31 日獨立後，東姑阿都拉曼出任第一任總理，開始集中人才，致力馬國的建設。參見《聯合報》，1977 年 7 月 28 日。

67 The Muslim Welfare Organization of Malaysia。

68 周南京主編，《華僑華人百科全書》「人物卷」（北京：中國華僑出版社，2001 年），頁 407-408。

69 全馬伊斯蘭福利機構，《介紹全馬伊斯蘭福利機構》（吉隆坡：全馬伊斯蘭福利機構，出版時間不詳），頁 1。

也是伊斯蘭國家、世界各伊斯蘭教組織以及聯合國都承認的福利機構。[70]

（四）建國之後徘徊在族群夾縫中：1963～1980年代[71]

從 1960 年開始，華人皈依伊斯蘭教雖然逐年增加，但問題也應運而生，首先通論馬國這個問題的，是馬來西亞華人非穆斯林的林廷輝。他有重要的發現。

1.建國初期：1963 至 1970 年代

1960 年代，馬天英（Haji Ibrahim T. Y. Ma）在 PERKIM 傳教，有不少華人因被他生動的演講所吸引而入教。到了 1970 年，馬華穆斯林已增加至 7,001 人，佔馬來西亞穆斯林總人口數的 0.14%。顯然，馬天英對馬來人及華人的影響很大。1979 年，馬天英成為全馬華人回教會會長。[72]

與東姑阿都拉曼關係甚篤，甚至把自己一生都奉獻給宗教的馬天英，卻被馬來西亞學術界所遺忘，其事蹟大多出現報紙的零星報導，唯有《漢志馬天英傳》，是馬天英的長女馬琳，為了紀念其父親歸真十週年所寫。該書有中、英文版，由 PERKIM 印發贈送，至今十餘年仍然繼續發行，顯見馬國對他的高度肯定。[73]

---

70 陳玉龍，〈馬來西亞伊斯蘭福利協會簡介〉，《中國穆斯林》2（1999），頁 41。
71 鄭月裡，〈馬華穆斯林相關研究述評〉，頁 121-130。
72 〈馬天英令德配　馮氏夫人病逝　遺體已於昨日安葬〉，《中國報》，1979 年 5 月 28 日。
73 艾驪馬琳，《漢志馬天英傳》（吉隆坡：馬來西亞伊斯蘭福利機構，1991 年 6 月）；Hajjah Aliya Ma, *Haji Ibrahim T. Y. Ma,* Kuala Lumpur: Pertubuhun Kebajikan Islam Malaysia（PERKIM）, 1991.6.

李亦園是台灣學術界的破冰研究，他在 1968 年 9 月《大陸雜誌》的〈馬來亞華人的遭遇與處境〉一文，內容主要分析華人如何體會在異鄉馬來亞繼續生活下去的方法，也有馬來西亞各族人口數的比較。[74]兩年之後，李亦園到馬來西亞南部柔佛州麻坡鎮做調查。重心放在民俗宗教的祖織與活動，詳盡描述德教會濟新閣的活動。[75]這是 1950 年代以來，研究東南亞華人唯一一本以中文寫成的民族誌，也代表台灣學者踏上海外研究的開始。

2.兩大文化夾縫中的華人穆斯林：1980 年代

據陳烈甫指出：「因為馬來為回教民族，生活習慣與華人相異。」[76]伊斯蘭教與華人傳統的宗教信仰差異極大，舉凡生活方式、祈禱禮拜、婚俗、喪葬儀式都不相同。[77]華人視皈依伊斯蘭教是對祖先的背叛，尤其在喪葬方面，伊斯蘭教講求「厚養薄葬」、「速葬」、「土葬」，葬不用棺木，大大違背華人的傳統習俗，甚至還被視為「不孝」。因此，沒有特殊的原因，是不輕言放棄自己的宗教信仰。

1960 年，PERKIM 成立之後，隨即展開對非馬來人的傳教活動，當時為了鼓勵華人入教，而給予皈依者一些好處。直到

74 李亦園，〈馬來亞華人的遭遇與處境〉，《大陸雜誌》37:5（台北：大陸雜誌社，1968 年 9 月 15 日），頁 127-245。

75 李亦園，《一個移殖的市鎮：馬來亞華人市鎮生活的調查研究》，海外華人社會研究叢書之三，（台北：中央研究院民族學研究所專刊，1970 年），頁 210-211。該書亦於 1985 年由正中書局出版。

76 陳烈甫，《東南亞洲的華僑華人與華裔》，頁 279。

77 鄭良樹，〈大馬華人宗教芻議〉，收錄於賴觀福主編，《馬華文化探討》（台北：馬來西亞留台校友會聯合總會出版，1982 年），頁 170-171；黃堯，〈談華人的禮俗問題〉，收錄於賴觀福主編，《馬華文化探討》（台北：馬來西亞留台校友會聯合總會出版，1982 年），頁 225。

1970 年代，的確有些華人是為了獲得經濟利益入教的。事實上，這些人回到家裡，仍然過著他們「原來的」生活，如吃豬肉！拜祖先！拜神祈！在生活上完全沒有絲毫的改變，甚至家裡的人也不知道他們每天生活在一起的人竟然會皈依伊斯蘭教。

自 1980 年以來，「搶屍風波」屢見不鮮。根據《新明日報》資料檔案，自 1980 年開始至 1989 年期間，類似此類事件已發生超過七宗，[78]最後都以「一屍兩葬」收場。這些消息常見於媒體報導，卻不見有學者注意此一問題，即使在 1991 年馬來西亞鬧得最轟動的李紹基案，也一樣被學界忽略。他們常關注的主題仍環繞在華人固有的宗教信仰上。[79]

林廷輝是深入馬華穆斯林學術性研究的第一人。他從五大角度切入，有許多重要的發現：

（1）皈依原因

林廷輝以經驗調查的方法，研究雪蘭莪州的巴生市（也是個港）。文中列舉華人皈依伊斯蘭教的原因及人數，也說明皈依伊斯蘭教的原因。此外，林廷輝認為：「華裔並沒有因改信回教，而直接在工作上或生意上受惠。在一定程度上，他們似乎不被接受為華人，同時也不被接受為巫人。」[80]似乎馬華穆斯林是雙重的邊際人，被主流（馬來人）與第一支流（華人）

78 〈偷皈依回教死不安寧 搶屍案屢見不鮮〉，《新明日報》，1991 年 5 月 8 日。
79 賴觀福主編，《馬華文化探討》（台北：馬來西亞留台校友會聯合總會出版，1982 年），頁 157-233。
80 林廷輝，〈大馬華裔回教徒〉，《愛我華裔文化》（雪蘭莪：馬來西亞青年團結運動總會叢書之一，1982 年），頁 97-117。駱靜山，〈大馬半島華人宗教今昔〉，收錄於林水檺、駱靜山合編，《馬來西亞華人史》，1984 年，頁 443-444；在「不能深入華裔社會的回教」部份，則是引用馬來亞大學的哈山達立（Hassan Talib）和理科大學的林廷輝曾經先後在雪蘭莪州的雙溪威和巴生進行調查的資料。

的社會所共同排斥。

（2）社會的邊際人

其次，三年之後，林廷輝完成了他的碩士論文 “Kajian Tentang Identiti dan Pertubuhan-Pertubuhan Permeluk-Permeluk Agama Islam di Pulau Pinang”。[81]他主要發現：[82]

> 皈依者與馬來人結婚及少與華人接觸，他們被馬來社會接受的程度越高。反之，在日常生活中，如果皈依者還保留原本民族的生活習慣，不與馬來人結婚及不住在馬來人的地區，就不是馬來人。……。而那些伊斯蘭教皈依者如果常以馬來語交談及跟隨馬來風俗習慣，原則上他們是馬來人。

換句話說，Masuk Islam 等於 Masuk Melayu 是附有條件的，那便是與馬來人結婚和跟隨馬來風俗習慣。[83]另外，他也從歷史角度來看一些與馬來居民經常接觸後，便與馬來人通婚，並接受馬來人的生活習俗，而漸漸的同化於馬來社會。[84]這種情形造成非馬來人認為，皈依伊斯蘭教者就成為馬來人或 Masuk Islam 就等於 Masuk Melayu。[85]值得注意的是，林廷輝已發現馬國的矛盾。

---

81 中譯為〈檳城城回教徒社團及特徵研究〉。

82 林廷輝（Hin Fui Lim）, “Kajian Tentang Identiti Dan Pertubuhan-Pertubuhan Permeluk-Permeluk Agama Islam di Pulau Pinang(〈檳城城回教徒社團及特徵研究〉), ” Tesis Yang Diserahkan Untuk Memenuhi Keperluan Bagi Ijazah Sarjana Sains Kemasyarakatan（馬來西亞理科大學碩士論文）, p.219-222。

83 林廷輝（Hin Fui Lim）, “Ambiguity of Identity: The Case of Muslim Converts in West Malaysia,” Ilmu Masyarakat:4，出版地不詳，1983，p.44。

84 林廷輝，〈皈依伊斯蘭教則成為馬來人？〉，《文道月刊》31（1983），1983年8月7日，頁30。

85 林廷輝，〈皈依伊斯蘭教則成為馬來人？〉，頁30。

（3）政治與法律的矛盾

林廷輝指出：「華族的根是在其文化。只要皈依伊斯蘭教的成員繼續保留一些中華文化或參與華人社會的活動，他們還是華人社會的一份子。」[86]精言之，皈依伊斯蘭教的華人，在文化面、社會面都屬馬華穆斯林，但還是不會變成馬來人，華人社會也不會視他們為馬來人。但是弔詭的是，依據《聯邦憲法》第 160 條對馬來人的定義，指出：「1.必須信仰伊斯蘭教；2.習慣說馬來語；3.遵守馬來傳統習俗（Adat Istiadat Melayu）。」[87]馬華穆斯林符合的條件，至少有兩點，但有些人，如 Osman Chuah，[88]三點都符合。但馬國政府竟然仍將 Osman Chuah 排斥在「馬來人」之外。

在〈回教與華人社會〉一文，林廷輝探討：華人皈依的演變，以及華人社會對華人回教徒的態度？對大馬是否為回教國家提出他的看法。在他看來：「回教社會本身對大馬是否成為回教國家的意見不一致，華人社會及政黨將會支持那群認為回教不適合這多元化社會的回教徒。他們將會更合作去減少那股認為大馬應成回教國家的勢力。」[89]此外，林廷輝還認為：「對於華人社會，一個人是否算是華人顯然是以其姓名及文化風俗習慣為基本的衡量。」[90]因此，林廷輝從文化切入，在目前以

86 林廷輝，〈皈依伊斯蘭教則成為馬來人？〉，頁 30。

87 International Law Book Services, *Federal Constitution,* Selangor Darul Ehsan, 2003,p.141.

88 Osman Chuah 副教授，是一位當地伊斯蘭教的皈依者，而且還是深度歸化的華人穆斯林，太太是印度回回，均是虔誠的穆斯林。

89 林廷輝，〈回教與華人社會〉，收錄於《宗教與禮俗論文集》（吉隆坡：馬來西亞雪蘭莪中華大會堂出版，1985 年），頁 133。

90 林廷輝，〈回教與華人社會〉，頁 131。

及未來的一段日子裡，華人社會不能接受馬來西亞成為伊斯蘭教國家。

但是，據筆者在馬來西亞調查發現，目前皈依伊斯蘭教的華人。在文化上，其實已經不再跟隨華人社會的傳統習俗，也離開華人的文化，像 Osman Chuah（蔡福龍）的馬華穆斯林並不在少數。但這些人仍被馬國官方認定為「華人」。因此，林廷輝以文化、風俗、習慣做為華人的基本衡量，是否適合，仍須重新檢驗。

（4）社團活動

第四方面在探討馬國為輔導華人等皈依，所創立的機構：全馬伊斯蘭福利機構。從 1960 年到 1975 年間，該機構對非巫族社會的傳教活動是集中於華人社會。林廷輝在其所著的〈回教與華人社會〉中提到：[91]

> 對華裔社會，真正有系統的回教傳教活動可說是最近的現象。在大馬未獨立前，所有的回教團體只集中在馬來社會傳教。雖然如此，當時也有個別的回教傳教人員向一些華人傳播伊斯蘭教。獨立後，回教在華裔社會的傳教活動真正有系統的進行是一九六〇年「全馬伊斯蘭福利機構（PERKIM）」成立之後。從一九六〇～一九七五年間，全馬伊斯蘭福利機構從事對非巫族社會的傳教活動是集中於華人社會。

到了 1970 年，PERKIM 更積極的在華人社會裡傳播伊斯蘭教教義，希望在五年之內有十萬華人家庭皈依伊斯蘭教。林

91 林廷輝，〈回教與華人社會〉，頁 124。

廷輝指出，從 1976 年開始，PERKIM 希望每年能使五萬人皈依伊斯蘭教，此項目標對準華人，但是到了 1982 年，只有增加了三萬西馬華人皈依了伊斯蘭教。[92]雖然這個數據與原先的計畫差距很大，但確實已經證明，有若干華人已經接受伊斯蘭教。[93]二十世紀，華人社會對皈依回教的態度就有了顯著的轉變，尤其是第二次世界大戰後發生的種族衝突事件，導致華人不鼓勵自己的同胞皈依伊斯蘭教，或所謂的「馬來教」。

（5）**歷史的縱觀**

最後，他會同新婚太太宋婉瑩，從歷史的縱觀切入這個議題。他們根據歷史的記載，馬來西亞華裔皈依伊斯蘭教始於十五世紀華裔定居馬來亞。根據《馬來歷史（Sejarah Melayu）》記載：「中國的漢麗寶公主因要下嫁蘇丹滿速沙（1458 年至 1478 年）而皈依伊斯蘭教，隨她皈依伊斯蘭教的尚有一千名（男女各半）隨從。」[94]

此外，根據學者們的研究，在十五世紀時期，一些華裔為了方便與馬來伊斯蘭教少女結婚而自願皈依伊斯蘭教。不過，日後一些皈依伊斯蘭教的華裔又重回原本的宗教信仰。從十五世紀至十九世紀，華人皈依伊斯蘭教事件大多數是以方便與伊斯蘭教少女通婚為主要因素，不過也有一些華人則為了政治或經濟利益而皈依伊斯蘭教。皈依伊斯蘭教及通婚後，一些華人在生活上有所改變而最終導致他們同化於馬來伊斯蘭教社會。[95]

---

92 林廷輝，〈回教與華人社會〉，頁 124、125。
93 林廷輝，〈回教與華人社會〉，頁 124。
94 林廷輝、宋婉瑩，〈從「華裔女中學生被迫皈依回教事件」談起〉。
95 林廷輝、宋婉瑩，〈從「華裔女中學生被迫皈依回教事件」談起〉。

到了十九世紀末期至二十世紀中期，雖然移民使馬來西亞人口增加，[96]華人皈依伊斯蘭教的人數逐漸增加時期是從 1960 年代開始，這與在 1960 年的馬來西亞 PERKIM 的成立有關，這個機構的重要性是它在有系統的方式下，把伊斯蘭教傳播於華人社會，並希望其中有人皈依伊斯蘭教。在 1970 年代初期，它還希望在其五年計劃內會有成千上萬個華人家庭皈依伊斯蘭教。雖然他們不能肯定這個機構，在華人社會傳播伊斯蘭教教育而導致華人皈依的影響。不過，他們在 1984 年的著作再次指出：「自 PERKIM 成立後共有四萬人皈依伊斯蘭教，其中三萬名為華裔。」[97]

同年，林廷輝、宋婉瑩在其他文章，除了說明華人回教徒的歷史背景外，其餘仍以華人皈依回教之後，他們真的成為馬來人嗎？皈依之後他們的生活如何？對自己文化傳統和風俗習慣保留多少？[98]為探討議題。

1982 年，馬來西亞開啟學院派對皈依伊斯蘭教問題的注

96 十九世紀末從雲南來到馬來西亞丁加奴的七位回回及其後裔發展情形；沙巴有來自天津的王、李、洪、郭等四個姓氏家庭。王樂麗指出：「今日在沙巴有一個小小的華人穆斯林社群，四個姓氏家庭的後代超過 500 位，他們只和當地的穆斯林通婚，所生的孩子沒有華人的姓，也不用 bin 或 binti。」她也作了個案的深度訪談；並且介紹中國回族的穆斯林，如對馬天英的家庭，以及與東姑阿都拉曼成立 PERKIM 的過程與目的，包括對馬天英著作的介紹。參見 Rosey Wang Ma（王樂麗），"Chinese Muslims in Malaysia（〈馬來西亞華人穆斯林〉)," 九十年度東南亞暨東北亞區域研究成果發表會(II)(台北：中央研究院亞太研究計畫，2002 年)，pp.1-36。

97 林廷輝、宋婉瑩，〈從「華裔女中學生被迫皈依回教事件」談起〉。這裡的時間是 1984 年的數據，與〈回教與華人社會〉文中 1982 年的數據不同，若指皈依人數應該 1984 年會略為增加，何況 1982 年只是西馬的華裔人數，顯然 1984 年的數據有誤。

98 林廷輝、宋婉瑩，〈大馬華裔回教皈依者〉，《南洋商報》，1986 年 11 月 11 日。

意，其中 Zainuddin bin[99]Abdulla（柴奴丁・賓・阿都拉）從社會文化角度切入，探討對新皈依穆斯林的問題及解決方法。[100] Fadzilah binti[101] Mustapa（花芝拉・賓迪・穆斯塔發）則是探討聯邦直轄區及周圍新皈依的華人穆斯林所面對的問題。[102]

1985 年，馬來西亞國民大學 Amran Kasimin（阿瑪蘭・歌西明），探討層面很廣，舉凡涉及與皈依有關的問題，幾乎都加以探討。他研究雪蘭莪州及聯邦直轄區新皈依的伊斯蘭教徒，並用馬來文寫成的第一本專書。全書共分八章。[103]第八章研究指出華人穆斯林的叛教情形，並且討論是否需要一部完整的叛教法律。他認為：「阻止叛教最有效的方法，是傳授華回完整的伊斯蘭教教義及關心他們的感受。」[104]因此，Amran Kasimin 對負責管理華人穆斯林的機構提出建議：[105]

> 對華人穆斯林的管理也必須健全，特別是有關這些人的福利與需要。許多華人穆斯林無法履行回教教義，是因為他們無法領會回教。

---

99 Bin，指「兒子」之意。

100 Zainuddin bin Abdulla（柴奴丁・賓・阿都拉），“ Masalah masalah saudara baru dan cara mengatasinya（〈新教胞所面對的問題與解決方法〉），” Seminar Dakwah Saudara Saudara Baru, Jawi-Perkim, 1982.

101 Binti，指「女兒」之意。

102 Fadzilah binti Mustapa（花芝拉・敏迪・穆斯達巴），“Saudara baru keturunan Cina di Wilayah Persekutuan dan sekitarnya: Satu Kajian Mengenai Masalah Masalah Yang Dihadapi dan Penyelesaiannya（〈在聯邦直轄區及周圍新皈依的華裔穆斯林：一個有關所面對問題及解決方法的實驗〉），” 馬來西亞大學, 1987。

103 Amran Kasimin（阿瑪蘭・歌西明）, *Saudara Baru Cina di Wilayah dan Selangor*（《在雪蘭莪州及聯邦直轄區新皈依的伊斯蘭教徒》），出版地不詳，1985 年。

104 Amran Kasimin, *Saudara Baru Cina di Wilayah dan Selangor,* p132.

105 Amran Kasimin, *Saudara Baru Cina di Wilayah dan Selangor,* p132.

此外，Amran Kasimin 也提到研究上的困難：「沒有完整的資料，欲得到準確的資料並不容易。」他只能透過 PERKIM 所提供的皈依伊斯蘭教的教徒資料，交代全馬來西亞皈依伊斯蘭教的人口數。Amran Kasimin 是當地人，就已面臨這樣的困難，外地人更不用說。

（五）華人皈依與現代馬來西亞：1990 年代[106]

1990 年代，有關馬華穆斯林問題的研究成果，在馬來西亞除了林廷輝夫婦與 Osman Chuah（蔡福龍）之外，還有 Shamsul、Rosey Wang Ma（王樂麗）、Chee Beng Tan（陳志明）等；在台灣有蔡源林、李寶鑽及筆者也注意到這個問題。在中國大陸方面，如田英成、張禹東、廖大珂、范若蘭等多位學者也開始研究。

1.馬來西亞

國際伊斯蘭大學 Osman Chuah 副教授，[107]博士論文第三章對馬來西亞民族情況的簡單概述、馬來西亞皈依的穆斯林的陳規與族群互動、雪蘭莪州的宣教組織及其角色；[108]第四章為針對 200 位華人皈依者作深度訪談，大多在 PERKIM 作的問卷，作為分析皈依者的背景；第五章談論華人皈依者與華人與馬來人的互動；第六章分析華人皈依者與馬來人的整合與同化；第七章則是說明華人生活習俗被華人皈依者實踐的狀況。最後論述他們的民族認同。

106 鄭月裡，〈馬華穆斯林相關研究述評〉，頁 130-136。
107 馬來西亞大學 1997 年博士。
108 Osman Chuah, "Interaction and Integration of Chinese Muslims," Ph. D. dissertation, Universiti Malaya（馬來亞大學）, 1997.

Osman Chuah 是位皈依的華人穆斯林，住在吉隆坡郊區的 Dalam Kosas，這個社區住的大部分是馬來人，華人很少，而且大多已馬來化。例如鄰居華人道士娶媳婦，邀請社區的人來作客，當天特別準備了桌椅，讓客人坐著吃東西，也沒準備刀叉和筷子，參與的客人都用手抓，習以為常。[109]

Chuah 讀書曾得到宗教局幫助，也擔任過馬來西亞華人穆斯林協會（Malaysian Chinese Muslim Association，簡稱 MACMA）委員，與宗教部門關係良好，所需資源易於取得。他的論文引用的很多西方概念。在研究方法上，採用問卷、訪談、參與觀察等多種質性與量化方法，偏向社會人類學的分析研究。唯缺乏脫教、撫養、搶屍風波的個案探討。

馬天英的媳婦 Rosey Wang Ma，她的碩士論文研究華人皈依伊斯蘭後產生的困境，以及該如何輔導，共有五章：[110]首先是歷史背景敘述；其次介紹伊蘭傳入中國時間及路線、伊斯蘭在中國唐宋時期的傳播、穆斯林在中國的地位、中國穆斯林的特性與文化、馬來西亞華人穆斯林的身份歸屬問題、以及馬來西亞媒體對中國穆斯林的介紹等；再次論述改宗議題、入教華人的背景資料、入教的原因與面對的問題、風俗與文化的涵化與同化。分析 56 份問卷調查資料與訪談所得之發現與結果。理論方面則是應用「邊緣」、「同化」、「涵化」理論。

---

109 鄭月裡訪問，吉隆坡報導人 OC（即 Osman Chuah）先生口述，2005 年 1 月 17 日。

110 Rosey Wang Ma（王樂麗）, "Difficulties Faced by Chinese Muslim Converts in Malaysia and The Need to go Through Education and Counseling to Overcome the Problems（〈馬來西亞皈依華裔穆斯林所面對的困難及必需通過教育和輔導克服問題〉）," Master dissertation, Universiti Islam Antarabangsa Malaysia（UIAM）（國際伊斯蘭大學），1997。

訪問對象沒有註明時間和地點，她以 PERKIM、JAWI（Jabatan Agama Islam Wilayah, 直轄區宗教事務局）等組織作為協助皈依者的機構，卻缺乏極為重要的 MACMA；文獻史料不足，導致歷史背景敘述簡單；沒有分析馬華穆斯林和馬來人與華人的互動情形，僅以回收的 56 個樣本作為統計混居、馬來人多或華人多的社群人數及百分比；以聯邦地區、雪蘭莪州、柔佛州為調查與訪談的主要範圍，但未見各州皈依華人的人口數及增減情形。

林廷輝與宋婉瑩繼續追蹤何謂「馬來人」？他們共同探討華人皈依伊斯蘭教之後，是否真的成為馬來人、皈依伊斯蘭教的原因，以及皈依後的生活情形、對自己的文化傳統和風俗習慣保留了多少？[111]作者提到：「1970 年新經濟政策的實行。導致一些華人，為了謀取或分享一些政府的利益而皈依回教，希望與土著一起享有某種特權。」[112]認為華人皈依伊斯蘭教的原因有：「社會經濟（1979-1980 最多）、方便通婚（1981-1983 最多）、敬仰回教價值、馬來朋友的影響、家庭問題。此外，有些對自己的宗教認識不深，甚至有些根本沒有宗教信仰者，導致容易被游說皈依回教。」[113]現在華人皈依伊斯蘭教的原因大多數仍是為了通婚。

在傳統上，許多與馬來族通婚皈依伊斯蘭教後的華人，多

111 林廷輝、宋婉瑩，《華人社會觀察》（吉隆坡：十方出版社，1999 年），頁 81。

112 林廷輝、宋婉瑩，《華人社會觀察》，頁 83。馬來西亞新經濟政策實行於 1971 年，並非作者所言的 1970 年。

113 林廷輝、宋婉瑩，《華人社會觀察》，頁 84。

多少少接受了馬來文化及風俗習慣。[114]而那些真正伊斯蘭教化及馬來化的華人穆斯林，依照大馬憲法規定，馬國政府並不把馬華穆斯林當作馬來人。

Haji Mohideen bin Mohamed Ali 也提到馬來西亞華人的皈依問題，但只有 19 頁到 20 頁兩頁。[115]內容敘述過於簡單。國民大學的 Anuar bin Putehm 僅探討吉隆坡皈依伊斯蘭教的華人新教胞。[116]內容提到華人皈依的原因、人口數、及輔導機構。

以上 6 人，可以說是專攻此一主題的學者，其他人則間接提及。Chee Beng Tan（陳志明）在 1997 年也注意到馬華穆斯林問題，他曾到沙巴做田調，並發表一篇文章。提到：「1973 年左右信仰伊斯蘭，當時沙巴首席部長推動伊斯蘭政策，只要信仰伊斯蘭教後就有做木材的特權，後來取消，就退出伊斯蘭信仰。」[117]由此可見，經濟利益在當時是皈依伊斯蘭教的主要因素。

一般而言，華人提到皈依伊斯蘭教的想法，就要變成馬來人。何國忠指出：「馬來人文化和華人文化有許多相對立的地方。在華人的觀點，伊斯蘭教和中華文化是格格不入的。例如，伊斯蘭教教義規定信徒不准吃豬肉，而豬肉卻是華人的重要食

114 林廷輝、宋婉瀅，《華人社會觀察》，頁 90。

115 Haji Mohideen bin Mohamed Ali, "Muslim Converts in Malaysia: Do we make them feel comfortable?" *Islamic Herald,* Vol. 15. No.1, 1994, pp.19-20.

116 Anuar bin Putehm, "Program Peningkatan Kefahaman Islam Saudara Baru Cina di Kuala Lumpur（〈了解吉隆坡的華裔新教胞〉）, " 馬來西亞國民大學（UKM）學士論文, 1999，pp.1-148.

117 Chee Beng Tan（陳志明）, "The Northen Chinese of Sabah, Malaysia: Origin and Some Sociocultural Aspects, "《亞洲文化》, 2（1997）, pp.26-33.

物。對皈依華人，華人有所謂『進番』的形容。」「進番」即是成為馬來人了。[118]華人極為擔心會受到同化。

而蘇慶華專攻華人宗教信仰類別及數量，雖有一篇文章提及 1970、1980、1991 年（包含伊斯蘭教）的統計，但只有總量，缺乏各州的部分。[119]另有一篇文章討論獨立後馬來西亞華人宗教的發展，提到華人的佛教、民俗宗教（崇祀黃老仙師的慈忠會廟群）、德教[120]、日蓮正宗[121]、一貫道[122]、社區祭祀活動等的發展情形，[123]卻忘了華人皈依的「伊斯蘭教」。

2.台　灣

2006 年，台灣學者政大助理教授蔡源林首次在一場學術研討會中提到，1991 年李紹基家屬的「爭屍案」。[124]這件案子後

118 何國忠，〈獨立後華人文化思想〉，收錄於林水檬、何啟良、何國忠、賴觀福等編，《馬來西亞華人史新編》（第三冊第十八章）（吉隆坡：馬來西亞中華大會堂總會，1998 年），頁 61。

119 蘇慶華，〈獨立前華人宗教〉，收錄於林水檬、何啟良、何國忠、賴觀福等編，《馬來西亞華人史新編》（第三冊）（吉隆坡：馬來西亞中華大會堂總堂，1998 年），頁 420-423。

120 自 1950 年代開始傳入馬來西亞的德教，經歷二十餘年的發展，迄 1970 年代初已衍化出陳志明所歸類的紫系、濟系、贊化系、振系、及其他派系 5 個系統。參見蘇慶華，〈獨立後華人宗教〉，收錄於林水檬、何啟良、何國忠、賴觀福等編，《馬來西亞華人史新編》（第三冊），頁 455。

121 馬來西亞佛教日蓮正宗於 1960 年代中期傳入大馬半島北部的檳城，1991 年改稱「馬來西亞創價學會」，一直以來都獲得國際創價學會（Soka Gakkai International，簡稱 SGI）的支持，並與之保持密切的關係。參見 Ong Swee Li, "Kajian Sosiological Agama Nichiron Shosha Buddhisme," Latihan Ilmiah B. A., Jabatan Antropologi dan Sosiologi, Kuala Lumpur: University Malaya, 1988/1989, p.44.

122 於 1940 年代末由寶光組的呂文德自廣東省的潮州傳入馬來亞。

123 蘇慶華，〈獨立後華人宗教〉，頁 419-469。

124 蔡源林，〈大馬華社的伊斯蘭論述之分析，1980-1990：一個後殖民文化認同政治之個案〉，「印尼與馬來西亞的宗教與認同：伊斯蘭、佛教與華人信仰習俗」研討會（台北：中央研究院亞太區域研究專題中心，2006 年），頁 22-24。

來因伊斯蘭教理事會，無法出示死者生前皈依伊斯蘭教的具體證據，而死者遺孀也有足夠的證據，可以證明她過世的丈夫不是穆斯林，最後由死者家屬領回屍體火葬。[125]直轄區理事會不服上訴，仍遭最高法院駁回，判決「李紹基」是一名佛教徒，[126]纏訟了三年的官司到 1994 年 4 月才平息。這也是馬來西亞歷史上第一件伊斯蘭教與佛教搶屍的案件。因此格外引人注意。[127]

1997 年，研究生李寶鑽[128]在碩士論文提出，華人皈依伊斯蘭教不多的原因有：1.華人對伊斯蘭教教義認識不深，華人視「回教（伊斯蘭教）」為「馬來人的宗教」；2.華人即使皈依伊斯蘭教，並不代表與馬來人（bumiputra）享有同等的權利；3.華人對回教產生強烈的排他性，華人將回教視為「馬來教」。在他看來，大馬華人皈依回教的因素，如欣賞聖潔的回教教義、和回教徒結婚、為了取得經濟利益等。[129]對於伊斯蘭教，他認為馬來西亞華人向來採取「可以容忍，但不能接受」的態度，頗有見地。

3.中國大陸

1996 年，中國大陸學者也開始注意馬華穆斯林的問題。現為泉州華僑大學副校長張禹東，從社會（幾千個社團）、政治、

125 〈爭屍案判決 — 李紹基是佛教徒　遺孀領屍體火葬〉，《南洋商報》（1991 年 6 月 1 日）；〈李紹基重演歷史　搶屍案華社殷鑑〉，《中國報》（1991 年 6 月 3 日）。

126 〈法院駁回直轄區回教理事會上訴　李紹基是佛教徒〉，《星洲日報》（1994 年 4 月 15 日）。

127 不過，「搶屍風波」到目前仍持續發生，其身分也不限於華人。

128 臺灣師範大學歷史研究所碩士。

129 李寶鑽，〈馬來西亞華人涵化之研究 — 以馬六甲為中心〉（台北：臺灣師範大學歷史研究所碩士論文，1997 年），頁 88-89。該論文獲郭廷以先生獎學金補助，於 1998 年 10 月，由國立臺灣師範大學歷史研究所出版。

經濟、文化（華人傳統文化）等多層面來探討華人在馬來西亞社會發展中的地位和作用，以及馬來西亞推行伊斯蘭化、馬來化對華人社會、華人宗教文化的影響。[130]

三年之後，張禹東又在另一篇文章指出：「馬來西亞華人宗教信仰的特徵有四：多元性與複雜性、華人傳統宗教的主體性、功利性與實用性、融合性與開放性。」[131]並且認為：「華人宗教文化在馬來西亞多元化社會仍將得以保存、延續和發展，華人中的伊斯蘭教徒可能有所增加，但數字仍不會太大。」[132]

任職廈門大學南洋研究所副研究員的廖大珂，他在 1997 年發表的文章中，介紹伊斯蘭教傳入中國的時間，以及華人穆斯林大規模遷移海外的時間與原因，以及東南亞華人穆斯林社區的發展（包含舊港、馬六甲、杜板）。並指出：「全馬六甲的清真寺，都是仿效中國清真寺的式樣而建築的。」[133]作者所言並不全真。事實上，據筆者經驗所及，並非馬六甲的清真寺都仿效中國的清真寺。

1998 年，中山大學東南亞研究所的范若蘭發表了兩篇文章。一篇是參考馬來西亞林廷輝 1980 年在雪蘭莪州，調查華人

---

130 張禹東，〈馬來西亞的「伊斯蘭化」運動對華人及其宗教文化的影響〉，《華僑華人歷史研究》，4（1996），頁 25-31。

131 張禹東，〈馬來西亞華人宗教文化〉，收錄於高偉濃、石滄金，《中國的華僑華人研究（1979-2000）— 對若干華僑華人研究期刊載文的摘評》，2002 年，頁 203。原載《華人華僑歷史研究》，1（1999），頁 65-71。

132 張禹東，〈馬來西亞華人宗教文化〉，頁 203。原載《華人華僑歷史研究》，頁 65-71。

133 廖大珂，〈早期的東南亞華人穆斯林〉，《華僑華人歷史研究》，1（1997），頁 30-35。

皈依伊斯蘭教原因的資料撰寫而成。[134]儘管完全沒有自己的參與觀察或深入訪談的一手資料。但卻是注意到馬來西亞華人穆斯林問題的學者。另一篇文章則說明馬來西亞伊斯蘭教復興運動的起源（1969 年五一三事件）、馬來西亞伊斯蘭教復興運動的組織（ABIM 成立於 1969 年、澳爾根組織成立於 1968 年、PERKIM 成立於 1960 年）及特點，並指出：「這些組織的作用均被政府限制在一定的範圍內。」[135]這些機構的共同點在於積極宣傳伊斯蘭教，只不過方式、對象稍有不同。不過，據筆者近年來七次赴馬來西亞田調所知，PERKIM 至今仍是馬來西亞合法且重要的宣教機構之一。

繼范若蘭之後，陳玉龍進一步介紹 PERKIM 成立的宗旨及其組織、內容。同時也提到教學的部分，他說：「根據學生的來源分別用漢語、英語、泰（淡）米爾語為他們授課。」[136]這與筆者實地調查不同，現在 PERKIM 授課語言大多以馬來語、英語為主，僅有兩個班分別用華語和淡米爾語教學。

而廖小健則是論述馬華社會的人口、家庭及宗教信仰等方面，在她看來：「信奉基督教的華人會持續增多，華人改信伊斯蘭教者不多。」[137]相較於其他民族，華人皈依伊斯蘭教者仍

---

134 范若蘭，〈當代馬來西亞華人與伊斯蘭教關係略論〉，《東南亞學刊》，1（1998）。

135 范若蘭，〈馬來西亞伊斯蘭教復興運動試析〉，《東南亞研究》，1（1998），頁 10-13。

136 陳玉龍，〈馬來西亞伊斯蘭福利協會簡介〉，《中國穆斯林》，2（1999），頁 42。

137 廖小健，〈馬華社會面面觀〉，收錄於高偉濃、石滄金，《中國的華僑華人研究（1979-2000）── 對若干華僑華人研究期刊載文的摘評》，2002 年，頁 432-433。原載《八桂僑史》，4（1999），頁 57-61。

然較少。

（六）走出多元「融合」或「並存」的範例：二十一世紀[138]

根據目前所蒐集的資料顯示，對馬華穆斯林的問題，只有兩個地區有研究。

在馬來西亞，除了林廷輝及其團隊之外，還有 Rosey Wang Ma（王樂麗）、Chee Kheung Lam（林煜堂）等；台灣也有多位從事馬華穆斯林的研究，如陳鴻瑜、麥留芳、朱浤源、蔡源林及筆者，分別探討生活習慣、皈依命名、皈依問題等。

1.馬來西亞

林廷輝以比較宏觀的視角分析新村的問題。探討新村人口增長和人口流動的現象，以及人口變遷引起的多種問題。涉及層面包含土地、人口外流、孩子教育、家庭與社會、貧窮和老年人的問題等。[139]

一年之後，林廷輝、方天養合作研究馬來西亞新村的社會、文化與宗教習俗，傳統節日與宗教信仰。他們把新村宗教場所的「回教堂」、「回教祈禱堂」（surau）、華人寺廟，興都廟及基督教堂的數量作統計。並且評估新村未來十年墳地不足的數據。[140]另外，對穆斯林慶祝開齋節、興都教徒慶祝屠妖節也有簡略的說明。

---

138 鄭月裡，〈馬華穆斯林相關研究述評〉，頁 136-142。

139 林廷輝，〈馬來西亞新村人口：變化與問題〉，收錄於文平強主編，《馬來西亞華人人口驅勢與議題》（吉隆坡：華社研究中心，2004 年），頁 163-176。

140 林廷輝、方天養，《馬來西亞新村 — 邁向新旅程》（馬來西亞：策略分析與政策研究所，2005 年），頁 121-123。

王樂麗指出：「1980 到 1987 年華人皈依伊斯蘭教的主要因素是結婚。[141]1996 年除了結婚仍為皈依的因素外，諸如與馬來社會交往、透過閱讀和觀察、馬來朋友的介紹、不滿家庭的氣氛、分享別人神聖啟示的經驗等，都是皈依的因素。」她也說明入教（皈依）的程序：（1）向各州的宗教局或宗教機構申請；（2）兩個證人；（3）登記；（4）選一個穆斯林的名字。[142]

但是，王樂麗的說法與筆者 2005 年一月訪問吉隆坡直轄區宗教師 Asniza binti Ahmad 所言有些出入。Asniza 小姐告訴筆者入教的條件，除了向各地的宗教局或宗教機構申請外，必須準備：（1）兩張照片；（2）兩個證人（馬來人、穆斯林、鄰居）；（3）填表格；（4）唸《古蘭經》，宣誓「作證詞」，18 歲以下要發誓，皈依出於自願，沒有被強迫；（5）給予新教胞一張「臨時卡」，這張卡不可用來結婚，可作為改名用；（6）一定要學習三個月後，才可以取得「正式卡」。[143]

此外，對華人穆斯林皈依的特徵及人口統計，王樂麗亦提到，早期皈依伊斯蘭教者，大多是經濟貧窮與教育水準低落。後來，皈依者教育、社會、職業地位提昇。過去男性皈依者比女性多，現在女性也逐漸增加，而且年齡有下降的趨勢。

---

141 Rosey Ma（Wang Le Li,王樂麗）, "Chinese Muslims in Malaysia（〈馬來西亞華人穆斯林〉）," Anthropology I：Overseas Chinese and Indigenous People Ethnic Relations in Overseas Chinese Societies（人類學組 I：華人與土著：海外的族群關係，中央研究院第三屆國際漢學會議論文），（Taipei：Academia Sinica, 2000），共 23 頁。作者名字有時使用 Rosey Ma, 有時使用 Rosey Wang Ma, Rosey Ma,與 Rosey Wang Ma 為同一人。

142 Rosey Ma（王樂麗）, "Chinese Muslims in Malaysia," 中央研究院第三屆國際漢學會議論文，（台北：中央研究院，2000 年），共 23 頁。

143 鄭月裡訪問，吉隆坡直轄區宗教師 Asniza binti Ahmad 口述，2005 年 1 月 20 日。

關於華人皈依後與其他族群的互動，王樂麗從（1）與馬來人的關係；（2）與一般華人的關係等兩方面來說明。與馬來人的關係，王樂麗指出，馬來人對於華人皈依伊斯蘭教的懷疑，主要因素：①歷史上因為兩個民族間的憎惡以及英國殖民統治帶來區分的政策；②馬來人錯誤認為，華人皈依伊斯蘭教自認為擁有「土著」的地位，其意是「土地之子」；③馬來人懷疑華人皈依伊斯蘭教是利益所誘，像是取得若干土地所有權、獲取救濟金、憑藉執照去經營只有穆斯林才能經營的商業；④馬來人認為華人皈依伊斯蘭教並不足以令人完全信賴，如他們的不虔誠，不實踐馬來人的生活習慣等；⑤大多數馬來人忘了伊斯蘭是宇宙的宗教，堅持伊斯蘭教是他們獨有的宗教，靠著他們的語言和生活方式，認為他們才是真實的、最好的穆斯林。

至於與一般華人的關係，王樂麗說：「華人皈依伊斯蘭教往往遭受家人的反對。」她也用了三個個案來說明。①有一位女孩因結婚而皈依伊斯蘭教，她的媽媽不願跟她講話，當她的媽媽發現這位女兒與其他的兄弟姊妹聯絡時，就以「不給金錢」威脅兄弟姊妹，於是他們就不再聯絡了。②一位皈依者的父親在華文報紙上看到女兒皈依的消息後，非常生氣，隨即和他的女兒脫離父女關係。③一位女孩子皈依，在她父親過世時，去到墳墓也被家人要求離開。

此外，王樂麗還指出，語言的溝通與閱讀資料，對年齡較大者而言，確實相當困難。因為他們受的是華文教育，不懂馬來文。再者，很少資料是用中文寫的，而宗教機構開設的班級又大多數是用馬來文和英文教學的，學習上備感困難，導致他們不瞭解伊斯蘭。王樂麗對半官方及非官方的宗教輔導機構，如：PERKIM、RISEAP（Islamic Associaton for Southeast Asia and Pacific）、伊斯蘭中心、JAKIM（Jabatan Kemajuan Islam Malaysia）、MACMA 等也有詳細的介紹。[144]

東馬古晉學者林煜堂主要以馬來西亞華人穆斯林人口統計為議題，從 1970 到 2000 的華人穆斯林人口數及所佔百分比，包括大馬穆斯林人口佔馬來西亞總人口的百分比、大馬華人穆斯林總數佔華人總人口數的百分比、大馬各州華人穆斯林佔各州華人總人口的百分比、並且從 94 份有效問卷，透過性別及年齡層的數據，可以清楚知道女性穆斯林比男性穆斯林來得多。[145]但沒有分析何種原因造成，筆者認為這是因通婚需要所致，華人女性嫁馬來人為多。

2 年之後，他以砂拉越為研究範圍，說明從 1960 到 2000 年華人在砂拉越移入與遷出的狀況，還有年齡、性別的結構。另有鄉村與都市華人信仰宗教的數目與百分比，[146]以及 1960～2000 年砂拉越族群的人口結構。採量化與質性研究方法，透過他的研究，可以了解華人及各族群在砂拉越的人口變化。

另有其他著作，如 Shakirah bt. Mohd. Annuar，探討檳城皈依伊斯蘭教的原因、面對的困難、以及宗教局輔導皈依者的課

144 Rosey Wang Ma（王樂麗）, "The New Chinese Muslims in Malaysia（〈馬來西亞新華人穆斯林〉）," 九十年度東南亞暨東北亞區域研究成果發表會（II），（台北：中央研究院亞太研究計畫，2002 年），pp.28-32。
145 林煜堂（Lam Chee Kheung）, "The Demographic Characteristics of Chinese Muslims in Malaysia," 九十年度東南亞暨東北亞區域研究成果發表會（II），（台北：中央研究院亞太研究計畫，2002 年），p.10。
146 林煜堂（Lam Chee Kheung）, "Demographic Change of the Chinese in Sarawak, 1960-2000," Institude of East Asian Studies, Universiti Malaysia Sarawak, Sarawak: Malaysia, 2004, p.17.

程；[147]Rosmani bt. Hussin 在吉蘭丹的伊斯蘭教調查研究，對象包含華族及其他族群皈依者的問題；[148]Zlina bt. Mohd. Zait，僅論述柔佛州華裔皈依伊斯蘭教後的挑戰。[149]以上三篇均為馬來西亞國民大學學士論文，探討皈依伊斯蘭教後所面臨的問題與挑戰是這幾篇論文共同的特色。Shamsul 教授談論東南亞族群、認同與宗教問題時，指出：「伊斯蘭教符合馬來人的身份。」[150]Osman Chuah 則是探討馬來西亞華人社會面對傳教的挑戰與困難。[151]他發現，華人社會比較無法接受伊斯蘭教，因此傳教就顯得困難許多。

2.台 灣

蔡源林首開台灣研究此類問題的風氣。[152] 6 年後在〈大馬華社的伊斯蘭論述之分析，1980-1990：一個後殖民文化認同政治

---

147 Shakirah bt. Mohd. Annuar, "Permahaman Islam di Kalangan Saudara Kita di Negeri Pulau Pinang (〈我們在檳城的教胞對回教的了解〉)," 馬來西亞國民大學（UKM）學士論文，2002 年。

148 Rosmani bt. Hussin, "Modul Bimbingan Saudara Baru: Kajian di Jabatan Hal-Ehwal Agama Islam Kelantan (〈新皈依的回教徒教導模式：在吉蘭丹伊斯蘭教局的調查研究〉)," 馬來西亞國民大學（UKM）學士論文，2003 年, pp.1-98.

149 Zlina bt. Mohd. Zait, "Cabaran Saudara Cina Terhadap Penerimaan Islam: Kajian di Negeri Johor (〈華裔新教胞接受回教的挑戰：柔佛的研究〉)," 馬來西亞國民大學（UKM）學士論文, 2005 年, pp.1-90.

150 Shamsul A.B., "Identity Construction, Nation Formation, and Islamic Revivalism in Malaysia: Politics and Religious Renewal in Muslim Southeast Asia〈東南亞穆斯林的政治與宗教的復甦〉", Honolulu: University of Hawaii Press, 頁 207-215.

151 Osman Chuah, "Cabaran dan Peluang Dakwah di Kalangan Masyarakat Cina di Malaysia. (〈馬來西亞華人社會面對的傳教挑戰與機會〉)," Fakulti Kepimpinan dan Pengurusan Kolej Universiti Islam Malaysia Seminar Kebangsaan, 2004, pp.1-24.

152 蔡源林，〈馬來西亞伊斯蘭國教化的歷史根源〉，收錄於蕭新煌主編，《東南亞的變貌》（台北：中央研究院東南亞區域研究計畫，2000 年），頁 153-186。

之個案〉中，以宏觀的角度，並具歷史動態性的方式來看待近二十年華人文化認同的重要轉變，針對近二十年來華人，對伊斯蘭所建構的公共論述，以四個重要的伊斯蘭事件加以分析，[153]深入探討宗教如何成為大馬的文化認同政治關鍵性的重要環節。[154]此外，該篇文章後面附有 2004 年國家統計局對宗教與族群的統計表，以及從 1980 到 1990 華文報紙伊斯蘭十大新聞的數量表，[155]而從後者明顯可以看出，這是作者花了很大的功夫所作出的統計，實屬不易亦極具學術上的參考價值。

陳鴻瑜教授指出：「華人具有強烈的文化認同感。」他們即使入了籍，也難忘情於母國；他認為：「華人同化問題與族群大小無關，宗教信仰是影響同化的最主要因素。印尼和馬來西亞土著信仰回教，華人信仰回教者少，通婚者就很少。」[156]此外，華人自視文化程度很高，是使用筷子進食的民族，而視當地土著為「蕃」，土著大都用手進食，華人和土著在一般生活習慣上也有很大的差異，互相通婚的情形很少。[157]

麥留芳專門研究命名的問題，他有幾項發現：

---

153 1989 年雪州伊斯蘭行政執行法（The Syariah Administration Law of Selangor）事件、1991 年李紹基家屬「爭屍案」、1994 年澳爾根（Darul Arqam）教團取締事件、丹丁兩州伊斯蘭刑法事件。

154 蔡源林，〈大馬華社的伊斯蘭論述之分析，1980-1990：一個後殖民文化認同政治之個案〉，「印尼與馬來西亞的宗教與認同：伊斯蘭、佛教與華人信仰習俗」研討會，（台北：中央研究院亞太區域研究專題中心，2006 年），頁 32-34。

155 蔡源林，〈大馬華社的伊斯蘭論述之分析，1980-1990：一個後殖民文化認同政治之個案〉，頁 22-41。

156 陳鴻瑜，〈東南亞華人的未來及困境〉，《東南亞政治論衡（二）》（台北：翰蘆圖書出版有限公司，2001 年），頁 75。

157 陳鴻瑜，〈東南亞華人的未來及困境〉，《東南亞政治論衡（二）》，頁 75。

（1）皈依與命名（加上 bin 或 binti 以及教名）

馬來西亞政府於 1983 年以前，曾允許所有皈依者棄舊名另取新名，當時我們可以從置名男：bin Abdullah 或女：binti Abdullah 辨認出其皈依身份。[158]

（2）anak 的用法

在砂拉越，人們通行用的則是「anak」（即「孩子」之意），anak 適用於男女雙性，是 bin 也是 binti。[159]

（3）馬、華、印三族的比較

在馬來半島，汶來與新加坡，馬來 — 穆斯林式的「（子）本名 — （父）本名」系統依然佔據強勢地位，而華裔與印度裔皈依者，仍依傳統習慣，採行「本名－姓氏」命名系統。[160]

（4）再論土生華人的命名

土生華人的命名並不一致，某些人採用「本名 — 姓氏」系統，有些人選擇「本名 — 本名」。[161]麥留芳同時也對印尼的命名作詳盡的解析。

作者於 2000 年開始，因參與中研院東南亞區域研究計畫，與朱浤源、王樂麗共同探討馬來西亞華人信奉伊斯蘭教的發展過程。[162]這是筆者第一次接觸馬華穆斯林的問題。也到馬來西

---

158 參麥留芳，《島嶼東南亞人名與稱謂》（台北：中央研究院亞太區域研究中心，2003 年），頁 56，略予增補。

159 麥留芳，《島嶼東南亞人名與稱謂》，頁 36。

160 參麥留芳，《島嶼東南亞人名與稱謂》，頁 31，略予增補。

161 麥留芳，《島嶼東南亞人名與稱謂》，頁 67。

162 朱浤源、王樂麗、鄭月裡（參與中研院東南亞區域研究計畫合著），〈「融合或衝突？馬華伊斯蘭近代發展初探」簡介〉，《漢學研究通訊》19:2（2000）（總號第 74 期），頁 219-235。

亞作田調（同時收集馬天英的資料）。[163]五年之後，重新深入瞭解馬華穆斯林的宗教思想，[164]探討華人皈依伊斯蘭教的原因，把多次到馬來西亞田野調查實地訪談所獲得的第一手資料，寫成文章並發表。[165]2006 年，發現馬來西亞華人穆斯林有些則是吸收了伊斯蘭文化，有些仍保留著華人部份的傳統文化。形成一種兼具「馬來化伊斯蘭」和「華人伊斯蘭」的混合文化現象。[166]

綜觀以上所述，研究者探討的議題越來越廣，論述的方法也從第一個時期僅用的歷史文獻，進到兼具實證研究與質性分析，可見研究方法愈加細膩（參見表 0-2）。[167]

最後，值得我們注意的是，皈依伊斯蘭教後的華人，雖因生活方式上有所改變，也說馬來語，但並不因為這樣的改變，而完全拋棄自身的傳統。這個在華人眼中的「傳統文化」、「風俗習慣」，在馬來人看來就是「非我族類」。也因此，他們的「種族」（民族）屬性，至今仍為馬來人所排斥。但是，目前在馬華穆斯林身上所處的五種文化，似乎沒有發現彼此明顯的衝撞，只有因人因地制宜的混雜的現象。但是在這些混雜之中，馬華穆斯林是否走出共同的新特色，還有賴進一步的研究。

---

163 鄭月裡，《馬天英與馬來西亞：1939-982》（台北：中央研究院亞太區域研究中心，2003 年），共 25 頁。

164 鄭月裡，〈中國傳統與馬來西亞華人伊斯蘭信仰〉，收錄於夏誠華主編，《海外華人研究論文集》（新竹：玄奘大學海外華人研究中心，2005 年），頁 55-87。

165 鄭月裡，〈中國傳統與馬來西亞華人伊斯蘭信仰〉，頁 55-87。

166 鄭月裡，〈馬來西亞華人穆斯林的馬來化〉，收錄於夏誠華主編，《新世紀移民的變遷》（新竹：玄奘大學海外華人研究中心，2006 年），頁 227-271。

167 鄭月裡，〈馬華穆斯林相關研究述評〉，頁 145-146。

表 0-2：學界馬華穆斯林論述分類簡表

時段／分析焦點／論述面向／論述重點		1：鄭和下西洋前後	2：被殖民時期	3：二次戰後	4：建國後	5：一九九〇年代	6：二十一世紀
		多元並存中繁榮的前近代	拜里米蘇拉以後	中國內戰與「回民」移入	徘徊在族群夾縫中	華人皈依與現代馬來西亞	走出多元融合或並存的範例
方法	質性研究	史書分析	史書分析	史書、史料分析	報章、史書、史料分析	深度訪談 報章、史書、史料分析	深度訪談 報章、史書、史料分析
	量化分析		田野調查 人口統計	田野調查 人口統計	人口統計	田野調查、問卷調查、人口統計	田野調查、問卷調查、人口統計
種類	對象	馬六甲回、華回等	葡萄牙、荷蘭	馬來人、華人、印度人、馬天英	華人、皈依穆斯林	移入回民	新村、華人皈依者
	人數		伊斯蘭教教徒 3,443 基督教徒 30,738	人口：男女比例	移民人口	人口統計	人口統計
	地點	馬六甲、登嘉樓、吉蘭丹、霹靂、吉打、彭亨		馬來亞	柔佛麻坡、馬來西亞	雪蘭莪、沙巴、吉隆坡、馬六甲、馬來西亞	吉隆坡、雪蘭莪、彭亨、馬六甲、柔佛、丁加奴、吉蘭丹、砂拉越、沙巴、東南亞
核心	綜合性	多語社會		多族社會	移民史	移民史、宗教發展、馬來化、皈依原因	皈依原因與條件
	文化		中式與歐式建築		語文、教育、生活習慣	觀念、移民史、傳統文化、清真寺建築	教育、認同、生活習慣、皈依命名
	社會		華人街、華人村	移民	民俗、宗教、皈依	馬華互動、認同、	家庭、回教堂（清真

議						習俗、信仰分類、家庭、社區發展	寺）、回教祈禱堂（surau）、寺廟、教堂、墓地、墓碑、老人、新村、習慣、族群、爭屍、融合與衝突
題	經濟		華僑		錫礦、職業	政策與皈依經濟行為	貧窮、職業
	政治				公民權、社團、機構、法律	組織、機構、社團、公民權	

註：史書有可能是一手資料，史料也有可能是二手資料。但此表以史書為二手資料，以史料為一手資料。

三、研究定義、假設與問題

（一）研究定義

「文明」與「文化」兩個詞均源自西方的概念。在 20 世紀的中文世界裡 culture 被譯為「文化」，civilization 被譯為「文明」。對於 culture、civilization 兩個字，一般流行說法大致有二：一為傳統學術的說法；另一為西方現代流行的說法。

1.傳統學術的說法

由於人類學及其他社會科學的發展，以致文化之定義大增。「文化」一詞於西元 1420 年時，係指「農耕」（husbandry）之意。英文的人類學中將文明用為術語者，最早出現於 1865

年 Edward B. Tylor 的《研究人類的早期歷史和文明的發展》（*Researches into the Early History of Mankind and Development of Civilization*）一書中。6 年後，他對「文化（culture）」下的定義是與「文明」混合的。他說：「以廣泛之民族誌意義而言，……文化或文明乃一複雜之整體，包括知識、信仰、藝術、道德、法律、風俗，及作為社會成員之個人而獲得的任何能為與習慣。」[168]

根據《雲五社會科學大辭典》對文化定義的介紹有多種，A. L. Kroeber 及 C. Kluckhohn 曾經分析 160 個由人類學家、社會學家、精神學家、及其它學者對文化所下的定義，以其重點來判斷，大致可分為六大類：列舉描述性的、歷史性的、規範性的、心理性的、結構性的、遺傳性的。[169]A. L. Kroeber 及 C. Kluckhohn 曾為「文化」作一個綜合性的定義：「文化乃包括各種外顯或內隱之行為模式，藉符號之使用而習得或傳受，且為構成人類群體之顯著成就；文化之基本核心包括傳統（即由歷史衍生及選擇而生）觀念，其中觀念尤為重要。文化體系雖可被認為係人類活動之產物，又可視為限制人類進一步活動之因素。」[170]此一定義為多數現代社會科學家所接受。

至於「文明」一詞的定義，有些人類學家認為「文明」是「文化」的同義語，兩個詞沒有多大的差別，如以上所述泰勒（Edward B. Tylor）對文化所下的定義。但是，有些人類學家

---

168 Edward B. Tylor, *Primitive Culture :Researches into the Development of Mythology, Philosophy, Religion, Language, Art, and Custom,* London: John Murray, 1891, p.1.The first edition appeared in 1871.

169 芮逸夫，「文化」，王雲五總編輯，《雲五社會科學大辭典．人類學》，（台北：臺灣商務印書館，民 65 年），頁 18。

170 A. L. Kroeber, Clyde Kluckhohn, *Culture: A Critical Review of Concepts and Definitions,* Cambridge, Mass. : The Museum, 1952, p.181.

及社會學家，則致力於把「文明」與「文化」的意義分開。他們把文化限於「生活的表現」（expressions of life），如宗教、美術、文學及最高的道德目的等。文明則是包括「……人類所設計用來控制生活環境的整個機械作用（mechanism）和組織。它不僅包括社會組織的體系，同時也包括技術及物質工具。」[171] 由於對「文明」概念的解釋不一致，甚至混淆。混淆的來源，主要是「文明」這個詞向來是和民族自我中心的涵義相連用的。就字面上的意義來說，「文明」大致是指具有組織的城市或邦國的生活特性所匯集的總和，但是，它卻引伸到不僅包括社會組織，而且還包括其它一切使人別於禽獸的成就。「文明」一詞和希臘、拉丁文化有密切的關係，且具有一定的意義。然而，長時期以來，它已經朝著兩個不同的方向發展，即「文明」是文化的最高形式，以及「文明」是文化的外表（指物質）形式。有些傾向於社會學的民族學家，在文化和文明之間的「質」定出一個重要的區別。根據德國學家 R. Thurnwald（涂恩瓦）的意見，「文化」包括事物、風俗、觀念的總和，這些都是產生於社會之內，而且還是附著於社會的。「文明」則應當視為一套靈巧的辦法與技能，憑這套東西，技術與知識才得以發展。簡單地說，「文化」乃是邁向文明的一種手段。[172]甚至有學者提出：「文明是價值可疑，而涵義廣泛的名詞」[173]的說法。

171 芮逸夫，「文化」，王雲五總編輯，《雲五社會科學大辭典．人類學》，頁 67。
172 芮逸夫，「文化」，頁 67-68。
173 Ake Hultkrantz, *General Ethnological Concepts: The International Dictionary of Regional European Ethnology and Folklore*《民族學一般概念：歐洲地區民族學和民俗學的國際辭典》, Vol. 1. Copenhagen: Rosenkilde and Bagger, 1961, pp.40-45.

2.西方現代流行的說法

根據 2003 年出版的朗文（Longman）英文辭典，[174]「文化」一詞有六種定義：1.在社會裡，指在一個特定的社會被人們所共享及接受的信仰、生活方式、藝術、以及各種習慣；2.在團體裡，指被一個特定的人群或在特定團體中所共享的相關態度與信仰；3.指與藝術、音樂、文學等有關的活動；4.文化等於社會；5.指培養來作實驗的細菌或細胞；6.指培植作物的技術。[175]

「文明」一詞有三種定義：1.指一個社會有好的組織與發展，特別用於特定的社會在一個特定的地方或在一個特定的時間；2.指在世界中，整個社會被視為一個整體；3.一個地方，如一個城市，你（妳）覺得特別舒服，因為它是現代的。[176]

綜觀以上所述，「文化」與「文明」的定義，不論是傳統學術的說法，或是西方現代流行的說法，均是眾說紛紜，莫衷

174 Della Summers eds., *Longman Dictionary of Contemporary English,* Essex: Pearson Education Limited, 2003.

175 Culture 原文定義有六：1.IN A SOCIAL: The beliefs, way of life, art, and customs that are shared and accepted by people in a particular society; 2.IN A GROUP: the attitudes and beliefs about something that are shared by a particular group of people or in a particular organization; 3. ART/MUSIC/LITERATURE: activities that are related to art, music, literature etc; 4.SOCIETY:a society that existed at a particular time in history; 5.MEDICINE/SCIENCE:technical Bacteria or cells grown for medical or scientific use, or the process of growing them; 6.CROPS: technical the practice of growing crops.參見 Della Summers eds., *Longman Dictionary of Contemporary English,* Essex: Pearson Education Limited, 2003, p.382.

176 Civilization 原文定義有三：1. a society that is well organized and developed , used especially about a particular society in a particular place or at a particular time; 2. all the societies in the world considered as a whole；3. a place such as a city where you feel comfortable especially because it is modern. 參見 Della Summers eds., *Longman Dictionary of Contemporary English,* Essex: Pearson Education Limited, 2003. p.266.

一是，沒有統一。

3.中文裡「文」、「化」、「明」的字義

「文」── 象形之紋，引申為字，概念，思考工作，記述。象形和指事都是字形不能再加以分析的「獨體」，稱為「文」；會意和形聲都是字形可以分析的「合體」，稱為「字」。以上四種是文字構造的基本法則，轉注和假借則是文字構造的補充法則。再將以上六種（象形、指事、會意、形聲、轉注和假借）合起來，就是「文字」的全部，而以「文」一字來統稱。而「變」，就是「化」。因此，「文」的依時而「變」，就是「文化」。至於「明」，字義上「明」指的是光亮的意思。……然「明」這個字其實可以說是日月的合意，日，太陽；字身為月，月亮。定義上「明」表示人類文化昌明的狀態。《易》《繫辭下》：「日往則月來，月往則日來，日月相推而明生焉。」「相推而明」就是一種標準的科學或科技動作。所以「文明」指的是：「文」因科技的相推，而益發「明」白。

4.本書作者的定義

基於以上對各式各樣的學術定義以及字源學的考察，在本書中，筆者所採用的運作性定義如下：

「文明」意指：以科技為主的文化。

「文化」則較廣，包含語言、文字、宗教、風俗、法律、制度、習慣、節慶等等，即包括所有生活方式在內。

（二）研究假設與問題

針對本書研究的議題，以下提出若干假設，作為解決以及印證延伸出來問題的基礎：

1.馬華穆斯林在馬來西亞屬於「邊緣」的族群。

2.馬華穆斯林馬來化就是馬來人。

3.馬華穆斯林的認同具游移性。

4.從馬華穆斯林的研究最容易看出馬來族與華族之間的文明與文明的衝撞。

在上述界定和假設之後，本文要進一步深入探討的，就是：馬華穆斯林所處的，所謂五大「文明」，究竟是「文明」抑或「文化」的問題？以及是「衝撞」、「矛盾」、「融合」，或者……的問題？

四、研究途徑

研究穆斯林問題，必須從事多學科的整合。本文研究途徑分主要的研究途徑與輔助的研究途徑兩種。

（一）主要的研究途徑

主要的研究途徑為民族學和人類學。在民族學和人類學方面，以田野調查為主，深入實地或現場作系統的調查研究，從而獲得第一手資料。並從民族學的角度來看所蒐集的報刊剪報，並對族群關係作分析。

（二）輔助的研究途徑

輔助的研究途徑有歷史學、社會學、宗教學等。

1.歷史學方面：對文獻、檔案的閱讀與分析，及對華人史的閱讀與瞭解。

2.社會學方面：從社會學的角度對華人穆斯林從事宗教行為的研究；並且從社群角度切入，其中當涉及民族主義的問題。

3.宗教學方面：從具體的宗教現象去作實質性的了解，並提出合理的解釋。

從以上所述幾個面向切入，對馬來西亞多元文化深入研究。透過文化差異、涵化、同化、認同概念，瞭解華人與馬來人兩者接觸及相處的模式，並從其精神與發展研析，理出中華文化、馬來文化與伊斯蘭文化的並存性。

五、研究方法

本書則以多年來研究的成果為基礎，加上過去所學的，從中進行更深入的研究，希望從民族學、人類學、歷史學、社會學、宗教學的角度，探討馬華穆斯林的文化變遷與社會適應的問題。

在研究方法上，本書以文獻分析與實證調查為主。

（一）文獻分析方面，透過當年原始文件、史書、官書、檔案的直接閱讀，並進一步追蹤，以及對國內外學者專家的論著、各學術刊物所載相關論文、報刊資料等收集、研讀與分析。此外，對《古蘭經》（Qur’an）與《聖訓》（Hadith）的閱讀，從經典來看華人穆斯林的宗教精神。

（二）實證調查方面，以前述資料作為基礎，並透過馬來西亞華人穆斯林與非穆斯林等多位熱心人士的協助，尤其是幫忙找尋受訪者。從 2001 年至 2008 年，筆者共計八次到馬來西亞田野調查。田調地點，包括西馬的吉隆坡（Kuala Lumpur），雪蘭莪州（Selangor）的巴生（Klang）、吉膽島（Pulau Ketam）、士毛月（Semenyih），森美蘭州（Negeri Sembilan），馬六甲州（Melaka）的亞羅亞野（Alor Gajah）、馬六甲市（Melaka Town），柔佛州（Johor）的居鑾（Keluang）、新山（Johor Bahru）、新邦令金（Simpang Renggam）、吉蘭丹（Kelantan）的哥打峇魯（Kota Bharu）和布賴（Pulai）；東馬砂拉越州（Sarawak）的美里（Miri）和古晉（Kuching）。其中雪蘭莪州的士毛月是Temuan（地曼族）部落。

筆者從事田野調查工作的過程中除直接參與觀察之外，並對 101 位華人皈依伊斯蘭教的受訪者進行問卷及深度訪談。將訪談資料及田調期間所蒐集的第一手資料，作為彌補文獻上不明的空間及修正前人或文獻的不足。

六、相關理論引用

本章相關理論的引用，大致有下列幾種。

（一）「同化」理論

「同化」（assimilation）一詞，源自拉丁文 assi-mulare，意思為促成相似之意（to make similar）。後來人類學家、社會學者即以「同化」指涉「族群相遇後，一族群逐漸變成與另一族群相似之過程。」[177]其實同化是一種互動的過程。克魯伯（A. L. Kroeber）和派克（Robert E. Park）為早期提出民族「同化理

177 楊逢泰等編輯，《民族主義論文集》（台北：黎明文化公司，民 82），頁 18。

論」的重要學者。Kroeber 認為：「民族同化是一個文化把另一個文化完全吸收的過程」。[178]高登（Milton M. Gordon）在其《美國生活同化》（Assimilation in American Life）一書中將少數民族同化的類型或階段分為七個類型：[179]文化或行為的同化（涵化）（cultural or behavioral assimilation（acculturation））、結構的同化（structural assimilation）、婚姻的同化（marital assimilation（amalgamation））、認同感的同化（identificational assimilation）、態度上接受的同化（attitude receptional assimilation）、行為上接受的同化（behavior receptional assimilation）、公民的同化（civic assimilation）狀態。少數民族朝主流社會的方向，改變自己的文化模式（文化或行為的同化）；大規模地進入主流社會的黨派、俱樂部和機構中（結構的同化）；大規模的通婚（婚姻的同化）；完全以主流社會為主，發展出同胞意識（認同感的同化）；無偏見（態度上接受的同化）、無差別待遇（行為上接受的同化）；無價值和權力的衝突（公民的同化）。

（二）「認同」理論

「認同」一詞，是英文 identity 的中譯，原指「身份」、「個性」的意思，現在則被當作一個專門術語來使用，帶有「歸屬感」的涵義 。對於「認同」，王賡武曾把這個概念運用到

178 A. L. Krober, *Anthropology: Culture Patterns and Process,* New York: Harcourt, Brauce & Waid, 1948, p.15.
179 Milton Myron Gordon, *Assimilation in American Life: the Role of Race, Religion, and National Origins*, New York: Oxford University Press, 1964, pp.60-83.

東南亞華人研究裡，他對於華人的認同持有不同的看法。他認為：「東南亞的人從未有認同這一概念，而只有華人屬性（Chineseness）的概念，即身為華人和變得不似華人，之後才慢慢衍生出認同的概念。」[180]此外，他進一步提到 1950 年後東南亞華人認同的概念，內容包含國家認同（national idenetity）、政治認同（political identity）、文化認同（cultural identity）、種族認同（ethnic identity）、村社認同（communal identity）和階級認同（class identity），乃至形成所謂的多重認同（multiple identity），由此看來人類在不同社會情境下會產生不同的認同。[181]對於馬來西亞華人的認同，較早時期的認同範圍，不超過自己的方言群體。[182]

（三）「邊界」理論

Fredrik Barth 認為：「一個群體通過強調特定的文化特徵來限定我群的『邊界』以排斥他人。」[183]且主張以邊界（boundaries）的存在界定族群，周邊可以出現、變動、也可以消失。族群的歸屬或身分的認定，並不以血緣或系譜關係為準則，而需要經由個人的主動宣稱與認同；同時，得到他群或政府的認可。[184]

---

180 Gungwu Wang, *China and the Chinese Overseas*, Singapore: Rimes Academia Press, 1991, Chapter 9、11、15.

181 Gungwu Wang, *China and the Chinese Overseas* , Chapter 9、11、15.

182 江炳倫，《亞洲政治文化個案研究》（台北：五南圖書公司出版，民 78 年 6 月），頁 165-188。

183 Fredrik Barth, *Ethnic Groups and Boundaries,* Oslo: Universitets Forlaget，1969, pp.14-15.

184 Fredrik Barth, *Ethnic Groups and Boundaries,* op. cit., p.11.

（四）「邊緣」理論

王明珂的邊緣理論，他認為，邊緣自為中心的部分，邊緣主觀認為是中心，客觀上也會真的變成中心，使其中心自然客觀擴大。[185]以及：「族群邊緣研究的前提便是，族群邊緣是多重的、易變的。」[186]他企圖建立一個族群理論，來詮釋人類群體的現象。

（五）「文化變遷」理論

馬林諾斯基（Bronislaw Malinowski）對文化變遷的定義：「現存的社會秩序，包括它的組織、信仰和知識、以及工具和消費者的目的，或多或少地發生迅速改變的過程。」[187]李亦園認為：「文化變遷可以因新的發明或發現而產生，可以因革命或改革而產生。也可以因異文化的刺激或挑戰而產生。」[188]

（六）「文化多元」理論（Cultural Pluralism Theory）

1.根據葛烈哲（Glazer）、伯尼罕（Moynihan）、葛瑞利（Greeley）、安德魯（Andrew）等人所作之實證研究結果，主張文化多元理論之學者認為，部分弱勢文化被強勢文化所同化是不可避免的，但其強調，弱勢文化之主要特徵在幾代之後仍

185 王明珂，〈民族史的邊緣研究〉，《新史學》4:2（1993），頁 106。
186 王明珂，《華夏邊緣：歷史記憶與族群認同》（台北：允晨文化，1997（民86）年），頁 78。
187 Bronislaw Malinowski, *The Dynamics of Change: an Inquiry Into Race Relations in Africa,* New Heven: Yale University Press, London: H. Milford, Oxford University Press, 1945, p.1.
188 李亦園，《文化人類學選讀》（台北：食貨出版社，民 66），頁 336-339。

會有明顯的保留；

2.移民及弱勢團體不應被迫完全同化於強勢族群，大社會應設法保留其殊異之文化特質。[189]

本書將引用以上所述若干理論，探討馬華穆斯林的文化變遷與社會適應的議題。

七、研究概念架構與章節說明

為進一步瞭解馬華穆斯林的文化變遷與社會適應，本書即根據以下基本概念架構圖，來分析馬華穆斯林的文化變遷與社會適應問題。

馬來西亞除了土著（原住民）以外，其餘都是外來民族。華人移入馬來亞或馬來西亞包含穆斯林與非穆斯林兩種。各族移入馬來亞或馬來西亞都會把自己民族的文化與宗教一起帶入，使馬來西亞逐漸形成一個多元民族、多元文化、多元宗教的地方，又各族在經過長期不斷地接觸與互動下，彼此吸取對方的文化是很自然的現象。華人非穆斯林不論是早期因經濟利益皈依伊斯蘭教，或者是從過去到現在因方便通婚而皈依伊斯蘭教，一旦皈依伊斯蘭教就成了穆斯林，因為是在馬來西亞的華人，因此，作者將稱之為「馬華穆斯林」。他們除了具備伊斯蘭文化，又因為是華人，維繫部份華人傳統文化之外，也使用西方科技文明，並且吸取馬來文化和印度文化。

華人皈依伊斯蘭教後，除了捨棄原有的宗教信仰外，也必

189 周宗仁，〈馬來西亞華人地位之研究〉（台北：國立政治大學中山人文社會科學所博士論文，民 86），頁 143。

須改變原來的生活習慣，過著穆斯林的生活。不僅改變生活習慣，還要適應社會的大小問題，這些對皈依伊斯蘭教的華人來說，都是嚴峻的考驗。皈依伊斯蘭教的華人穆斯林一方面要適應社會，一方面要面對文化的改變，甚至還有來自國家政策的壓力，處在這樣的環境下，文化上一定有融合有衝撞。那麼，目前華人穆斯林所呈現的文化究竟是華化？伊斯蘭化？還是馬來化？筆者即根據此一架構（圖 0-2），作為本研究的基本內容。

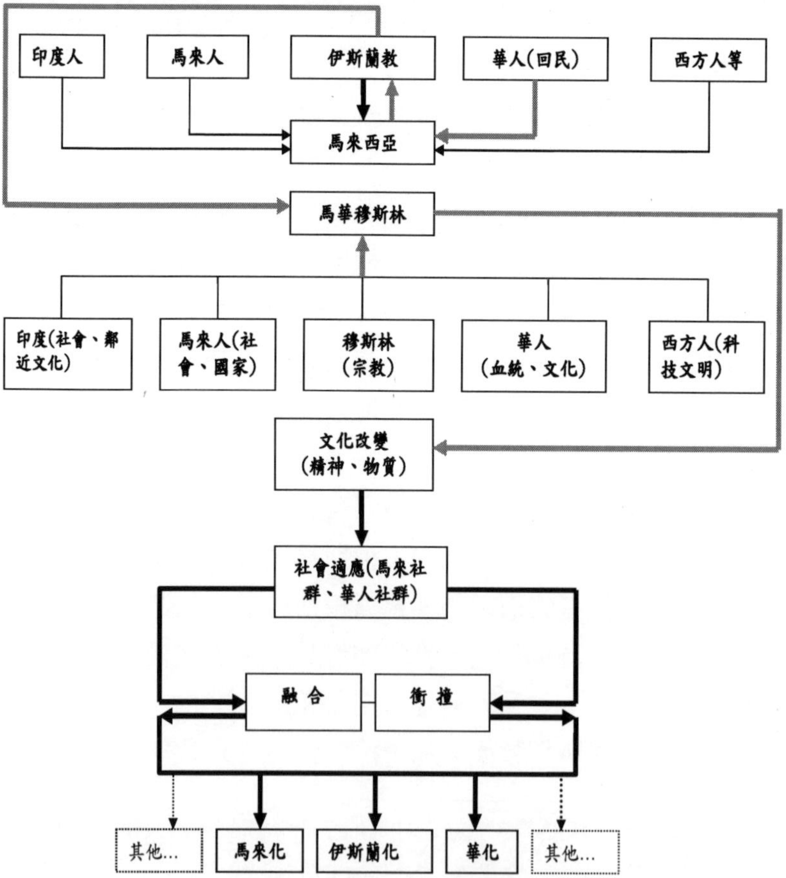

【圖 0-2】論文概念架構圖

本書根據此一研究概念架構，在章節安排上，除緒論、結論外，正文共分五章。第一章為背景的說明，包含華人移殖馬來亞的經過、伊斯蘭教傳入的情形、華人在伊斯蘭國度的發展，以及華人信仰各宗教及皈依伊斯蘭教人口數的分析；第二章除了說明華人信仰傳統宗教情形之外，並探究華人皈依伊斯蘭教的原因，皈依的程序，以及脫教的問題；第三章針對 101 位受訪者深度訪談的資料，分析華人皈依伊斯蘭教後，在食、衣、住、行等生活改變的情形，對華人姓氏保留的看法，以及分析華人穆斯林對華人傳統文化的維繫與揚棄，哪些被視為文化得以保留，哪些被視為宗教遭受揚棄；第四章仍以 101 位受訪者深度訪談的資料，繼續對華人穆斯林，尤其是皈依者，他們與一般華人的互動、馬來人的互動情形、以及宗教機構如何輔導，但為何效果不能彰顯等問題加以探討；第五章再從上層的國家政策、社會團體層次、個人層次，層層檢驗馬華穆斯林與國家、社會團體、個人的關係，在文化上是融合還是衝撞？而馬華穆斯林目前的文化究竟是華化？伊斯蘭化？還是馬來化？最後以馬華穆斯林的認同、融合、同化，以及他們是不是一個邊緣群體作總結。期望藉此研究能對馬華穆斯林的文化變遷與社會適應的議題，以及馬華穆斯林的身份地位與處境有更深入的了解。

第一章　五教華人與伊斯蘭化的馬來亞

在馬來西亞這塊土地上，馬來人被當成「先住土著」。從馬來半島出土的考古幾何印紋硬陶來看，儘管它有從中國南方傳入的軌跡，畢竟是在本土發展起來，與中國南方印紋硬陶存有共同之處，又有著自身的風格和特點。[1]

華人移殖馬來西亞，史前應已開始。但是史料所示，則至遲始於漢、唐，發展於宋、元，盛於明、清，到了民國時期更趨蓬勃。[2]因為最早期是用腳走路，早期應該先與山外移民，而後再與海外移民有關。也因此，馬來西亞與中國的交流，始自其北部與泰國接連之處。其最北的州之一：吉蘭丹就很重要。馬來半島上的古國，如盤盤國、丹丹國、狼牙修、赤土國等，都曾遣使駛船到來中國朝貢貿易。宋代中國商人大量出海，來到勃泥國（今加里曼丹的汶萊、砂拉越等地）；[3]元人也到了龍牙門（有考是今新加坡或其週遭海域群島）、彭坑、吉蘭丹、丁家盧、龍牙犀角、浡泥國。[4]之後，才有明代文獻中的滿剌加

1 安煥然，《古代馬中文化交流史論集》（南方學院出版社，2010），頁 8。
2 鄭月裡，〈馬華穆斯林的社會變遷與文化適應〉（台北：國立政治大學民族學研究所博士論文，民 98.6），頁 46。
3 趙汝適，《諸番志》。
4 汪大淵，《島夷志略》。

（馬六甲王朝）。[5]

從整個馬來西亞來看，華人與西馬交流的地區，有隨著時間的變遷，而向南以及向西移動的現象。精言之，早期交流的重點，在馬來半島的東北部，華人由陸路為主、海路為輔的方式，來到該地。而馬來西亞最東北的州，就是吉蘭丹。吉蘭丹的首都為 Kota Baru，華文譯為「哥打峇魯」。但與華人關係密切的，則在該州的西南內陸區。[6]

從吉隆坡開車約 8 個小時，可以抵達吉蘭丹州的王子東姑拉沙里的政治地盤話望生（Gua Musang）。之後，只要再走 10 分鐘左右，一個特別的華人地區布賴（Pulai）的主要街道就在眼前。布賴是吉蘭丹獨樹一格的華人客家村落，據說也是馬來西亞最早的華人聚落。[7]這個地方，似乎是目前所知華人很早落腳成家之處。

今天的布賴，每年農曆 2 月，全國各地的布賴人都在等待觀音誕的到來，逢此佳節，陪伴布賴上百年歲月的水月宮，召喚著布賴人的歸來，一起瞻仰觀音大士的慈祥臉孔，洗滌離鄉背井的繁雜內心。[8]對布賴人，觀音水月宮的召喚，如同母親的召喚！

在這裡，人們看不到辛亥革命的痕跡，但是，辛亥革命的

5 安煥然，《古代馬中文化交流史論集》（馬來西亞：南方學院出版社，2010），頁 17。

6 本書以鄭月裡自 2001 年以來 8 次田調所蒐集的資料為根據，參考附錄一。

7 王維興，〈馬來西亞最初華人聚落 布賴（Pulai）人多信仰觀音〉，《東方日報》，2004 年 7 月 15 日。

8 王維興，〈馬來西亞最初華人聚落 布賴（Pulai）人多信仰觀音〉，《東方日報》，同上。

推動，深與西馬相關，特別是西、南兩部等經過西化的地區；支持孫中山革命的華僑多位在新加坡、檳城等海峽殖民地，也就是受到英國等基督教影響深厚的地區。這種東北傳統與西南現代的差異，頗具特色。

究竟這個容納佛教、儒教、道教、回教與基督教等世界數大宗教的馬來半島，其上的華人社會，曾經受到什麼影響？又產生哪些變化？過去未曾作過整體的觀察，極待瞭解。本章從宗教信仰的變革，先以兩千多年中馬交流歷史來宏觀查考；其次，作者曾與朱浤源教授追蹤馬來亞基督徒與孫中山革命，發現關係密切。可是許多革命史的權威學者與專家，至今仍不明白基督徒是掀起辛亥革命的主要力量。例如馮自由就曾懷疑孫中山是否為基督教徒，指出他與孫中山同在日本與美國時，孫除了發表革命演說外，從未上教堂。[9] Lyon Sharman 在 1934 年 *Sun Yat-sen：His life and Its Meaning*，[10]曾引用孫的話：「我不是教堂中的基督教徒，而是革命者耶穌的信徒。」[11]究竟是不是基督徒？這本書的意思亦相當模糊。還有大陸的尚明軒、[12]張磊、[13]臺灣的王清和、[14]甚至張玉法，[15]均未注意基督教與與

---

9 Horold Zvi Schiffrin, *Sun Yat-sen and the Origins of the Chinese Revolution,* Berkeley : University of California Press, 1968, p. 91.

10 Lyon Sharman, *Sun Yat-sen：His life and Its Meaning,A Critical Biography,* Sharman, Lyon, 1872-1957, New York : John Day, 1934《孫中山之一生及其意義》。

11 Schiffrin, *Sun Yat-sen and the Origins of the Chinese Revolution,* p. 91.

12 尚明軒，《孫中山傳》（北京：北京出版社，1979 年）。

13 張磊，《孫中山思想研究》（北京：中華書局，1981 年）。

14 王清和，《孫文學說之哲學探微》（台北：正中書局，民 70）。

15 張玉法，《中國現代史論集》（台北：聯經出版社，民 69）。至於其在《清季的革命團體》（台北：中研院近史所，民 64，頁 160）名著當中，已發

中國革命此一層面。[16]

易言之，本書並不單以辛亥革命之後百年的變遷為限，更把觸角再向前延伸20倍左右，而且跳出所有主要的宗教，將安拉、觀音、媽祖，與孔子、基督來到馬來亞的故事，作宏觀通識與整理。其目的則在呈現上述五教的聖神，兩千年之中，來到馬來西亞華人社會的先後，以及近代基督教民主與促成中、馬兩國革命的整體經驗。

第一節　釋、道、儒、回四教聖神到馬來亞

一、馬華族群交流史

華人移居山外，更應早於航向海洋。惟最早始自何時，目前尚無答案。至於走海路，冰河期結束，海水上漲，迎來的是海上遷移的新時期。從考古上來看，新石器時代浙江河姆渡文化遺址等地，其稻作文化的呈現、木构榫卵建築、獨木舟木槳的表現，以及從春秋吳、越、齊之海戰頻繁史實，均能印證此區域民族活躍於海上的模糊淵源。[17]有學者認為，那是中國夷人、越人海洋文化傳播的時期。「夷」、「越」有所不同：凌

現興中會的成立與基督教關係密切，因為會員們宣誓時，「各以左手置耶穌《聖經》上，舉右手向天」，依次讀入會盟書。但未警覺兩者之間的關係如此多元、深入而且密切。

16 梁元生，〈從「斜路黃花」看華僑基督徒與辛亥革命〉，《南洋華僑與孫中山革命》（台北市：國父紀念館，民99年），頁29。

17 安煥然，《古代馬中文化交流史論集》，頁7。

純聲認為中國的夷人即玻利尼西亞人，而東南方的百越族，則有印度尼西亞、美拉尼西亞人的特徵，其語言系譜皆屬南島語系。古文獻《越絕書》指出：「習之於夷，夷，海也」。至於「越人」或與馬來族群相關，蓋《淮南子》亦云「越人便於舟」，都說明古時的夷人、越人是濱海的，或水上的民族。[18]至於華人出海的史書記載，則始自漢。[19]

（一）漢

《漢書》《地理志》卷廿八下記載從中國南方沿岸航行，途經馬來半島而至印度的航線。[20]當時航海的周期很長，通常為數年。究其原因，一是風浪險惡，常需滯留，二是因為不是直達航行，而是由蠻夷賈船，分程轉送。[21]

古代航海貿易，常趁十一、二月的東南季風南下。從南洋歸來，趁七、八月的西北季風返國。錯過季風或因貿易等因素。必需停留當地進行活動之商賈，稱為「住蕃」。[22]這些「住蕃」數年的華人商販，可說是第一代華僑。馬來半島與印尼群島僅一水之隔，漢人亦能經由馬來半島遠航印尼諸島。[23]

---

18 安煥然，《古代馬中文化交流史論集》，頁 6-7。

19 但是，最新的考古學資料顯示：殷末周初華人即以大量拓殖海外。

20 藝文印書館印，《漢書補注》（一）（台北：藝文印書館據清乾隆武英殿刊本景印，出版時間不詳），頁 862。

21 鄭月裡，〈馬華穆斯林的社會變遷與文化適應〉，同前，頁 41-42。

22 宋人朱彧說：「北人過海外，是歲不歸者，謂之『住蕃』」。

23 莊（庄）國土，《中國封建政府的華僑政策》（福建：廈門大學出版社，1989 年），頁 3。

（二）唐

到了西元 7 世紀至 13 世紀，當吉蘭丹、丁加奴及北大年等地都同為三佛齊（Sri Vijaya）屬國的年代，華族、泰族及馬來族人口之流動，及到布賴（Pulai）去淘金。[24]

唐代對外交通更發達，十世紀阿拉伯人馬素提在 *Les Prairaiesdor*[25]一書見証：西元 943 年經過蘇門答臘，看到許多中國人在耕種，尤以巴鄰旁（舊港）居多，他們為了躲避黃巢之亂而來此。[26]

（三）宋

宋代造船科技更高，加上經濟重心南移，以及戰亂兵禍等，北方人民或南遷福建、廣東，或隨船舶前往各國，也成為「華僑」。這些華僑普遍受到當地政府和人民很好的對待，究其原因，主要是他們充當了中外交往的媒介。[27]顯示宋代出洋華僑不僅僅是貿易，而且還負有聯繫中外官方關係的任務，[28]溝通了散處南海到印度洋之間各地的族群。

當地馬來世界的互通，自也頻仍，當今在馬來西亞形成獨特的社會體系，奉行母系（matriarchal society）社會制度的米

---

24 王維興，〈馬來西亞最初華人聚落 布賴（Pulai）人多信仰觀音〉，《東方日報》，同前。

25 意即《黃金牧地》。

26 鄭聖峰，〈馬來西亞華人社會變遷之分析〉（台北：中國文化大學民族與華僑研究所碩士論文，1982 年），頁 16-17。

27 莊國土，《中國封建政府的華僑政策》（福建：廈門大學出版社，1989 年）頁 9-10。

28 鄭月裡，〈馬華穆斯林的社會變遷與文化適應〉，頁 42-43。

南加保（Minangkabau）人，則是從印尼蘇門答臘中部遷徙過來。米南加保人遷徙森美蘭仍沿襲母系社會制度，因而可以讓這種特殊的文化傳承下來。儘管米南加保人也出現在霹靂及其他地區，但卻在森美蘭成為一個很大的部落，這與當地土著也實行這種風俗有關。很多米南加保人得知森美蘭的土著實行同樣的生活方式後，大家竟奔走相告，形成更大的米南加保族群聚合在該地生活。[29]

至於吉蘭丹和登嘉樓（舊稱「丁加奴」），基於地域和地理的影響，早期很多定居吉蘭丹的馬來人，都是趁季風之際，由柬埔寨飄洋過海而來。[30]而在北部吉打的馬來人和南部的馬來人又不同，因為南部的馬來人受印尼人的馬來人影響。在霹靂北部的北大年馬來人（Patani Malays）則是十九世紀中由泰國南部移來的，到現在還保留一些傣族文化特質。[31]據以上所述，馬來人至少包含海岸馬來人、印尼馬來人、柬埔寨和泰國來的馬來人等等，雖不屬於單一民族，但相互或成群或個別地混居著。

中國古籍最早出現「吉蘭丹」這名稱的是南宋泉州市舶司赴汝適著述的《諸番誌》（成書於 1225 年）。元代商人汪大淵著錄之《島夷志略》（1349 年）則是中國文獻中對吉蘭丹有較詳的最早紀錄。[32]

---

29 張啟華，〈獨特社會制度　米南加保人　傳女不傳男〉，《星洲日報》，2003 年 3 月 28 日。

30 張啟華，〈獨特社會制度　米南加保人　傳女不傳男〉。

31 Norton Ginsburg and Chester F. Roberts, Jr., *Malaya*, Seattle : University of Washington, 1958, p.193.

32 崔貴強，〈吉蘭丹的華人〉（新加坡：南洋大學研究院人文與社會科學研究所研究論文，NO.24，1976 年），頁 5。

宋元之際，中國貿易船長足。十二世紀已遠航到印度西部。十三世紀及十四世紀時，中國與馬來半島更進一步鞏固了貿易關係。在汪大淵之前，已有華商乘船來到吉蘭丹貿易。[33]南來華人之中，除了華人及官員在吉蘭丹短暫居留外，相當部分華人會留下來長期定居。[34]

（四）元

元代無論航海技術或出洋人數，又都超過宋代。《島夷志略》是後來鄭和下西洋的主要參考材料。而馬歡、費信的《瀛涯勝覽》、《星槎勝覽》之基礎，也來自該書。

元代出洋華人已確定與當地人雜處，並繁衍子孫。在馬來半島的龍牙門「男女兼中國人居之」。元初忽必烈發兵六千，戰船百艘，遠征爪哇新柯沙里王朝，有不少傷兵留居當地，與當地土著雜居，也成為「華僑」。[35]

至於中國宗教最早南來之時地，目前還不清楚，但是，根據當地故老相傳，應以超過 600 年，甚至一千年以上。村子裡的水月宮，有可能在宋朝建立。[36]被視為風水龍頭的寶地，每年水月宮神誕出游的慶典，不只仍保持客家傳統古風，而且宮裡的一座明朝香爐，更具體証明是鄭和下西洋晚期的明宣宗文物（圖 1-1：水月宮的明初香爐），歷史也比馬六甲青雲亭更

33 崔貴強，〈吉蘭丹的華人〉，頁 6-7。

34 劉崇漢，〈從歷史深處來 — 搜尋布賴客家歷史文化〉，《中華心・客家情》，第一屆客家學研討會論文集（新加坡：馬來西亞客家學研究會出版，2005 年 7 月），頁 137。

35 莊國土，《中國封建政府的華僑政策》，頁 11-12。

36 這一點還不確定，下文將進一步討論。

為古老。

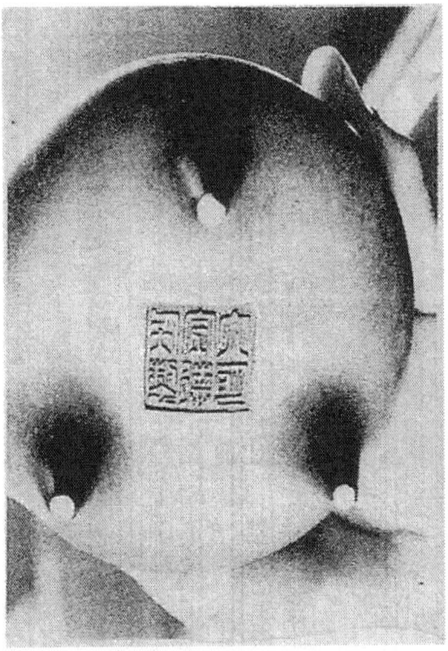

【圖 1-1】吉蘭丹州水月宮的明初香爐

資料來源：賴碧清，「布賴 600 年山中傳奇」，《亞洲眼》，16，2007 年 7 日。
說　　明：水月宮內的香爐底下刻有「大明宣德年（明宣宗宣德共十年，西元 1426-1435）製」的字樣。

（五）明

明洪武三（1370）年後，朱元璋厲行海禁，陸續撤掉泉州、明州等處市舶司，除政府與數個海外國家建立有限的官方貿易關係外，私人海外貿易一律停止。但只維持三十年左右。永樂年間，鄭和出使西洋七次，聲威遠播，所到各國，莫不歸附遣使入貢。1409 年，鄭和以特使身分，代表明朝中國皇帝正式為滿剌家拜里米蘇剌舉行封王儀式；同一年二月，鄭和也在斯里蘭卡鐫刻佈施恭謁三大宗教的「三語文碑」。[37]

這塊碑文的正面刻有漢文、淡米爾文和波斯文三種文字。其漢文部分頌揚佛世尊的功德，陳敘鄭和出使錫蘭山國，祈求佛祖保佑的心願。淡米爾文頌揚印度（興都）教，而波斯文則頌揚伊斯蘭教之聖神。特別是滿剌加王國與明代關係最為密切，雙方來往頻繁久遠。[38]張燮在《東西洋考》中亦云：「肌膚黑漆，間有白者，華人也。」足以證實，馬六甲在鄭和下西洋前已有華人居住。[39]

馬六甲是當時的東南亞國際貿易中心，這個城市中還居住著從各地來的外國人，也吸引了許多華人的移入。有四個由外國人擔任的港務長（Shahbandar），其中一個是華人。[40]當地華人多來自福建，其中又以閩南人為主，福州人次之，其服飾、習慣及房舍，幾乎全部模仿中國，儼然是海外中國的城市。[41]

在 R. O. Winstedt 著“Malaya”一文中就提到：[42]

> 在十五世紀時候麻六甲蘇丹王公之宮殿，已經用中國之玻璃磚瓦。目下富有馬來人之住宅，不僅有採中國之規模，即歐洲之設計及工程，亦被其採用矣。

十五世紀之際，麻（馬）六甲蘇丹王公之宮殿，已經使用

---

37 安煥然，《古代馬中文化交流史論集》，頁 136。

38 鄭月裡，〈明朝與馬六甲交流年表（1372-1434）〉《鄭和研究與活動簡訊》（基隆：海洋大學，民 92），11（2003），頁 42-46。

39 鄭月裡，〈馬華穆斯林的社會變遷與文化適應〉，頁 43。

40 廖大珂，〈早期的東南亞華人穆斯林〉，《華僑華人歷史研究》1（1997），頁 31。

41 宋哲美，《馬來亞華人史》，頁 51。

42 R. O. Winstedt ，Malaya、俞君適譯，〈馬來半島人種〉，《南洋研究》5:4（1935）（廣州：國立暨南大學海外文化事業部刊行），頁 62。轉引自：鄭月裡，〈馬華穆斯林的社會變遷與文化適應〉，頁 44。

中國之玻璃磚瓦。不僅馬六甲當時蘇丹蓋宮殿使用，就連富有的馬來人也使用。[43]

《明史》〈鄭和傳〉指出鄭和的航程歷經吉蘭丹。茅元儀的《武番誌》中的鄭和航海圖就列名了吉蘭丹港。根據《明史》〈吉蘭丹傳〉之記載，永樂九（1411）年吉蘭丹王麻哈剌查苦馬兒遣使朝貢。第二年永樂皇帝命鄭和攜物酬謝，這是中國官方代表到過吉蘭丹的明證。[44]

林道乾是中國潮州一位傳奇人物，因犯案而逃避官府追捕，與手下乘船逃離家鄉，於 1578 年左右來到泰國南部之北大年。林道乾因試用大炮意外身亡後，一部分手下在十六世紀末期被布賴金礦吸引而去開礦。[45]

（六）清

到了清代，佛教、興都教、摩尼教、伊斯蘭教、天主教、基督教，都可以在馬來半島找到。而僧侶教士的往返弘法，以及印度的語言學、阿拉伯的星曆學和醫學的東傳，中國的導航磁針、紙幣之西傳，東亞漢文化圈及華夏秩序禮治天下之朝貢體系構成等等，都是各地人民在此串聯網絡的場域中，和平互涉促成的。[46]很顯然，不只五教，其他為教的聖或神，此時都已進入馬來半島。然則島上的華人社群之中，又供奉哪些宗教呢？

43 李銳華，《馬來亞華僑》，（台北：自由中國社，1954 年），頁 16。
44 崔貴強，〈吉蘭丹的華人〉，頁 8。
45 許雲（云）樵，《馬來西亞叢談》（新加坡：青年書局，1961 年），頁 131-132。
46 安煥然，《古代馬中文化交流史論集》，頁 17。

二、釋迦牟尼、孔子、觀音與媽祖的到來

馬來半島上的華人所信奉的宗教，自然深受上述大交流的影響。但因華人自有其深厚的文化底蘊，因此又有所不同。爰進一步細述。

（一）釋迦牟尼先到馬來半島

東南亞島嶼尚未伊斯蘭教化以前，古代東南亞是一個印度化影響頗深的地區。除了婆羅門教，大概在西元最初的幾個世紀，主張「眾生平等」的佛教傳入東南亞，與婆羅門教共存相當長一段時間，在該地區曾產生過相當的影響。至今，緬甸、泰國、柬埔寨、寮國、越南、蘇門答臘、爪哇和馬來半島北部都發現有佛像和佛教遺跡。

西元二世紀初，馬來半島進入了「印度化時代」，在今日吉打的默薄河（Sungai Merbok）與牟打河（Sungai Muda）一帶建立了第一個印度王國 — 狼牙修王國（Kingdom of Langkasuka）。當時印度人經馬來半島北部的地峽進入馬來半島。直到十世紀，四個印度王國先後在半島上興起。[47]

魏晉六朝正史中記載與中國有往來，同時也是崇奉佛教的南海諸國，如盤盤、丹丹、狼牙修等國，一般考訂都在馬來半島北部的地方。有謂「盤盤」在克拉地峽東岸，「丹丹」即吉蘭丹，「狼牙修」有學者考證就在今天吉打一帶。[48]王賡武在

47 鄭月裡，〈馬華穆斯林的社會變遷與文化適應〉，頁 49-50。
48 安煥然，《古代馬中文化交流史論集》，頁 24-25。

其早期的論著中曾把這段時期中國的南海貿易形式，稱之為「聖物朝貢」。海外諸國進貢的珍奇異寶，很多都是與佛教有關的禮佛聖物。[49]

這種情形在興佛的梁武帝時期，尤其如此。海外諸國的聖物朝貢中，許多物品都是佛事用具。馬來半島北部的盤盤、丹丹、狼牙修等幾個盛產香木的國家都曾多次聖物朝貢中國。《梁書》記載，當時的盤盤國奉獻「牙像及塔，並獻沉、檀等香數十種」，以及「佛牙即畫塔」。丹丹國進貢「牙像及塔二驅，並獻火齊珠、古貝、雜香藥等」，絕大部分的物品都與佛教崇拜有關。[50]

隋朝大業三（西元 607）年，隋煬帝派遣常駿和王君政等出使「赤土」（Chih Tu）國。這個在馬來半島北部的國家，也是一個信仰佛教的國家。此外，如前述唐代高僧義淨所經過之「羯茶」，有學者認為就是「赤土」國的同名異譯，在今吉打一帶。[51]

從三國至唐代，往返南海弘法、求法的高僧共有 30 人。這 30 名中外高僧有停留在東南亞，或學經、研經、辦法事或出生於東南亞的，竟佔了一半。其中尤著者有天竺人（印度）拘那羅陀（真諦），他曾在扶南弘法，後來，南朝的梁武帝延聘這位高僧來中土傳經弘法。拘那羅陀帶了貝什梵本 240 縛，易經近 300 卷，專譯法相唯識宗經書。與鳩摩羅什、玄奘被譽為中國佛教史上「三大譯家」。當時，梁武帝還在南京專設扶南

49 安煥然，《古代馬中文化交流史論集》，頁 26。
50 安煥然，《古代馬中文化交流史論集》，頁 27。
51 安煥然，《古代馬中文化交流史論集》，頁 25。

館譯經道場。可見佛教傳揚，與東南亞海道的密切關係。[52]

原位於蘇門答臘島之室利佛逝（Srivijaya）是佛教古國，該國有二中心，一在蘇島，一在馬來半島。馬來半島當時以吉打為中心，領土有北大年（Patani）、吉蘭丹等屬邦。[53]

七世紀時，唐義淨與助手貞固把佛經存在吉打，並在吉打譯經，吉打當時是佛教中心，同時可能也是印度教中心。[54]

大約在七世紀，印支半島的扶南沒落，取而代之的是島嶼東南亞室利佛逝的崛興，成為本區域的海上強國，而馬六甲海峽的地位也日顯重要起來。和唐朝的成立同時，伊斯蘭的大食帝國（阿拉伯帝國）崛起，取代了波斯薩珊王朝，大力開展東非、印度洋乃至東航中土的海洋經貿事業。

佛教王朝則出現丹州。吉蘭丹華族移民最早的描述，來自華裔和遊客。雖然數個王朝的確實所在地至今議論紛紛，可是吉蘭丹在十四世紀回教還沒傳到以前，有一個佛教王朝，卻是肯定的。隋朝本紀（西元 581-618 年）所記載的赤土即有可能坐落在吉蘭丹河的上游。根據 Wheatley 的見解，當時的首都「獅子城（Lion City）」是在吉蘭丹州南部，接近彭亨州金礦地；而金葉是獻給中國使節貢物之一。宋朝在 1225 年的記載，首次提到吉蘭丹為三佛齊（Sri Vijaya）的附屬國，可是卻沒有提到黃金是當地交易品之一。[55]

---

52 安煥然，《古代馬中文化交流史論集》，頁 23。

53 劉崇漢，「予朱浤源教授函」，2011 年 4 月 30 日。

54 劉崇漢，「予朱浤源教授函」，2011 年 4 月 30 日。

55 柯雪潤（Sharon A. Carstens）著、黃寶國譯，〈烏魯吉蘭丹一個金礦村莊的回憶〉，載馬來西亞《星洲日報》「特稿」，1984 年 2 月 28 日。

（二）孔子、觀音與媽祖連袂來到吉蘭丹客家

1.華人帶來佛、儒文化

吉蘭丹河口及沿河平原一帶定居的華人以福建人為主，[56]布賴是馬來西亞東北的州屬吉蘭丹州南部內陸的一個小村莊。布賴位於烏魯吉蘭丹縣產金地區，從吉蘭丹河口逆流上溯，需大約十多天才能抵達。[57]

布賴雖地處與外界隔絕的內陸山谷中，但由於位於馬來半島金帶（產金地帶，gold belt）範圍內，華人很早便來此採金，有開山採金者，有披沙煉金者（即所謂之採山金和沙金）。

華人最早在何時到吉蘭丹？仍不清楚。何時到布賴？亦不可考。但布賴華人具備儒家文化並信奉觀音則由來已久。當地華人幾乎青一色是客家人。[58]

2.道家地方神和儒家禮儀

（1）混入多神

客家人普遍膜拜觀音，以及譚公、關公和大伯公，還有客家人的福神郭仙娘、叔婆太。這些在水月宮都有。另外還有水德星君，甚至「那督」（參考圖 1-2：水月宮的祭祀與祭祠）。比較特別的是他們也拜媽祖，但他們的媽祖只是「三奶娘娘」之一。布賴人在拜神時也會像福建人拜天公那樣，在門前綁甘

---

56 許雲樵，《馬來西亞叢談》（新加坡：青年書局，1961 年）上冊，頁 242。

57 劉崇漢，〈從歷史深處來 — 搜尋布賴客家歷史文化〉，《中華心・客家情》，《第一屆客家學研討會論文集》（新加坡：馬來西亞客家學研究會出版，2005 年 7 月），頁 139。

58 崔貴強，〈吉蘭丹的華人〉，頁 10。

蔗。[59]

【圖 1-2】吉蘭丹州水月宮的祭祀與祭祠

資料來源：賴碧清，「布賴 600 年山中傳奇」，《亞洲眼》16 期，2007 年 7 月號，頁 10。

（2）凡事請示三娘：媽祖後來居上

布賴人稱三奶娘娘為「打仗先鋒」，分別稱三位娘娘為大媽、二媽和三媽。

42 歲的水月宮理事傅國謀說：「我們每逢有事就叫娘娘。打仗前一定先問三奶娘娘。」他說，三奶奶的二媽是媽祖出家前的林默娘，大媽是陳靖姑，三媽他只記得是姓李的。「媽祖就是海神啊，一年就沖這一次涼。」抬轎的小伙子們精力充沛，

59 〈凡事請示三娘 抬轎送駕去沖涼〉，《亞洲眼》16 期，2007 年 7 月號，頁 12。

令人嘆服。

傅國謀說，三奶娘娘從前是在水月宮前面的河沖涼的，那時河水很乾淨很冷的。現在廟前的河水越來越骯髒，小伙子們只好把神轎抬到約 1 公里外的河上游沖涼，河水黃色，而且是暖的。[60]

劉燕松說，水月宮的祭拜儀式非佛非道，而是客家文化加儒家禮儀。[61]從這些描述所看到的，不只是儒家精神與佛教的神明，同時也看到了中國道教的許多神祇（含媽祖），以及馬來半島上的地方神「那督」。

三、安拉來到馬來半島

安拉來到馬來半島的時間，晚於釋迦牟尼，也可能晚於觀音與孔子，已如上述。作者細觀在各主要族群之間，於馬來半島互動的內容，又發現在馬來族、印度的淡米爾人，以及華人之間，有相當大的差異。爰試論如下：

（一）伊斯蘭教的傳入

1.馬來人約在八世紀接觸伊斯蘭

有關伊斯蘭教傳入東南亞的時間，早先一般的說法是從第十三世紀起始。但是卡司巴黎仕（J. G. De Casparis）和馬貝特（I. W. Mabbett）指出第十一世紀在爪哇東部發現到穆斯林的

---

60 〈凡事請示三娘　抬轎送駕去沖涼〉，《亞洲眼》16 期。

61 〈口傳祈福祭詞　遵循客家和儒家禮儀〉，《亞洲眼》16 期，2007 年 7 月號，頁 11。

墓碑。而穆斯林旅行和定居蘇門答臘和爪哇的時間，可能還要早於此一世紀。[62]精言之，第一個伊斯蘭王國 Perlak 於西元 804 年建立。其他王國依序為，須文答那・巴賽（Samudera Pasai）是在西元 1042 年，塔米亞(Tamiah)在西元 1184 年，亞齊(Arch)是在 1205 年。[63]因此，Perlak 存立的時間早於巴賽。伊斯蘭教傳入 Perlak 的時間推測可能在八世紀。

西元 1292 年，馬可・波羅（Marco Polo）在其史詩般航行中，從中國到波斯途中經過蘇門答臘（Sumatra），據其紀錄在蘇門答臘的北方有多達 6 個通商港口，包括波臘（Perlak）、須文答那（Samudera）和南浡里（Lambri）。

馬六甲在十四世紀經由阿拉伯商人傳遞了伊斯蘭教知識，當時的蘇丹不但本身信仰伊斯蘭教，其國人也皈依了伊斯蘭教。從十五世紀初期，馬歡隨鄭和下西洋時已見到滿剌加（馬六甲）國王國人皆信奉伊斯蘭教，[64]即可判斷明代滿剌加已伊斯蘭化。[65]

馬六甲傳播伊斯蘭教的方式，不是用武力強迫他人皈依（入教），而是透過通婚和貿易關係，使人們接受伊斯蘭教。在馬來半島上，最先接受馬六甲伊斯蘭教傳播的是彭亨，其次是吉打，再其次是北大年、吉蘭丹和登嘉樓。此外，蘇門答臘沿海幾個國家如羅根（Rokan）、甘巴（Kampar）、因陀基里

62 陳鴻瑜，〈對《劍橋東南亞史》第一卷第一冊一些論點的評述〉，《國立政治大學歷史學報》24（1995），頁 163-164。

63 http://www.emp.pdx.edu/htliono/Aceh.html（2009 年 2 月 13 日瀏覽）。

64 馬歡著、馮承均校注，《瀛涯勝覽校注》「滿剌加國」（台北：臺灣商務印書館，1962 年），頁 23。

65 鄭月裡，〈馬華穆斯林的社會變遷與文化適應〉，頁 39。

（Indrogini）和錫亞克（Siak），都是因受馬六甲的影響而接受伊斯蘭教。[66]

馬六甲王國的興起以至強大，事實上跟伊斯蘭教的傳入有著密切的關係。由於馬六甲地理位置的優越性，是東南亞重要的商業中心。西人東來後，民族成分更加複雜，這些民族當中包含阿拉伯人在內。[67]因此，伊斯蘭的傳入與馬六甲的商業也息息相關。

在馬來半島境內，所能找到的最早伊斯蘭教的史料，就是在丁加奴河上游發現的一塊刻有阿拉伯文的碑石。這塊碑石是在 1303 年至 1387 年間建立的，上面刻著一些伊斯蘭教的教義條文，沒有涉及當地人民改宗的記載。不過，並沒有更多相關資料足以證明十五世紀以前，伊斯蘭教已傳入馬來半島。[68]儘管伊斯蘭教傳入馬來亞的時間較晚，但發展卻相當迅速。

伊斯蘭教傳入馬來亞的方式，有陸路和水路兩條路線。陸路從泰國傳入，由現在的吉蘭丹往下發展；而水路在學術界則是眾說紛紜，莫衷一是。若說是由阿拉伯穆斯林經海路到中國經商，中間所經港口，例如蘇門答臘和爪哇等地的港口，為了休息或者等待季節風，以便持續他們的旅程，很可能就有阿拉伯穆斯林停留或居住傳教。[69]但事實上，伊斯蘭教在東南亞大規模的迅速傳播是在十五世紀以後。換言之，東來的阿拉伯人

---

66 〈李業霖華堂之邀主講 馬六甲王國的興起〉，《光華日報》，1985 年 4 月 17 日。

67 李銳華，《馬來亞華僑》（台北：自由中國社，民 43），頁 16。

68 〈李業霖華堂之邀主講 馬六甲王國的興起〉，《光華日報》，1985 年 4 月 17 日。

69 陳鴻瑜，〈對《劍橋東南亞史》第一卷第一冊一些論點的評述〉，頁 164。

一開始是把目標放在中國。而不是到中國途中所經過的東南亞，縱使當時已有伊斯蘭教傳入，卻沒有在當地造成廣泛的傳播。直到十三世紀伊斯蘭發展成熟，才大量傳入東南亞。

約十四世紀，歐洲人到東南亞之前，多已從馬來世界中徵用航海人。馬來人以造船著名於世，葡萄牙和西班牙都會聘用這些航海者。到了十五世紀，葡萄牙、義大利、西班牙都選擇聘用馬來人來航行，因為他們是航行於赤道附近海域上的航海家。就如同航行於南非、斯里蘭卡、馬達加斯加、馬爾地夫，甚至南美洲的蘇利南等赤道國家的航海家一樣。[70]

以上幾個因素顯示出，馬來人在十四世紀到十五世紀時，是一群傑出的航海者和商人，這也是馬來人的黃金時期。在此之後，歐洲經歷了工業革命，進行大事生產的工業活動，世界幾個地區，尤其是資源豐富的東南亞，被幾個列強瓜分和殖民化。馬來群島幾個國家也分別被英國、荷蘭、法國和美國瓜分。英國則佔據新加坡、馬來亞、汶萊。在這樣的歷史因素下，馬來西亞的馬來人講的是英語。[71]

2.印度人繼其後傳入伊斯蘭

隨著唐宋時期海上貿易的發展，東南亞穆斯林雖然不斷增加，但是印度教、佛教仍在該地佔主要地位。主要原因首先在於早期從阿拉伯、波斯來的穆斯林，大多以商業為目的，並且僅作短暫的停留，一個冬天或只是為了購買船貨便返國。因此，與當地接觸有限，未能融入社會，也無法改變當地社會的信仰。

---

70 張啟華，〈語言是唯一證明　馬來人出處　眾說紛紜〉，《星洲日報》，2003年3月19日。

71 張啟華，〈語言是唯一證明　馬來人出處　眾說紛紜〉。

其次，早期到東南亞的穆斯林商人帶來的，是正統的伊斯蘭教，與當地文化差異較大，不易為當地人所接受。[72]

學者一般認為，印度人在伊斯蘭教傳入東南亞過程中的地位和作用是非常重要的。首先從地理位置上看，印度與東南亞相鄰，也是西亞商人海上東行的必經之地，南印度沿海商港聚集了許多穆斯林商人，他們把伊斯蘭教傳給當地人。當地人在信仰伊斯蘭教後，在與東南亞進行貿易過程中，又傳播了伊斯蘭教，因而印度成為伊斯蘭教東傳的中繼站；其次，蘇菲（Sufi）神秘主義作為伊斯蘭教的一個派別，深受印度瑜伽學說影響，它傳到印度後為印度人所接受，再從印度人傳入曾經深受印度文化影響的東南亞，也就比較容易為當地人所接受。[73]

然而也有部份學者認為，印度穆斯林是透過商業活動把伊斯蘭教傳入東南亞的，也有一些是以傳教的身份進行傳教的。因此，當今馬來人有很多的習俗是受到印度文化的影響。

馬來西亞境內 80%以上的印度人屬淡米爾人（Tamil）。十四世紀以後，回教的滿剌加王國得勢以後，印度的影響力因此減弱，[74]當英國人在檳榔嶼及新加坡建立殖民地，印度人又重新以另一種姿態進入馬來半島。印度在 1858 年正式成為英國直轄殖民地，而檳榔嶼及新加坡在當時英人眼中僅視其為印度的

---

72 黃雲靜，〈伊斯蘭教在東南亞早期傳播的若干問題〉，《中山大學學報》（社會科學版），40：1（2000），頁 24。黃認為：「至於伊斯蘭教傳入東南亞的具體時間，由於缺乏史料，難以確定，只能推定在十三世紀中後期。最早傳入的地方就是蘇門答臘北部沿海地區。」

73 鄭月裡，〈馬華穆斯林的社會變遷與文化適應〉，頁 40-41。

74 韓都亞（Huang Tuah bin Arshad），〈馬來民族社會政治制度之探討〉（台北：國立臺灣大學政治學研究所碩士論文，1966 年），頁 21-24。

外港，為了開發馬來亞，英人自然會鼓勵印度人前往馬來亞工作。

移往馬來亞的印度人，大部份為印度南部的淡米爾人。1931 年，印度人佔馬來亞人口數的 14%，1947 年佔 10.5%。他們之中至少有三分一以上是屬於下層階級社會分子。[75]印度社會中的種姓階級是不可跨越的，下層階級份子是沒有機會躋身於上流社會。在馬來亞的印度人社會中也是有同樣的情形，社會階層井然有序，彼此互不干涉、互不隸屬。[76]

馬來亞作為一個多元民族的社會，是在 1930 年代經濟大恐慌時形成的。從此，馬來亞政府開始控制移民，印度淡米爾人也開始決定在馬來亞定居下來。把馬來亞視為自己永遠的家鄉。[77]

（二）華人穆斯林的移入約在唐宋之際

馬六甲西瀕馬六甲海峽，是東西方船隻航行必經的水道。這裡又是處於亞洲兩大季風的起點與終點。所以，當每年六月西南季風之際，阿拉伯人和印度人便乘帆船前往馬六甲做生意。到了十月東北季風起，則順風回國。同樣地，華人乘東北季風前來，隨後乘西南季風返國。此外，馬六甲海峽有蘇門答臘島作為屏障，風平浪靜。因而馬六甲成了各國船隻的匯集中

75 印度的種姓制度（Caste）分為四級：婆羅門、剎帝利、吠舍、首陀羅，每級社會地位不同。

76 鄭月裡，〈馬華穆斯林的社會變遷與文化適應〉，頁 50。

77 楊建成，《華人與馬來亞之建國》（台北：文史哲出版社，民 77，再版），頁 29。

心。[78]

後來的變化《宋史》〈三佛齊國傳〉亦有記載：「其國居人多蒲姓」。在傳中見有蒲姓者，有蒲蔑、蒲婆藍、蒲謀西。〈占城國傳〉（今越南中南部）又記有蒲思馬應、蒲路雞波羅、蒲訶散、蒲羅遏等名姓。他們都是伊斯蘭教徒。事實上，西元十世紀至十五世紀後期，伊斯蘭教在占婆（占城）社會不只廣泛傳播，並且滲入國家政權。[79]

《宋史》記載在勃泥國（今婆羅洲汶萊），有其國副使蒲亞里，來中國朝貢的事例。考古發現，今汶萊的一塊宋代古墓碑，迄今被公認為是遺存在東南亞之最早中文碑刻，其碑文刻「有宋泉州判院蒲公之墓」。

馬六甲成了國際性的貿易中心之後，自然也就成為各民族文化的匯集地。馬來民族皈依伊斯蘭教後，便接受阿拉伯文化，但他們仍然保留不少古代遺留下來的印度文化習俗，同時也融合了華族的文化，馬六甲華人社會中的峇峇[80]文化就是最好的例證之一。[81]

明初鄭和的部下馬歡，在《瀛涯勝覽》中〈爪哇〉條，即

---

78 黃啟隆，〈首向馬哈迪訪問中國　談到馬六甲王國〉，《新明日報》，1985 年 11 月 20 日。

79 廖大珂〈論伊斯蘭教在占婆的傳播〉，《南洋問題研究》，1990 年第 3 期，頁 90-91。

80 峇峇與娘惹是馬來西亞典型的土著與外來移民通婚所衍生的新族群。說他們是新族群，是因為他們身上有著華人與當地土著（主要為馬來人）的血統，雖然華語華文與方言已自他們的日常生活中失傳。不過，文化習俗與一切有關華人的傳統都保留得幾乎完美，如：華人對往生者的供飯習俗，還保留至今。參見：作者不詳，〈娘惹峇峇「比華人更華人」〉，《星洲日報》，2003 年，2 月 8 日。

81 黃啟隆，〈首向馬哈迪訪問中國談到馬六甲王國〉。

記有唐人住留該地，且多來自閩粵：[82]

> 國有三等人：回回人、唐人和土人。一等回回，皆是西蕃流落此地……一等唐人，皆是廣、漳泉等處人，竄居此地。食用亦美潔，多有從回回教門受戒持齋者。

13 世紀馬來半島東海岸吉蘭丹和登嘉樓的伊斯蘭遺跡文物，可能是當年由福建泉州傳過來的。[83]

查伊斯蘭教於西元七世紀創立後，不久，即傳入中國。東南沿海的廣州、泉州、揚州，均為阿拉伯人等通商的港口。阿拉伯穆斯林由海道東來中國經商者，多由波斯灣、經印度洋、繞馬來半島，以達廣州。當時廣州為通商大埠，萬客雲集，繁盛異常。由此可見，穆斯林旅居廣州者眾。這些外來穆斯林由原來的往返改由永久定居，在中國娶妻生子，並且傳播伊斯蘭教。到了九世紀，發生黃巢之亂，廣州有許多外國人遇難，當中有不少是穆斯林。這些居留中國東南沿海城市的穆斯林大部分應當是由海路而來，東南亞為必經之地，也必有穆斯林出現。[84]

然而，除了九世紀以外，中國穆斯林究竟在何時、何因而大量遷移海外？是值得注意的問題。一般判斷：中國穆斯林大規模遷徙海外，應發生於元末明初。究其原因有二：一是元末戰亂頻繁，沿海地區人民紛紛出海避亂謀生；二是明初實行海禁，以及對伊斯蘭教徒的歧視政策。明太祖洪武五年（1372）下詔：[85]

---

82 安煥然，《古代馬中文化交流史論集》，頁 239。
83 安煥然，《古代馬中文化交流史論集》，頁 240。
84 黃雲靜，〈伊斯蘭教在東南亞早期傳播的若干問題〉，頁 23。
85 李東陽等撰、申明行等重修，《大明會典》，163 卷（台北市：新文豐，民 65 年）；中央研究院，「漢籍電子文獻」，政書、類書與史料彙編／續文獻通考／卷十四／戶口考三／奴婢。

凡蒙古、色目人應與中國人為婚姻。不許自相婚娶，違者杖八十，男女入官為奴婢。

除了規定蒙古、色目人不得本類自相嫁娶，還禁止他們穿胡服、講胡語、用胡人姓氏，目的是促使他們漢化。正是在這種同化政策的壓力下，一些不願同化的穆斯林便把發展的眼光投向海外，因此，明初有不少穆斯林飄洋過海，移居南洋。[86]洪武十七（1384）年還下令，驅逐廣東的穆斯林，如此更迫使許多穆斯林離鄉背景，移居海外。而且在東南亞還形成一系列華人穆斯林聚居區，馬六甲便是其中之一。

鄭和之七下西洋，就在這個大背景之中完成。他充分利用了中國和伊斯蘭教世界的長期互動的人脈，進而成為發展長期經濟與文化交通的基礎。[87]鄭和本身是伊斯蘭教徒，其隨從要員不少也是伊斯蘭教徒，例如副使太監洪保、通事馬歡、郭崇禮、西安清真寺教長哈三、副千戶沙班等，都是信奉伊斯蘭教的穆斯林。[88]而其所經過到訪的 44 個國家與地區中，崇奉伊斯蘭教的就達 23 個。[89]十五世紀，當鄭和下西洋到馬六甲時，隨鄭和南巡的費信，描述馬六甲有「男女椎髻，身膚黑漆，間有白者，唐人種也」[90]之語。他指出：「馬六甲王國尊明朝為宗

86 蕭憲，〈鄭和下西洋與伊斯蘭教在東南亞的傳播〉，《回族研究》1（2003），頁 101。

87 寺田隆信（《中國の大航海家鄭和》）甚至認為，應該說鄭和下西洋即是以中國的伊斯蘭教徒為主角，以東南亞、印度、西亞各國的伊斯蘭教徒為配角而展開的不平凡的伊斯蘭教的事業。

88 安煥然，《古代馬中文化交流史論集》，頁 238。

89 安煥然，《古代馬中文化交流史論集》，頁 238。

90 費信著、馮承均校注，《星槎勝覽校注》「滿剌加國」（台北：臺灣商務印書館，1970 年），頁 21。

主國，受明廷的封號，歲貢不絕。」[91]從這些資料顯示，馬六甲在鄭和下西洋前已有華人（唐人）居住。又據黃衷《海語》「滿剌加條」說到：「其俗禁食豕肉，華人流寓，或有食者，輒其惡，謂其厭穢。」[92]由此可見，明代馬六甲以當地回教徒（穆斯林）居多，而伊斯蘭教自中國回傳馬來亞的時間可能是在十四世紀，或者更早。[93]

鄭和雖然不是最早把伊斯蘭教帶入東南亞的華人，但確有助於伊斯蘭教在東南亞的傳播，[94]尤其是馬來亞。因為鄭和是穆斯林，下西洋時常拜訪馬六甲王國。又因伊斯蘭教在馬來亞已有基礎，鄭和團隊再予聲援，必使當年的發展相當迅速與成功，不但使得馬來人改信伊斯蘭，進而促成各族人士長期以來認為伊斯蘭教是馬來人所專有的宗教。結果馬來亞境內，凡是信仰伊斯蘭教的人士都被認為是入了「馬來教」，[95]包括皈依伊斯蘭教的華人穆斯林在內。

固然多元文化並存的現象，當年即已出現，但是明初的東南亞，似乎以信奉伊斯蘭教的為最多數。相對少數信仰民間宗教的一般華人，在這個大背景下，能夠保留原來中華文化，也就是儒家、道教與佛教傳統的，並不容易。

---

91 陳烈甫，《東南亞洲的華僑華人與華裔》，頁 258。

92 【明】黃衷，《海語》（台北：臺灣學生書局，1975 年），頁 11。

93 鄭月裡，〈馬華穆斯林的社會變遷與文化適應〉，頁 39-40。

94 蕭憲，〈鄭和下西洋與伊斯蘭教在東南亞的傳播〉，《回族研究》1（2003），頁 98-102。

95 全馬伊斯蘭福利機構，《伊斯蘭之光》，1（1991）（吉隆坡：全馬伊斯蘭福利機構），頁 5。

第二節　近現代基督教與東亞變局

一、近代中華文化進入馬來半島

但近代以至於現代的情況又有變化。一般華人大量移殖馬來西亞，是在十九世紀中葉以後。這些移民者，大都來自中國東南沿海地區。他們移殖到人生地不熟的異地，遇到來自同一家鄉、或同一姓氏或是講同一種方言的人，特別有感情，進而聚集在一起。[96]遇到困難，往往互相協助與支援，以因應異地環境的需要，因此「幫」、「同鄉會」及「會館」等名種名目社團乃相繼產生。[97]

近代一般華人社會在馬來半島形成，其內涵大致有以下幾種：

（一）中華民族意識的社會結構

華人社會與西人社會相較，最顯著的差異，就在華人以血緣作為民族結合的第一個條件，以地緣為第二個條件，這是他們一切活動的基礎。以民族學的觀點而言，馬來亞華人大多來自閩粵兩省。閩粵人民具有相同的中華傳統文化與風俗習慣，

96 江炳倫認為馬來西亞華人的認同，較早時期的認同範圍，不超過自己的方言群體。江炳倫，《亞洲政治文化個案研究》（台北：五南圖書公司出版，民 78 年 6 月），頁 165-188。

97 鄭月裡，〈馬華穆斯林的社會變遷與文化適應〉，頁 53-54。

近代以來因而產生強烈的中華民族意識。

地緣即鄉土觀念，亦是促成華人民族團結的條件。華人大多數來自中國南部，而且可能同鄉。在外地遇到來自同鄉，備感親切，多會有所往來。[98]除了濃厚的鄉土觀念外，還透過風俗、習慣、生活方式、宗教、道德等的共同點，促成了民族性的結合。[99]

還有異地思故鄉之情。海外華人寄人籬下，日受環境的刺激，更易激發民族的自覺，時時刻刻懷念家鄉，眷念祖國。早期的華人均希望「落葉歸根」，其「僑」居意識濃烈，而意義主要有二：一是溯源還本的意思，即生為中國人，死為中國鬼的民族意識，即使一時為謀生而客居異鄉，亦絕不輕易歸化當地。待事業有成後，衣錦還鄉，安享餘年；二是不忘本的意思，與當地文化相較，仍有優越之感。亦即自然產生固守民族優良傳統的文化意識，保持固有風俗、生活習慣及倫理道德思想，終至不輕易為外人同化。即使受英文學校教育的土生華人，有些還保有祖先遺傳下來的家教與習俗，未被外族同化。[100]在若干地區，甚至可以說：「比華人還要華人」。[101]

華人移殖馬來亞，雖然來自中國各地，大多彼此不相識。但基於都有「華僑」背景，具有相同的血緣和共同的民族意識，因而自然而然地結合在一起。

98　陳烈甫，《東南亞洲的華僑華人與華裔》，頁 376。

99　黃建淳，《新加坡華僑會黨對辛亥革命影響之研究》（台北：新加坡南洋學會，1988 年），頁 25。

100　華僑志編纂委員會唐蘇民等，《馬來亞華僑志》（台北：華僑志編纂委員會，民 48），頁 230。

101　鄭月裡，〈馬華穆斯林的社會變遷與文化適應〉，頁 54-55。

（二）對中華文化傳統的認同與身份的調整

華僑散居海外，對國家民族的意識，大多數隨著離母國時間的久遠，而愈加深厚，這是中華文化的潛力所在。[102]而華僑受包含儒、道、法與陰陽在內的中華文化的薰陶，彼此在思想、行為、語文、生活、習慣方面，都比較相同一致，自然易於相處，進而形成一體。

華僑處於外人社會環境中，人地生疏，諸多困難，彼此為了求生存、保障工作和顧及安全，深感互助合作的必要性而集結在一起。[103]中共統治中國大陸後至少三十年的變亂，造成華僑有家歸不得，只好在當地謀求發展的情況。加上受到當地土著社會排擠的影響，促使華僑間聯繫更加密切，從而使得華僑社會更加擴大、穩固。

當年馬來亞的華僑大多來自閩粵農村，極具濃厚的鄉土觀念，他們移殖馬來亞，主要目的是「打工」賺錢，極大多數都是男性，並且在可能範圍之內，定期返鄉省親。[104]所以有人稱在馬來亞的華僑為「過境之候鳥」或「過境之飛鳥」（birds of passage）。[105]據估計，華僑在 1820 至 1947 年英國統治期間，進入馬來亞，至少有 1700 萬人。[106]可是，1947 年的人口調查，華僑卻僅有 250 萬。主要原因應該就在，早期大部分華人確實

---

102 僑務委員會編，《僑務五十年》（台北：僑務委員會，民 71），頁 155。
103 僑務委員會編，《僑務五十年》，頁 156。
104 巴素著，郭湘章譯，《東南亞之華僑》（台北：正中書局，民 65），頁 451、452。
105 楊建成，《華人與馬來亞之建國》，頁 18。
106 此一數字仍有待進一步考證。

沒有留居的打算。

這種情形到了 1940 年代大戰之後，才有重大的改變。[107]特別到了馬來亞聯邦獨立，並且漸趨開明穩定，以及准許華人申請公民權等因素，才由原來「落葉歸根」的馬來亞「華僑」轉變為「落地生根」的馬來西亞「華人」。[108]

（三）宗教信仰結合三教神祇

中國移民海外，宗教信仰成為他們精神生活中最重要的部分。由於大多數中國人都信奉佛、道教及民間信仰，移民者往往依照原鄉的宗教習俗，以三教合一的方式，[109]在寺廟中燒香、燒紙錢，祭祀神靈。[110]

華人以各種性質的族群相結合於某一神祇，並由其他多神陪祀，來進行祭拜。他們在西馬的東部及南部地區最早建造的寺廟，在馬六甲有青雲亭（17 世紀）、檳城有廣福宮（1800），這兩座寺廟主要供奉觀音菩薩，故均俗稱「觀音亭」。而在新加坡則有天福宮，主要供奉航海保護神天后，該寺廟曾相當長的一段時間是整個華人社會的宗教活動中心。無論是觀音菩薩或是媽祖，祂們都是華人共同崇拜的神祇。[111]此外，各方言群也有他們各自崇拜的地方神祇，例如許多各方言集團和宗親組

---

107 T. H. Silock & E. K. Berkeley（ed.）, *The Political Economy of Independent Malaya. A Case-Study in Development,* California: Australian National University, 1963, p.60.

108 鄭月裡，〈馬華穆斯林的社會變遷與文化適應〉，頁 55-56。

109 朱浤源，〈從三教合一到五教共和〉《國家發展研究》（台北：台灣大學），10：2（民 100.6），頁 1-38。

110 顏清湟，《新馬華人社會史》（北京：中國華僑出版公司，1991 年），頁 10。

111 顏清湟，《新馬華人社會史》，頁 11-13。

織崇拜的保護神，具有濃厚的地方色彩。[112]

（四）寺廟成為整合家鄉組織與信仰之所

十九世紀中葉以前，華人的社會組織和權力結構，即便不是建立在宗教信仰的基礎上，但仍具有深厚的宗教色彩。這個時期的寺廟大都由私會黨成員控制，除了私會黨外，一般的行團和鄉會也都以神廟或祠堂為活動中心。[113]

除了以上所述由血緣、地緣、業緣的原因所建立的組織外，另有一個形成各組織分合的重要因素，那便是「方言」。十九世紀後半開始，產生了各方言集團的敵對和衝突。少數方言集團各行其是，修建祠廟，以祭祀他們共同的神明。[114]不同的方言群體各自設有廟宇，作為活動的中心，如福建幫建有「天福宮」崇拜天后、潮州幫建有「粵海清廟」崇拜天后等。[115]同樣地，福建人在大伯公路的恒山亭和大伯公廟崇奉大伯公，而客家人則是在丹絨巴葛和直落亞逸街的福德祠內進行。[116]各幫的迎神賽會、拜神活動，甚至墓地義山，也各有其範圍，互不逾越。[117]

儘管在各方言集團中，崇拜的神祇有所不同，但其作用均是超越了經濟利益和社會地位的差異，為人們提供了一個共同

112 鄭月裡，〈馬華穆斯林的社會變遷與文化適應〉，頁 58。
113 林水檺、駱靜山合編，《馬來西亞華人史》（台北：馬來西亞留台校友會聯合總會出版，1984 年），頁 445。
114 鄭月裡，〈馬華穆斯林的社會變遷與文化適應〉，頁 62。
115 黃建淳，《新加坡華僑會黨對辛亥革命影響之研究》，頁 26。
116 顏清湟，《新馬華人社會史》，頁 14。
117 黃建淳，《新加坡華僑會黨對辛亥革命影響之研究》，頁 27。

的宗教信條，從而把華人社會的不同集團聚合在一起。在新馬華人社會中，這種作用常表現在每年定期舉行的迎神會上。[118]

也就在這個時候，西方的宗教改革與清教主義，造成英、美、法等國的大革命，與德、義兩強的出現。在這期間，更令革命後的新基督教，隨時西方的大航海風潮浸入東方，來到南洋。

二、基督新教入南洋

（一）中古時代基督入中國

基督教傳入中國的確切年代，其說紛紜。然依可信史料，它的始初傳入當在盛唐之初，時稱「大秦景教」，簡稱「大秦教」或「景教」，實係基督教聶斯托里派。[119]該派在波斯經過一百多年的發展，於唐太宗貞觀九（西元 635）年派遣僧侶阿羅本等人，由波斯經海陸或經「絲綢之路」、「占青雲而載真經，望風律以馳艱險」，[120]來到中國。最初在長安建寺，繼而向各地擴展。教會稱做「景門」，教堂初稱「波斯寺」，後改稱「大秦寺」或「景寺」。[121]

---

118 顏清湟，《新馬華人社會史》，頁 14-15。

119 曹琦、彭耀編著，《世界三大宗教在中國》，中國社會科學出版社，1991 年，頁 141。基督教的一個較小教派。信奉君士坦丁堡主教聶斯托里所倡導的教義，故名。西元五世紀，由於在以弗所公會議被判為異端，後曾在敘利亞、美索不達米亞等地傳布，並得到波斯王的支持，一度得到較大發展。

120 見〈「大秦景教流行中國碑」頌并序〉明天啟五（1625）年。西安掘出一塊石碑，正面寫著「大秦景教流行中國碑」，以 1780 個漢字撰寫，另附數十字敍利亞文。

121 曹琦、彭耀編著，《世界三大宗教在中國》，頁 142。

《冊府元龜》有「波斯僧及烈進奇器，被劾」，景僧阿羅憾應召為武后設計修建「大周萬國頌天樞」等記載，也說明了這一點。此外，他們還「以醫傳道」，其例甚多，據杜環《經行記》說：「大秦善醫眼及痢，或未病先見，或開腦出蟲。」《舊唐書》〈諸王傳〉也有「（開元）廿八年冬，憲寢疾，上令中使送醫藥及珍膳，相望於路。僧崇一療憲稍瘳，上大悅，特賜緋袍魚袋，以賞異崇一」[122]的說法。

（二）近古與近代的基督宗教

1.基督教從明、清到民國的傳播與作用

基督教在西方正值宗教改革運動之後，有新舊教之爭，舊教一些派別在歐洲難於立足，便圖謀向東方發展。明代中葉，天主教的耶穌會、方濟各會和多明我會相繼傳來我國。多明我會主要活動於我國台灣、福建等地，限於東南沿海一帶；方濟各會主要活動於北京等地，勢力和影響都不大。影響和勢力最大者為耶穌會，它活動的地域也較廣。

耶穌會是十六世紀歐洲宗教改革運動興起後，反對宗教改革的天主教組織。最早被耶穌會派來中國傳教的是該會教士方濟各・沙勿略（1506-1552 年）。他於明世宗嘉靖三十一（1552）年企圖進入內地傳教，但面對嚴密封鎖的中國大陸，始終未能如願，最後死於廣東台山縣屬之上川島。逐後又有一些各派教士來華，他們居於該島或澳門，同樣不得步入大陸，致使他們面對分界上的石山發出「磐石阿！磐石阿！什麼時候可以開

---

122 《舊唐書》卷九十五，〈列傳第四十五：睿宗諸子〉，「讓皇帝憲」。

裂，歡迎吾主阿！」[123]的嘆息。三十年後，耶穌會遠東巡視員范禮安總結歷史經驗，在耶穌會滲入我國的方針上作了調整，取消了先前企圖在宗教儀式中強制推行西方習俗，使用拉丁語的做法，轉而注重學習中國國語言、吸取中國的文化知識。在這種形勢下，於明神宗萬歷十（1582）年又派該會教士利瑪竇等人入華，獲得成功。

明末清初，西方已見「資本主義生產時代的曙光」[124]。隨著歐亞航路的發現和商業資本的發展，自十六世紀中葉，基督教又傳來中國。西元 1586 年西班牙駐菲律賓總督和基督教士曾向國王斐利浦二世建議，用武力使中國基督化。[125]暴露企圖進行征服和掠奪的野心，此時中國海禁森嚴，國防力量尚能抵禦，這一企圖未能得逞。

至十九世紀，中國無力閉關自守，終於自四十年代開始，被西方資本主義的大砲摧毀了固有的防線，淪為「半封建半殖民地」，甚至成為帝國主義魚肉和瓜分的對象。

（三）基督新教初入南洋：荷蘭人與葡萄牙人

信仰基督教的西人東來，也進入馬來半島之後，馬六甲的民族成分更加複雜。1678 年，馬六甲人口 6,000 人，這當中包含了荷蘭人、葡萄牙人、中國人、阿拉伯人、印度人、馬來人與武吉斯人。[126]這些不同民族的移民，又分別使用自己的語文，

123 賴德烈（Kenneth S. Latourette）、雷立柏等譯，《基督教在華傳教史》（香港：道風書社，2009 年），頁 9。
124 馬克思，《資本論》（北京：人民出版社，1975 年）卷 1，頁 819。
125 賴德烈，《基督教在華傳教史》，頁 87。
126 李銳華，《馬來亞華僑》，頁 16。

使馬六甲很早就具備多元文化色彩。因此，有些住宅開始改採歐洲的設計。

至於十八世紀馬六甲的社會組織情況，Nicholas Tarling（尼古拉斯・塔林）指出：「一七五六年時的荷屬馬六甲，是馬六甲的華人與馬來人、印度人、葡萄牙人、歐洲人共同組成的一個『營』。」[127]日本學者今堀誠二對早期馬來亞的華僑社會的形成，也有較詳盡的描述，他說：[128]

> **馬六甲的華僑，當葡萄牙統治時，已有華人街；一六一一年的市街圖，已有中國甘榜（華人村）的地名，就是荷蘭統治時也一樣。**

今堀誠二更認為，鄭和對西洋華僑的移殖發展，極具影響力。[129]

此時中國與馬來亞關係可以說非常密切，可是，當時中國政府並不鼓勵人民移民海外。清初三藩之亂時，清廷規定凡沿海三十里之地，均不准人民居住，以根絕人民移往國外之機會。待三藩亂平，取締漸鬆，開始允許海外華人歸國，並准許人民短期出國。施行不久，又宣告廢止。到了雍正時期，人民出國雖沒有視為不法行為，但卻以重刑來限制人民出國，對於逾期不返者，下令不准再回國土。[130]清政府一方面頒布禁令防止華僑出國，另一方面又頒布禁令限制華僑歸國。

---

127 Nicholas Tarling（尼古拉斯・塔林）主編、賀聖達譯，《劍橋東南亞史》（雲南：雲南人民出版社，2003 年），卷 1，頁 363-364。

128 今堀誠二原著、劉果因譯，《馬來亞華人社會》（檳城：檳城加應會館擴建委員會出版，1974 年），頁 17。

129 今堀誠二原著、劉果因譯，《馬來亞華人社會》，頁 17-34。

130 宋哲美，《馬來亞華人史》（香港：中華文化事業公司，1963 年），頁 59。

於是留居南洋群島的華人，多屬於：(1) 航海商人及沿海漁人的居留者；(2) 歷代流亡者的移殖；(3) 海盜遺裔的落居。[131]

到了西方殖民帝國在南洋各處建立殖民地，為了經濟開發，大量需要勤勉的華人，才再度造成華人大量流向南洋各地的現象。不過明代與元代留居海外華人仍然有別。近現代移民所不同的是：（1）有自己的聚居處；（2）聚居點有自己的組織機構；（3）聚居的華僑從事共同或相互聯繫的職業。[132]可見近現代華人傾向於聚居，有自己的地盤與首領，從事共同或相互聯繫的職業，如此逐漸形成一個華人社會。[133]

1772 年，廣東客家人羅芳伯率 100 名嘉應、大埔同鄉客家人移民婆羅洲坤甸（Pontianak）、三發（Sambas）一帶開拓。1777 年，羅氏將其轄地稱「蘭芳公司」。但在政治上、經濟上和軍事上的組織遠較歐人為差。故歐洲人到達南洋時間雖然較鄭和，及其他早期的一些華人冒險家為遲或約略同時，可是他們卻憑著優越的武力與殖民者有效的組織，很快即分別據有其地，成為當地土著與移殖該地的中國人的主人。[134]

三、近現代基督新教與東亞變局

（一）英國基督新教與馬來半島

1786 年，英國佔領檳榔嶼後，華人移入馬來半島與日劇

131 張意昇，〈馬來西亞華人推動經建計劃之研究〉（台北：中國文化大學民族與華僑研究所碩士論文，1980（民 69）年），頁 12-13。
132 莊國土，《中國封建政府的華僑政策》，頁 14。
133 鄭月裡，〈馬華穆斯林的社會變遷與文化適應〉，頁 43-45。
134 李恩涵，《東南亞華人史》（台北：五南，民 92），頁 123。

增，由於英國積極向馬來亞發展，先後取得新加坡、馬六甲、馬來半島各州、北婆羅洲、及砂拉越，實施殖民統治。英國之殖民政策與葡人、荷人迥然不同，極力鼓勵華人移入，利用華人開發馬來亞，同時採取善待華人的政策，大量招致華人，從事開墾，所以華人大批移入擔任工人。[135]

華人工作勤奮，甚受英殖民政府的歡迎是毫無疑問的。出使和國（荷蘭）大臣錢恂在奏摺中提到，光緒二十九（1903）年，新加坡領士孫士鼎曾贖回「豬仔」數名。其實不僅荷人喜用華工，英、美也一樣。因為他們一致認為：「白人體弱不能勝，棕人智短不能勝者，莫不用華人。」[136]華人克勤克儉的奮鬥精神，深受殖民政府的歡迎。[137]

英國萊特（Francis Light）就曾經說：「華人為檳榔嶼居民中最有價值的一部份。」即使英殖民官員大多來自印度，對印度人不免存偏袒之心，但仍然認為印度人比不上華人來得有價值。[138]

然 1940 年以前，華人到馬來亞的主要目的只是「打工」賺錢，以早日衣錦還鄉。其性質是「出洋承工」而非移民，大部份華人並無長久居留的打算，所以早期出洋的華人極大多數都是男性，並且在可能範圍之內定期返鄉省親。[139]所以學界形容當時往返馬來亞的華人為「過境的候鳥」（birds of passage）。

---

135 張意昇，〈馬來西亞華人推動經建計劃之研究〉（台北：中國文化大學民族與華僑研究所碩士論文，民 69），頁 14-15。

136 《軍機處・月摺包》，第 2730 箱，132 包，164082 號，光緒 34 年 6 月初 2 日，出使和國大臣錢恂奏摺。

137 鄭月裡，〈馬華穆斯林的社會變遷與文化適應〉，頁 45。

138 楊建成，《華人與馬來亞之建國》，頁 17。

139 巴素撰，郭湘章譯，《東南亞之華僑》，頁 470。

（二）現代基督新教與中國變局

基督教新教之來華，始自十九世紀初葉，遠比天主教和東正教為晚。雖然十七世紀，新教曾有過入華的嘗試，時荷蘭政府在武裝入侵台灣後，曾派遣教士赴台活動，傳教二十餘年，發展教徒千人左右，但至西元 1662 年，鄭成功將荷蘭殖民者逐出台灣，新教限於在台的活動也隨之化入（地下）。[140]而十九世紀則不然，它持久且深入地在亞洲大陸以及太平洋諸島嶼產生影響。「神聖」（holyness）與「世俗」（secular）二分,是西方基督宗教神學背景下，教會面對俗世力量所出現的詮釋。[141]基督新教教士與神聖之間就建立了某種程度的關聯。十九世紀為基督新教傳入中國，開闢道路者是英國倫敦宣教會（London Missionary Society）教士馬禮遜（Robert Morrison，1782-1834）。[142]

他的傳教活動始於編寫宣教書籍，如《神道論贖救世總說真本》、《問答淺注耶穌救法》、《古時如氏亞國（即猶太國）歷代略傳》、《養心神詩》等。1810 年他又開始翻譯新舊約聖經，1819 年在該會另一來華教士米憐（William Milne，1785-1822）的幫助下譯成出版，取名《神天聖書》。此時傳教活動正遭華人冷眼，因此領洗者寥寥無幾，至 1814 年他才得到中國第一個新教教徒蔡高，之後又發展了梁發和屈昂。其中梁發（1784-1854 年）成為第一個新教華人牧師，著有《勸世良

---

140 指化民間。

141 釋昭慧，〈當代台灣佛教的聖俗悖論－直入大乘與迴入大乘的路線之爭〉，《「傳統宗教與新興宗教」學術會議論文集》（上），2010 年，頁 42。

142 曹琦、彭耀編著，《世界三大宗教在中國》，頁 155。

言》[143]一書，署名為「學善居士」。[144]

郭士立（Karl Friedrich August Gützlaff，1803-1851）參與訂立《南京條約》（1842）；伯駕（Peter Parker，1804-1888）、俾治文（Bridgman, Elijah Coleman，1801-1861）參與《望廈條約》（1844）；郭士立、衛三畏（Samuel Wells Williams，1812-1884）、丁韙良（William Alexander Parsons Martin，1827-1916）參與《天津條約》（1858）。這些條約明文規定外籍教士可隨意在華「開設教堂」，不僅在通商口岸，而且可「安然入內地傳教，地方官務必厚待保護」，「毫不得苛待禁阻」。[145]更為甚者，當簽訂《北京條約》（1860）時，其中有關外國傳教士「在各省租買田地、建造自便」[146]的條款，竟完全是充當翻譯的傳教士艾美（Louis Delamarre）擅自添加的。[147]

對此，他們曾歡呼：「一個嶄新的時代已經來臨」、「中國幾乎出乎意料之外地對傳教教士、商人和學者開放了。這個國家事實上已經落入我們的手中，一切早已在中國的傳教士和各自國內的差會，如果他們不去占領這塊土地，不在十八個省的每一個中心取得永久立足的地方，那將是有罪的」。[148]

林樂知（Young John Allen，1836-1907）、花之安（Ernst Faber，1839-1899）等深入研究經學，企圖用經學闡發基督教義。李提摩太（Timothy Richard，1845-1919）、李佳白（Gilbert

143 梁發（清）著，《勸世良言》（台北市：臺灣學生書局，民 54）。
144 曹琦、彭耀編著，《世界三大宗教在中國》，頁 155。
145 王鐵崖編，《中外舊約章匯編》冊 1，頁 97、107。
146 王鐵崖編，《中外舊約章匯編》冊 1，頁 147。
147 曹琦、彭耀編著，《世界三大宗教在中國》，頁 157。
148 湯普生，《楊格非傳》（倫敦，1908 年），頁 79-82。

Reid，1857-1927）、丁韙良等一手舉聖經，一手捧四書，大力鼓吹耶儒「互相合和」，認為「孔子加耶穌」的公式，有利於宣教傳道，有利於融化中國人「反教仇外之勢」，有利於防止「社會騷動興起」。[149]

曾企圖利用基督教改造儒學，把孔子供為教主，使儒學全盤宗教化，以幫助他們從滿清統治者手裡分取政權。後來甚至直接利用基督教的某些說法，作為他們反動中國政府的武器，並組織廣學會等「文化侵略」機構，大力編寫出版各類書刊等。乃至後來孫中山先生等於 1883 年在香港也曾受洗入教，[150]並且在香港、廣州兩地鼓吹由下而上的革命。

在不平等條約的保護下，以五大商埠和原有的傳教點為基地，傳教士長驅直入，足跡遍及我國城市和鄉村。

但各派之間相互勾心鬥角，各自劃分勢力範圍。如禮賢會（Chinese Rhenish Church Hong Kong Synod）於香港、聖公會（Anglican Church）由廈門至上海，長老會於華北，歸正會（Reformed Church）於廈門，浸禮會（Baptist Churches）於寧波，美以美（The Methodist Episcopal Church）會在四川，協同會（The Evangelical Alliance Mission）在陝西，遵道會（Wesleyan Methodist Missionary Society）在湖南，自理會在雲南。其中戴德生（James Hudson Taylor，1832-1905 年）創立的內地會（China Inland Mission，CIM）影響的範圍最大，先建會於杭州，後推廣於南京、鎮江、揚州，以至於安徽、湖南、山西、浙江、內

149 參見《國際公報》第五卷，第 45-46 號合刊。以上三個註轉引自：曹琦、彭耀編著，《世界三大宗教在中國》，頁 161。
150 曹琦、彭耀編著，《世界三大宗教在中國》，頁 161。

蒙古，貴州等地[151]

第三節　華人信仰各種宗教人口之分析

一、馬來西亞華人人口的變遷

就國籍的性質而言，在馬來西亞的公民，分為馬來西亞公民（Malaysian citizens, 藍卡）與非馬來西亞公民（Non-Malaysian citizens, 紅卡）兩種。[152]就廣義的民族而言，馬來西亞公民包括馬來族、華族、印度族及其他民族，而「馬來族」則較廣義，馬來人之外，又包含其他少數土著在內，如：小黑人（Negrito）、[153]先奴伊人（Senoi）、[154]原始馬來人（Proto- Malay）、[155]加央人（Kayan）、加拉必人（Kelabit）、肯亞（Kenyah）、本南人（Penan）、比達友人（Bidayuh）、伊班（Iban）、可可群島（Cocos Islander）、卡達山（Kadazan）、巴夭（Bajau）、

151 曹琦、彭耀編著，《世界三大宗教在中國》，頁 158。

152 一般在 1957 年獨立以後在馬來西亞出生的人，不管是任何種族都自動成為公民；而那些 1957 年以前在馬来西亞出生，又没有向國民登記局登記的人，就可能是持紅卡，也有可能當時找不到文件證明自己在馬來西亞出生者，而發給紅卡，這些是没有公民權的人。

153 小黑人包括根秀、京達、拉諾、加海、孟弟、呇達；〈3 大原住民氏族及籍貫〉，《星洲日報》，2003 年 2 月 8 日。

154 先奴伊人包括地苗、西曼、斯莫比力、澤旺、加合、馬默力；〈3 大原住民氏族及籍貫〉，《星洲日報》，2003 年 2 月 8 日。

155 原始馬來人包括地曼、史叻打、斯米來、也昆、加那、河人；〈3 大原住民氏族及籍貫〉，《星洲日報》，2003 年 2 月 8 日。

帝東（Tidong）、米塞亞（毗舍耶 Bisaya）、杜順（Dusun）、伊達安（Idahan）、馬蘭諾（Melanau）、布魯都必斯（Buludupis/Orang Sungai）、達雅克（Dayak）……等三十多種東、西馬的次級民族；[156]「華族」包括來自福建、客家、廣東、潮州、海南島、廣西、福州、福清、興化、及其他地方的華人等；「印度族」包括印度淡米爾人（Indian Tamil）、德拉古人（Telegu）、旁遮普的錫克人（Sikh）、斯里蘭卡淡米爾（Sri Lankan Tamil）、辛加利人（Singalese）、孟加拉人（Bangladeshi）、巴基斯坦人（Pstani）、馬來雅利（Malayali）[157]以及其他的印度人；「其他民族」則是包括印尼人（Indonesian）、泰國人（Thai）、菲律賓人（Filipino）、緬甸人（Myanmar）、日本人（Japanese）、韓國人（Korean）、其他亞洲人（Other Asian）、歐亞混血（Eurasian）、歐洲人（European）……等等。

至於非馬來西亞公民，也含蓋馬來族、華族、印族及其他各族，惟以那一種民族居多，目前並無相關資料可尋。基於大馬憲法第 160 條規定：「馬來人必須為信仰伊斯蘭教，……。」因此，馬來人理應都是穆斯林。但是，如果他們遺失了證件，無法出示任何證明，或者無法證明他們是在馬來西亞出生，即可能是發給紅色的身份證，而沒有公民權，只有居留權。這種情形與非馬來西亞公民的其他族群相似。

---

156 劉明珍，〈沙巴族群多不勝數〉，《星洲日報》，2003 年 3 月 2 日。
157 Malayali：印度人的階級，最高級的其中一種雅利安人。

（一）華人人口數

根據 2010 年馬來西亞人口統計局統計，馬來西亞人口數總計 28,908,795 人，包括馬來西亞公民與非公民。華人有 6,520,559 人，佔大馬 22.56%，[158]印度人有 6.98%人，其他為 1.20%人（參見表 1-1）。華人相對地，有逐年減少的趨勢。

馬來西亞全國總人口的增長，與世界各國相比，可以說極為快速，從 2000 年的 23,274,690 人，到 2010 年的 28,908,795 人，10 年中就增加了五百多萬人（參見表 1-1：2010 年與表 1-2：2000 年）。至於 2010 年信仰伊斯蘭教的詳細人口數，目前尚未公布，但推測也勢必隨之增加。

---

158 本書所寫的人口數，與廖建裕的不同。依照廖建裕的〈全球化中的中華移民與華僑華人研究〉（《華僑華人歷史研究》，2012 年的第 1 期（總第 97 期），2012 年 3 月 1 日，頁 10）中，所寫的馬來西亞華人人口情況：
①兩者所寫 2000 年和 2010 年的人口數，均互相不符；
②他的是 2000 年 5,692,000 人, 2010 年 6,451,300 人；我的則是 2000 年 5,691,908 人, 2010 年 6,520,559 人；
③他的 2010 由 *Yearbook of Statistic Malaysia 2010*, http://www. Statistics, gov. my/portal/download Buku_Tahunan/files/BKKP/ Buku_Tahunan_Perangkaan_Malaysia_2010. pdf（accesses 5 January 2012）。我的出處 2000 年是 *Taburan Penduduk dan Ciri-Ciri Asas Demografi*（Population Distribution and Basic Demographic Characteristics）. Malaysia: Department of Statistics, Malaysia, July, 2001, 2010 年則是 "Preliminery Count Report", 2010, Department of Statistics Malaysia, March, 2011 由 Unjuran penduduk berasaskan kepada Banci Penduduk 2010.

表 1-1：馬來西亞各族逐齡人口比較表：2010 年

Penduduk mengikut jantina, kumpulan etnik dan umur, Malaysia, 2010（Population by sex, ethnic group, and age, Malaysia, 2010）

Kumpulan Umur Age Group	Jumlah Total	Warganegara Malaysia Malaysian citizens						Bukan Warganegara Malaysia Non-Malaysian citizens
		Bumiputera Total Bumiputera	Melayu Malay	Bumiputera Lain Other Bumiputera	China Chinese	India Indian	Lain-lain Others	
Jumlah Total	28,908,795	17,947,371	14,749,378	3,197,993	6,520,559	1,969,343	347,692	2,123,830
0-4	3,291,816	2,252,600	1,875,496	377,104	533,343	186,170	36,197	283,506
5-9	3,049,120	2,031,272	1,684,274	346,998	533,096	182,140	37,028	265,594
10-14	2,824,107	1,909,243	1,571,678	337,565	545,232	184,772	46,786	138,074
15-19	2,646,135	1,823,433	1,489,105	334,328	512,152	170,895	41,643	98,012
20-24	2,553,047	1,717,509	1,404,789	312,720	517,503	171,946	35,465	110,624
25-29	2,378,080	1,531,967	1,249,339	282,628	500,162	164,033	29,185	152,733
30-34	2,111,549	1,211,260	980,281	230,979	466,935	151,238	22.033	260,083
35-39	1,925,924	1,046,792	845,936	200,856	452,345	142,359	19,267	265,161
40-44	1,825,245	1,015,144	825,516	189,628	457,633	136,702	19,402	196,364
45-49	1,637,938	906,805	743,333	163,472	440,370	125,920	16,460	148,383
50-54	1,400,087	768,898	642,880	126,018	415,616	114,310	14,305	86,958
55-59	1,130,881	615,041	518,429	96,612	361,857	92,404	11,140	50,439
60-64	785,732	421,659	352,515	69,144	270,873	57,347	6,826	29,027
65-69	545,587	289,008	239,513	49,495	201,212	37,159	4,395	13,813
70-74	376,193	196,636	159,908	36,728	140,889	25,560	3,019	10,089
75-79	221,017	111,897	89,246	22,651	87,473	14,320	1,778	5,549
80-84	123,151	60,139	47,758	12,381	48,635	7,543	1,669	5,165
85-89	50,858	21,237	16,332	4,905	23,584	2,907	639	2,491
90-94	21,173	9,721	7,772	1,949	8,949	1,115	275	1,113
95+	11,155	7,110	5,278	1,832	2,700	513	180	652

資料來源：*Unjuran penduduk berasaskan kepada Banci Penduduk,* 2010

製　　作：鄭月裡、楊采華

說　　明：本年的統計數字，似乎是根據 2000 年的普查，再進一步推估而成。（Population projections based on the 2000 Population Census）

表 1-2：馬來西亞各族逐齡人口比較表：2000 年

Jumlah penduduk mengikut kumpulan umur, jantina, kumpulan etnik, strata dan negeri, Malaysia, 2000（Total population by age group, sex, ethnic group, stratum and state, Malaysia, 2000）

Sex and age group	Total	Malaysian citizens						Non-Malaysian citizens
		Total Bumiputera	Malay	Other Bumiputera	Chinese	Indian	Others	
JUMLAH TOTAL	**23,274,690**	**14,248,179**	**11,680,421**	**2,567,758**	**5,691,908**	**1,680,132**	**269,697**	**1,384,774**
0-4	2,612,744	1,816,850	1,473,732	343,118	476,803	169,520	41,020	108,551
5-9	2,646,527	1,831,427	1,495,890	335,537	513,630	172,350	40,613	88,507
10-14	2,491,777	1,726,476	1,412,129	314,347	498,792	167,044	33,495	65,970
15-19	2,367,021	1,543,121	1,260,728	282,396	524,032	171,948	29,153	98,764
20-24	2,087,173	1,216,877	984,722	232,155		156,061	20,155	211,730
25-29	1,921,052	1,060,972	858,472	202,500	482,350	141,470	18,982	255,569
30-34	1,800,196	1,007,428	818,526	188,902	444,059	134,431	17,567	191,403
35-39	1,705,044	949.409	779,001	170,408	449,367	136,182	17,010	140,309
40-44	1,487,498	819,590	684,013	135,577	462,134	125,895	15,688	88,562
45-49	1,168,527	640,341	541,688	98,653	437,763	97,460	10,848	48,487
50-54	918,868	492,726	417,609	75,117	371,391	73,990	7,358	30,749
55-59	616,598	338,793	279,928	58,865	314,045	39,920	5,341	16,009
60-64	551,027	302,897	256,408	46,489	216,535	36.930	4,307	12,607
65-69	346,725	188,432	153,094	35,338	194,286	25,110	2,806	8,452
70-74	264,119	151,209	127,930	23,279	121,925	15,874	2,376	7,063
75+	289,794	161,628	136,551	25,077	87,597	15,947	2,978	12,042
					97,199			

資料來源：*Taburan Penduduk dan Ciri-Ciri Asas Demografi*（Population Distribution and Basic Demographic Characteristics）, Malaysia: Department of Statistics, Malaysia, July, 2001.

製　　作：鄭月裡

西元 2010 年馬來族（包括其他土著）的社會之中，以信仰伊斯蘭教者為最多，信仰伊斯蘭教者，有 12,612,397 人，佔大馬總人口數的 54%。不過，值得注意的是，其餘土著並非全部信仰伊斯蘭教，他們亦信仰各種宗教。其中以信仰基督教者為最多，佔大馬總人口數的 5.48%，其次才是信奉伊斯蘭教者，佔大馬總人口數的 4.00%，而以信仰興都教者為最少，佔大馬總人口數的 0.01%（參見表 1-3）。

華族的社會之中，則以信仰佛教的人口為最多，依馬國所訂標準，在 2000 年的統計，有四百三十多萬人，[159]信仰儒（孔）教、道等中華傳統宗教者有六十多萬人，[160]基督教五十四萬人。[161]但伊斯蘭教徒相對來講就少很多，將近六萬人。[162]興都教則不到二萬人，民間信仰不到一萬。將近一百七十萬人的印度族，則以興都教徒為重，佔一百四十多萬（參見表 1-3）。

如同華族、印度族、其他土著一樣，非馬來西亞公民的社會之中宗教信仰亦極具多元化。但其中仍以信仰伊斯蘭教者為最多，有 1,135,952 人，佔大馬總人口數的 4.88%；基督宗教次之，有 145,777 人，佔總數的 0.63%，以民俗信仰最少，只有 570 人（參見表 1-3）。

---

159 華人佛教徒佔馬國總人口中的 19.76%；佔華人總數中的 75.98%。
160 華人儒教徒佔馬國總人口中的 2.77%；佔華人總數中的 10.64%。
161 華人基督教徒佔馬國總人口中的 2.46%；佔華人總數中的 9.48%。
162 華人伊斯蘭教徒佔馬國總人口中的 0.26%；佔華人總數中的 1.01%。

表 1-3：馬來西亞各族信仰各宗教的人口數：2000 年

族別／宗教	馬來西亞公民							非馬來亞公民	總人口數
	華人	印度人	土著			其他民族	合計		
			馬來人	其他土著	合計				
伊斯蘭教	57221	69043	11680421	931976	12612397	174766	12913427	1135952	14049379
基督教	539556	130408	—	1274968	1274968	35481	1980413	145777	2126190
興都教	16114	1412686	—	2242	2242	2261	1433303	24624	1457907
佛　教	4324971	20144	—	21558	21558	52369	4419042	48455	4467497
儒、道、中華傳統宗教	605571	35632	—	3121	3121	726	610662	4414	615076
民俗信仰	7897	9262	—	186371	186371	68	195258	570	195828
其　他	12228	1244	—	35595	35595	999	84454	3975	88429
無信仰	88896	922	—	93762	93672	1292	184741	9628	194369
不知道	39454	791	—	18165	18165	1735	1735	11399	80015
合　計	5691908	1680132	11680421	2567758	14248179	269697	21889916	1384774	23274690

資料來源：*Taburan Penduduk dan Ciri-Ciri Asas Demografi*（Population Distribution and Basic Demographic Characteristics）, Malaysia: Department of Statistics Malaysia, July, 2001.

製　　作：鄭月裡。

說　　明：本表信仰伊斯蘭教人數包含出生就是穆斯林的回族、維吾爾族等。

表 1-4 則再進步顯示馬來族、華族與印度族在性別上的差異。2010 年華人方面，男性以信仰佛教者最多，儒、道、中華傳統宗教者位居第二。比較特別的，是除了佛教、儒、道、中華傳統宗教以男性教徒為多外，其餘如伊斯蘭教、基督教、興都教等則是女性多於男性。以穆斯林為例：在不到六萬的穆斯林當中，華人女穆斯林比男穆斯林多 7,321 人，女性穆斯林佔華人穆斯林總數的 56.4%，男性穆斯林則僅佔 43.7%。這種現象，值得進一步探索。

表 1-4：馬來西亞各族信仰各宗教的男、女人口數：2000 年

族別	馬來西亞公民														非馬來西亞公民		總人口數	
	華人		印度人		土著						其他		合計					
					馬來人		其他土著		合計									
宗教＼性別	男	女	男	女	男	女	男	女	男	女	男	女	男	女	男	女	男	女
伊斯蘭教	24950	32271	36096	32947	5882480	5797941	467710	464266	6350190	6262207	89164	85602	6500400	6347809	650421	485531	7150821	6898558
基督教	263999	275557	63969	66439	—	—	641765	633203	641765	633203	17345	18136	987078	993335	74016	71761	1061094	1065096
興都教	6916	9198	706180	706506	—	—	1003	1239	1003	1239	1002	1259	715101	718202	14610	9994	729711	728196
佛　教	2207965	2117006	8464	11680	—	—	9046	12512	9046	12512	24683	27686	2250158	2168884	21327	27128	2271485	2196012
儒、道、中華傳統宗教	313687	291884	520	724	—	—	1298	1823	1298	1823	298	428	315803	294859	1830	2584	317633	297443
民俗信仰	4198	3699	460	462	—	—	94166	92205	94166	92205	25	43	98849	96409	268	302	99117	96711
其　他	6451	5877	18065	17567	—	—	18087	17508	18087	17508	460	539	42963	41491	1941	2034	44904	43525
無信仰	47567	41329	438	353	—	—	47785	45977	47785	45977	621	671	96411	88330	5026	4602	101437	92932
不知道	38098	1356	8937	325	—	—	17626	539	17626	539	1654	81	66315	2301	10915	484	77230	2785

資料來源：*Taburan Penduduk dan Ciri-Ciri Asas Demografi*（Population Distribution and Basic Demographic Characteristics）, Malaysia: Department of Statistics Malaysia, July, 2001.

製　　作：鄭月裡

說　　明：本表信仰伊斯蘭教人數包含出生就是穆斯林的回族、維吾爾族等。

此外，信仰伊斯蘭教在各族人數當中，除華人穆斯林為女性多於男性外，其餘則是男性多於女性，如印度人、土著（包含馬來人、其他土著），甚至非馬來西亞公民均是(參見表 1-4)。可是根據 2000 年的人口統計局統計資料顯示，華人總人口數是男性多於女性。但是在信仰伊斯蘭教卻是女性多於男性，這個差距之所以產生，推測很有可能華人女性因嫁馬來人而必須改變宗教信仰有關。

可是，2010 年華人信仰伊斯蘭教人數有多少，並不清楚。因為馬來西亞 2010 年的人口統計雖已經有了初估報告，但是尚未十分精細，因此還沒有新的統計數字。基於此，本書，僅能

延用 2000 年人口統計數據做比較。該年華人人口為 5,591,908 人，其中以信仰佛教者為最多，有 4,324,971 人，[163]佔大馬總人口數的 18.58%，佔馬來西亞的佛教徒總數的 96.81%；其次是信仰儒、道、中華傳統宗教有 605,571 人，佔大馬總人口數的 2.60%，第三是基督教有 539,556 人，佔大馬總人口數的 2.32%，以信仰伊斯蘭教者為最少，只有 57,221，[164]僅佔大馬總人口數的 0.25%，以及穆斯林總人口數的 0.41%，總數比印度穆斯林還少年（參見表 1-5）。

印度族穆斯林佔大馬總人口數的 0.30%，佔馬來西亞穆斯林總人口數的 0.49%。印度人以信仰興都教者為最多，有 1,412,686 人，佔馬來西亞總人口數的 6.07%，其次是基督教，佔大馬總人口數的 0.56%（參見表 1-5）。

---

163 2000 年華人人口數為 5,691,908 人，2010 年為 28,908,795 人。由於目前沒有華人信仰伊斯蘭教及各種宗教統計的細目資料，所以，仍延用 2000 年的數據作比較；參見 *Taburan Penduduk Dan Ciri-Ciri Asas Demografi*（Population Distribution and Basic Demographic Characteristics）,Jabatan Perangkaan Malaysia（Department of Statistics Malaysia）2000, p.2,8 包含原來就是穆斯林的回族、維吾爾族等。

164 *Taburan Penduduk Dan Ciri-Ciri Asas Demografi*（Population Distribution and Basic Demographic Characteristics）, Department of Statistics Malaysia, July, 2001.

表 1-5：馬來西亞華人、印度人兩族各宗教人口統計表：2000 年

族別 / 人口數 / 百分比 / 宗教	馬來西亞總人口數（23,274,690）					
	華　人				印度人	
	人口數	佔華人比率（%）	佔全國教民比率(%)	佔全國比率（%）	人口數	佔全國人口比率(%)
伊斯蘭教	57,221	1	0.44	0.25	69,043	0.30
佛教	4,324,971	75.99	97.87	18.58	20,144	0.09
興都教	16,114	0.28	1.12	0.07	1,412,686	6.07
儒、道、民間信仰	605,571	10.64	99.17	2.60	1,244	0.01
基督教	539,556	9.48	27.24	2.32	130,408	0.56
民俗信仰	7,897	0.14	4.04	0.03	922	0.004
其他	12,228	0.22	14.48	0.05	35,632	0.15
無信仰	88,896	1.56	48.12	0.38	791	0.003
不知道	39,454	0.69	57.50	0.17	9,262	0.04
總計	5,691,908	100	26.00	24.45	1,680,132	7.23

資料來源：*Taburan Penduduk Dan Ciri-Ciri Asas Demografi*（Population Distribution and Basic Demographic Characteristics）, Malaysia: Department of Statistics Malaysia, July, 2001.

製　　作：鄭月裡

說　　明：本表「伊斯蘭」教包含出生就是穆斯林的回族、維吾爾族等。

根據表 1-5，在 2000 年，華人的總人口數為 5,691,908 人，其中信仰伊斯蘭教人數很少，僅佔華人總人口數的 1%。佛教最多，有 4,324,971 人，高達華人的 75.99%，其次是儒、道、中華傳統宗教，有 605,571 人，佔華人的 10.64%，第三是基督教，有 539,566 人，佔華人的 9.48%。填「民俗信仰」者為最少，僅有 7,897 人，佔 0.14%。依據大馬政府的調查與統計，華人似乎大多數信仰佛教，信仰其他宗教者仍少。表面上看，華人不易接受其它宗教，包含伊斯蘭教在內。但事實果真如此，則待進一步研究。

依調查統計，馬來西亞的華人沒有信仰任何宗教者，也不少。但是，這些無宗教信仰者並不等於是無神論者。就文化活動而言，華人是多神信仰者，在歷史發展過程中，中國人自己創造了無數的神祇。含大陸、臺灣都是多神的地方，老百姓往往並不正式信仰任何固定的宗教，卻祭拜著許許多多神靈。華人到馬來西亞後，祀奉的神靈越來越多。可是問題出在馬國政府有關調查的整體設計：主辦當局對小學生入學的家庭從事信仰調查時，只列有伊斯蘭教、基督教、佛教三類，並沒有把道教列入。當時曾引發馬來西亞道教總會抗議，也不認同其對宗教信仰的調查數字。道教總會祕書李玉明表示：「友族官員可能在調查時，區別信鬼神與信佛教的觀念有誤。」[165]其實不僅馬國官方有這種混淆，即使在華族之內也常是佛、道不分，但自以為是信仰佛教，自稱「佛教徒」。

不僅如此，從馬來西亞宗教信仰的調查資料來看，也同樣遺漏了天主教。事實上，直到今天，在馬六甲的葡萄牙後裔仍以信奉天主教為主，也有些原住民（土著）、華人信奉天主教，但卻不見有該宗教的統計數字，原因仍在官方將天主教併入基督教。

二、馬來西亞各州（市）的華人

（一）華族內部的全國性跨州（市）（兩性綜合）比較

在將近兩千九百萬的人口當中，馬來西亞的華族人口有六

---

165 郭仁德，「官方的華人宗教調查失實」，《南洋商報》，2002 年 3 月 2 日。

百五十多萬。由於各族人口分配在各州並不可能平均，故此以下表 1-7 至 1-9，分就各州予以表列，用資比較（2011 年的統計目前缺布城與馬六甲的資料）。

若單就人數多寡而言，華人最多的州，首先是雪蘭莪，約有一百四十萬人；其次是柔佛，將近一百一十萬人；再次為檳城，約六十六萬人；再次為沙拉越的六十四萬人。本書所聚焦的吉蘭丹，僅五萬多人，居第 11 名，僅比丁加奴與玻璃市多。

至於三個聯邦直轄的都市當中，華人集中在吉隆坡者，高達六十五萬人，在納閩，才一萬多人，在新首都布城則無數字，但相信人數不會超過千人。（參見表 1-6）

表 1-6：馬來西亞各州（市）華人人口數及名次比較表：2010 年

地　區	人口數	名次	地　區	人口數	名次
柔　佛	1,081,564	2	檳榔嶼	658,661	4
吉　打	269,867	7	沙　巴	303,426	6
吉蘭丹	54,533	11	沙拉越	643,336	5
馬六甲	（178,277）	10	雪蘭莪	1,416,973	1
森美蘭	235,838	9	丁加奴	27,015	12
彭　亨	241,521	8	吉隆坡	651,897	1
霹　靂	702,170	3	納　閩	11,109	2
玻璃市	22,898	13	布　城	-	3
			合　計	6,520,559	

資料來源：'Tables of Malaysia and W.P. Kuala Lumpur, etc.', "Population by sex, ethnic group and age, 2010," *Preliminery Count Report, 2010*, Department of Statistics Malaysia, March, 2011.

製　　作：鄭月裡、楊采華、陳雯琳

說　　明：1.缺布城與馬六甲

2.馬六甲人口數以 2000 年者暫代

（二）各州（市）華人男性人口比較

就各州相對而言，男性人口數均高於女性。至於本書所集注的西馬北方的吉蘭丹，則男性有不到三萬的華人。

絕對值方面，前四名在西馬：第一名自然仍屬雪蘭莪，次為柔佛，再次霹靂，第五、六是東馬的沙拉越以及沙巴。

表 1-7：華人男性人口數跨州（市）比較表：2010 年

地　區	男性人口數	地　區	男性人口數
柔　佛	553,652	檳榔嶼	329,950
吉　打	138,117	沙　巴	156,197
吉蘭丹	28,240	沙拉越	325,566
馬六甲	-	雪蘭莪	729,984
森美蘭	120,553	丁加奴	13,581
彭　亨	125,435	吉隆坡	329,834
霹　靂	354,383	納　閩	5,869
玻璃市	11,611	布　城	-
		合　計	3,322,899

資料來源：'Tables of Malaysia and W.P. Kuala Lumpur, etc.', "Population by sex, ethnic group and age, 2010,"*Preliminery Count Report, 2010*, Department of Statistics Malaysia, March, 2011.

製　　作：鄭月裡、楊采華、陳雯琳

（三）華人女性的跨州（市）比較

吉蘭丹州的華人女性，也相對地少，僅 26,293 人。但從比率女性來看，在吉蘭丹僅佔 48.2%，除了納閩與彭亨之處，是全國最低的，最高的則是檳城，幾乎與男性人數相同，次為丁加奴的 49.7%，再與吉隆坡和沙拉越的 49.4%仿佛。（參見表 1-8）

表 1-8：華人女性跨州（市）人口比較表：2010 年

地　區	女性華人	%	地　區	女性華人	%
柔　佛	527,912	48.8	檳榔嶼	328,711	49.9
吉　打	131,750	48.8	沙　巴	147,229	48.5
吉蘭丹	26,293	48.2	沙拉越	317,770	49.4
馬六甲	-		雪蘭莪	686,989	48.5
森美蘭	115,285	48.9	丁加奴	13,434	49.7
彭　亨	116,086	48.1	吉隆坡	322,063	49.4
霹　靂	347,787	49.5	納　閩	5,240	47.2
玻璃市	11,287	49.2	布　城	-	
		合　計		3,197,660	

資料來源：'Tables of Malaysia and W.P. Kuala Lumpur, etc.', "Population by sex, ethnic group and age, 2010,"*Preliminery Count Report, 2010*, Department of Statistics Malaysia, March, 2011.

製　　作：鄭月裡、楊采華、陳雯琳。

說　　明：以各州華人人口數為分母，各州華人女性為分子所計算之百分比。

（二）華族內部的各年齡層跨州比較

再從吉蘭丹華人與吉隆坡華人年齡比率的結構性比較來看，則從各年齡層之間，有若干顯著性。（參見表 1-9）

就吉蘭丹的華人的內部比較而言，原來應有的自然型倒金字塔，被明顯破壞。10 歲以下的幼兒人數應該在比率上排第一的，變成第五。為什麼會這樣？此與應該排第四順位的三十多歲的年輕父母，也人數減少到變成第六位有關。相應他使原來應該排在第五、六順位的四十歲與五十歲的狀年層，提昇到第三位與第四位。

就吉隆坡的華人的內部比較而言，其結構亦不自然。最重要的特色，是三十多歲的年齡層人數排第一位。這現象極易了解：年青人為了找尋更好的發展機會，自其他州、市紛紛來到首善之區。四十多歲的年齡層，其比率排入第四，也應該是這個道理。此外，吉隆坡的華人人口結構還算自然。

表 1-9：吉蘭丹與吉隆坡華人年齡結構比較表：2010 年

編號	總人口 / 年齡距	吉蘭丹華人	%	吉隆坡華人	%
		54,533	100	**651,897**	100
1	0-4	3,680	6.7	51,947	8
2	5-9	3,568	6.5	56,415	8.7
3	10-14	5,010	9.2	55,525	8.5
4	15-19	5,165	9.5	39,716	6.1
5	20-24	4,891	9	41,477	6.4
6	25-29	4,399	8.1	43,783	6.7
7	30-34	3,077	5.6	58,431	9
8	35-39	2,792	5.1	59,963	9.2
9	40-44	3,627	6.7	50,365	7.7
10	45-49	3,807	7	44,864	6.9
11	50-54	3,795	7	40,680	6.2
12	55-59	3,423	6.3	34,436	5.3
13	60-64	2,536	4.7	26,345	4
14	65-59	1,839	3.4	19,612	3
15	70-74	1,252	2.3	13,356	2
16	75-79	772	1.4	8,038	1.4
17	80-84	546	1	4,174	0.6
18	85-89	251	0.5	1,929	0.3
19	90-94	69	0.1	649	0.1
20	95+	34	0.06	192	0.03

資料來源：'Tables of Malaysia and W.P. Kuala Lumpur, etc.', "Population by sex, ethnic group and age, 2010,"*Preliminery Count Report, 2010*, Department of Statistics Malaysia, March, 2011.

製　　作：鄭月裡、楊采華、陳雯琳

說　　明：百分比（%）的計算，以各族人口總數為分母。

從表 1-9，進一步突顯出吉蘭丹州與吉隆坡市，相當明顯的數字性與結構性差距。數字性絕對值來看吉蘭丹州的年輕人與中年人，與首都吉隆坡相比，相對少很多。特別是 30 歲到 39 歲的這兩個年齡層的差異更大。但 10 歲到 24 歲的部分則似乎相反。易言之，三十多歲的吉蘭丹華人比例上少於吉隆坡，但 10 歲到 24 歲的則相反。這是很特別的現象，也代表吉蘭丹州華人在而立之年前後，即有較大的外移現象。

就結構性而言，則吉市首先是一個整體結構年輕化的社會，其次很明顯是個成年人的社會，但未成年人則相對減少。吉州方面，首先，是一個瘦長型的社會：年輕人與幼童都相對少，因此比較像是個中老年人相對較多的結構。

（三）丹州內部馬來人與華人的比較

吉蘭丹的州華人與當地馬來人，在年齡層方面，就比率上加以比較，則更有結構上明顯的差異存在。

首先就華人而言，其年齡層的瘦長型結構而言，與該州的馬來人相比，更顯得不同。

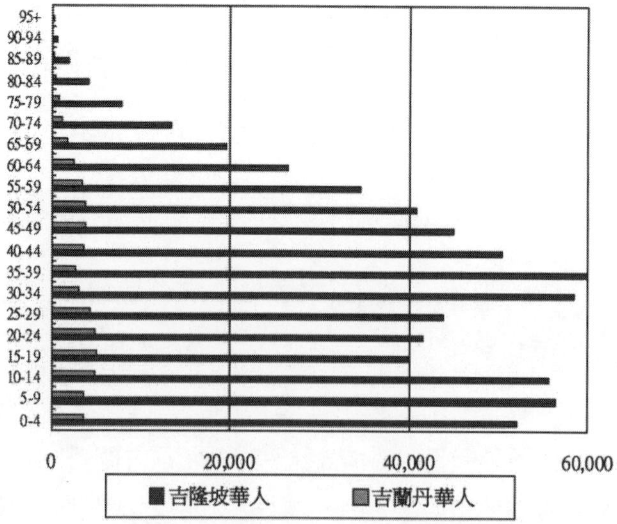

【圖 1-3】吉蘭丹與吉隆坡華人年齡結構性比較圖（單位：人）

資料來源：'Tables of Malaysia and W. P. Kuala Lumpur, etc.', "Population by sex, ethnic group and age, 2010," *Preliminery Count Report, 2010*, Department of Statistics Malaysia, March, 2011.
製　　作：鄭月裡、楊采華

先看比率（圖 1-3，表 1-10）：第一、幼兒層次（0-9 歲）：華人佔 13.2%，馬來人佔 24.4%；青少年（10-19 歲）華人佔 18.7，馬來人佔 24.7。合計這兩層，華人佔 31.9%，不到華人社會的三分之一，馬來人佔 49.1，幾乎佔馬來人社會的一半。

第二、成年及老年人合計，華人有 68.1%，馬來人為 50.9，其中年青人（20 及 30 年齡層）華人有 27.8，馬來人有 27.5。相差不多。因此，最顯著的差異變成在壯年中年與老年人。壯年（40 及 50 年齡層）：華人 24.4%，馬來人 16.7%，後著相對較少；中年層（60 及 70 年齡層）華人 11.8%，馬來人才 6.6%；老年層（80 及 90 年齡層）華人 1.66%，馬來人 0.82%。

以下，將專門針對西馬最北方，與泰國接鄰，深受泰國佛教文化影響的吉蘭丹州的內部之華族與馬來族來分析比較。

表 1-10：吉蘭丹華人與馬來人年齡結構比較表：2010 年

編號	總人口／年齡距	華人	%	馬來人	%
		54,533	**100**	**1,566,388**	**100**
1	0-4	3,680	6.7	207,024	13.2
2	5-9	3,568	6.5	176,047	11.2
3	10-14	5,010	9.2	201,934	12.9
4	15-19	5,165	9.5	184,548	11.8
5	20-24	4,891	9	169,508	10.8
6	25-29	4,399	8.1	136,521	8.7
7	30-34	3,077	5.6	72,856	4.7
8	35-39	2,792	5.1	51,763	3.3
9	40-44	3,627	6.7	69,095	4.4
10	45-49	3,807	7	67,728	4.3

11	50-54	3,795	7	61,476	3.9
12	55-59	3,423	6.3	53,522	3.4
13	60-64	2,536	4.7	41,826	2.7
14	65-59	1,839	3.4	30,943	2
15	70-74	1,252	2.3	18,897	1.2
16	75-79	772	1.4	10,612	0.7
17	80-84	546	1	7,108	0.5
18	85-89	251	0.5	2,341	0.15
19	90-94	69	0.1	1,367	0.09
20	95+	34	0.06	1,272	0.08

資料來源：'Tables of Malaysia and W.P. Kuala Lumpur, etc.', "Population by sex, ethnic group and age, 2010,"*Preliminery Count Report, 2010*, Department of Statistics Malaysia, March, 2011.

製　　作：鄭月裡、楊采華

說　　明：百分比（%）的計算，以各族人口總數為分母。

易言之，即使在吉蘭丹，也可以看出華人社會與馬來人社會很大的不同。首先是華人的生育率，比不上馬來人；其次是華人長者較多；再次是丹州的年輕華人多外出謀生，因此呈現出一個老年人社會的景觀。至於馬來人的社會，則幼兒與少年就佔其社會的一半人口，而青壯年偏少，中老年人給更少。

這樣的一種現象，化為具體的圖，就看得更明的。圖 1-4 明白呈現此一社會現象。從這麼一張圖，可以看到華人在人數上，幾乎不能與馬來人相比，而且乍看之下，根本就不可能有其足以獨立存在的社會空間和獨特的文化活動。（圖 1-4）

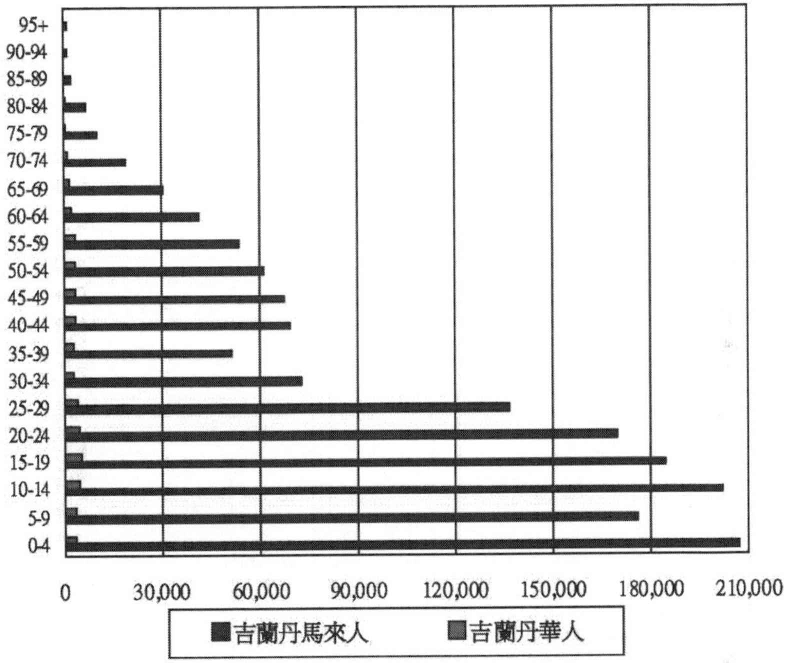

【圖 1-4】吉蘭丹馬來人與吉蘭丹華人比較圖（單位：人）

資料來源：'Tables of Malaysia and W. P. Kuala Lumpur, etc.', "Population by sex, ethnic group and age, 2010," *Preliminery Count Report, 2010*, Department of Statistics Malaysia, March, 2011.

製　　作：鄭月裡、楊采華

小　結

馬來人、華人、印度人為馬來西亞境內三大種族，他們都是外來民族。華人移殖馬來西亞，史前應已開始。但是史料所示，則至遲始於漢、唐，發展於宋、元，盛於明、清，到了民國時期更趨蓬勃。[166]因為最早期是用腳走路，早期應該先與山外移民，而後再與海外移民有關。也因此，馬來西亞與中國的交流，始自其北部與泰國接連之處。華人與西馬交流的地區，有隨著時間的變遷，而向南以及向西移動的現象。精言之，早期交流的重點，在馬來半島的東北部，華人由陸路為主、海路為輔的方式，來到該地。

奉行母系（Matriarchal society）社會制度的米南加保人，則是從印尼蘇門答臘中部遷徙過來。至於吉蘭丹和登嘉樓，基於地域和地理的影響，早期很多定居吉蘭丹的馬來人，都是趁季風之際，飄洋過海而來。而在北部吉打的馬來人和南部的馬來人又不同，因為南部的馬來人受印尼人的馬來人影響。在霹靂北部的北大年馬來人則是十九世紀中由泰國南部移來的，到現在還保留一些傣族文化特質。

印度人移入馬來西亞的時間也很久遠。自公元初年起，伴隨著印度教的傳播，就開始有印度僧侶移居馬來半島，但大批印度人遷入是在十九世紀之後。

古代東南亞是一個印度化影響頗深的地區。除了婆羅門教，大概在西元最初的幾個世紀，主張「眾生平等」的佛教傳入東南亞，與婆羅門教共存相當長一段時間，在該地區曾產生過相當的影響。至今，緬甸、泰國、柬埔寨、寮國、越南、蘇門答臘、爪哇和馬來半島北部都發現有佛像和佛教遺跡。其次是孔子和觀音。具備儒家文化並信奉觀音的華人，至遲應在宋元時代來到最北的吉蘭丹。

---

166 鄭月裡，〈馬華穆斯林的社會變遷與文化適應〉（台北：國立政治大學民族學研究所博士論文，民 98.6），頁 46。

安拉來到馬來半島的時間，晚於釋迦牟尼，也可能晚於觀音與孔子，但早於基督宗教，五教來到了馬來西亞。本書特別針對伊斯蘭教，並對華人穆斯林有何重要影響。

有關伊斯蘭教傳入東南亞的時間，一般的說法是從第十三世紀起始。而穆斯林旅行和定居蘇門答臘和爪哇的時間，可能還要早於十一世紀。事實上，更有可能在九世紀時，印尼群島就已有穆斯林的活動蹤影。蘇門答臘島上的 Samudera Pasai 和 Perlak 兩個伊斯蘭國家跟馬六甲有密切的商業關係。馬六甲的米糧，多依賴這兩個國家供應。基於商業的關係，穆斯林商賈（多為印度胡荼辣人），便有機會到馬六甲傳教。

馬六甲傳播伊斯蘭教的方式，不是用武力強迫他人皈依，而是透過通婚和貿易關係使人們接受伊斯蘭教。馬六甲王國的興起以至強大，事實上跟伊斯蘭教的傳入有著密切的關係。伊斯蘭的傳入與馬六甲的商業也息息相關。

華人大量移殖馬來西亞，是在十九世紀中葉以後。這些移民者，大都來自中國東南沿海地區。他們移殖到人生地不熟的異地，遇到來自同一家鄉、或同一姓氏或是講同一種方言的人，特別有感情，進而聚集在一起。遇到困難，往往互相協助與支援，以因應異地環境的需要，因此「幫」、「同鄉會」及「會館」等名種名目社團乃相繼產生。

基督教新教之來華，他們的信仰絕大多數集中在儒、釋、道（含民間宗教）三教。但他們通常法稱為「佛教」。始自十九世紀初葉，遠比天主教和東正教為晚。雖然十七世紀，新教曾有過入華的嘗試。十九世紀則不然，新教持久且深入地在亞洲大陸以及太平洋諸島嶼產生影響。十九世紀為基督新教傳入中國，開闢道路者是英國倫敦宣教會教士馬禮遜。至 1814 年他得到中國第一個新教教徒蔡高，之後又發展了梁發和屈昂。其中梁發成為第一個新教華人牧師，著有《勸世良言》一書，在新加坡發行。

目前馬來西亞華人的宗教信仰仍以信奉廣義的佛教者居多，信奉伊斯蘭教者仍佔少數，僅佔馬來西亞總人口數的 0.25%，比印度穆斯林還要少。然而幾十年來，除了霹靂州外，其餘各州華人皈依者均逐漸增加。男女皈依伊斯蘭的比例，除了馬六甲、吉蘭丹、登嘉樓及沙巴男性多於女性外，其餘則是女性多於男性，顯示華人嫁給馬來人越來越多的趨勢，特別是以馬來人居多的吉蘭丹和登嘉樓兩州，更可證明這點。

第二章　華人的入教與脫教

華人傳統信仰最具血緣、地緣性，因而特別重視祖先崇拜及原鄉信仰。從宋朝莆田祥應廟碑云：「泉州綱首朱紡，前往三佛齊國，亦請神之香火而虔奉之，……。」[1]華人移民海外，大多會把平日所信仰的神祇也一同帶往，以便供奉。馬來西亞華人豐富多姿的宗教信仰，常令外籍人士嘆為觀止，也令華人難以為自己的宗教信仰歸類。[2]

馬來西亞華人信仰多元化，在正統宗教以外，尚有許多民間信仰。民間信仰未能自行成為一個獨立的宗教，不過其功能與影響力卻是有目共睹。[3]

在馬來西亞華人社會中，廣泛受敬仰的神明計有天后娘娘、關公、大伯公[4]、譚公爺（Tangongye 客家雨神）等。除了

---

1 祥應廟：南宋間立於莆田縣西天尾鎮白杜村（今溪白村）內，1943 年，鄉民宋湖民等進行全縣碑刻片普查時，發現該廟已荒廢。參見蔣維錟，〈莆田《祥應廟記》碑述略〉，《海交史研究》1（1994）頁 119；李東華，《泉州與我國中古的海上交通》（臺灣：學生書局，民國 75（1986）年），頁 126；李靜茹「南宋興化軍祥應廟記」報告，報告日期：2004 年 4 月 17 日。

2 永豐編輯，〈大馬華人找到自己 宗教信仰多元化〉，《中國報》，2002 年 9 月 23 日。

3 永豐編輯，〈大馬華人找到自己 宗教信仰多元化〉。

4 大伯公：本名「張理」，是廣東大埔客家人。傳說一、是南洋一帶民間供奉的土地神；傳說二、是民間信仰的商業之神，昌盛之神。是神格化的春秋戰國人物范蠡。

這些源自中國的傳統民間信仰外；也有本土的神明，其中以拿督公[5]和仙四師爺[6]為著名。在這個多元民族的社會，華人的信仰也成為華人的民族特徵，也不斷複製祖先傳下的風俗習慣，強調對本身的身份認同。[7]在華人社會裡，宗教其實就是他們的象徵。

很多人都以為大部份華人信奉佛教。事實上，佛教只是華人社會其中一種宗教信仰。有些華人奉行多過一種宗教信仰（參見表 2-1），而他們所奉行的宗教常常攙雜許多傳統信仰和時代相傳的習俗。華人社會對於宗教的態度是開放且極具彈性的。

但是，一旦信仰某個宗教將使他們喪失身為華人的特徵時，他們就絕不妥協。例如當一個華人想皈依基督教，他們不會像那些要皈依伊斯蘭教的，所面臨的阻力。甚至因為稱呼自己的名字為 David（大衛）、Joseph（約瑟）、Marry（瑪莉）而感到驕傲。相反地，一旦成為穆斯林，他們變成 Daud（達悟）、Yusuf（尤素夫）、Mariam，就受到華人社會的排斥。既然如此，華人為何還要皈依伊斯蘭教？皈依伊斯蘭教的原因？以及皈依後所面臨的困境為何？這是本章致力探討的問題。

---

5 拿督公：馬來人掌管山林的山神，一般是開墾山林的華人在供奉，有神像。因為拿督是馬來人，所以忌用豬肉祭拜，祭拜前要沐浴更衣，禁吃豬肉。因為華人要進入山林砍伐樹桐，為保平安無事，就必須如此。馬來人信仰伊斯蘭教後就不再拜拿督神了。

6 仙四師爺為海山派（葉亞來派系）的守護神，擴展為錫礦的守護神，之後更進一步成為吉隆坡的守護神，這是神明功能隨時代，以及環境需求而改變的例子。

7 永豐編輯，〈大馬華人找到自己宗教信仰多元化〉。

第一節　華人傳統的宗教信仰

宗教是華人維持民族特性的最好形式，儘管他們處在以伊斯蘭教為國教的馬來西亞中，仍保留著中華民族的宗教與習俗，而展現華人獨特信仰的佛寺、神廟、宗祠等，仍是華社的重要標誌。馬來西亞華人除了保留部份的中國傳統信仰外，有些還是華人普遍重視的神祇，如土地公；或是從馬來人承繼來的神祇，如拿督公等。華人都將之發揚光大，在馬來西亞，建有大小廟宇供奉這些神祇。

一、中國的傳統信仰

華人宗教大致可分：民間信仰、道教、儒教[8]、佛教、其它等。民間信仰又可分為原始的泛靈信仰，及神格化的多神信仰兩種。前者如雷神、雨神、北斗星君、齊天大聖、虎爺等；後者如關公、大伯公、媽祖、岳飛、仙四師爺等。道教主要人物有老子、道陵天師、三清道祖、玉皇大帝等。儒教人物有孔子。其它有基督教、興都教、伊斯蘭教等。[9]雖然佛教是華人所接受的唯一外來文化精華，並且已融合中華文化之中，形成文化中的主流，但由於佛教涉及層面廣，並非作者研究的焦點。本節

8 儒家學說是否可說成是一種宗教，仍有爭議。參見呂大吉，《宗教學通論》（台北：博遠出版 1993 年），頁 100。

9 永豐編輯，〈華人宗教及民間信仰分類〉，《中國報》，2002 年 9 月 23 日。

僅針對華人傳統信仰在華人社會中信徒較眾者，就其所扮演的角色與功能作論述。

（一）祖先崇拜

華人的祖先崇拜和地方神明崇拜，向來具有血緣性與地緣性特徵。因此，無論到什麼地方，華人大多不會忘記自己的祖先。馬來西亞義塚的建立（義塚又稱之為公塚或義山），是華人社會早期具有地緣性和血緣性的社會組合。華人遠渡重洋，到蠻荒地帶謀生，最怕的就是客死異鄉，游魂無歸，因此他們聚居的地方，很早就有義塚的建立。1805 年的檳城福建公塚，以及大約 1879 年到 1884 年之間，成立於吉隆坡的廣東義山等等。義塚有協調各幫裡各黨各派的作用，如吉隆坡的廣東義山，它是由廣東省各府州縣的墳場聯合組成的，這個組合促成了廣東幫的大團結。[10]

華人除了重視死後的安排外，也非常重視中元節。每逢陰曆七月都會舉行「盂蘭盆會」，祭拜孤魂野鬼。在中元節祭拜無主孤魂，福建人稱之為「普渡」，這是華人沿襲原鄉的一個習俗。

除了最早的義塚外，各幫也發展屬於自己的宗教組織，祭拜自己的地方保護神或行業保護神。[11]因此，華人特別重視故鄉崇拜的神明，常把祂們請到僑居地，並儘量建立和故鄉相同

---

10 駱靜山，〈大馬半島華人宗教的今昔〉，收錄於林水檺、駱靜山合編，《馬來西亞華人史》（台北：馬來西亞留台校友會聯合總會出版，1984 年），頁 418-420。

11 姚政志，〈星馬地區的媽祖信仰於移民社會〉，《政大史粹》6（2004）（台北：政治大學歷史系，2004 年），頁 108。

的宗祠和廟宇，以便祭祀。於是在馬六甲有同安縣白礁鄉的湖海殿，在檳城則有漳州府澄海縣鐘山社的水美宮。[12]早期海峽殖民地（馬六甲、檳城和新加坡）的大部分華人廟宇都是他們建立的。廟宇供奉的神祇大致有媽祖、土地神、關帝爺、觀音、九皇爺等，這些都是屬於民間信仰的範疇。另外，也有一些華人信仰道教、德教、先天教、真空教等等。

（二）民間信仰

1.觀音崇拜

在華人的心目中，觀世音菩薩是救苦救難、大慈大悲的菩薩，具有很崇高的地位，主祀祂的廟宇，遍佈馬來西亞各地。早期觀音廟是華人社會的活動中心，把不同幫派的華人撮合在一起。[13]

馬來西亞最古老的觀音廟是馬六甲的「青雲亭」（俗稱觀音亭）。有關它的創建年代根據該亭第二任亭主薛佛記於道光二十五（1845）年所立的〈敬修青雲亭序〉碑文中寫道：[14]

……鄭李二公南行……龍飛癸丑歲，始建此亭，……。

「鄭李兩公」指的是鄭啟基（字芳揚）和李為經（號君常）兩個甲必丹。「龍飛」兩字，則是明朝遺臣不願用清朝年號，所以單用「龍飛」兩字。[15]至於「癸丑歲」究竟是那一年？依照日本比野丈夫在其所著的《馬六甲華人甲必丹系譜》[16]中指

---

12 轉引自駱靜山，〈大馬半島華人宗教的今昔〉，頁 411。
13 駱靜山，〈大馬半島華人宗教的今昔〉，頁 422。
14 張禮千，《馬六甲史》（新加坡：鄭成快先生紀念委員會，1941 年），頁 331。
15 張禮千，《馬六甲史》，頁 331。
16 【日本】比野丈夫著，劉果因譯，《星檳日報新年特刊》，1977 年 1 月 1 日。

出，「鄭李二公」的生卒年代為，鄭啟基：1632-1677；李為經：1614-1688。據此，「癸丑歲」必定在 1614 年到 1688 年間，而這期間的「癸丑歲」只有一個，即 1673 年，也就是清聖祖康熙十二年。駱靜山在他的文章裡說：「一六七三年，即清朝順治十二年」，這是有誤的，因為清朝順治十二年，是 1655 年，即乙未年。而 1673 年是「癸丑歲」，並不是順治十二年，而是康熙十二年，顯然駱先生錯記了時間。

「青雲亭」正殿主祀觀音，左右配祀關帝及媽祖，偏殿配祀祭孔子和其他神，亭後有一間寬大的紀念堂，安置歷任甲必丹和亭主的靈位。1824 年，英國人從荷蘭人手中接管馬六甲後，即廢除甲必丹制度。後由「青雲亭」亭主，繼續維持這個代表漳州人和泉州人的機構。直到 1915 年廢除亭主制度後，青雲亭才轉變成一間普通的神廟。[17]

除了「青雲亭」外，西馬最富有歷史性的觀音廟是 1800 年建於檳城的「廣福宮」（亦俗稱觀音亭），早期移民的華人，多數人在惡劣的環境下求生存，於是唯有祈求菩薩的庇佑。廣福宮的創建是為了讓移民者精神上有所寄託。當時如果沒有華人甲必丹的協助，廣福宮是很難獲得政府贈地的。而事實上廣福宮的創建也適應了華人甲必丹的需要，[18]也使甲必丹易於符合協調華人社會生活的目標。因此，廣福宮不能說和當時的甲必丹沒有關係。[19]廣福宮內主祀觀音，配祀天后、關公和其他民間神。

17 駱靜山，〈大馬半島華人宗教的今昔〉，頁 422-424。
18 駱靜山，〈大馬半島華人宗教的今昔〉，頁 424-426。
19 馬進，〈馬華文化中的人文關懷精神〉，《南洋商報》，2003 年 9 月 7 日。

2.媽祖崇拜

媽祖，也稱天妃、天后。傳說媽祖曾解救船難，而被尊稱為「航海神」。奉祀天上聖母最多的是福建人，其次是海南人。康熙十九（1680）年冊封媽祖為「天上聖母」。[20]在此之前，媽祖先後被稱為「通靈神女」、「南海神女」、「海上女神」、「天妃」等。因為媽祖經常救苦救難，充滿博愛與憐憫心，華人拜媽祖的目的，是要學習她的慈悲、愛心與精神。[21]

一般傳說，東南亞媽祖信仰的發展和鄭和下西洋的活動極有關係。因此，有關東南亞地區媽祖信仰的分佈，幾乎可以視為華人移動、發展的痕跡。[22]然而，就華人在海上活動的時間來看，媽祖信仰在東南亞的傳佈應該更早。韓槐準認為：「東南亞地區有歷史性的神廟均是由航海者倡建。」[23]自宋代以來，從中國東南沿海往東南亞航行的船隻，應早已將媽祖信仰帶至海外。

有華人的地方就有媽祖廟，在大量華人移民聚集地區，媽祖信仰均相當盛行。目前奉祀媽組的廟宇，在馬來西亞有馬六甲的青雲亭（1646 創建）、寶山亭（1795 創建），檳榔嶼的廣福宮（1800 創建）、瓊州會館天后宮（1857 創建），登嘉樓的和安宮（1801 創建），吉蘭丹首都哥打峇魯的鎮興宮（1804 創建）、另在哥打峇魯還有一座興安宮（1868 創建），當地華

---

20 黃美英，〈香火與女人：媽祖信仰與儀式的性別意涵〉，《寺廟與民間文化研討會論文集》，1995 年 3 月，頁 533。

21 永豐編輯，〈大馬華人找到自己宗教信仰多元化〉。

22 姚政志，〈星馬地區的媽祖信仰於移民社會〉，《政大史粹》6（2004）（台北：政治大學歷史系，2004 年），頁 107。

23 韓槐準，〈天后聖母與華僑南進〉，《南洋學報》2：2（1942），頁 70。

人稱之為「二媽廟」，原「大媽廟」建在距該地十二英里的茶牙埠。[24]這些媽祖廟，大多和華人的幫等方言組織有關。

此外，吉隆坡的雪隆海南會館天后宮則與宗親會有著密切的關係。曾在 2006 年 4 月為配合媽祖千秋大典，舉辦媽祖出巡活動，千名信徒護送媽祖雨中出巡，場面極為盛大。[25]

奉祀天后聖母最多的是福建人，其次是海南人。後者對這個海上女神更加虔敬，各地瓊州會館都設有天后的神位，並配祀水尾聖母（水尾聖娘）。[26]天后為一超越方言群和行業的全國性神祇。我們可以從福建人及客家人各暱稱她為「媽祖」、「婆祖」、「水母娘」，還有林姓族人尊稱她為「祖姑」等，看出她廣為各方言群所接受，甚至為血緣性的林氏宗親會所認同，而競相膜拜的事實。[27]由此可見，媽祖在華人心中是一母性長者，佔有重要的地位。

3.關聖帝君

雪蘭莪開發比海峽殖民地較晚，最早來此的華人是來自馬六甲的客家人。咸豐八（1858）年，他們首次在吉隆坡開採錫礦，不久就組織了私會黨，並且使華人捲入一場持續了二十年的雪蘭莪內戰中，因此作為戰神的關帝爺便成為當地華人的主要膜拜對象之一。

---

24 韓槐準，〈天后聖母與華僑南進〉，頁 70-72。據筆者查詢相關資料，吉蘭丹哥打峇魯的興安宮才是「二媽廟」，而並非哥打峇魯的鎮興宮；參見蕭一平，〈海神天后與華僑南進〉，中國大陸華夏經緯網，2007 年 5 月 14 日。

25 張榮昌，〈千人護送媽祖雨中出巡〉，《東方日報》，2006 年 4 月 17 日。

26 駱靜山，〈大馬半島華人宗教的今昔〉，頁 413。

27 蘇慶華，〈獨立前華人宗教〉，收錄於林水檺、何啟良、何國忠、賴觀福等編，《馬來西亞華人史新編》（吉隆坡：馬來西亞中華大會堂總會，1998 年），頁 426。

一般說來，關帝爺的香火在廣幫社會中較為普遍。除了會館外，他們的舊式住家多數供奉這個超地域性的人格神。[28]

4.九皇爺

九皇信仰原是北斗信仰，是中國人傳統中最古老的自然星辰崇拜。北斗九星原是無形像的星辰神，後來被擬人化成為人格神。

目前西馬各地華人於每年舉行的廟會中，大都以慶祝九皇爺聖誕的情況最為熱鬧。所謂九皇爺原是道教斗姆宮裡的北斗星君。福建人喜以「爺」尊稱神明，亦因而俗稱北斗九皇為「九皇爺」。

在閩粵和台灣一帶有人崇祀北斗星君，這些地方在每年的重陽節來臨時，從農曆九月初一到九月初九都有很多人持齋，因此也稱之為「九皇齋」。這種持齋風氣，其實源自中國漢代以來道教徒舉行禮斗集會的習俗。九皇誕包括了集體斗禮、拜斗的活動，這是北斗崇祀習俗的南移。信徒希望能夠藉此淨化身心和延壽消災，這種風俗在閩南地區特別流行。[29]

九皇爺信仰原是禮拜星辰習俗的延續，不過傳到南洋後，其儀式已經改變了，失去了原來的面貌。於是引起許多猜測，例如把九皇爺當作海龍王，九位俠盜的英靈或玉皇大帝的九個兒子，甚至瘟神。然而這些猜測都是沒有根據的。[30]

當華人最初到雪蘭莪的安邦（Anpang）採錫礦的時候，那

---

28 駱靜山，〈大馬半島華人宗教的今昔〉，頁 416-417。

29 連雅堂，《台灣通史》，卷 23「風俗志」，（台北：眾文圖書公司，1979 年），再版，頁 679。

30 駱靜山，〈大馬半島華人宗教的今昔〉，頁 428。

裡發生嚴重的瘧疾，於是當地人便從泰國的宋卡府把九皇大帝請來驅逐病魔，而建立吉隆坡最早的華人寺廟之一 —— 南天宮，它成為當地閩南人的膜拜中心。[31]每年農曆九月九皇爺誕辰，前往吉隆坡南天宮祭拜的人潮成千上萬，以象徵「吉祥祭品」祭拜，祈求闔家平安，風調雨順。

九皇爺誕辰也是行乞的旺季，南天宮外聚集眾多行乞者。由於大部份信徒都秉持著一顆善心，早就準備了很多的零錢分給行乞者。2005 年約有 200 名來自國內外的乞丐，除了本地外，也有遠來自泰國，甚至還有帶著中國華語腔的乞丐。行乞的位置分不同等級，靠近廟宇入口及廟處，這是大家心目中的「好位」。這些乞丐大致可分三類型，即老年、殘障、及四肢健全型。[32]安邦南天宮的香客慷慨解囊，不會理會乞丐背景，照捐不誤。[33]

在泰國和馬來西亞，崇祀九皇爺的信徒以閩南人為主。他們都把原來對王爺虔敬的心轉移到九皇爺身上，使從故鄉帶來的王爺在他們的宗教生活中失去固有的重要性和普遍性。[34]甚至把這兩種自然神和人格神混為一談。

九皇誕辰之所以能流行，其實代表了人們對民族歷史與文化的承繼，以及代表每個人對自己一生轉凶為吉，年年都抱著

31 駱靜山，〈大馬半島華人宗教的今昔〉，頁 428。
32 葉永衾，〈中泰乞丐拜九皇爺 行乞者增 30%「丐幫」霸位〉，《中國報》，2005 年 10 月 4 日。
33 葉愛雲，〈九皇爺誕行善積福　香客不計行乞者背景〉，《中國報》，2005 年 10 月 7 日。
34 連雅堂在《台灣通史》裡說這個人格神是鄭成功；參見駱靜山，〈大馬半島華人宗教的今昔〉，頁 430。

希望。連續 9 日的戒殺生、持齋、淨口和清心寡欲的行為。對個人來說，這是一種生理健康的調節，也是一種心理自我控制的訓練。利用宗教儀式提升心靈、洗心革面。各區廟會的舉行，以及許多家庭及個人參與集體行為，形成了有助社會集體自覺本族宗教文化的存在，以及認同本族宗教文化的活動。[35]舉行神明的繞境遊行是民俗活動，亦是一種宗教行為的表現。

二、本土的民間信仰

馬來西亞華人的本土民間信仰有二：一個是大伯公，即土地公；另一個是從馬來人承繼過來的「拿督公」。

（一）大伯公

土地神在中國被認為是諸神中層級最低的，專門立廟祠供奉的極少，一般只附在神廟或橋亭等處祭祀。因此，習俗亦多不稱之為「神」，而叫「土地公」。在新馬地區，原地位低下的神卻升級了，最具代表性的莫過於大大小小，數目繁多的大伯公廟了。大伯公廟裡供奉的神稱大伯公，這是中國諸神中沒有的。[36]

當華人決定在異鄉作長期居留，並且披荊斬棘，艱苦創業，[37]開始向內陸拓展的時候，土地神便成為他們所崇祀的主要神祇之一。土地神在馬來西亞華人所熟悉的名稱有「福德正

35 篇名不詳，《星洲互動》，2001 年 7 月 29 日。
36 詹冠群，〈新馬華人神廟初探〉，《海交史研究》1（1998），頁 21。
37 廖大珂，〈早期的東南亞華人穆斯林〉，《華僑華人歷史研究》1（1997），頁 32。

神」、「大伯公」、「本頭公」、「土地公」、「本宅土地」。

大伯公，本名 「張理」，是廣東大埔客家人。[38]有關大伯公由來，說法有二： 傳說一、是南洋一帶民間供奉的土地神；傳說二、是民間信仰的商業之神，昌盛之神，是神格化的春秋戰國人物范蠡。不論何種說法為正確，它在華人的認知觀念裡，是個財神。[39]

大伯公，亦為早期乃至今日華人普遍重視的神明。許雲樵認為，南洋的大伯公最初來自客家人對奉祀在礦區的土地之稱呼。他也指出：[40]

> 在閩粵二省的土地廟叫「福德祠」，因為土地公又稱「福德正神」。

嘉慶十五（1810）年，客家人在檳城市中心的大伯公街建

---

38 張理於乾隆十（1745）年，與同鄉丘兆進，福建永定客民馬福春遠涉重洋來到大馬，成為踏上檳榔嶼之海珠嶼的首批華人。三人形同手足，結拜金蘭。張理是大哥，丘兆進是二哥，馬福春為三弟。當年島上生活艱苦非常，他們跟島上的馬來人一道披荊斬棘，共同開拓荒野。幾年之後，大哥張理去世，丘、馬兩人將其大哥葬於石岩旁，以後常來祭拜。待丘、馬也先後去世，人們把他們葬在張裡墓之左右。所建墳墓是相當簡陋的。一直到清嘉慶六年（1801），客民陳春生得到官方允許，免費得了現在稱為大伯公街的大伯公廟地，建成福德祠大伯公廟。此後，海珠嶼大伯公廟即被擁立為正宮。廟內壁碑有云：「五屬之僑，凡有所獲，不自以為功，而歸功於大伯公」，以示五屬客民對開闢檳榔嶼的大伯公張理的感激與崇敬之情。參見劉麗川，〈論馬來西亞客民崇拜習俗及其「變異」〉，《深圳大學學報》（人文社會科學學報）14：2（1997），頁 91。

39 蘇亞華，〈馬來廟祝說福建話　跨文化的膜拜〉，《聯合早報》，刊載時間不詳。

40 許雲樵，〈再談大伯公研究〉，《南洋學報》8：2（1952），頁 20。參見蘇慶華，〈獨立前華人宗教〉，收錄於林水檺、何啟良、何國忠、賴觀福等編，《馬來西亞華人史新編》（吉隆坡：馬來西亞中華大會堂總會，1998 年），頁 427。

立「福德祠」，成為清朝末年客家五屬的活動中心。1847 年，閩南人在檳榔嶼創立的「建德堂」便是以膜拜大伯公為紐帶的一個從事械鬥的秘密社會，它被稱之為「大伯公會」，會內設有爐主，負責埋葬及祭祀無親無故的黨員。到了 1890 年，當局開始取締私會黨以後，漳泉人的領袖還組織了「寶福社」來照顧建德堂所奉祀的「大伯公」。

中國古代的土地神有壇無屋，然而馬來西亞的土地神已經進入民屋，不過卻被安置在香案底下。它還被請進大規模的寺廟和宗祠裡，和眾神分享人間的祭祀。此外，許多地方也蓋了小土地廟來供奉它，如阿羅士打的「籃卓公廟」和 1874 年在彭亨北根創建的「伯公廟」等。[41]

（二）拿督公

至於「拿督公」，[42]原是以前馬來族所膜拜的一種「聖地之神」（Datuk Keramat），許多華人也把它當作番土地神來拜。老虎是土地神的腳力，所以往往跟土地神一起奉祀。[43]

馬來人掌管山林的山神，有神像，一般是開墾山林的華人在供奉。拿督神一般被視為由馬來人穆斯林轉化的神明。當馬來人信仰伊斯蘭教後，逐漸把他遺忘，甚至捨棄，華人則將之承繼過來，把他當成求財保平安、消災祈福的神明而加以崇拜。

41 駱靜山，〈大馬半島華人宗教的今昔〉，頁 416-417。

42 「拿督」本系馬來語，有「祖父、「地方神」的含義，後引伸為馬來的一種爵位。參見李紹明，〈馬來西亞的民族與多元文化〉，《雲南民族學院學報》1（1997），頁 29。

43 駱靜山，〈大馬半島華人宗教的今昔〉，頁 416。

[44]因為拿督是馬來人，因此，供奉拿督公的祭品，忌用豬肉祭拜，只能以鮮花、水果和檳榔、荖葉（塗上白灰）、菸絲、菸草組成的所謂「拿督公料」祭之。[45]祭拜前要沐浴更衣，禁吃豬肉。因為華人要進入山林砍伐樹桐，為保平無事，就必須如此。

更有趣的是，穿著馬來服拿督公的造像，比較特殊的是在他所戴的帽子。拿督公的帽子有兩種：一種是戴黑帽，即宋古（songkok）[46]；一種是白帽，即哈吉帽，表示是從麥加（Mecca , مكّة المكرمة）朝覲回來的。無論那一種，拿督神已成為華人社會祭拜的重要神祇之一。作者在 2006 年到柔佛新邦令金（Simpang Renggam）田調時，有一華人的工廠內就供奉一尊拿督神像，當他知道我要照相時，還特別燒香擲筊請示拿督神，俟拿督神允准後，作者才能照相。華人甚至把拿督神當土地公。[47]

三、道　教

道教始於東漢中葉，以道為最高崇仰，以得道為人生的最終目的。道教的內容，雜而多端。從原始道教的形成到神仙道教的發展，不僅各種道派很多，教義教理、科儀齋醮、方技方術等名目也是十分繁雜。[48]道教曾流傳海外，也產生過一定的

---

44 張禹東，〈試論東南亞華人宗教的基本特質〉，《華僑華人歷史研究》，創刊十周年，頁 28。

45 蘇慶華，〈獨立前華人宗教〉，收錄於林水檺、何啟良、何國忠、賴觀福等編，《馬來西亞華人史新編》（吉隆坡：馬來西亞中華大會堂總會，1998 年），頁 431。

46 Songkok，一種馬來帽子，俗稱「宋古」。

47 陳鴻瑜，《馬來西亞史》（台北：蘭臺出版社，2012 年），頁 553。

48 卿希泰主編，《中國道教史》卷 1（台北：中華道統出版社，1997 年），頁 10。

影響。主要崇拜的對象有老子、道陵天師、三清道祖、玉皇大帝等。

雖然道教是中國本土宗教，但其宗教理論卻不大明顯。馬來西亞華人往往將民間信仰當成是道教，例如當有人問他們的宗教信仰時，他們會很籠統地回答：「道教」。等到再更進一步問他們信仰的神祇時，他們大多會回答：「媽祖」、「關帝」或者是「大伯公」。這種現象當今還存在馬來西亞的華人社會中，可見他們對道教內容並不怎麼清楚，作者在吉隆坡作田調時就遇見過幾位。不過話再說回來，不僅在馬來西亞，就是在台灣也一樣，一般民眾往往分不清楚道教和民間信仰的界限，容易把他們混為一談。

馬來西亞道教徒人數每年在減少，除了華人道教與民間信仰分不清外，另一個重要的因素是，馬來西亞目前身分證和出生證明的宗教欄中，只備有伊斯蘭教、佛教、基督教、興都教和錫克教五種選擇，以致道教徒在申請身分證或出生證明時，往往面對不少的困擾。馬來西亞道教總會曾在 2006 年提呈備忘錄給國內事務部，要求政府承認道教的法定地位，並且建議政府在身分證或出生證明的宗教欄上，補上「道教」的選擇。[49]此外，高等教育部副部長拿督胡亞橋建議道教總會「加強宣教工作」，因為其他宗教的教徒都出現 30%的增長，反觀道教信徒不增反減。[50]在沒有道教的欄位下，也只有選擇與華人較為親近的佛教，導致道教人數減少。

49 〈道總促道教列身分證〉，《東方日報》，2006 年 1 月 18 日。
50 〈胡亞橋：信徒不增反減　道教須加強宣教工作〉，《中國報》，2005 年 9 月 26 日。

正統的道教不能在馬來西亞生根，然而道教的主要內容已經被一些新興的少數教派和慈善團體所吸收，例如德教，便脫離不了道教的影響。德教提倡「五教同宗」，其教義融合了儒家、道家、佛教、伊斯蘭教和基督教等五教的基本思想，成為東南亞華人信仰的宗教之一。

四、先天教

齋教係由明、清時期的中國民間秘密宗教[51]發源而來，如羅教等。齋教，為台灣民間佛教信仰的重要流派，融合儒家與道教思想，和以僧團為核心的主流佛教信仰有別。齋教於清代陸續隨漢人移民傳播來台，然清廷壓制民間秘密宗教傳播，齋教各派亦在禁止之列。齋教入台後，在台灣主要有龍華教、金幢教、先天教三個系統。日治時期統稱其為「齋教」，視為「在家佛教」，又稱「白衣佛教」。台灣光復後，齋教逐漸式微。

清代前中期的諸多秘密教派中，比較有規模與影響力的教派包括羅教、八卦教、清茶門教、紅陽教、青連教等教派。以明朝正德年間創立的羅教來說，該教在明末清初雖經查禁，但並未受到很大打擊，活動如常，發展很快，入教者眾，有些教徒甚至代代相傳習教。[52]其主要活動地區分佈在大運河兩岸及浙江、福建、江蘇和江西等省。此外，乾隆年間，羅清的後裔

51 莊吉發，〈從取締民間秘密宗教律的修訂看清代的政教關係〉，收錄於鄭樑生主編，《第二屆中國政教關係國際學術研討會論文集》（台北：淡江大學歷史學系，1990 年 12 月），頁 253。

52 《雍正朝漢文硃批奏摺彙編》，第 16 冊，雍正 7 年 8 月 28 日，暫行署理山東巡撫印務布政使覺金吾奏摺，頁 462。

亦在京畿密雲地區秘密活動，奉其祖羅清為「無為居士」。[53]該教在漕運水手中廣收教徒，十分活躍。雍正元（1723）年刑部尚書勵廷儀奏稱：[54]

> 凡有漕七省之水手，多崇尚羅門邪教，而浙江、湖廣、江西三省，其黨更熾，奉其教者，必飲雞血酒入名冊籍，並蓄有兵器，按其唸經，則頭戴白巾，身著花衣，往往聚眾行兇，一呼百應。

糧船水手所以信奉羅教是因為該教在杭州一帶建有不少的齋堂，做為水手宿泊歇腳之地，並且能提供他們生者可以託足，死者有葬身的處所，解決他們流寓的切身問題，故能廣受糧船水手的歡迎。[55]

羅教在雍正、乾隆時期相當盛行，為了避免官方的注意，該教在各地有不同的名稱，如老官齋教、龍華會、先天教、大乘門、三乘教、無為教、一字教、四維教等。但不能就此稱先天教即為羅教，兩個教派不僅是創立時間各異，創始人不同，寶卷書籍[56]也不一樣。

齋教先天派源自中國大陸先天道，由清代黃德輝所創，[57]清朝官方檔案中又稱「青蓮教」、「金丹道」、「齋匪」等，以

53 馮佐哲、李富華，《中國民間宗教史》（台北：文津出版社，1994 年），頁 257。

54 《宮中檔雍正朝奏摺》，第 2 輯，（台北：國立故宮博物院，1977 年），雍正元年 12 月 7 日，刑部尚書勵廷儀奏摺，頁 139。

55 邱麗娟，〈設教興財：清乾嘉道時期民間秘密宗教經費之研究〉（台北：國立臺灣師範大學歷史研究所博士論文，2000 年），頁 37。

56 邱麗娟，〈設教興財：清乾嘉道時期民間秘密宗教經費之研究〉，頁 46-47。

57 宋光宇，《天道傳燈：一貫道與現代社會》（上冊）（台北：王啟明，1996 年），頁 18-20。

無生老母為信仰核心。道光年間，十二祖袁志謙時，先天教傳至四川、江西、湖南、湖北、貴州、雲南等地，勢力龐大。然而華人社會中正統的佛教徒並不多，被佛教視為異端的先天教成為華人宗教的主流。它是從禪宗臨濟宗分化出來的一個教派，[58]雖然在明末遭到佛教的攻擊，而且在清朝時也曾一度被官方指為「邪教」而被查禁。可是它的中心思想非常接近禪宗南派，反對形式主義，並且吸取道家的無為思想。先天教於 1860 年傳入西馬，由於不重視儀式，因此信徒不必受戒，不論男女都可帶髮修行。他們除了必須遵守一些堂規外，並沒有受到正統佛教戒律的嚴格限制。[59]

正統的先天齋堂是不敲打法具的，他們每天禮佛四次。[60]此外，每逢朔望前夕 11 時，都要舉行集體禮佛儀式，默念經文，並向觀音佛祖禮拜。[61]然而先天教到了南洋，就像其他教派一樣，由於缺乏具有知識的領導人，不久即喪失了它的精義。[62]有一些齋堂，特別是廣府人，除了主祀觀音以外，也配祀許多道教的女神，如呂仙祖、北極仙祖、地母娘娘、七仙女、馮仙姑、桃花仙姑、龍母和龍女等。檳城的先天教齋堂約有二、三十間，散佈在市內和郊外，由於是住家式的，平時並不引人注意。其中有福建人的、廣府人的、客家人的、潮州人的，也有不分籍貫的。以前有男齋堂，現只剩下女齋堂。[63]至於吉隆坡的先天

58 駱靜山，〈大馬半島華人宗教的今昔〉，頁 431。
59 駱靜山，〈大馬半島華人宗教的今昔〉，頁 432。
60 禮佛四次，分別在淩晨六時、中午十二時、傍晚六時、以及晚上九時。
61 駱靜山，〈大馬半島華人宗教的今昔〉，頁 432。
62 駱靜山，〈大馬半島華人宗教的今昔〉，頁 432。
63 駱靜山，〈大馬半島華人宗教的今昔〉，頁 433。

教齋堂約有四十多間，其中大部份是廣府人的姐妹齋堂，以前有一間男齋堂，現在已經沒有了。這些姐妹齋堂多數是在 1930 年代中建立的。因為從 1934 年到 1938 年之間，大約有 20 萬華人婦女移殖馬來亞，在陌生和孤立無援的環境下，姐昧齋堂便成為她們的互助團體。[64]

五、真空教

在華人宗教中，真空教具有獨特的風格。真空教的祖師是江西尋鄔人廖帝聘，31 歲出家。同治元（1862）年，廖帝聘退出佛門，自創「真空教」，他主張「復本還原，回歸真空」，不立偶像，只是把「無極」當作宇宙的真神或主宰。真空教的主要社會功能是幫助人們戒除鴉片煙癮或治療疾病。

真空教的宇宙觀和世界觀雖然深受羅教的影響，可是真空教不但長期茹葷，而且還用殺牲來替病人擔災，例如殺雞敬道，稱為「放雞花」；殺豬敬道，稱為「放豬花」，這種敬道儀式，含有「救贖」的意思。真空教要求教徒經常「拜道」而拜道必須跪拜和靜坐並行。[65]

1906 年，第一間真空教堂在怡保的紅毛丹老街場建立，創建人是客家人黃盛發。1906 年以後，真空教迅速地傳播到馬來亞的每個角落，其壇遍及西馬和東馬。西馬從南部的柔佛到北部的玻璃市，從西海岸的森美蘭到東海岸的登嘉樓；東馬砂拉

64 駱靜山，〈大馬半島華人宗教的今昔〉，頁 435。
65 駱靜山，〈大馬半島華人宗教的今昔〉，頁 439。

越州的古晉、詩巫、新堯灣、石隆門。[66]共建了大約 186 間道堂，其中最多的是雪蘭莪州，擁有 30 多間，其次是柔佛，約有 30 間，吉隆坡有 13 間。真空教本來應該可以在馬來亞的佛寺、神廟與基督教堂之間，爭得一席之地，然而它興得很快，衰得也快，沒有在華人社會紮根。有些研究真空教學者認為，它的衰落是在日本南侵的時候開始的。那時候馬來亞的真空教組織和中國的總道堂失去聯絡，各地的教務陷於停頓，不能培養傳教人材。其信徒大多數來自貧苦的群眾，缺乏富有而慷慨的護法者，這些不利的因素使它逐漸沒落，無法恢復以前的影響力。[67]

華人宗教信仰，除了上述的中國傳統信仰，以及在馬來西亞本土奉祀的神祇外，尚有虎爺、齊天大聖、岳飛、孔子等。其他還有少數華人信仰伊斯蘭教，由此可見，華人宗教信仰極具多元性。

第二節　華人皈依伊斯蘭教的原因

早期華人隻身前往南洋謀生，極大多數都是男性，他們的抱負都是在積蓄相當數目的財產之後，立即還鄉。[68]但並非每位華人都是如此，有些華人則是留住了下來，僅在一定的期間回國省親。更由於當時中國官方防止婦女出國，加上華僑移民一向是不帶妻子同來，導致很多華僑娶當地穆斯林少女為妻，

66 蘇慶華，〈「河婆雙寶」：劉伯奎與張肯堂〉，《風下》528（2006）。
67 駱靜山，〈大馬半島華人宗教的今昔〉，頁 439-440。
68 巴素著，郭湘章譯，《東南亞之華僑》（台北：正中書局，1976 年），頁 451。

同時也逐漸改變了華人的宗教信仰。

但是在西方國家如葡萄牙、荷蘭、英國佔領馬六甲時，也把他們信仰的宗教帶進殖民地，直到現在，馬六甲葡萄牙後裔幾乎仍舊信奉天主教。[69]

不過在西方殖民馬來半島時期，華人的移民也從未間斷過。然而，華人大量移民馬來半島，確是在十九世紀下半葉的時候。到目前為止，華人在馬來西亞仍屬於最大的少數族群，但是，信仰伊斯蘭教的人卻很少。[70]馬華穆斯林是一個名副其實的少數族群，夾雜在華人與馬來人間，兩面不討好。既然如此，華人究竟是什麼原因還要改變宗教信仰，而且人數還在逐年增加中，這是一個值得深思的問題。

如上所述，馬來西亞早期的華人因娶當地女子而改信伊斯蘭教。然而到了 1960 年代以後，華人皈依伊斯蘭教的原因很多，不僅不同時期有不同的因素，況且這些因素也因人而異，不過，大致可歸納為下列幾種：

一、研讀影響

因自己研究或探討而入教者，在馬來西亞有越來越多的趨勢。主要研究者是因改變宗教後，較能融入馬來社會與伊斯蘭社會，有助於研究的成果。

---

69 劉錦杏，〈甲葡裔脫離民族特徵〉，《星洲日報》，2003 年 2 月 10 日。

70 Rosey Wang Ma（王樂麗）, "Difficulties Faced by Chinese Muslim Converts in Malaysia and The Need to go through Education and Counseling to Overcome the Problems," Kuala Lumpur, International Islamic University Malaysia, 1996, p.84; 鄭月裡，《馬天英與馬來西亞：1939-1982》（台北：中央研究院亞太區域研究專題中心，2003 年），頁 16。

101 位受訪者中，有 19 位是因研讀而皈依伊斯蘭教，男性 15 位，女性 4 位。男性有 3 位皈依者皈依因素重複，分別為「研究」與「結婚」兩項入教者 2 位、「研究」與「朋友影響」兩項入教者 1 位。女性有 1 位皈依者，分別是「研究」與「結婚」兩項因素而入教。19 位皈依者，15 位在皈依前信仰佛、道、民間信仰，3 位信仰西方宗教，4 位沒有宗教信仰，重複信仰者有 3 位（參見表 2-1）。

皈依伊斯蘭教者，有些因研讀《古蘭經》（Qur'an），即立即被經書的內容吸引而皈依。有些是想知道伊斯蘭教是一個什麼樣的宗教？為什麼不可吃豬肉？有些想了解伊斯蘭教教義，甚至為了尋求真理、生命的泉源而閱讀書籍及看電視節目，相信真主獨一，之後才皈依伊斯蘭教。

AW 先生於 1990 年開始研究伊斯蘭教是什麼？為什麼不能吃豬肉？直到 1996 年才皈依。[71]另一位土生華人（峇峇），目前任職於大馬伊斯蘭福利機構（Pertubuhan Kebajikan Islam Malaysia; The Muslim Welfare Organization of Malaysia, 簡稱「PERKIM」）的 NH 先生，他也是為了想知道伊斯蘭教是什麼樣的一個宗教而皈依伊斯蘭教。[72]

宗教師 AM 認為：「伊斯蘭教是全人類的宗教。」[73] FY 女士強調會皈依伊斯蘭教是因為「自己看書覺得伊斯蘭很好」。[74]曾到約旦進修，目前為工程師的 FA 先生則因為，從小看到家

71 鄭月裡主訪，吉隆坡 AW 先生口述，2005 年 1 月 27 日。
72 鄭月裡主訪，吉隆坡 NH 先生口述（來自馬六甲的土生華人），2005 年 1 月 20 日。
73 鄭月裡主訪，吉膽島 AM 先生口述，2005 年 7 月 20 日。
74 鄭月裡主訪，吉隆坡 FY 女士口述，2004 年 7 月 24 日。

人賭博，賭博是一種很不好的行為，十賭九輸，傾家蕩產還是要賭。後來發現伊斯蘭教是禁止賭博的，才開始研究它的教義，並皈依了伊斯蘭教。[75]大致上，因研讀而皈依伊斯蘭教者教育程度還蠻高的。

二、婚姻因素

華人皈依伊斯蘭教的原因是，為了方便通婚。在 101 位受訪者中，有 37 位是因結婚而皈依伊斯蘭教，男性 21 位，女性 16 位。37 位中，皈依伊斯蘭教前信仰佛教、道教、民間信仰等有 30 位，西方宗教的有 8 位，沒有宗教信仰有 3 位，重複信仰有 4 位（參見表 2-1）。

從過去到現在，一直被認為是華人皈依伊斯蘭教的重要因素之一。只要是嫁、或娶伊斯蘭教徒，對方必須先皈依才可以結婚。這種通婚的模式，常引起非穆斯林家長的反對，[76]特別是在華人的家庭，往往還會引來一場家庭革命。早期也曾發生穆斯林婦女自願離教與華人結婚，或者華人為了娶馬來婦女而皈依伊斯蘭教，結婚後再雙雙脫教，恢復原來的信仰。不過用這種方式達到結婚的目的，現在已經少之又少了，主要原因是宗教局已經制度化，能夠有效的管理所有的穆斯林（包括皈依伊斯蘭教者），如在馬來西亞除了宗教部外，各州及直轄區都

---

75 鄭月裡主訪，吉膽島 FA 先生口述（來自霹靂），2004 年 7 月 23 日。

76 Osman bin Abdullah（Hock Leng Chuah）, "Interaction and Integration of Chinese Muslims," Ph. D. dissertation, Universiti Malaya（馬來亞大學）, 1997, pp149-151.

設有宗教局。對於那些以結婚為前提，達到目的後想脫教的人，可能被告上伊斯蘭教法庭。[77]也會被穆斯林公認是叛教的行為。

另外，在 1980 年代，有些義務傳教士也鼓勵一些參與私會黨活動者皈依伊斯蘭教，並遊說這可避免警察的檢查。這些華人皈依者，為了各方面獲取利益而私下皈依伊斯蘭教，其中有些則是結婚後才皈依，而他們的妻子及親屬根本不知道這件事。[78]一旦「歸真」，[79]即引起家屬與宗教機構爭屍的風波。有關搶屍風波在第四章有完整的探討，在此不贅言。

三、經濟因素

在 1960－1970 年代間，馬來西亞確實曾有許多教育不高和低收入的華人改信伊斯蘭教。他們認為在名義上信仰伊斯蘭教，是一個不錯的交易。因為藉此可以獲得政府經濟上的某些獎勵，或者想要享有特權，如便於申請營業執照、駕駛執照、開計程車執照等等，更方便找個好工作。當時馬來西亞建國後，第一任總理東姑阿都拉曼與華人伊斯蘭領袖馬天英，為了鼓勵華人信仰伊斯蘭教，的確提供入教者很多的福利，那個時候確實有很多華人因而改信伊斯蘭教。這個優惠措施在施行不久後，因馬來人的強烈反對，優惠條件宣告停止。

---

77 林水濠、駱靜山合編，《馬來西亞華人史》（台北：馬來西亞留台校友會聯合總會出版，1984 年），頁 174。

78 林廷輝、宋婉瑩，〈大馬華裔回教皈依者〉，《南洋商報》，1986 年 11 月 11 日。

79 歸真：中國回族穆斯林日常用語。亦稱「歸真」，即「回歸真主」。意即人為安拉所造化，死後仍必歸向安拉；參見中國伊斯蘭百科全書編委會編，《中國伊斯蘭百科全書》（成都：四川辭書出版社，1994 年），頁 589、590。

1971 年新經濟政策實行，其目的為了重組社會結構、重新分配經濟資源和縮小種族之間的經濟鴻溝。[80]事實上，大馬政府為了特別照顧貧窮鄉村，扶持馬來族經商，約三十年前特別施行土著經濟政策，在經濟發展上提攜土著（原住民），東馬土著和西馬馬來人均同樣享有土著權益，福利受到照顧，尤其是馬來社會。如此，導致一些華人為了謀取或分享一些政府的利益，而皈依伊斯蘭教，並希望與土著一起享有某些特權。[81]

1990 年起，馬來西亞政府開始執行「國家發展政策」（「新經濟政策」的延續），極力培養和扶持馬來民族企業家，進一步壯大了馬來民族在國家政治和城市經濟中的實力。華人皈依伊斯蘭教後，並沒有比馬來人得到更多的優惠。因此，從 1980 年代之後，很少華人因經濟因素而入教。

2004 年 1 月底及 7 月間，作者在吉隆坡田調時，據一位華人非穆斯林透露，現在已經很少人是為了想要享有某些特權而皈依伊斯蘭教的。不論是不是穆斯林，申請營業、駕駛執照，只要提出申請，不需多久就可以取得執照，像 SUS 先生就是一個例子，[82]他是一位計程車司機，全家都信仰基督教，申請執照也很快就核准了。現在皈依者大多以申請房屋貸款及買賣土地較多，希望能夠以低一點的利息多貸一些錢，以減輕負擔，例如買房子有 5%-10%的折扣優惠。但是，據 1979 年皈依的 OC 先生表示，這樣的房子他們不能購買，既使他與他的印度妻子都是穆斯林，仍然無法享有任何優待，馬來政府規定這些

80 張繼焦，〈馬來西亞城市華人移民就業情況研究 — 基于 2005 年在馬來西亞實地調查的分析〉，《華僑華人歷史研究》4（2007），頁 30。
81 林廷輝、宋婉瑩，〈大馬華裔回教皈依者〉。
82 鄭月裡主訪，吉隆坡 SUS 先生口述，2004 年 1 月 30 日。

利益是保留給馬來人的。不過，他也強調，確實有華人穆斯林得到如同馬來人的優惠。完全取決於官員的裁定，因此，官員的裁量權很大。[83]

此外，股票也不是每位穆斯林都可以購買的，像是具有賭博性質、酒精產品公司上市的股票，穆斯林是禁止購買的，反之，非穆斯林是可以購買這些股票的。所以，近年來華人皈依伊斯蘭教很少是以經濟利益作為皈依的取向。101 位受訪者中僅有一位男性認為：「皈依伊斯蘭教可獲得在工作上和生活上的便利。」[84]從表 2-1 可以看出，近二十多年來因經濟利益而皈依者實在很少。

表 2-1：101 位馬華男女穆斯林受訪者入教原因及原屬宗教對照表

入教主因			原屬宗教						性別	
類別			數量	中	西	其他	無	多種	男	女
1	「研讀」		19	15	3	0	4	3	15	4
2	「結婚」		37	30	8	0	3	4	21	16
3	「經濟」有好處		1	0	0	0	1	0	1	0
4	「真主召喚」		1	1	0	0	0	0	0	1
5	「夢中啟示」		1	1	0	0	0	0	0	1
6	「真主保護」		1	1	0	0	0	0	1	0
7	「影響」	朋友	12	11	0	0	1	0	9	3
		同儕（同事）	2	1	1	0	1	1	1	1
		親戚	1	1	0	0	0	0	1	0
		兄弟姊妹	1	1	0	0	0	0	1	0
8	感覺（自己喜歡）		27	17	2	1	8	1	18	9
9	其他（如：跟著家人皈依、拜神會花錢、且不會保佑）		3	3	0	0	0	0	1	2
	小計		106	82	14	1	18	9	69	37
	合計		106（說明 1、2）		115（說明 1、2、3、4）		9		69（說明 1）	37（說明 2）

83 鄭月裡主訪，吉隆坡 OC 先生口述，2004 年 7 月 25 日。目前是馬來西亞國際伊斯蘭大學副教授。

84 鄭月裡主訪，古晉 KH 先生口述，2006 年 7 月 30 日。

資料來源：

1.鄭月裡執行問卷調查，回收 101 份，有三種情形：

（1）受訪者當場自填回收：2004、2005、2006。

（2）主訪者現場據問卷訪問代填：2004、2005、2006、2008。

（3）鄭月裡 2004 年底 e-mail 至馬來西亞華人穆斯林協會（MACMA），職員 Maswani 女士列印後，代為發送，2005 年初收回約 15 位：2005（鄭月裡、Maswani）。

（4）新邦令金由鄧珮君、林志誠陪訪；美里由溫素華、余愛珠陪訪；古晉由林煜堂、田愛凌陪訪。

2.主訪者筆記：2004、2005、2006、2008（鄭月裡）

3.主訪者據問卷電訪：約 5 位，2004-2006、2008（鄭月裡）

4.主訪者針對訪問紀錄有疑問地方電詢：2004、2005、2006、2008（鄭月裡）

5.翻譯：鄧珮君（馬來文、華文互譯：2004、2005、2006、2008）

說　　明：

1.入教原因男性有 3 位重複，分別為「研讀」與「結婚」兩項入教者 2 位、「研讀」與「朋友影響」兩項入教者 1 位。

2.女性有 2 位重複，分別為「研讀」與「結婚」兩項入教者 1 位、「結婚」與「同儕影響」兩項入教者 1 位。

3.「原屬宗教」之中：「中」包含佛教、道教、民間信仰等數大類；「西」包含：基督教與天主教 2 大類；「其他」包含錫克教等；「無」指沒有宗教信仰者，並非無神論者。

4.原屬宗教信仰（入教以前）有 8 位重複信仰宗教。6 位男性中，男性有 3 位曾先後信仰基督教和佛教、1 位曾先後信仰基督教和道教、1 位曾信仰大伯公和天主教、1 位曾信仰基督教和民間信仰；兩位女性中，女性有 1 位曾先後信仰佛教和基督教、有 1 位先後信仰佛教、基督教和民間信仰。（其中 1 位女性皈依伊斯蘭教後仍拜觀音兩年，有 1 位男性在皈依前曾當過兩個星期的「和尚」）。

5.受訪者中有 1 位峇峇；有 1 位是娶土生華人；有 1 位娶土著；另有 1 位是華印混血後裔。

四、真主召喚與夢中啓示

受真主影響皈依伊斯蘭教者，大致有三種情況：一為真主召喚；二為夢中啟示；三為真主保護。

原信仰佛教的 SD 女士，有一天晚上，約 12 時準備就寢。忽然聽到安拉對她三次呼喚。她說：[85]

> 這聲音非常大聲，充滿了整個房間，那聲音是「God is Great（الله أكبر）！God is Great（الله أكبر）！God is Great（الله أكبر）！」三次。隔天我問我的穆斯林朋友，為什麼安拉對我呼喚？穆斯林朋友告訴我，那是很好的事。可是，非穆斯林朋友認為我是幻想。因而自己開始尋找安拉為什麼要對我呼喚的答案，之後就改信回教了。

從事服務業的 PH 女士，在 2004 年受到夢中啟示才皈依伊斯蘭教的。[86]十年前 SE 先生，他為了要找真主保護，找宗教保護，因而皈依了伊斯蘭教。[87]以上 3 位都是受真主影響而皈依伊斯蘭教，這種情形，在 1980 年代以前，從未出現過，也是近二十年來最為特殊的現象。表 2-1 指出，在 101 位受訪的皈依者中，受真主影響包括真主召喚、夢中啟示、真主保護皈依伊斯蘭教者均各 1 位。在皈依伊斯蘭教因素中所佔的比率仍然很低。

---

85 鄭月裡主訪，吉隆坡 SD 女士口述，2005 年 1 月 25 日。
86 Maswani 代發，彭哼 PH 女士口述，2005 年 1 月 19 日。
87 鄭月裡主訪，吉隆坡 SE 先生口述，2005 年 1 月 25 日。

五、朋友的影響

受訪者中因朋友影響皈依的有 12 位，皈依前信仰佛教、道教、民間信仰者有 11 位，其餘一位是沒有信仰。大部份是受馬來朋友的鼓勵或影響而皈依伊斯蘭教，只有一位是受到華人穆斯林朋友的影響而皈依。住在雪蘭莪州吉膽島（Pulau Ketam）的 IA 先生認為：「與伊斯蘭教朋友交往，不會看輕對方，穆斯林天下是一家，比較親熱。」並提及「穆斯林不會隨便亂拜。」[88]不會看輕對方，其意是不會被輕視。另一位也住在吉膽島的 OS 先生，經朋友介紹皈依伊斯蘭教，認為「伊斯蘭教講求平等」，他還特別提到，目前他所住的房子是向穆斯林承租的，價錢很便宜，感覺穆斯林待他很好，所以皈依了伊斯蘭教。[89]在巴生出生，僅受小學教育，居住吉膽島上的 HN 先生告訴筆者：

> **與馬來人做朋友，他們很熱絡，不分大、小，就像兄弟姊妹一樣。**

已經是 67 歲的 HN 先生，一方面年紀大，一方面由於兩手掌有缺陷，不能工作，也擔心影響另一半，所以至今仍是單身，與其母親及大弟、大弟媳婦同住。[90]因為馬來人很熱絡，如同兄弟姊妹，這也是 HN 先生皈依伊斯蘭教的最大因素。從另一個角度來看，他因手掌缺陷不能工作，在大馬只要是穆斯林，就符合領取補助金的條件，信仰其他的宗教是沒有這種優惠

---

88 鄭月裡主訪，吉膽島 IA 先生口述，2005 年 7 月 20 日。
89 鄭月裡主訪，吉膽島 OS 先生口述，2005 年 7 月 20 日。
90 鄭月裡主訪，吉膽島 HN 先生口述，2005 年 7 月 20 日。

的，因此，選擇信仰伊斯蘭教無疑是對當事人有利。HN 先生目前領有福利部的補助金，生活過得還可以。

六、同儕或同事的影響

受訪者中有一位是受同儕影響皈依伊斯蘭教，另一位是受到同事影響而皈依的。從警界退休的 CM 女士，小學時候皈依佛教，到了中學畢業後，對基督教有興趣，也曾上過教堂，但沒有受洗。她曾對基督教不拜偶像的說法深感疑惑。於是有一段時間不信仰任何宗教，她覺得沒有一個宗教適合她。直到當了公務員，在警界服務。受訓一年期間，紀律很嚴，使她成為一個很有規矩的人，後來接觸了馬來同儕，被他們的生活所吸引。她認為：[91]

> 穆斯林注重衛生，作禮拜時要淨身；有禮貌；守時，有時間觀念；斯文；生活過得很有意義、充實，漸漸受到影響。

此外，她還提到，她不喜歡迷信，華人喜歡迷信。直到目前為止，她仍不斷地學習伊斯蘭的教義，是個教門很好的女穆斯林。另一位受到同事鼓勵於 1970 年皈依伊斯蘭教的 DA 先生，他在政府機關工作，周圍都是馬來人，同事亦大多數是馬來人，他說：[92]

> 清真教是馬來西亞的國教，信仰回教有一點點特權，在政府機關作工，升遷比較容易，當然也要看個人的表現。

91 鄭月裡主訪，吉隆坡 CM 女士口述，2004 年 1 月 30 日。
92 鄭月裡主訪，古晉 DA 先生口述，2006 年 7 月 29 日。

要申請事情也比較快。清真教比其他宗教有些優先權，只要是穆斯林，不分種族都有。進教（皈依）後有升遷，但這個升遷跟進教是否有關，並不知道。但確實較有升遷的機會。

DA 先生雖然因同事影響皈依伊斯蘭教，但在工作上也獲得升遷的機會。顯然，信仰伊斯蘭教對他而言，還兼有升遷的作用。

七、親戚的影響

101 位受訪者只有一位受到世伯的影響皈依伊斯蘭教。出生柔佛在吉隆坡經營馬來傳統藥品生意的 KK 先生，皈依伊斯蘭教前隨其父母崇拜祖先。因 KK 先生的世伯與馬天英相識，每當馬天英到柔佛宣揚伊斯蘭教，這位世伯在柔佛所創立的宗教辦事處，就與馬天英配合，有時候 KK 先生也會隨其世伯去聽馬先生的演講。他提到：[93]

馬天英用純正的普通話演講，當年年紀小聽到北京腔很吸引人。表達能力強，內容豐富，能夠引起群眾的關注。因為世伯的大力推動，馬天英到柔佛演講次數相當頻繁。

即使 KK 先生常聽馬天英演講，也閱讀過馬天英的著作。但他仍然強調，直接影響他皈依伊斯蘭教的是他的世伯。

---

93 鄭月裡主訪，吉隆坡 KK 先生口述（來自柔佛），2004 年 7 月 26 日。

八、兄弟姊妹的影響

隸屬雪蘭莪州吉膽島潮州港的 HC 先生，[94]以捕魚為生，擁有自屬的漁船。原信仰觀音、大伯公，他因受到在柔佛的大哥之影響才皈依了伊斯蘭教。他認為，伊斯蘭教是一個很好的宗教，1981 年在大馬伊斯蘭福利機構（PERKIM）皈依，約 4 年後，1985 年太太也跟著皈依。這是作者田調資料中，唯一受到兄弟姊妹影響皈依伊斯蘭教的個案。

九、感覺（自己喜歡）

至於因感覺（自己喜歡）而皈依伊斯蘭教的受訪者，僅次於結婚。101 位受訪者中有 27 位，包括男性 18 位，女性 9 位，是因為感覺或自己喜歡而皈依伊斯蘭教的。17 位在皈依前信仰佛教、道教、民間信仰等，有 2 位信仰西方宗教（包含 1 位信仰基督教；1 位曾經信仰基督教和民間信仰，即重複信仰），其他信仰者有 1 位，無宗教信仰者有 8 位。

27 位當中，有一位 HL 女士，她從小看見養母拜拜，用很多雞肉拜神，她問養母：「為什麼要用那麼多的雞肉拜神？」她的養母回答：「拜多一點，讓神明多吃一點，可以獲得保佑。」HL 女士相當迷惑，長大後，因為生病，改信基督教 2 年。可是，改信基督教並沒有讓她的病情好轉，此時，她才知道耶穌

94 鄭月裡主訪，吉膽島 HC 先生口述，2005 年 7 月 20 日。

也是普通人。因此，在 2002 年 6 月皈依了伊斯蘭教。[95]從民間信仰到基督教，再到伊斯蘭教，她相信安拉才是最真的。另一位 DE 女士，她於 1973 年皈依伊斯蘭教。她的理由很簡單，就是喜歡伊斯蘭的生活方式。[96]其餘有 25 位受訪者則說不出「自己喜歡」伊斯蘭教的具體理由。

十、其　他

其他因素而皈依伊斯蘭教，包含跟著家人皈依、拜神會花錢且不會保佑等在內。這種情形，在 101 位受訪者中有 3 位，這三位在皈依前分別信仰佛教和民間信仰。

丈夫已去世的 SM 女士，只生一個女兒，女兒因嫁馬來人皈依伊斯蘭教，要求她能搬去同住，以便照顧外孫子女，並希望 SM 女士能夠皈依伊斯蘭教，如此，才會煮 Halal（حلال）[97]的食物讓孩子吃，於是就皈依了伊斯蘭。[98]來自雪蘭莪州的 SY 女士，丈夫已過世，她表示，她的丈夫是華人，也是一位皈依者。早在丈夫生前，她就隨其丈夫皈依了伊斯蘭教。[99]以上兩個個案是隨者家人皈依伊斯蘭的。

---

95 鄭月裡主訪，吉隆坡 HL 女士口述，2005 年 1 月 24 日。

96 鄭月裡主訪，吉隆坡 DE 女士口述，2005 年 1 月 24 日。

97 所謂「HALAL」（حلال）是阿拉伯文「合法」的意思，也就是符合伊斯蘭教法；若是指食物，就是「可食用」的食物，表示從貨源到終端產品都符合回教教義的嚴謹過程。參見 Lokman AB. Rahman, *HALAL Products: Consumerism, Technology, and Products*, Jabatan Agama Islam，2001, pp.24-25.

98 鄭月裡主訪，吉隆坡 SM 女士口述，2005 年 1 月 24 日。

99 鄭月裡主訪，吉隆坡 SY 女士口述（來自雪蘭莪州），2005 年 1 月 24 日。

目前在吉膽島上某學校擔任警衛的 FW 先生，他告訴筆者他之所以皈依伊斯蘭教的原因，他說到：[100]

> 拜神花錢，拜神拜累了也不會保佑，我覺得安拉跟我有緣，……。

於是，他於 1986 年在吉膽島皈依了伊斯蘭教。

另外，早期移民馬來半島的華人，大多數沒受過什麼教育，秉持堅毅耐勞、不辭艱險、克勤克儉的精神，[101]努力工作，為的是能讓子女受到良好的教育。縱使自己沒有受過教育，也不惜將他們的所有資金花在孩子的教育身上。高等教育對孩子而言，畢竟關係到他們未來的前途。在 1960 年代，當時確實是有極少部分華人，為了得到優惠讓孩子就讀好的學校，而改信伊斯蘭教。不過近幾十年來，馬來西亞政府在教育方面，給馬來人很大的優惠，如獲取獎學金、補助、免費等，甚至各大學均設置保留名額讓馬來人就讀，華人並沒有這種保障，即使是皈依的華人，也未能享受這一優惠。因此，當代華人改信伊斯蘭教的目的，並非為了想進某一所學校。

再者，馬來西亞政府對馬來人受高等教育實行優惠政策，這點對華人而言是極為不公平的。這與 1960 到 1970 年代，華人一旦皈依了伊斯蘭教，其子女可就讀好的學校，截然不同。現在縱使皈依了，若仍保有華人的姓名，承辦單位一看就知道不是馬來人，仍然無法享有優惠的待遇。據作者田調發現，近 20 年來，皈依伊斯蘭教的華人教育已逐漸提升，101 位受訪者中，有 67 位是受高中以上教育，甚至還有取得碩博士學位的（參

100 鄭月裡主訪，吉膽島 FW 先生口述，2005 年 7 月 20 日。
101 姚枬，《馬來亞華僑史綱要》（商務印書館，1943 年 4 月），頁 3。

見表 2-2），顯然，華人皈依伊斯蘭教並非全然為了享有教育方面的優惠。

表 2-2：101 位華人皈依伊斯蘭教教育程度表

教育程度	未受教育	小學肄業	小學畢業	初中肄業	初中畢業	中學（職）肄業	中學（職）畢業	大專肄業	大專畢業	大學肄業	大學畢業	碩士	博士	合計
人數	3	12	9	2	1	7	35	1	9	1	19	1	1	101

資料來源：鄭月裡據 2004、2005、2006、2008 田調訪問資料，2009 年 2 月 7 日整理。

隨著社會環境的改變，教育的提升，改變了經濟型態，皈依者的職業，在 66 位男性受訪者中，以經商為最多有 17 位；35 位女性中家管為多有 8 位（參見表 2-3），可見他們社經地位並不低。因此，當今「經濟利益」在華人皈依伊斯蘭教的因素中其重要性已不如過去。

表 2-3：101 位受訪者職業情況表

職業／人數／性別	商	工	公	教	服務	自由	宗教機構	家管	私人公司	漁業	待業	退休	學生	無	合計
男	17	10	3	3	7	5	5	0	5	2	0	5	2	2	66
女	4	1	3	4	2	0	1	8	5	0	1	4	0	2	35
合計	21	11	6	7	9	5	6	8	10	2	1	9	2	4	101

資料來源：鄭月裡據 2004、2005、2006、2008 田調訪問資料，2009 年 2 月 7 日整理。

此外，101 位受訪者的年齡大多集中在 30-59 歲（參見表 2-4），介於 30-39 歲間的共有 25 人，40-49 歲間的有 28 人，50-59 歲間的有 33 人。

表 2-4：101 位受訪者受訪時年齡統計表

年齡＼人數＼性別	男	女	合 計
80 歲以上	0	1	1
70-79 歲	2	0	2
60-69 歲	9	1	10
50-59 歲	19	14	33
40-49 歲	17	11	28
30-39 歲	18	7	25
20-29 歲	1	1	2
合 計	66	35	101

資料來源：鄭月裡據 2004、2005、2006、2008 田調訪問資料，2009 年 2 月 7 日整理。

這 101 為受訪者於受訪時除了一位女性外，都提到其出生年以及皈依之年（參見附錄二），據此即可發換算其皈依時的年紀。發現：以 20-29 歲為最多：男性 29 人，女性 20 人，幾佔全部受訪者的一半。此外，十多歲入教者有 13 位，三十多歲入教者，有 17 位，四十多歲有 16 位，五十多歲者 4 位，另有一位非常特別，皈依時已經 80 歲。（參見表 2-5）

表 2-5：101 位華人皈依時年齡表

年紀	男	女	小計
10-19	7	6	13
20-29	29	20	49
30-39	14	3	17
40-49	13	3	16
50-59	3	1	4
60-69	0	0	0
70-79	0	0	0
80 以上	0	1	1
小計（合計）	66	34（缺 1）	（合計）100（缺 1）

資料來源：鄭月裡據 2004、2005、2006、2008 田野資料，於 2012 年 3 月 25 日補行整理。

說　　明：有一位女性穆斯林（附錄二第 67 位）沒有提及其出生年，故無法列入。

不過，整體來說，到目前為止，通婚在馬來西亞仍是造成華人皈依伊斯蘭教的一個重要因素，其次是自己喜歡和研讀。然而，近二十年來也有因真主召喚、夢中啟示、尋求真主保護而皈依伊斯蘭者，這是值得深入的另一個議題。

第三節　皈依伊斯蘭教的程序

不論何種因素皈依伊斯蘭教，都必須經過一個皈依的程序，才能成為一個真正的穆斯林。在馬來西亞對於皈依伊斯蘭教的程序，每個機構要求不大相同。大致有以下幾種：

一、聯邦直轄區對皈依伊斯蘭教的登記及領取皈依卡的程序

（一）在吉隆坡皈依伊斯蘭教的登記及領取皈依卡的程序

依文本大致要具備：[102]1.定居在聯邦直轄區；必須年滿 18 歲（法律規定），在法定年齡之下，必須附上監護人簽的同意書；2.必須有兩名穆斯林（回教徒）證人（攜帶身份證）；3.一份身份證或是護照及有效簽證（外國人）副本；4.三張身份證尺寸的照片；5.如在其他地方皈依伊斯蘭教，則必須附上皈依伊斯蘭教的證明書；6.必須在規定的日期上課，上課一星期，以便獲得皈依伊斯蘭教的皈依卡；7.皈依卡可在聯邦直轄區的宗教局三周內辦妥，但也必須視其他條例而定；8.皈依伊斯蘭教及登記手續的時間為：每週一到週四為 08:30 上午至 12:45 中午及 02:00 下午至 04:30 下午；週五為 08:30 上午至 12:00 中午及 03:00 下午至 04:30 下午；週六為 08:30 上午至 01:00 下午。

（二）宗教師口頭說明的皈依[103]

吉隆坡宗教局宗教師口頭說明的皈依程序，必須具備：1.兩張護照相片；2.兩個證人（馬來人、穆斯林、鄰居）；3.填

102 吉隆坡聯邦直轄區宗教局提供，2005 年 1 月 20 日。吉隆坡聯邦直轄區回教中心大樓 4 樓東翼，新教胞單位電話：03-22749333 分機 376。

103 鄭月裡主訪，吉隆坡直轄區宗教局宗教師 Asniza binti Ahmad 口述，2005 年 1 月 20 日。

表格；之後，4.唸《古蘭經》，宣誓作證詞。18 歲以下要發誓，表明自己心甘情願入教沒有被強迫。（因為避免父母會控告宗教局）；5.發給新教胞臨時卡，不可用來結婚；6.一定要學習三個月後才發給正式卡（即皈依卡，證明進教的永久卡），這時可把經名放進去，也才可以作為結婚用途。事實上，對於 18 歲以下的宗教，《聯邦憲法》有明文規定。《憲法》第 12（4）條文說明年齡未滿 18 歲者的宗教，必須由其父母或監護人決定。並沒有所謂宣誓或發誓的行為，完全依據《憲法》所定。

如果拿宗教師口頭的說法與文本加以對照，發現前者簡化很多，似乎有些項目省略了。以下用逐項對照之法，在表 2-6「馬來西亞國教機構及重要人士所提皈依程序對照表」來呈現，俾能具體比較，並且進一步討論。

表 2-6：馬來西亞國教機構及重要人士所提皈依程序對照表

單位／項目	聯邦直轄區皈依及領卡程序：文本的規定	聯邦直轄區皈依及領卡程序：口頭的說法	福利基金局	福利機構（PERKIM）	學者的說法	網頁所列
申請地	定居在聯邦直轄區	親自申填表格	代發、代辦，但規定申請本人須親赴大馬回教福利基金局或有關單位	代發、代辦，但規定申請本人須親自前來辦理	向各州的宗教局或宗教機構申請	任何地方都可辦理
申請條件	必須年滿 18 歲（法律規定），在法定年齡之下，必須附上監護人簽的同意書	唸《古蘭經》，宣誓作證詞。18 歲以下要發誓，表明自己心甘情願入教，沒有被強迫。（以避免父母事後控告	表明皈依回教（伊斯蘭教）乃出於自願	（似無規定）	登記	不分：1.膚色、種族、年齡、語言，都可成為穆斯林；2.刺青者亦可申辦；3.曾犯罪者亦可申辦。

		宗教局）				
證人	必須有兩名穆斯林（回教徒）證人，也要攜帶身分證	兩個證人（馬來人、穆斯林、鄰居）	兩個證人（穆斯林）	2 名男性穆斯林證人	兩個穆斯林 證人	?
證件	一份身分證或是護照及有效簽證（外國人）副本		申請者需攜帶身分證	2 份身分證影印本		?
照片	三張身分證尺寸的照片	兩張護照相片	四張照片	並附上 6 張護照式彩色照片		?
相關證明	如已在其他地方皈，必須附上皈依的證明					
學習認證	上課一星期，即可獲得皈依卡	發給新教胞臨時卡，不可用來結婚	實習一個月	網頁上未明言只說：「欲入教者必須知道誰是安拉，誰是安拉的使者，以及伊斯蘭教教義。一旦他或她接受了這些，就已經是穆斯林並且可以登記為穆斯林。」但當有公眾問如何在最短的時間內入教時，該協會的回答是：「大約一個月內完成學習伊斯蘭基本課程。過後即可登記為穆斯林。」		你（妳）不必透過參加課程或取得文憑才能成為穆斯林。若有人告訴你必須通過上述課程，那是不正確的
皈依卡	皈依伊斯蘭教認證卡可在聯邦直轄區的宗教局三周內辦妥，但也必須視其他條例而定。	一定要學習三個月後才發給皈依卡（即證明進教的永久卡），可把經名放進去，可以用來結婚。	通過有關當局的考驗，合格者將獲得皈依回教（伊斯蘭教）的證件，證明他已是一名回教徒（穆斯林）。		須挑選經名	?

資料來源：1.吉隆坡聯邦直轄區宗教局提供，2005 年 1 月 20 日。
2.鄭月裡主訪，吉隆坡聯邦直轄區宗教局宗教師 Asniza binti Ahmad 口述，2005 年 1 月 20 日。
3.周澤南，〈伊斯蘭福協登記入教〉，《東方日報》，2007 年 3 月 5 日。
4.陳慧亮，〈夫信回教婚姻無效妻兒不能繼承遺產〉，《新明報》，1991 年 5 月 7 日。
5.Rosey Wang Ma（王樂麗），"Chinese Muslims in Malaysia（〈馬來西亞華人穆斯林〉，"第三屆國際漢學會議論文，（台北：中央研究院，2000），共 23 頁。
6.皈依者網站。網址：www.muslimcoverts.com（2009 年 2 月 27 日瀏覽）。

說　　明：1.MACMA 似亦有權代辦，蓋其為 PERKIM 下游機構。
2.網頁過簡，較不清楚，故以上說明以「？」號表示。

二、馬來西亞福利機構的規定

有關馬來西亞福利機構官方與非官方的程序規定，也不盡相同。以大馬回教福利基金局（Jabatan Kebajikan Masyarakat Malsaysia），及大馬伊斯蘭福利機構（PERKIM）為例。

（一）大馬回教福利基金局（Jabatan Kebajikan Masyarakat Malaysia）

根據馬來西亞回教福利基金局一名傳教師拉希瑪・林說：「申請皈依回教有一定的程序。」必須：1.申請者需攜帶身分證；2.四張照片；3.兩個證人（穆斯林）；4.親臨大馬回教福利基金局或有關單位表明皈依回教（伊斯蘭教）乃出於自願；5.經過一個月的實習；6.通過有關當局的考驗，合格者將獲得皈依回教的證件（即皈依卡）。[104]

（二）大馬伊斯蘭福利機構
（Pertubuhan Kebajikan Islam Malaysia; The Muslim Welfare Organization of Malaysia，簡稱「PERKIM」）

根據大馬伊斯蘭福利機構（PERKIM）的規定，入教的申請程序是：1.親自到 PERKIM 辦公室或附近的宗教局提填寫申請表格；2.並附上 6 張護照式彩色照片；3. 2 份身分證影印本；4. 2 名男性穆斯林證人；5.經過檢驗後，即可以登記為穆斯林。[105]這種檢驗乃是通過宗教局的一個測驗，通過後就可以擁有皈依卡。

該協會網頁亦未指明入教之前必須先上課，只說明：「欲入教者必須知道誰是安拉，誰是安拉的使者，以及伊斯蘭教教義。一旦他或她接受了這些，就已經是穆斯林並且可以登記為穆斯林。」當有公眾問如何在最短的時間內入教時，該機構的回答是：「入教者可以在附近的宗教局或 PERKIM 辦公室學習伊斯蘭教，並且在大約一個月內完成基本課程序。過後即可登記為穆斯林。」

以上兩個機構不論是官方還是民間的組織，都只能代辦皈依者的申請，以及提供學習的場所，而且僅能給一張臨時證件證明皈依。正式的皈依卡只有宗教局才能核發。因此，皈依者要取得正式皈依卡之前，必須要通過宗教局官員的口試。

---

104 陳慧亮，〈夫信回教婚姻無效 妻兒不能繼承遺產〉，《新明報》，1991 年 5 月 7 日。

105 周澤南，〈伊斯蘭福協登記入教〉，《東方日報》，2007 年 3 月 5 日。

三、馬來西亞學者所提的程序

王樂麗強調想要皈依伊斯蘭教者，首先必須真正對伊斯蘭教有興趣。[106]其次才是程序問題。她指出皈依的程序是：1.向各州的宗教局或宗教機構申請；2.兩個穆斯林證人；3.登記；4.選一個穆斯林的名字。[107]不過，王樂麗的說詞與作者 2005 年 1 月訪問吉隆坡直轄區宗教師 Asniza binti Ahmad 所說的有些出入。王樂麗所提的皈依程序是最簡單的。

四、國外網頁所列入教程序

一個網址為：www.muslimcoverts.com 的國外穆斯林網頁，談到了皈依伊斯蘭教的程序。它的方式，與馬來西亞有很大的不同。

該網頁聲稱：任何人都可以皈依伊斯蘭教。你（妳）可以擁有任何膚色、種族、年齡或講任何一種語言，你（妳）還是可以成為穆斯林。[108]

你（妳）也許從某些不了解伊斯蘭教的穆斯林那裡接受了錯誤的訊息，所以請注意下列事項：

你（妳）不必透過參加課程或取得文憑（證明）才能成為

106 周澤南，〈伊斯蘭福協登記入教〉。
107 Rosey Wang Ma（王樂麗），"Chinese Muslims in Malaysia（〈馬來西亞華人穆斯林〉）"，中央研究第三屆國際漢學會議論文（台北：中央研究院，2000 年），共 23 頁。
108 網址：www.muslimcoverts.com（2009 年 2 月 27 日瀏覽）。

穆斯林。若有人告訴你必須通過某些課程，那是不正確的。因為：[109]

1.你不應該拖延成為穆斯林。如果有人勸告你放慢成為穆斯林的腳步，那是不正確的。假如你相信伊斯蘭是真理，就不該拖延成為穆斯林的時間，因為生命是有限的。

2.假如你身上有刺青，你還是可以成為穆斯林。伊斯蘭教雖然不允許刺青，但是你可以在成為穆斯林後將之去除。即使你無法將之去除，也不必擔心，因為在你成為穆斯林之前的一切罪皆會取消。

3.如果你有一個充滿罪惡的過去，你還是可以成為穆斯林。

按照這個網頁的說法，任何人都可以成為穆斯林，似乎完全符合伊斯蘭教是全人類的宗教的一個說法。也無須學習或取得任何證明，即可成為穆斯林。與馬來西亞當地皈依程序的規定有很大的不同。在馬來西亞各機構登記皈依的程序，兩個證人為其最大共同點。不過像這樣的皈依程序在東馬並不需要。砂拉越任何一位皈依者是不需要經過學習的，也不需要口試合格的程序，就可以成為一位穆斯林。至於皈依的場所均不限定在宗教局或是清真寺，在伊斯蘭機構，甚至在穆斯林家中均可舉行。因此，皈依伊斯蘭教的程序不僅在文本與口頭說法、官方與非官方有別之外，在東西馬也有差異。

109 周澤南，〈伊斯蘭福協登記入教〉。

第四節　脫教的困難

華人穆斯林所面對的難題很多，特別是皈依的華人穆斯林，他們往往被華人社會認為是違背祖先，是一名「叛徒」，甚至被冠以「走狗」之名。但仍有華人在各種不同因素下皈依伊斯蘭教。

即使今天大部份的華人穆斯林基於和馬來穆斯林通婚才入教，可是並非都是在不了解伊斯蘭教的情況下入教的。有些皈依者是因不易找到工作和結婚對象，有些則是要嫁娶馬來人而皈依，這些人皈依後就想脫教。另外，當然難免也會有一些人皈依伊斯蘭教後，因為覺得不適應而尋求脫教。[110]也有少數是夫妻一起皈依，當丈夫歸真後，妻子想回到華人社會求生存，要求離開伊斯蘭教。

依照伊斯蘭教教規，嫁娶穆斯林必須學習並接受伊斯蘭教教義，之後才能通婚。如果一名女性無法了解伊斯蘭教教義，她不能嫁給穆斯林而同時保有她原來的宗教信仰。她必須學習並接受伊斯蘭教教義，之後才能嫁給穆斯林。[111]又根據伊斯蘭教義，一旦皈依伊斯蘭教，終身便是穆斯林，不可中途退出。[112]

穆斯林和非穆斯林通婚所面對的問題根源，在於對法律有

---

110 周澤南，〈入伊斯蘭教須有興趣〉，《東方日報》，2007 年 3 月 5 日。

111 周澤南，〈先越過皈依伊斯蘭教門檻　嫁娶穆斯林須調適〉，《東方日報》，2007 年 3 月 5 日。

112 〈夫信回教婚姻無效　妻兒不能繼承遺產〉，《新明日報》，1991 年 5 月 7 日。

不同的詮釋。根據回教法，任何非穆斯林皈依後，在民事法下註冊婚姻即自動失效，而其非穆斯林妻兒也將喪失繼承入教者財產的資格。[113]

可是根據民事法，皈依後的穆斯林，其婚姻並沒有失效，他必須申請離婚才能和另一名穆斯林女性結婚，其非穆斯林的妻子也有權利要求繼承財產。要徹底解決問題，除了制定明確的法律之外，還要對回教法庭和民事法庭的權限有明確的規定。[114]然而，大馬的司法權無法保障非穆斯林宗教信仰自由。[115]常令非穆斯林一方陷入痛苦深淵。

一、從結婚到離婚

《古蘭經》 黃牛章第 221 節提到：「不要跟拜偶像的婦女結婚，要等到她們信仰了（才成）。一個有信仰的女奴比一個不信仰的婦女更好，即使她使你們十分顛倒。也不要讓你們的女兒嫁給拜偶像的人，要等到他們信仰了（才可以）。」[116]經文中清楚的說明，不可與非穆斯林通婚，除非對方改信伊斯蘭教才可以。

因此，在馬來西亞國情中，異族通婚必須先越過自己樂意皈依伊斯蘭教這道門檻，也意味著在信仰方面有所調適，是異

---

113 Nuraisyah Chua Abdullah, *Conversion to Islam,* Kuala Lumpur: International Law Book Services, 2004, p.40.

114 周澤南，〈入伊斯蘭教須有興趣〉。

115 周澤南，〈入伊斯蘭教須有興趣〉。

116 閃目氏・仝道章，《古蘭經》（南京：江蘇省伊斯蘭教協會，1999 年），頁 35。

族通婚的代價之一。[117]

沒有人知道「因誤解而結合，因了解而分手」的頻率是否在異族通婚中比率中高過於其他。不過可以肯定的是：穆斯林和非穆斯林的離婚，往往因法律的灰色地帶，而產生各種爭議。這些爭議，就個人而言導致皈依的離婚婦女因脫教不成而無法改嫁；從社會整體的角度而言，則製造更多沒有明確解決之道的法律訴訟和族群的摩擦。[118]

在馬來西亞，若穆斯林妻子申請離婚，回教法庭所接受的離婚理由，包括丈夫失蹤、通姦、性格不合等。[119]不過，根據大馬的法律，結婚不到 2 年的夫婦，是不能夠申請離婚的。[120]發生在 2006 年 11 月 14 日，一名為了嫁給伊朗穆斯林的馬華婦女金女士，6 年前在對伊斯蘭教缺乏理解的情況下皈依了伊斯蘭教，豈料其夫 6 年音訊全無，她以丈夫失蹤的理由，向回教法庭訴請離婚，並離開伊斯蘭教，但卻碰上極為麻煩的手續，她無法改回原本的中文姓名，於是，透過她的律師向檳州回教法庭申請讓她脫離伊斯蘭教。[121]

金女士透過媒體告訴讀者不要步入她的後塵，不要在不了解伊斯蘭教及其教法的情形下入教。以她目前的宗教身份，如果要再嫁，其丈夫必須是穆斯林，意味著若無法脫教，等於間

117 周澤南，〈先越過皈依伊斯蘭教門檻　嫁娶穆斯林須調適〉，《東方日報》，2007 年 3 月 5 日。

118 周澤南，〈先越過皈依伊斯蘭教門檻　嫁娶穆斯林須調適〉。

119 〈華裔丈夫信奉回教，身為妻子可以申請離婚〉，《星洲日報》，2005 年 6 月 5 日。

120 〈華裔丈夫信奉回教，身為妻子可以申請離婚〉。

121 周澤南，〈民事法庭拒理　5 州視刑事罪　穆斯林脫教太沉重〉，《東方日報》，2007 年 3 月 6 日。

接的剝奪了她和非穆斯林結婚的權利。[122]

另一個案例則是面對著愛情、宗教和骨肉親情的困擾。[123]黃小姐是在國民型中學念書時，認識了一名馬來族同學，在學校時很談得來，很快就發展成知心的朋友。[124]修完中學課程後，雙方才決定回家告訴父母，並徵求他們同意，讓他們結婚。[125]

男方順利獲得父母的允許，可是女方的父母對女兒要嫁給外族人深感不安，他們勸告女兒要三思而後行，女兒卻表示這是她的選擇，將來是好是壞，不會拖累家人。[126]父母見女兒心意堅定，就任由她做決定。

可是婚後不滿 4 年，有天家人突然接到她的電話，哭著說，她的丈夫為娶馬來女子將她打傷，鼻青臉腫，無法上班；接到消息後，她的父母馬上前去看她。[127]黃姓夫婦有意把女兒帶回家，可是女兒現在已和他們不同，雖有著同樣的血統，但宗教卻不相同，他們顧慮若在這時把女兒帶回家，將來是否會為女兒帶來諸多不便。[128]

穆斯林要辦理離婚所應進行的手續，和民俗或通過民事註冊結婚者的離婚手續不相同，後者是向民事法庭申請離婚，前者則要向回教法庭來申請（參見表 2-7）。[129]

---

122 周澤南，〈民事法庭拒理　5 州視刑事罪　穆斯林脫教太沉重〉。
123 〈少婦爭取與夫離異面對宗教骨肉問題　皈依回教踏入深淵〉，《通報》，1993 年 2 月 5 日。
124 〈少婦爭取與夫離異面對宗教骨肉問題　皈依回教踏入深淵〉。
125 〈少婦爭取與夫離異面對宗教骨肉問題　皈依回教踏入深淵〉。
126 〈少婦爭取與夫離異面對宗教骨肉問題　皈依回教踏入深淵〉。
127 〈少婦爭取與夫離異面對宗教骨肉問題　皈依回教踏入深淵〉。
128 〈少婦爭取與夫離異面對宗教骨肉問題　皈依回教踏入深淵〉。
129 〈少婦爭取與夫離異面對宗教骨肉問題　皈依回教踏入深淵〉。

表 2-7：回教法和民事法在婚姻法律上的差別表

名稱／項目	回教法庭	民事法庭
離婚程序	女性回教徒：離婚有三種方式	只有一種方式
法庭	回教法庭	民事法庭
贍養費	丈夫只需維持妻子三個月的贍養費	有付贍養費
監護權	母親只有撫養權，只有父親有監護權	父母共同擁有監護權

資料來源：〈回教法和民事法在婚姻法律上的差別〉，《東方日報》，2004 年 6 月 1 日。

雪州及聯邦直轄區的法律援助中心主席再努汀律師說：「依據回教法，婦女是無權提出離婚，除非是她所提出丈夫對其無理的投訴，具有合理的理由，回教法官可作主讓她和丈夫離異。」[130]

再努汀建議黃小姐在還未離開丈夫之前，應先向附近的回教法官投訴她被丈夫毆傷的事件，讓回教法官去調查事件的真實情況。[131]這些投訴將來會成為她和丈夫打官司的有力證據。

不少人認為，婦女外出工作是導致大馬離婚率上升的主要原因，其實並不全然如此。不過，確實有許多婦女是家庭暴力的受害者。但由於沒有經濟能力，導致她們不敢提出離婚的要求。[132]可是當她們找到工作，有了固定的收入後，這時才會想要申請離婚，遠離家庭暴力。

---

130 〈少婦爭取與夫離異面對宗教骨肉問題　皈依回教踏入深淵〉，《通報》，1993 年 2 月 5 日。

131 〈少婦爭取與夫離異面對宗教骨肉問題　皈依回教踏入深淵〉。

132 〈華裔丈夫信奉回教，身為妻子可以申請離婚〉，《星洲日報》，2005 年 6 月 5 日。

二、入教容易出教難

「入教容易出教難」，真正道出皈依者想要脫教的困難。任何人一旦皈依伊斯蘭教後要脫教相當不易。從以前到現在，脫教都非常困難，只是以往的民事法庭法官比較願意處理脫教訴訟案，現在卻顯得有點退縮。[133]

在 1980 年代，一個非穆斯林在皈依伊斯蘭教後，若有意退出宗教信仰，必須在指定的報章公開刊登 3 次退出廣告，再向法庭辦理退出手續，就能完全退出。[134]可是，現在卻相當不易。

根據伊斯蘭教教規，皈依者不能退教，因此，在 1990 年代，所指定的報章不願接受這類廣告，律師也鮮少處理類似事件，不過，非穆斯林仍可向法庭作出申請，但手續、程序非常艱難。[135]

一名不願透露姓名的資深律師則表示：[136]

> 以前民事法庭可以處理脫教案，可是自前首相敦馬哈迪（Tun Dr. Mahathir bin Mohamad）宣布大馬為伊斯蘭教國後，出現了一些變化，民 事法庭和高等法庭開始推卸責任，把這類案件交給回教法庭處理，是因為這些法官對民事法庭和回教法庭的權限，作了不同的解釋。

民事法庭沒有司法權裁決任何人是否脫離伊斯蘭教或叛

---

133 周澤南，〈民事法庭拒理　5 州視刑事罪　穆斯林脫教太沉重〉，《東方日報》，2007 年 3 月 6 日。

134 〈華裔老翁冀脫離回教〉，《東方日報》，2005 年 8 月 15 日。

135 〈華裔老翁冀脫離回教〉。

136 周澤南，〈民事法庭拒理　5 州視刑事罪　穆斯林脫教太沉重〉。

教。鑑定一個人是否能夠脫離伊斯蘭教是回教法庭的權限。[137]

儘管《聯邦憲法》第 11 條文保障人們信仰自由，但是事實上，穆斯林若要申請脫離伊斯蘭教，大多不獲批准。包括那些為了婚姻而成為穆斯林的人士，要是他們以後離異，他們以及子女，只能永遠做穆斯林，而無法改信其他宗教。[138]縱使穆斯林明白離開伊斯蘭教並非易事，仍然有些穆斯林嘗試以各種理由向回教法庭申請脫教。脫教的原因很多，舉凡丈夫歸真後，妻子想回到華人社會生活；或是基於個人的生活習慣，擔心往後會為家人帶來不必要的困擾，因而想離開伊斯蘭教。

陳女士在 1981 年和一位男士同居，並在同一年生下一個女兒。當時她並不知道他是一個穆斯林。在孩子出世時，她見到他是以華人姓氏和名字的身分證，為孩子報出生。同時結婚後，她從未見過丈夫遵循伊斯蘭教義，丈夫不但吃豬肉，也常進入神廟拜神。[139]到了 1984 年，她的丈夫才說出自己的宗教信仰，並勸她皈依伊斯蘭教。丈夫也說，若不跟隨他成為穆斯林，

---

137 〈民事庭無權批准脫離回教 高庭駁回阿亞賓 2 追隨者申請〉，《星洲日報》2005 年 12 月 30 日。1988 年馬來西亞通過修憲案，《憲法》增添了第 121（1A）條款規定：「民事法庭無權審訊任何隸屬回教法庭職權內之事項。」換言之，只要是回教法庭具有權限的事務，民事法庭就無權審理，擴大回教法庭的權限，民事法庭的一些權限被剝奪了。實際上，這項條款引發多起的宗教案件，如搶屍案、脫教等。
（1）參見獨立新聞在線，網址：
http://www.merdekareview.com/pnews/8495.html（2009 年 7 月 7 日瀏覽）。
（2）參見張文光，《三角關係：宗教自由法律淺析》（吉隆坡：雪蘭莪中華大會堂，1990 年），頁 52。

138 〈郭素沁：異族通婚入回教者　離婚後應可自由信仰〉，《星洲日報》，2005 年 8 月 16 日。

139 〈身份特殊謀生不易皈依回教華婦要還俗〉，《通報》，1992 年 3 月 26 日。

恐怕陳女士將來無法繼承他的遺產。[140]陳女士也深怕非穆斯林不能成為穆斯林的妻子，也隨其夫到宗教局，辦理皈依伊斯蘭的手續。

成為穆斯林後，陳女士也與丈夫一樣百無禁忌，仍舊不改華人風俗和飲食習慣。1987 年，丈夫去世，陳女士失去了經濟上的依靠，她要出去工作養家。[141]由於她要在華人社會中求生存，作為一個穆斯林，認為非常的不便，尤其是要當佣人或協助他人賣飲食，問題就產生了。[142]她說，雖然目前她仍持著華人姓氏的身分證，可是，她想脫離伊斯蘭教的意願卻不易達到。[143]她曾要求律師代她辦理脫離伊斯蘭教事宜。可是，後來她從律師手中接過一封她看不懂的英文信。[144]經過朋友的協助，才明白這是一份律師代她向宗教局申請或通知她要脫離伊斯蘭教的信件。[145]到了 1992 年，還沒有接到宗教局是否准許她脫離伊斯蘭教的函件。

另一位是李貴樹（化名，68 歲），居住在馬六甲烏絨巴西甘榜瑪斯吉，是一名散工，為了賺取糊口及領取福利津貼，決定皈依伊斯蘭教，但 4 年來從未履行穆斯林的責任。[146]4 年前在某書局，協助友人售賣伊斯蘭教書籍，以賺取每日 5 至 10 令吉的生活費。

---

140 〈身份特殊謀生不易皈依回教華婦要還俗〉。
141 〈身份特殊謀生不易皈依回教華婦要還俗〉。
142 〈身份特殊謀生不易皈依回教華婦要還俗〉。
143 〈身份特殊謀生不易皈依回教華婦要還俗〉。
144 〈身份特殊謀生不易皈依回教華婦要還俗〉。
145 〈身份特殊謀生不易皈依回教華婦要還俗〉。
146 〈華裔老翁冀脫離回教〉。

李貴樹表示，當時友人告訴他，他必須皈依伊斯蘭教，才得以售賣有關伊斯蘭教經文的書籍及用品，於是在友人的勸說下，改變原有的宗教信仰，並相信可因此申請一些生活福利。他說：[147]

> 宗教局宗教師教他一些簡單的祈禱儀式後，就稱他為穆斯林，而每次到回教堂祈禱可獲得一些津貼，但他到回教堂祈禱也僅有 4 次而已。

他也曾考慮申請福利津貼，但必須與家人分開，因此，便不了了之。[148]他還坦誠說：「成為穆斯林後，仍和女兒居住在一起，膜拜神明及吃豬肉等，過著非穆斯林的生活等。」[149]

基於個人的生活習慣，他擔心往後會為家人帶來不必要的麻煩，因此堅決要「脫教」，並曾尋問州宗教局官員有關此事，但官員指出，「脫教」必須獲得州宗教局一些擁有「哈吉」（Haji）地位的伊斯蘭教領袖決定，才可「退教」（脫教）。[150]在無可奈何下，李貴樹求助於馬六甲行動黨聯委會主席沈同欽，希望早日離開伊斯蘭教還其自由之身。[151]

雖然馬來西亞每一個州訂立「脫教」法令的版本不盡相同，相同的是回教法只實施在穆斯林身上，實施這項法令的基礎在於不剝削其他非穆斯林的權益。每一個州屬都有屬於本身的州法令和回教法庭管制伊斯蘭教事務，所有的穆斯林都必須

---

147 〈華裔老翁冀脫離回教〉。
148 〈華裔老翁冀脫離回教〉，《東方日報》，2005 年 8 月 15 日。
149 〈華裔老翁冀脫離回教〉。
150 〈華裔老翁冀脫離回教〉。
151 〈華裔老翁冀脫離回教〉。

受到各州回教法的約束。[152]

雪蘭莪州大臣丹斯里卡立強調，基於民情和局勢與森美蘭州不同，雪州將不會考慮與其他州統一實施回教法。丹斯里卡立認同《憲法》闡明伊斯蘭教是大馬的國教，但也贊同人人有權信仰任何宗教，包括那些欲脫離伊斯蘭教者是可以遵循所規定的程序，提出脫離之申請。[153]不過森美蘭州並不相同。

根據森美蘭州回教理事會官員指出，森州回教法令與其他蘇丹管制的州屬一樣，穆斯林欲申請脫教，一律被視為「叛教」（Murtad）行為。他說：[154]

> 一旦接獲回教徒脫教的申請，森州回教法律局（Mufti）會向申請者進行勸導，若申請者執意脫教，該局就回交由森回教高庭作出裁決。這名不願透露姓名的官員指出：「很久以前，森州確有回教徒成功申請脫教的紀錄。不過，隨著州政府在多年前修正回教法律之後，已經沒有回教徒成功脫教。」

除了森美蘭州，其他州屬尚未允許穆斯林公開脫教。[155]雖然在霹靂、馬六甲、沙巴、登嘉樓和彭亨這5個州，脫教被視為刑事罪，並且可能被判罰款或有期徒刑。彭亨州甚至可判「叛教者」有期徒刑，另加六鞭之罪。[156]只有森美蘭州制定法律以

---

152 〈卡立：民情局勢與丹州不同　雪不實施回教法〉，《星洲日報》，2008年6月17日。

153 〈卡立：民情局勢與丹州不同　雪不實施回教法〉。

154 〈森理事會：申請脫教視為叛教〉，《星洲日報》，2008年5月9日。

155 周澤南，〈民事法庭拒理　5州視刑事罪　穆斯林脫教太沉重〉，《東方日報》，2007年3月6日。

156 周澤南，〈民事法庭拒理　5州視刑事罪　穆斯林脫教太沉重〉。

嚴禁穆斯林脫教。然而，儘管有人建議統治者對脫離伊斯蘭教者予以極刑，他們的建議是：[157]

> **任何人在皈依伊斯蘭教後，不得隨意脫離，而脫離者，必須面對唯一的判決，即「死刑」。**

可是，《古蘭經》中並沒有明文規定，對叛教者（選擇放棄伊斯蘭教教信仰者）應採取什麼樣的處罰方式；雖然他可能會因此遭天譴，或也可能會偏離正道。可是大馬宗教司協會卻認為那是一種「偽論」，他們和伊斯蘭教世界中的其他宗教一樣，認為叛教者應該被處死。[158]

不只是《古蘭經》對處死叛教者保持緘默，儘管這個問題在《古蘭經》中出現過不下 20 次，即使在教規中也找不到這種處分的說法。[159]倡導「叛教死刑論」者引用的《聖訓》（Hadith）被駁斥為異端聖訓，無法正面傳達教義。而且先知穆罕默德本身和他的同伴從來沒有強迫任何人信奉伊斯蘭教，也從沒有因為放棄信仰而處死任何人。[160]唯有伊斯蘭教早期歷史顯示，只有那些離棄信仰，並組織和參與叛教、叛國運動者才被處死。[161]顯然，馬來西亞對於叛教者處以極刑的州屬，自有一套並非源自《古蘭經》的嚴格律法。

---

157 〈馬夫茲建議統治者 制定脫離回教刑罰〉，《星洲日報》，2006 年 1 月 25 日。

158 詹德拉撰、林青青譯，〈宗教司、霸權和改革〉，《星洲日報》，2002 年 3 月 2 日。

159 詹德拉撰、林青青譯，〈宗教司、霸權和改革〉。

160 詹德拉撰、林青青譯，〈宗教司、霸權和改革〉。

161 詹德拉撰、林青青譯，〈宗教司、霸權和改革〉。

三、少數脫教成功的案例

脫離伊斯蘭教確是如此的困難，但並不表示沒有脫教成功的案例。2005 年的統計顯示，森美蘭州擁有最多的脫教申請，該州法庭共接受了 840 宗案件，並有 62 宗成功脫教。[162]其他州屬也有脫教成功的例子，如檳城、彭亨，茲將其說明如下：

（一）個案一：檳州的女穆斯林脫教

不會講馬來語的 39 歲的申請人華人婦女陳燕芳（化名），改信伊斯蘭教後，取名為茜蒂法蒂瑪陳（Siti Fatimah Tan）。她在 2006 年 5 月以她不曾奉行伊斯蘭教教義，向檳州回教法庭尋求脫離伊斯蘭教。[163]檳州回教高庭亦於 2008 年 5 月 8 日准許她脫離伊斯蘭教的申請；這不只是大馬第一件仍在世者申請脫離伊斯蘭教的成功案例，也是 2007 年聯邦法院賦予回教法庭司法權審理和鑑定個人的穆斯林身分後，所作出的判決。[164]

申請人陳燕芳聲稱，她在生活中並沒有奉行教義，而是過著一名佛教徒的生活，包括到大伯公廟及觀音廟膜拜神祇，同

162 周澤南，〈民事法庭拒理　5 州視刑事罪　穆斯林脫教太沉重〉。根據 2008 年 6 月 17 日的《星洲日報》刊載：「一名不願透露姓名的官員指出：『很久以前，森州確有回教徒成功申請脫教的紀錄。不過，隨著州政府在多年前修正回教法律之後，已經沒有回教徒成功脫教』。」故這裡指的 62 件脫教成功，筆者判斷應是 2005 年之前歷年來的總數，之後因回教法律修改，就再也沒有脫教成功的案例。

163 〈檳回教庭允華婦脫教〉，《星洲日報》，2008 年 5 月 9 日。

164 〈檳回教庭允華婦脫教〉。

時也不明白伊斯蘭教的教義。[165]她當初選擇信奉伊斯蘭教，只是為了想方便與伊朗籍男子成婚而已。

陳燕芳的弟弟在提供證詞時也指出，他的姊姊平常過的是佛教徒的生活方式，也不曾見過身為穆斯林的姊夫進行伊斯蘭教的祈禱，婚後申請人的丈夫還跟隨她到廟裡膜拜及食用豬肉。[166]這一再顯示申請人根本不了解伊斯蘭教教義。

檳州立法議會是在 2004 年通過，2006 年生效的「2004 年檳城回教行政法」，賦予回教法庭審理申請脫教的案件司法權。只要申請人能證明完全沒履行伊斯蘭教教義，就可申請脫離伊斯蘭教。茜蒂法蒂瑪陳是法令在 2006 年生效後首位申請脫教者，引起社會高度關注。[167]

她向檳州回教法庭提出三項要求：1.宣判她為非回教徒（穆斯林）；2.取消她的信奉回教卡；3.將她大馬卡上的宗教信仰改為佛教。[168]

根據「2004 年檳城回教行政法」判決的結果是：[169]

> 申請人不再是一名穆斯林，及通知檳州回教宗教理事回取消她的信奉回教卡，但卻拒絕她申請把大馬卡上的宗教信仰改為佛教，因為這不屬於法庭的權限，申請人須與國民登記局接洽處理此事。

陳燕芳的律師阿末再拉尼指出，陳燕芳在取得回教法庭的判決書後，她必須到國民登記局領取新的表格，重新填寫她是

---

165 〈檳回教庭允華婦脫教〉。
166 〈檳回教庭允華婦脫教〉。
167 〈「忽略新回教徒」法官抨回理事失職〉，《星洲日報》，2008 年 5 月 9 日。
168 〈「忽略新回教徒」法官抨回理事失職〉。
169 〈檳回教庭允華婦脫教〉。

「佛教徒」，以把身分證上的宗教信仰改為佛教。[170]事實上，從陳女膜拜大伯公的宗教行為看來，她也不是一位真正的「佛教徒」。

掌管宗教事務的首相署部長拿督阿末扎希 2008 年 5 月 9 日指出，目前只有森美蘭州有制定法律，不允許已皈依伊斯蘭教者脫教，且視尋求脫教者為「叛教者」，這也是唯一不允許皈依伊斯蘭教者脫教的州屬，聯邦法律和其他州屬的法律，都不阻止改信伊斯蘭教後脫教。[171]

檳州伊斯蘭教理事代表律師阿末慕納威指出，雖然回教法庭已宣判陳燕芳脫離伊斯蘭教，但並不意味著她在伊斯蘭教家庭法令下的婚姻地位也已獲得解除。[172]他表示：「即使陳燕芳已不再是穆斯林，但是她的婚姻地位並不會因此被解除」。事實上，她應先解決婚姻地位的問題，再來脫教。[173]阿末慕納威已向檳州回教法庭提出上訴申請。[174]

回教上訴庭基於陳燕芳當初皈依伊斯蘭教，純粹是為了與伊朗籍男子結婚，並未虔誠讀伊斯蘭教經文及信奉真主，加上多年來從未實踐伊斯蘭教教義，為此，陳燕芳的「回教徒」身份是不成立的。於是在 2009 年 3 月 16 日駁回檳州回教理事會的上訴，宣布維持檳城回教高庭的原來判決，允許華人婦女陳

---

170 〈陳燕芳代表律師：讓非回教徒恢復身分〉，《星洲日報》，2008 年 5 月 9 日。

171 〈朝野正面看待脫教判決　回教黨持不同看法〉，《星洲日報》，2008 年 5 月 9 日。

172 〈回理會：陳燕芳婚姻地位仍存在〉，《星洲日報》，2008 年 5 月 9 日。

173 〈回理會：陳燕芳婚姻地位仍存在〉。

174 〈檳回教庭允華婦脫教〉，《星洲日報》，2008 年 5 月 9 日。

燕芳脫離伊斯蘭教！[175]

（二）個案二：彭亨州關丹（Kuantan）的男穆斯林脫教

彭亨關丹（Kuantan）的杰菲里或阿都拉或歐文華（36 歲，譯音）為一名承包商。他所提出的理由是他 14 年前皈依伊斯蘭教後，卻沒有履行教義。[176]因而向關丹回教高庭申請脫離伊斯蘭教。

法官拿督 A 拉曼尤努斯下判時說，4 名證人在供證時清楚地指出杰菲里不是一名穆斯林，因為自從皈依後，他根本沒有履行身為穆斯林應盡的職責。[177]

杰菲里在申請書中說，當時他為了要娶穆斯林妻子，才會在 1994 年 1 月 20 日皈依伊斯蘭教，並在 1996 年 11 月 16 日與該女子結婚。[178]婚後他從未出席任何伊斯蘭教教義課題的活動，也不了解伊斯蘭教教義。[179]2001 年 11 月 27 日與該穆斯林女子離婚後，申請脫離伊斯蘭教。

4 名證人的供詞足以證明，杰菲里過去 14 年來，常到神廟膜拜、在家燒香拜神，以及食用非清真食品，不曾奉行穆斯林的生活習俗，並且申請者也曾告訴證人，他並不相信伊斯蘭教，[180]皈依伊斯蘭教的目的只是為了結婚。於是，關丹回教高庭宣

---

175 〈回教上訴庭宣布維持原則　准陳燕芳脫離回教〉，《光華日報》，2009 年 3 月 16 日；http://news.sina.com（2009 年 3 月 19 日瀏覽）。

176 〈回教高庭宣判　華裔男子脫離回教〉，《南洋商報》，2008 年 8 月 19 日。

177 〈回教高庭宣判　華裔男子脫離回教〉。

178 〈回教高庭宣判　華裔男子脫離回教〉。

179 〈回教高庭宣判　華裔男子脫離回教〉。

180 〈以不屑奉行習俗為由　華裔回教徒成功脫教〉，《光明日報》，2008 年 8 月 20 日。

判允許杰菲里脫離伊斯蘭教。身分證上的'Islam'字眼也得以刪除。[181]

以上兩個脫教成功的案例，他們有一個共同點，那就是他們的證人都能提出有力的證明，證實他們皈依後不曾奉行穆斯林的生活習俗。由此顯示，若有證人可以證明申請脫教者沒有履行伊斯蘭教教義，就可以成功的脫教。

至於脫教申請有一定的程序。一般而言，脫教申請程序是，想要脫教的穆斯林先向回教法庭申請，宣布他或她已經不是穆斯林。接著該申請者將在一年時間內接受一名穆夫提（Mufti，州宗教師）的輔導。如果申請者接受輔導後，依然要脫教，回教法庭將允許其申請。[182]一年時間可作為申請者的緩衝或思考，更重要的是，穆斯林想要脫教仍必須回教法庭點頭，否則不能隨意脫教。

四、朝野對脫教判決的看法

有關檳州回教法庭允許華婦脫教，朝野正面看待脫教判決，惟回教黨對這項判決持負面的看法。[183]朝野正面看法，他們一致認為，檳州回教法庭的這項判決，開了一個先例，也符合《聯邦憲法》賦予人民宗教信仰自由的原則。[184]

行動黨秘書長兼檳州主席部長林冠英表示，如果非穆斯林

181 〈以不屑奉行習俗為由　華裔回教徒成功脫教〉。
182 周澤南，〈民事法庭拒理　5 州視刑事罪　穆斯林脫教太沉重〉，《東方日報》，2007 年 3 月 6 日。
183 〈朝野正面看待脫教判決　回教黨持不同看法〉。
184 〈朝野正面看待脫教判決　回教黨持不同看法〉。

要上法庭申訴，理應是到民事法庭。他認為，無論是穆斯林或非穆斯林，均應得到公平對待。因為這個涉及到宗教自由的問題。而法庭的宣判，對他們而言，所關心的是非穆斯林的權益是否受到尊重。[185]

馬華副總會長拿督翁詩傑表示，這項判決釐清人們對脫教的爭議，尤其是女性與穆斯林離婚後，是否可以脫教，以恢復信奉本身的宗教。[186]他認為，一些人在離婚後，不再履行伊斯蘭教的教義，在此情況下，最好的方法就是讓他們信回原來的宗教，以免他們做出一些損害伊斯蘭教的事情來。這也是馬華長久以來的立場。[187]

回教黨納沙魯丁則擔心這項判決帶來深遠的影響，讓人以為伊斯蘭教是可以自由進出的，進而破壞伊斯蘭教的形像。他強調：「在回教法律之下，脫教是不被允許的。」他認為，在這件事情上，足以說明回教法的執行並不符合伊斯蘭教教義。[188]

馬來西亞佛教總會總務禪亮法師說：「回教高庭這項判決展現了大馬對宗教信仰自由的開明作風。」[189]他說：「這項判決的更深層意義，是真正體現大馬是多元信仰的國家。」又說：「回教是大馬的國教，而從回教法律來判決上述申請，是受到宗教界的歡迎，為宗教信仰塑造一個良好的氣氛，具有歷史性

185 〈朝野正面看待脫教判決　回教黨持不同看法〉。
186 〈朝野正面看待脫教判決　回教黨持不同看法〉。
187 〈朝野正面看待脫教判決　回教黨持不同看法〉，《星洲日報》，2008 年 5 月 9 日。
188 〈朝野正面看待脫教判決　回教黨持不同看法〉。
189 〈朝野正面看待脫教判決　回教黨持不同看法〉。

的意義。」[190]

掌管宗教事務的首相署部長拿督阿末扎希 2008 年 5 月 9 日指出，目前只有森美蘭州有制定法律，不允許已改信伊斯蘭教者脫教，且視尋求脫教者為「叛教者」，這也是唯一不允許改信伊斯蘭教者脫教的州屬，聯邦法律和其他州屬的法律，都不阻止改信伊斯蘭教後脫教。[191]歐文華和陳燕芳是馬來西亞首宗成功脫離伊斯蘭教的案件。

五、孩童監護權與撫養權的爭論

吉隆坡最高法院今日裁決，伊斯蘭教孩童的監護權問題，只有回教法庭有司法權作出決定，民事法庭則沒有司法權。[192]這是馬來西亞境內第一宗涉及未成年孩子皈依伊斯蘭教的父親或母親改信伊斯蘭教後，沒有改信奉伊斯蘭教的一方爭取孩子的撫養權，並爭論皈依孩子無效的案件。[193]根據目前法律，唯一公開給予妻子的方式是尋求聯邦直轄區回教理事會的協助。[194]

1961 年，未成年孩子監護人第 5 條文，妻子有同等權利決定孩子的宗教信仰。[195]父親和母親同時擁有孩子的監護權，該案中父親的做法，侵犯了母親擁有監護人的權利。妻子所持理

190 〈朝野正面看待脫教判決　回教黨持不同看法〉。

191 〈朝野正面看待脫教判決　回教黨持不同看法〉。

192 〈回教孩童監護權問題　僅回教法庭有司法權〉，《星洲日報》，1993 年 4 月 9 日。

193 〈婦女求判孩子皈依回教無效　民事高庭無權審理〉，《星洲日報》，2004 年 4 月 14 日。

194 〈婦女求判孩子皈依回教無效　民事高庭無權審理〉。

195 〈婦女求判孩子皈依回教無效　民事高庭無權審理〉。

由是有關孩子的皈依是在她不知情下進行，以及她身為孩子的母親，在《聯邦憲法》第 12（4）條文下，她有權決定孩子的宗教信仰。費沙淡米仄法官判詞中說：[196]

> **1993 年回教行政法律（聯邦直轄區）第 95（b）是清楚的，只要單親父母的同意即足以使孩童的皈依有效化，任何其它的詮釋將帶來不公平。他說：由於此案丈夫目前是一名回教徒，是一名剛入回教的人。因此，1961 年未成年孩子不適合用在此名丈夫身上。**

法官也說，此案妻子也從來沒有質疑丈夫皈依伊斯蘭教，因此，在《聯邦憲法》第 12（4）條文與 1993 年回教行政法律（聯邦直轄區）第 95（b）條文下，身為孩子親生父親的穆斯林丈夫，有權將兩名孩子改信奉伊斯蘭教。[197]臨時皈依的「回教卡」證書也已經發出。

他說，1993 年回教行政法律（聯邦直轄區）第 92 條文決定一人是否為一名穆斯林，但是，此案的妻子並非穆斯林，她不可以採用此條文，而回教法庭也沒有權限聆聽她的申請。[198]丈夫帶著兩名稚齡孩子皈依伊斯蘭教，一名非穆斯林母親要求民事法庭宣判丈夫無此權力，但高庭 4 月 13 日裁決，民事法庭無司法權審理這名母親的要求。[199]由於孩子是穆斯林，民事法庭沒有審判權。這使得一直相信法律能夠為她討回公道的希望破

196 〈婦女求判孩子皈依回教無效　民事高庭無權審理〉，《星洲日報》，2004 年 4 月 14 日。
197 〈婦女求判孩子皈依回教無效　民事高庭無權審理〉。
198 〈婦女求判孩子皈依回教無效　民事高庭無權審理〉。
199 〈婦女求判孩子皈依回教無效　民事高庭無權審理〉。

滅。[200]

馬來西亞回教法和民事法在處理婚姻方面都各自不同。那麼，當一個非穆斯林皈依伊斯蘭教後，他的婚姻狀況該如何歸屬？[201]這是一個複雜的問題。婦女覺醒運動組織（All Women's Action Movement）曾為上述議題舉行了一項記者招待會，其中談論了一些丈夫改信伊斯蘭教後，因應而生的孩子撫養權和監護權的問題。[202]他們認為，這不是一個單獨的個案，還有很多類似個案，但是都沒有管道。尤其是一些低收入的女性。她們失去了孩子，在民事法裡，她們還是結婚，但是沒有丈夫，因為丈夫是穆斯林。而且，她們無法去回教法庭尋求公正，也不能去民事法庭，這很不公平。婚姻在民事法開始，也應該在那裡結束。我們不應該允許這兩種不同的司法制度被濫用。[203]伊斯蘭教的目標是公正，可是卻沒有給非穆斯林的妻子同樣的權利，這與伊斯蘭的目標背道而馳。

小　結

早期華人渡海南下，海上艱險不可測，為了航行能夠平安順利，總要祈求航海神媽祖或是祖先的庇佑。俟平安抵達目的地後，華人為了感謝媽祖與祖先的保佑，便供奉祭祀祂們。因此，在馬來西亞各地媽祖廟（天后宮）的香火均非常鼎盛。

---

200 〈2 司法制度遭利用逃避責任〉，《東方日報》，2004 年 6 月 1 日。
201 〈2 司法制度遭利用逃避責任〉，《東方日報》。
202 〈2 司法制度遭利用逃避責任〉，《東方日報》。
203 〈2 司法制度遭利用逃避責任〉，《東方日報》。

除了祖先崇拜與媽祖崇拜外，土地公、關帝爺、九皇爺，乃至觀音菩薩也都是華人虔誠信仰的神祇，有的還是移民者從原鄉請來奉祀的。華人在異地經歷千辛萬苦，但為什麼還要移民，其原因來自地理、經濟、社會、政治等多方面的因素。

華人移民馬來半島之初，大都隻身前往工作，有些賺了錢後即歸故里，有些仍留在當地，與當地女子結婚，繁衍後代。華人與馬來女子通婚者，而改變自己的宗教信仰者不乏其人。

1960 年代，結婚是華人皈依伊斯蘭的一個重要因素，僅次於結婚的是因經濟的因素，以及受到同儕的影響而皈依。比較值得注意的是在 1970 年代實行「新經濟政策」之後，因經濟因素而皈依的華人穆斯林，即逐漸減少。

到了 1980 年代，由於社會環境的改變，皈依者已不如過去可以享有多項的福利。不過，結婚仍是當今馬來西亞華人皈依伊斯蘭最主要的原因，其次才是因自己喜歡、研讀、朋友的影響，因經濟利益的影響而入教，不到一成。其他如受到同儕、真主感召、親戚等影響而入教者雖有但仍然不多。

根據伊斯蘭教教規，任何人一旦皈依伊斯蘭教就不能脫教。也儘管聯邦憲法第 11 條文保障人們信仰自由。事實上，穆斯林若要申請脫離伊斯蘭教，大多不獲批准，不論是聯邦法院或其他州屬回教法庭。況且在馬來西亞民事法庭沒有司法權裁決任何人是否脫離回教或叛教。鑑定一個人是否脫離伊斯蘭教是回教法庭的權限。目前只有森美蘭州有制定法律，不允許已改信伊斯蘭教者脫教，且視尋求脫教者為「叛教者」，這也是唯一嚴禁穆斯林脫教的州屬。縱然脫教如此困難，但是脫教者有證人足以證實皈依者從未履行伊斯蘭教教義，以及回教法庭法官的點頭，才可以成功的脫教，否則還是不能隨意的脫教。

至於父母離婚或脫教所帶來的孩童的監護權問題，也只有回教法庭有司法權作出裁定，民事法庭並沒有司法權。由於回教法庭與民事法庭審理權限不同，這也使得身為穆斯林的一方，他的案子只有回教法庭可以審理，民事法庭不能審理；而非穆斯林的一方，只有民事法庭才能審理，回教法庭不予審理。以伊斯蘭教為國教的馬來西亞，常令非穆斯林的一方申訴無門。

第三章　皈依後的文化變遷

英國人類學家泰勒（E. B. Tylor）把文化定義為：「以廣泛之民族誌意義而言，……文化或文明乃一複雜之整體，包括知識、信仰、藝術、道德、法律、風俗、及作為社會成員之個人而獲得的任何能為與習慣。」[1]但也有學者強調文化乃是一個具有特色的生活方式，如 Otto Klineberg 就把文化界定為：「由社會環境所決定的『生活方式』之整體。」[2]按此，文化不僅是生活方式，還包含信仰、道德、風俗等層面，而文化變遷自然亦是生活方式及信仰的改變。

這種生活方式及信仰的改變，乃是由於民族內部的發展，或由於不同民族之間的接觸，而引起一個民族文化改變的結果。[3]甚至可以因新的發明或發現而產生，可以因革命或改革而產生。也可以因異文化的刺激或挑戰而產生。[4]馬來西亞因各民族間接觸頻繁，勢必在文化上產生巨大的影響，這些影響有些部份是來自於宗教信仰的改變，致使皈依伊斯蘭教的華人在文

1 Edward B. Tylor, *Primitive Culture: Researches Into the Development of Mythology, Philosophy, Religion, Language, Art, and Custom,* London: John Murray, 1891, p.1.The first edition appeared in 1871.
2 Otto Klineberg, *Race Differences,* New York: Haper, 1935, p.255.
3 黃淑娉，《人類學民族學文集》（北京：民族出版社，2003 年），頁 321。
4 李亦園，《文化人類學選讀》（台北：食貨出版社，民 66），頁 336-339。

化上的改變。

事實上，無論在世界上任何地方，對任何人而言，當接受新的宗教時，都可預期同時在接受不同生活習慣時所面對的困難，以及對原信仰和行為造成的衝擊。在大馬社會，基於政治歷史背景、多元族群、文化、宗教信仰和語言特質，特別是皈依伊斯蘭教的華人穆斯林面對的問題更具嚴重性，他們面對的問題不僅是宗教信仰上的轉變，甚至是身份上的改變或整體的改變，包括飲食上的禁忌、服裝上的穿著、屋內的裝飾、婚喪儀式、改變名字等等，完全遵循伊斯蘭教教規，甚至盡力使自己更像馬來人，可是他們的身份歸屬仍是華人。

在馬來西亞，伊斯蘭文化等同於馬來文化，華人一旦皈依伊斯教後，他的法定地位有重大的改變，同時個人的行為將受到各種「能」與「不能」的約束。但是，對於剛皈依伊斯蘭教的華人來說，要接受伊斯蘭教嚴格的約束，是件非常困難的事。

本章以 101 位皈依伊斯蘭教的華人穆斯林，進行深度訪談與參與觀察所獲得的資料加以整理、歸納與分析，並輔以報章及學術論著等作為撰寫的參考資料。針對他們是否因為信仰伊斯蘭教而完全摒棄原有的宗教信仰？有沒有完全脫離華人的生活方式？他們維繫和揚棄了哪些華人的傳統文化？以及華人皈依了伊斯蘭教就必須馬來化嗎？ 作者嘗試透過華人穆斯林的物質生活、精神生活、公共儀式等生活方式的改變、名字的改變，以及中華傳統文化的維繫與揚棄等三個層面，來探討馬華穆斯林文化改變後所產生的多元現象。

第一節　生活方式的轉變

華人一旦皈依伊斯蘭教後，首先要捨棄過去的宗教信仰及改變生活習慣，遵循伊斯蘭教的生活方式。本書試圖透過穆斯林的食、衣、住等物質生活；行為和態度的改變、教育、娛樂等精神生活；婚喪習俗、節慶等公共儀式等三方面，探討馬來西亞皈依伊斯蘭教的華人穆斯林，他們在生活方式上轉變的情形。

一、物質生活

對一位非穆斯林而言，當他們皈依伊斯蘭教後，影響層面即相當廣泛。在馬來人的觀念裡，伊斯蘭教和馬來人的習俗是一體的，即馬來人的生活就是伊斯蘭的生活，而伊斯蘭的生活亦是馬來人的生活。那麼，華人一旦皈依了伊斯蘭教，是否完全拋棄過去的生活方式？馬來文化與伊斯蘭文化是否相等同？這個部份將從食、衣、住等三方面來加以探討。

（一）飲食方面

由於馬來西亞是個多元民族的國家，飲食亦極具多元化。不僅每一個民族的飲食具有獨特的傳統口味，而且也為各族所接受。由此可見，食物在該國已經沒有民族之分。而華人穆斯林的飲食則是遵循伊斯蘭的方式，如《古蘭經》明文規定穆斯林禁食豬肉及飲酒，大多數遵守教規嚴禁吃不合法（Haram

حرم）[5]的食物，僅有極少數皈依的華人穆斯林仍吃豬肉。至於抽菸的行為，在伊斯蘭教的教義裡並沒有明確的規定，只因為吸煙是一種不好的習慣，且對身體有害，而遭到穆斯林所厭惡。又伊斯蘭教視抽菸等於痲醉品亦有如酒一樣的禁止，所以對於鴉片嗎啡也不吸。但仍有少數皈依的華人穆斯林偶爾抽香菸。不過，這些作為似乎不會影響他們是穆斯林的身份。

1.馬來族、華族、印族傳統食品

雖然馬來西亞具有多元民族、多元文化的特色，但各民族仍有他們獨特的食品。馬來人喜愛吃 lemang（竹筒飯）、rendang daging（馬氏燴牛肉）、kari sambal（佐料）、sayur sayur ulam（各種生吃蔬菜）、nasi lemak（椰漿飯）等食物，並喜歡加很多的辣椒醬一起吃，而辣椒醬也是他們最喜歡吃的一種食物。Lemang（竹筒飯），不只馬來人喜歡吃，華人也喜歡吃，主要材料有糯米、牛肉或雞肉，全依個人口味而定，其烹調方式是用煮的，到現在仍然是馬來人過節的必須食品，就如同華人吃的年糕，到現在仍是華人過年的必備食品。而 nasi lemak（椰漿飯）目前成為全民喜歡吃的食物。

馬來人在食物上有若干禁忌，除禁食兩棲動物、螃蟹（花蟹可吃，因它不上岸）外，又因信仰伊斯蘭教而禁食豬肉。

印度食物如 tose（tosé），是一種用麵粉加水和在一起，待發酵後，再去煎的餅，現在經過改良後，已有多種的口味，除了原味外，還有加蛋或攙入其他東西，再配以黃豆咖哩汁特製佐料進食，所有印度人家庭都會做這樣的食品。naan（饢），

5 Haram（حرم），指非清真食品。

是一種烤的薄餅，沾上薄荷磨成的醬或印度特製辣醬進食。roti canai（薄餅或煎餅），製作過程先把麵粉甩後再煎，沾上醬料即可進食，以及特殊飲料 teh tarik（拉茶）等。不僅印度人喜歡，馬來人、華人也都很喜歡。

華人食品如米粉、麵、油豆腐（yong tau foo），本來是華人的食品，現在成為每一個民族都接受的食物。近年來，馬來人也開始賣起這些食物來，但不及華人做的好吃。otak-otak（烏達 烏達）是一種用香焦葉或椰子葉包魚肉等烤成的食品，這個食物最先由柔佛麻坡的華人做的，現在馬來人、印度人也很喜歡吃。不論是華人、馬來人，還是印度人的食品，各族人士都喜歡吃，在馬來西亞，食物已沒有民族的界線。

至於華人皈依伊斯蘭教後，其飲食完全依照伊斯蘭教規。最大的改變是從吃不合法的食物變成吃合法（Halal حلال）食物。住馬來地區的華人穆斯林吃煎肉、生菜、咖哩，並在食物加上大量的辣椒。[6]可是在吉膽島上的華人穆斯林往往吃海產淋上少許醬油或用醬油蒸魚，這些被認為是典型的華人吃法。此外，他們也吃咖哩魚，並加上辣椒。華人穆斯林吃各種食物，包括西方、馬來、印度及華人的食物。

華人穆斯林的飲食方式，在家裡也學馬來人，用右手抓飯吃，不用左手（擦屁股用），飯前把手置入裝有水的容器洗乾淨，有時候也用湯匙和叉子拿食物，有時也會使用筷子進食。[7]

馬來人、印度人的飲食方式，習慣席地而坐，在家用右手

6 Osman Chuah, *Chinese Muslims in Malaysia,* Kuala Lumpur: International Islamic University Malaysia, 2001, p.178.
7 Dato' Paduka Noor Aini Abdullah-Amir, *Malaysian Customs & Etiquette,* Malaysia: Times Editions, 2005, pp.22-28.

抓飯。可是他們在餐廳或餐館用餐便用筷子或刀叉。據 OC 先生口述：「我的鄰居有一位華人道士在娶媳婦那天，邀請鄰居到他家做客，宴客場所備有桌子、木椅，可以讓客人坐著吃東西，但沒有準備筷子。前往參加的客人均用手抓飯，因為這個社區大多數是馬來人，……。」[8]這位道士並不是穆斯林，但請的客人以馬來人居多，採馬來人的飲食方式宴客。馬來人視左手為不潔，不能用左手拿東西給別人，當然抓飯更是不能用左手。

然而，吃豬肉是一個敏感的問題，對皈依的華人穆斯林而言，剛開始禁食豬肉是一大考驗。

2.禁食豬肉

一般人講到伊斯蘭教（或回教），第一個反應就是「他們不吃豬肉」及「多妻」。伊斯蘭教教規嚴禁教徒吃豬肉，《古蘭經》第二章第 173 節明確規定：「真主只禁止你們吃自死物、血液、豬肉、以及誦非真主之名而宰的動物；……。」[9]又第六章第 145 節亦提到豬肉是不潔的。[10]1960 年代影響華人皈依伊斯蘭教最甚者要算是馬天英了，他在其著作《為什麼穆斯林不吃豬肉》一書中指出：「伊斯蘭禁止吃豬肉的理由是為了講求衛生與衛性所採取的步驟。」穆斯林講求衛生，它所採取的步驟就是清潔。[11]被視為不潔的食物，是不可以吃的。

《為什麼穆斯林不吃豬肉》這本書的內容乃是馬天英從

---

8 鄭月裡主訪，吉隆坡 OC 先生口述（來自怡保），2005 年 1 月 17 日。.

9 中國回教協會，《古蘭經中文譯解》第二章第 173 節（臺北：中國回教協會，回曆 1418 年 5 月（民 86 年 9 月），頁 17。

10 中國回教協會，《古蘭經中文譯解》，第二章第 173 節，頁 93。

11 馬天英，《為什麼不吃豬肉》（吉隆坡：全馬伊斯蘭福利機構，出版時間不詳），頁 1。

中、西醫的觀點，分別清楚說明「為什麼穆斯林不吃豬肉？」的真正原因。在中醫部分，他引用了李時珍著的《本草綱目》說：「北豬味薄，煮之，汁清；南豬味厚，煮之，汁濃，毒由甚。」[12]以及繆希雍在《神農本草經疏》中亦提到：「豬，水畜也。在辰屬亥，在卦數坎。其肉氣味雖寒，然而多食令人暴肥，性能作濕生痰，易惹風熱，殊無利益耳。」[13]又說：「肉多食，令人虛肥生痰熱，熱病後食之復發，不宜與薑同食，食則發大風病。……。」[14]在西醫方面，許多醫學家認為豬有許多的寄生蟲，人吃了有寄生蟲的豬肉，甚至接觸到有皮膚病的豬，人一定會生病的。[15]所以，穆斯林禁食豬肉，是有根據的。

大多數皈依伊斯蘭教的華人，一時不容易改變他們的飲食習慣。但對於長期素食的人來說，比較容易克服。SD 女士就是其中的一位，[16]她尚未皈依伊斯蘭教前，是一位虔誠的佛教徒，由於一向跟隨家人吃素。因此，改信伊斯蘭教後，在飲食上對她而言並沒有造成困擾，很快就能適應伊斯蘭的生活。直至目前，SD 女士仍然吃素。

但是也有若干華人在皈依伊斯蘭教後，仍吃豬肉，必須歷經幾個月甚至幾年後，才能戒掉。作者在吉隆坡工作的一位朋友 JN 小姐，其姑姑因嫁給馬來人而皈依伊斯蘭教，頭兩年內

---

12 李時珍〈本草綱目〉，卷五十上，《景印文淵閣四庫全書》第 744 冊（臺北：臺灣商務印書館，1985（民 74）年），頁 408。

13 【明】繆希雍，《神農本草經疏》卷十八（臺北：臺灣商務印書館，1973（民 62）年），頁 1。

14 【明】繆希雍，《神農本草經疏》，卷十八，頁 6。

15 Haji Ibrahim, T. Y. Ma, *The Reason Why Muslims Abstain From Pork,* Kuala Lumpur: Muslim Welfare Organization Malaysia（PERKIM）, 1992, pp.7-14。

16 鄭月裡主訪，吉隆坡 SD 女士口述，2005 年 1 月 25 日。

回娘家時會躲起來偷偷地吃豬肉，之後就不吃了。[17]隸屬雪蘭莪州的吉膽島（Pulau Ketam），有位 IA 先生，他於 1984 年皈依伊斯蘭教，直到 1991 年才不吃豬肉。[18]

不過，也有極少數的華人穆斯林至今仍無法戒掉吃豬肉的習慣，如此行為是否會喪失他的穆斯林身份與地位？其實不然。一位年近 80 的 AC 老先生，自 1986 年皈依以來，仍吃豬肉及不合法的食物、抽煙，但不喝酒，就如同其他任何一個華人非穆斯林一樣。當我告訴他：「穆斯林是不可以吃豬肉的。」他回答：「我不能吃牛肉啊！」[19]類似的情況也發生在潮州港，HC 夫婦表示，只有在過中國農曆年時，會吃豬肉，因為捕魚，平時都吃魚蝦，不敢吃牛肉。[20]對穆斯林而言，儘管吃豬肉是一項嚴重違反伊斯蘭教的教義，但仍難以改變其原來的生活方式。但這並不影響他們是穆斯林的身份與地位。

來自福建惠安百奇郭姓的後裔 KL 醫師[21]提供的《百奇郭氏回族宗譜》，其中有這樣一段記載：[22]

> 明英宗正統十三（1448）年，鄧七茂本江西人，自號「鏟平王」在沙縣陳山寨起事，明都禦史張楷帶兵「救閩」，救兵中有支回回軍，是故百奇回族，人人自危，於是辭去阿訇[23]，拆禮拜堂，藏《古蘭經》……，盡量隱藏回

---

17 鄭月裡主訪，吉隆坡 JN 小姐口述（來自柔佛），2004 年 7 月 21 日。
18 鄭月裡主訪，雪蘭莪州吉膽島 IA 先生口述，2005 年 7 月 20 日。
19 鄭月裡主訪，雪蘭莪州吉膽島 AC 先生口述，2005 年 7 月 20 日。
20 鄭月裡主訪，雪蘭莪州吉膽島 HC 先生口述，2005 年 7 月 20 日。
21 鄭月裡主訪，吉隆坡 KL 先生口述，2004 年 7 月 22 日。
22 《百奇郭氏回族宗譜》編委會重修，《百奇郭氏回族宗譜》中冊（出版地不詳：百奇郭氏回族宗譜重修委員會，2000 年春季），頁 28。
23 阿訇（ākhond）：波斯語的音譯，又譯做「阿洪」、「阿衡」，意為「私熟教師」。回族穆斯林對主持清真寺宗教事務人員的稱呼；何克儉、楊萬寶編著，《回族穆斯林常用語手冊》（銀川：寧夏人民出版社，2002 年），頁 2。

回特色以求保全。甚至家中開始養豬以混同漢人，由養豬進而吃豬肉，猶如跨越一道門檻那樣簡單，因為所有的回家婦，百分之百是漢家女。因而就喪失了回回的重要特徵。據傳當年的老族長，留下臨終遺囑，沉痛告誡其族中人說：「活人吃豬肉，料難挽回；但對先人的祭祀，要力求潔淨。生者已背離祖教，死者要復返清真！」

另外，《百奇郭氏回族宗譜》中還記載著：「百奇鄉 87 歲高齡郭有明自述，他 23 歲時，因遠渡南洋謀生，環境逼人，才不得已開禁。」[24]所謂開禁，即指吃豬肉。為顧及性命，隱教埋名，不得已才吃豬肉。根據《古蘭經》第二章 172 節、第五章第 3 節均明定：[25]

禁止你們吃自死物、血液、豬肉、以及誦非真主之名而宰殺的、勒死的、捶死的、跌死的、觝死的、野獸吃剩的動物，但宰後才死的，仍然可吃；禁止你們吃在石上宰殺的……。凡為飢荒所迫，而無意犯罪的，雖吃禁物，毫無罪過，……。

所以，郭氏祖先因環境所迫，吃禁物是無罪的。此外，聯邦直轄區回教理事會代表巴望仄律師在 1991 年李紹基爭屍案時指出：「李紹基生前即使沒有遵照回教教義生活，如吃豬肉及沒有行割禮等，並不影響或改變死者身為一名回教徒的地位。」[26]在回教理事會看來，李紹基生前並沒有因為違反「禁

24 《百奇郭氏回族宗譜》編委會重修，《百奇郭氏回族宗譜》中冊，頁 30。

25 *Al-Quran,* al-Baqarah, p.173; 中國回教協會，《古蘭經中文譯解》（台北：中國回教協會，1997 年 9 月），頁 17、67。

26 〈回教理事代表律師指出　即使吃豬肉沒行割禮　李紹基仍然是回教徒〉，《星洲日報》，馬來西亞，1991 年 5 月 23 日。

食豬肉」的規定，而喪失其穆斯林的身份。

不論從皈依的華人穆斯林案例、巴望仄律師對李紹基的評斷，以及《百奇郭氏回族宗譜》的記載均可看出，吃豬肉並不會喪失他們的穆斯林身份與地位。

除了禁食豬肉以外，大多數穆斯林吃合法（Halal حلال）的食物，在馬來西亞吉隆坡到處都可看到很多餐館標有حلال用阿拉伯文書寫的字樣，甚至在超市賣的餅乾、飲料、現成食品，大都印有 حلال阿文的標記。如此可使穆斯林清楚辨別，何者可食，何者不可食。但是，也有少數例外，如 AL 先生認為，不一定要吃 Halal 的食物，只要跟著宗教的規定，不吃豬肉就好。若到華人開的餐館用餐，他只會告訴店員不吃豬肉而已。[27]對於盤子是否曾被非穆斯林使用過，雞用何種方式宰殺，他完全不介意。這點與杜磊（Dru C. Gladney）在其所著的《中國穆斯林》中提到他的田野發現，一位居住北京回族的女孩子，她不使用別人用過的器皿全然不同。[28]雖然 Halal 是讓穆斯林辨識可食與不可食之用，然而 Halal 標誌也曾出現造假的事件。

發生在 2005 年 9 月間古晉一家未獲有關當局批准，公然在具有豬肉成份的罐頭包裝上貼上「HALAL حلال」的標籤，被法庭判處罰款馬幣 15,000 令吉，或以坐牢 6 個月取代的事件。[29]掌管雪蘭莪州回教、青年及親民事務的州行政議員拿督拉曼巴列於 5 月說：「新設計的許可證將印上業者向當局註冊

27 鄭月裡主訪，吉隆坡 AL 先生口述（來自馬六甲），2004 年 7 月 22 日。

28 Dru C. Gladney, *Muslim Chinese: Ethnic Nationalism in the People's Republic,* Council on East Studies, Harvard University, 1991, pp.7-8.

29 〈豬肉罐頭貼 HALAL 標籤 商人罪成罰款 1 萬 5000 令吉〉,《星洲日報》, 2005 年 9 月 16 日。

的號碼，……。」即未來的穆斯林許可證將附有註冊號碼，並且在（HALAL حلال ）下面有一個號碼，此一號碼代表不同州屬，如馬六甲是「04」（如圖 3-1）。民眾亦可以透過手機短訊服務，分辯真偽，[30]以防止再有類似的事件發生。

【圖 3-1】馬來西亞 HALAL 的標誌 H-04 代表馬六甲州。
製作：鄭月裡，2006 年 7 月 25 日 攝

在馬來西亞馬來食物等於伊斯蘭食物，換言之，這些食物是合法的。而在都市裡居住或工作的馬華穆斯林，則經常到馬來餐館吃飯，即使不在馬來餐館吃飯，也會選擇有 Halal 標記的餐館用餐。在此，值得一提的是，馬華穆斯林婦女在禁食豬肉的情形下，她們在生產做月子期間的飲食與馬來婦女相同，有時吃的是黃薑飯（adap adapan，yellow rice）配咖哩，偶爾也以中藥材燉雞滋補身體，而黃薑飯則是馬來食物，不是伊斯蘭

30 藍子雄，〈HALAL 將附註號碼〉，《南洋商報》，2005 年 5 月 4 日。

食物，但如果冠上 Halal 標記，則又是屬於伊斯蘭的合法食物。這樣一來，既是屬於馬來人的食物也是伊斯蘭教合法的食物。另外，華人穆斯林在彌月時也會訂購黃薑飯禮盒贈送親朋好友。

然而都市與漁村有明顯的差別，居住在隸屬雪蘭莪州吉膽島上的華人穆斯林，由於島上居民華人佔多數，且多以捕魚為生，海產是為他們主要食物的來源。島上只有一家賣清真食品，要找 Halal 食物是一個問題。他們吃海產時往往加一些醬油，或時常依照華人的烹飪方式蒸魚，也用咖哩煮魚，但僅加少許的辣椒醬，他們並沒有非 Halal 的不吃。據林廷輝指出，皈依者在華人佔多數的地區，吃豬肉仍是一個問題，甚至在巴生（Klang）也是如此。[31]從表 3-1 可以看出，受訪者嚴守吃合法食物男性只有 21 人，女性也只有 14 人，不到受訪者的一半。大多數對自己的約束僅止於不吃豬肉的規範。

101 位受訪者中，不吃豬肉的男性有 62 位，女性有 34 位，男性仍吃豬肉的有 4 位，包含 1 位參加朋友結婚宴會吃豬肉；1 位則自稱自己不能吃牛肉；1 位過年吃豬肉，平時吃海產食物；1 位不刻意避開吃豬肉。女性僅有 1 位過年吃豬肉，平時吃海產食物。不過，華人皈依後大多數遵守禁食豬肉的教規，但還是有極少數的人無法適應，至今仍吃豬肉（參見表 3-1）。

31 Lim Hin Fui, “Pengislaman Orang Cina di Kelang:Satu Kajian Kes Mengenai Integrasi Nasional, ” unpublished academic exercise, Universiti Kebangsaan Malaysia, 1980.

表 3-1：101 位皈依的男、女華人穆斯林飲食、行為對照表

性　別	類　別	人　數
男　性	不吃豬肉	62
	不喝酒	63
	不賭博	65[32]
	合法食物 Halal（حلال）	21
女　性	不吃豬肉	34[33]
	不喝酒	35
	不賭博	35
	合法食物 Halal（حلال）	14
男　性	吃豬肉	4[34]
	喝酒	3[35]
	賭博（萬字卷、彩券）	1（萬字卷）
女　性	吃豬肉	1[36]
	喝酒	0
	賭博（萬字卷、彩券）	0

資料來源：鄭月裡據 2004、2005、2006、2008 訪問資料整理，2009 年 2 月 7 日。

說　　明：本表係就統計樣本加以合計，從統計學上看，誤差必大。因此，這些數字不宜用來作為比率或比例的計算。

3.禁飲酒、抽煙

馬來人因信奉伊斯蘭教，遵守教規禁止飲酒。《古蘭經》經文提及：「酒和賭博，偶像和（占卜的）神籤都是可憎的，

32 在吉膽島上的皈依者有些偶爾會玩麻將或撲克牌。但受訪者訪問時不願吐實。

33 包含一位皈依前就已吃素；一位不吃豬肉，但不要求是 Halal 的食物，其夫有時會吃豬肉。

34 一位參加朋友結婚喜宴會吃豬肉；一位則自稱自己不能吃牛肉；一位過年吃豬肉，平時吃海產食物；一位不刻意避開吃豬肉。

35 一位因生意需要會喝一點酒，二位參加宴會才會喝一點。

36 一位皈依者過年吃豬肉，平時吃海產食物。

是撒旦的玩藝。避開這些（可憎的東西）你們就會成功。」[37]接著又說：「撒旦只求以酒和賭博在你們紀念安拉和禮拜。你們難道還不要禁絕（它們）嗎？」[38]據此，穆斯林是不能飲酒、賭博，否則便違反伊斯蘭教的教義。本章先討論禁止飲酒、抽煙的問題，賭博議題將留到後文討論。

伊斯蘭教禁止喝含有酒精的飲料，對於違反飲酒禁令的穆斯林，馬來西亞回教法庭將給予最嚴厲的懲罰，甚至對於販賣酒精飲料的便利商店也予以取締。[39]發生在 2004 年 10 月 19 日，馬來西亞彭亨州關丹一對三十多歲的馬來兄弟，在一間餐館內飲黑啤酒作樂。事隔一年，在 2005 年 11 月 14 日，分別被彭亨回教高等法庭用最高的刑罰宣判，即兩人各被鞭打 6 下及罰款 5000 令吉（馬幣），隨後兩人以收入低微為由而要求輕判，遭法官阿都拉曼尤奴斯拒絕，他表示：[40]

> 執行這項刑罰的目的，不是要令被告人肉體上承受極大的痛苦，而是要警惕大家勿觸犯有關條例。

同時彭亨州州務大臣拿督斯里安南耶谷亦表示：「此一事件足以成為其他回教徒的借鏡。」[41]這項判決，可以說是在馬來西亞現代史上，第一件穆斯林因在公共場所飲酒而被鞭打的個案，也對大馬的國際形像造成影響。這個事件也受到非穆斯

---

37 仝道章，《古蘭經》第五章第 90 節（南京：江蘇省伊斯蘭教協會，1999 年），頁 128。

38 仝道章，《古蘭經》第五章第 91 節，1999 年，頁 128。

39 範曉琪，〈售賣酒精飲料　沙亞南便利店也曾遭取締〉，《星洲日報》，2005 年 9 月 5 日。

40 〈2 回教徒飲酒判刑 鞭笞交獄方執行〉，《星洲日報》，2005 年 6 月 17 日

41 〈巫裔兄弟飲酒遭重判 彭大臣：回教徒借鏡〉，《星洲日報》，2005 年 6 月 17 日。

林的不滿，馬華公會關丹州議員服務中心成員對關丹市議會取締及充公 7-11 便利商店啤酒的行動，感到極度的遺憾與不滿。他們認為，這種作法與政府所提倡國民大團結、互相包容及融合政策背道而馳。[42]

至於馬華穆斯林飲酒的情況，根據作者八次赴馬來西亞田調的結果，在 101 位受訪者中，男性表示皈依後不飲酒有 63 位，女性有 35 位；男性飲酒有 3 位，女性均表示皈依伊斯蘭教後就不再喝酒（參見表 3-1）。除了極少數的幾位男性皈依者，因為生意或參加喜宴上的需要，而必須喝一點點酒以外，大多數表示已戒酒。來自馬六甲的 AL 先生說：「因為做生意，酒需要喝一點點。」[43]雪蘭莪州吉膽島的 FW 先生表示：「參加結婚喜宴會喝一點點酒。」[44]從以上個案顯示，當事人都因某種場合的需要才會喝酒，似乎情有可原，但若嚴格說來，確實觸犯了伊斯蘭教的禁酒條例，一旦有人檢舉，將受到嚴厲的懲罰。根據阿都拉曼尤奴斯說：[45]

> 觸犯喝酒條例的被告，可以被鞭打高達 40 下，通姦則是 100 下。

目前作者尚未發現馬華穆斯林因飲酒遭受處罰的案例。儘管如此，馬來人與華人穆斯林仍然有些沒有遵守伊斯蘭規定而喜愛飲酒，只是受訪者不願透露罷了。

馬華穆斯林從《古蘭經》的禁酒規定或是馬來西亞回教法

---

42 〈馬華議員指市會開倒車〉，《星洲日報》，2005 年 9 月 5 日

43 鄭月裡主訪，吉隆坡 AL 先生口述（來自馬六甲），2004 年 7 月 22 日。

44 鄭月裡主訪，雪蘭莪州吉膽島 FW 先生口述，2005 年 7 月 20 日。

45 〈2 回教徒飲酒判刑 鞭笞交獄方執行〉，2005 年 6 月 17 日。

庭的禁止喝酒條例，知道自己不能飲酒，可是少數在皈依後的前幾年，甚至皈依了幾十年之後，還是很難改掉原有的習慣。不過，大多數還是能遵循伊斯蘭教教規不喝酒，也能夠遵守回教法庭的禁酒條例，滴酒不沾。

此外，伊斯蘭教對於痲醉品猶如酒一樣的禁止，所以對於鴉片嗎啡也不吸。然而吸煙並不違反伊斯蘭教教規，但它是一種不良的行為（makruh）。[46]對身體也有害，中國穆斯林相當厭棄。[47]事實上，在馬來西亞的馬來族抽煙佔各族之首，該國政府也一直想通過各種方案來降低抽煙的人數。但礙於律法沒有任何禁止吸煙的條文規定，不論是皈依的華人或者是馬來穆斯林，吸煙者不少。吉膽島與潮州港的 14 位受訪者中，有一位在學校擔任看門工作的 FW 先生，當作者問他：「您有沒有抽煙？」他回答：「沒有。」轉眼間，就目睹他在抽菸，立刻追問：「您不是不抽煙嗎？」[48]他尷尬地笑著，仍繼續抽他的香煙，這或許正是抽煙沒有明定禁令條文之故。

（二）服飾方面

衣服可以反映一個人對自己民族的認同，如長巾和白衣（印度人的衣服）是印度人的特徵；馬來男性傳統服裝（baju Melayu)、宋古(songkok)，馬來女性的服裝有套衣(baju kurung)

46 Lokman AB. Rahman, *Halal Producta,* Melaka: Percetakan Surya Sdn. Bhd.,2001,p.35.；Cheng Song Huat（鍾松發）, B.A. Lai Choy（黎煜才）, 編，*KAMUS PERDANA*（最新馬來語大詞典），Selangor:United Publishing House（M）Sdn. Bhd.,1997, p.977.

47 馬天英，《回教概論》第六版（馬來西亞：怡保南洋書局，1949 年），頁 106。

48 鄭月裡主訪，雪蘭莪州吉膽島 FW 先生口述，2005 年 7 月 20 日。

[49]、卡峇雅裝（baju kebaya）[50]、馬來傳統禮服（baju kedah）[51]、寬鬆衣服（kain kembang）、窄衣服（kain sempit）等多種。

馬來衣服的樣式，最著名的應屬沙龍（sarong）。沙龍是馬來社會傳統居家的衣服文化，材料大多由棉布製成，有些由較普通的絲製成。男性通常有格子、條紋的圖案，女性通常使用花花的圖案。kain，男性傳統服裝的一種，比較正式，在禮拜或新年拜年時穿的，樣式為長褲外再穿上一件短裙（沙龍，sarong），新郎也穿這種，質料有絲和棉布兩種。

男性穆斯林禮拜時須戴「禮拜帽」，馬來人男性禮拜帽可分白色和黑色兩種，一種是黑色的稱「宋古」（songkok），另一種是白色的「哈吉帽」（即禮拜帽），馬華穆斯林有很多是戴這種帽子，表示他們曾去麥加朝覲過，但是也有些人雖然去麥加朝覲過，仍戴「宋古」。至於衣服，最重要的是不得穿著短於膝蓋的褲子。

---

49 baju kurung, 馬來傳統女服，上衣長至膝，下長裙到足踝。

50 baju kebaya, 一種長袖上衣，馬來婦女穿的，上部通常是緊身，長度至腰部下一點上衣緊身，有腰身，棉布製成，但現在很多是改良式的。

51 baju kedah（kurung kedah），馬來女性傳統禮服，上衣長至臀下，下長裙到足踝，吉打婦女穿這種形式。

表 3-2：66 位皈依的男性穆斯林平時、節日禮拜穿著情形表

穿衣方式	人數
長、短 袖 T-Shirt	17
長、短袖襯衫	47
長褲	64[52]
短褲	1[53]
喜歡穿沙龍	1
不喜歡穿沙龍	5
到清真寺禮拜穿西服	1
參加婚禮穿馬來服	1
平時也戴宋古（黑）	0
平時也戴禮拜帽（白）	7
平時、節日不戴宋古、禮拜帽	44
平時不戴宋古、禮拜帽，開齋節、到清真寺穿馬來服、戴宋古或禮拜帽	28
穿戴整齊、乾淨、端莊就好	3

資料來源：資料來源：鄭月裡據 2004、2005、2006、2008 訪問資料整理，2009 年 3 月 15 日。

說　　明：本表係就統計樣本加以合計，從統計學上看，誤差必大。因此，這些數字不宜用來作為比率或比例的計算。

男性皈依者有些平時穿長袖衣服配上長褲（或西褲）。喜歡穿沙龍有 1 位，不喜歡穿沙龍的有 5 位，這 5 位中有 1 位認為，穿沙龍會被取笑不敢穿。僅有 1 位在家穿著短褲。有 28 位平時不戴宋古、禮拜帽，但在重要節日，如參加宴會、拜訪親友、開齋節、到清真寺禮拜、祈禱時間就會穿上長袖、長褲，或者是穿馬來服，戴上宋古、哈吉帽（禮拜帽）。有 7 位平時都戴著禮拜帽；高達 44 位則是平時、節日都不戴宋古或哈吉帽。有 3 位則是認為穿著整齊、乾淨、端莊就好（參見表 3-2）。

52 穿長褲 64 位中，有 1 位宴會時會穿西裝，1 位婚禮會穿傳統馬來服。
53 平日在家穿著短褲，受訪時也一樣。

伊斯蘭教對婦女的穿著有嚴格的規定，根據《古蘭經》（Qur'an）第二十三章第 31 節說到：「……她們應當在面上戴上面紗遮蓋著她們的胸部，及不暴露她們的裝飾。」[54]又《古蘭經》第三十三章 59 節亦提到：「先知啊！告訴你的妻室們和女兒們，以及信仰的婦女們，（當他們外出時）應當把她們的罩袍放低，遮住她們的身體，那是更合適的，她們將會被認出而不致被煩擾。」[55]從這兩段《古蘭經》經文來看，對穆斯林婦女在衣著上特別強調「遮掩」，遮掩應包含全身，僅可露臉與雙手。根據《聖訓》（Hadith）所言，除臉和手，全身不宜外露，並且穿著透明的婦女在最後審判日時是無法進入天堂的。[56]但對年老而不希望結婚的婦女，《古蘭經》經文則是告訴她們無須遮掩，不過若能保持嚴謹，對於她們那是更好的。[57]此外，傳統伊斯蘭婦女的服裝，被多數穆斯林婦女認為，具有防止吸引異性，避免引起別人產生邪念的作用。

35 位皈依的華人女穆斯林，平時穿著的型式，有 8 位不穿馬來服，而是穿著短袖、T-Shirt 配上長褲；有 10 位平時穿長袖或短袖配上長褲，節慶、訪問親友、參加宴會、祈禱時才會穿馬來服；16 位則是不論何時何地都穿著馬來服；有 1 位不限馬來服、華人、印度人的衣服，想穿什麼就穿什麼。

戴頭巾（serban）是女穆斯林的一個重要特徵。有 12 位平時不戴頭巾，遇有節慶、拜訪親友、祈禱、宴會時才戴頭巾；5

---

54 仝道章譯注，《古蘭經》（南京：江蘇省伊斯蘭教協會，1911 年），頁 380。
55 仝道章譯注，《古蘭經》，頁 467。
56 鄭慧慈，〈伊斯蘭服飾文化〉，《新世紀宗教研究》4：2（2005）（台北：宗博出版社，2005 年），頁 98。
57 仝道章譯注，《古蘭經》，頁 385。

位不論何時何地都不戴頭巾；18 位不論何時何地都戴著頭巾。

馬來婦女過去有披頭巾或是簡單包頭巾的習俗，現在則包得很正式。然而並非每一個馬來婦女都戴頭巾，作者在吉隆玻常住的兩家飯店櫃檯的馬來小姐，他們就沒有戴頭巾，是否因為職場的關係使然，仍有待證實。

當今馬來西亞華人穆斯林婦女的頭巾不論是顏色或是圖案，可以用五彩繽紛來形容。作者發現，她們每位都有好幾條頭巾，可作為搭配衣服用。同時，也會在頭巾上用個小飾品做裝飾，不僅可以固定頭巾，亦兼具活潑、美觀、大方。據受訪的女穆斯林表示，戴頭巾主要有三種意涵：一是保護自己；二是美觀；三是維護自己的頭髮。事實上，從她們的頭巾的材質及樣式，還可以看出她們的經濟與身份地位。不論是禮拜帽或頭巾，宗教的象徵意義仍然極為濃厚。

頭巾既然是穆斯林婦女的一個重要特徵，因此，對於沒有戴頭巾的婦女，就很難從外觀判斷她究竟是不是一位穆斯林，尤其是馬華穆斯林婦女。MH 女士為了嫁馬來人皈依伊斯蘭教，但不敢讓父母親知道她皈依的事，直到婚姻出了狀況回娘家，有四年時間躲起來禮拜。她說：「……，經過四年後，戴了頭巾，父母親才知道，……。」[58]MH 女士在戴頭巾前，家人不知道她是一位已經皈依伊斯蘭教的穆斯林。而來自沙巴的 SC 女士，她於 1981 年在沙巴皈依，據她告訴作者，在沙巴並沒有戴頭巾。[59]事實上，在東馬的華人穆斯林婦女像 SC 女士不戴頭巾者大有人在。所以，當她們不戴頭巾的那段期間，實在很

58 鄭月裡主訪，吉隆坡 MH 小姐口述，2004 年 7 月 21 日。
59 鄭月裡主訪，吉隆坡 SC 女士口述，2004 年 7 月 26 日。

難分辨她們是不是一位穆斯林。但是，大多數虔誠的穆斯林婦女仍然視戴頭巾為基本禮儀。[60]

馬華穆斯林男女均須遵循教義，不可以穿暴露的衣服，尤其是女子不得露出四肢，但這並不代表他們穿的就是伊斯蘭式的服裝，也不一定是穿馬來式的服裝。有些受訪者男性表示在家喜歡穿沙龍。來自柔佛州的 KK 先生，他說：「回家後換上沙龍，上床睡覺也穿沙龍，感覺舒適。」[61]然而，有些穆斯林則認為，還是穿一般衣服比較自在，如吉膽島的華人穆斯林便是如此。整體而言，相較於男性，女性的服飾更顯得多樣性。但不論如何，只要不露出四肢，馬來式衣服和西式服裝都有人穿，甚至更加喜愛馬來式的衣服，她們覺得既方便又美觀。

然而，在社交場所，馬來西亞的華人穆斯林，特別是住在馬來地區，男性逐漸穿馬來傳統服裝 baju Melayu。新皈依的華人婦女，通常穿著裙子或一般華人款式衣服。不過，經過衣服的涵化，有些婦女逐漸開始穿著伊斯蘭教或 kain ketat（緊身的衣服）。當她們外出參加社交場合時，會穿著遮蔽她們身體的正式服裝，戴上頭巾，除了手和臉以外。住在馬來社群的皈依女性穿著 baju kebaya, kain kembang, baju kurung, kain ketat, selendang（長圍巾）。baju kurung 往往配上 selendang。

在家裡，男性穆斯林穿 T-Shirt、長褲或 sarong（沙龍），女性穆斯林穿襯衫、長裙、或 sarong。當客人來訪時，女性會穿著遮蔽她們整個身體的衣服，戴上頭巾。然而，在華人非穆斯林很多的地方如吉膽島，不論是男性還是女性的華人皈依

60 鄭慧慈，〈伊斯蘭服飾文化〉，《新世紀宗教研究》，頁 99。
61 鄭月裡主訪，吉隆坡 KK 先生口述（來自柔佛州），2004 年 7 月 26 日。

者，他們穿著類似華人非穆斯林的服裝，如男性穿襯衫配上長褲，女性穿著襯衫配上短裙或長褲。女性皈依者也沒有用任何布遮蔽她們的頭。

日禮五時[62]的時候，華人穆斯林與非華人穆斯林就有顯著的不同。男性會戴上宋古、禮拜帽和穿印度綢或峇迪布（batik）做的衣服或襯衫，女性則穿著禮拜的衣服。[63]像這樣的穿著，在雪蘭莪州的巴生（Klang）亦是如此。但是，並不是每位男性穆斯林都會戴上宋古或禮拜帽禮拜，作者在MACMA、吉膽島看到正在禮拜的幾位男穆斯林，頭上並沒有戴任何帽子。不過，沒有穿戴特徵服飾的穆斯林，在外觀上很難與非穆斯林區分開來。

101位皈依者中，66位受訪男性中有33位實踐日禮五時，僅佔一半；女性有21位。而每週五的「主麻日」（Jumah）則有53位男性參與，女性有23位參與，顯然皈依者不論男性、女性較重視主麻日聚禮，主要是因為工作的關係，無法遵行日禮五時，只能晚上在家祈禱，但會參與主麻日。[64]也有極少數沒有日禮五時，也沒有參與主麻日的聚禮活動。[65]據參與者表示，他們去清真寺，都會穿戴整齊，男性戴上宋古或哈吉帽，女性會戴上頭巾禮拜。

遇上伊斯蘭教的紀念節日或開齋節（Hari Raya）、哈芝節（Hari Raya Haji）的禮拜，住在馬來社群的華人男性皈依者，

62 日禮五時即一日禮拜五次，晨禮（al-fajr）、晌禮（ad´-duhr）、晡禮（al-3aSr）、昏禮（al-ma3´rib）、宵禮（al-3ishaa2）。

63 Osman Chuah Abdullah, *Muslim Converts in Malaysia,* Malaysia: International Islamic University Malaysia，2008, p.72.

64 鄭月裡主訪，古晉DA先生口述，2006年7月31日。

65 鄭月裡主訪，美里YA先生口述，2006年7月31日；吉隆坡ATN口述，2006年8月6日。

他們就會穿著傳統馬來衣服或整齊的服裝到清真寺禮拜。女性皈依者穿著馬來婦女衣服或正式服裝，並戴上頭巾參與開齋節禮拜。禮拜場所，一般而言，女性與男性穆斯林要分開。有些用簾幕圍起來，在簾幕後面禮拜，或者在有上下樓的清真寺的樓上禮拜。住在混合社區的皈依婦女，會穿馬來裝、戴上頭巾，甚至有時也會穿著印度服和華人服裝。

可是當他們參加婚禮的時候，大多數穿著方式在外觀上與馬來人沒有差異。但是有些華人男性皈依者只穿著一般襯衫和長褲，女性則穿襯衫、裙子或上下連身洋裝，他們並不一定都會戴上宋古或禮拜帽，也不一定都會戴上頭巾或用一塊布遮蔽她們的頭部。新皈依的年輕女孩，其穿著與任何其他非穆斯林沒有兩樣，包括穿迷你裙等，[66]令人分辨不出他（她）是一位皈依者。

（三）住居與裝飾方面

馬來西亞房子住屋亦呈現多元型態，除了馬來土著的長屋，以及馬來住的村子稱為甘榜（kampung）以外，也有高級住宅與現代化的公寓，另有華人社群、印度人社群等。除了長屋和甘榜，從外觀易於分辨是馬來人住屋外，其餘較不易分辨是何種民族居住，也難以判斷裡面是否住著穆斯林。因此，作者先說明住屋型態，進而分析穆斯林家中的擺設，為什麼同樣都是華人穆斯林，屋內的擺設竟有如此大的差別。

---

66 Osman bin Abdullah, “Interaction and Integration of Chinese Muslims, ” Ph. D. dissertation, Universiti Malaya（馬來亞大學）, 1996/1997, pp.178-180.

1.住居型態

馬來住屋型式大致可分兩種：一種是馬來土著住的長屋，另一種是甘榜（kampung）。從居住房子的外觀來看，極少具有伊斯蘭的建築特徵，但在水泥建造的房子內部往往加上拱門的設計，而拱門是伊斯蘭建築的特色之一。

華人穆斯林分散大馬各地，不僅所住的社群不同，而且還與不同族群混居。華人皈依伊斯蘭教後，其住居環境形態依族群大致可分華人社群、馬來人社群、印度人社群、混合型社群等等。據作者在田調過程中的觀察，華人皈依伊斯蘭後，很少住在印度人社群中，即使是華人和印度人通婚，也選擇住在馬來人的社群裡。馬來人大多住在 kampung，倘若華人皈依伊斯蘭教後住在這裡，受馬來人的影響就很大，不論飲食、衣服穿著都是馬來式，常講的語言是馬來語，易於融入馬來社會，久而久之，他們的後代不會講華語，也不承認自己是華人。甚至從他們的外觀看來與馬來人沒有兩樣。

但是，華人皈依伊斯蘭教後仍住在華人社群，其生活習慣仍然偏向華人，不論是馬來化或是伊斯蘭化都極不可能，在宗教的實踐上也不易落實，無論飲食、穿著較不嚴謹。然而根據受訪者表示，住在馬來社群的華人穆斯林大多覺得比較自在，好適應，並且大家互相幫助，感到安全。反之，住在華人社群裡，不僅不會互相幫助，而且還自掃門前雪，對於不是自己的事大多漠不關心。更重要的是，華社往往認為華人不應該改信伊斯蘭教。

在一般華人看來，信仰伊斯蘭教就是進了馬來教，甚至變成了馬來人（Masuk Melayu），這是他們所無法接受的。事實上，馬來人對於各族人士接受伊斯蘭教，也會認為他們是加入馬來人（Masuk Melayu）的群體。所以很多華人皈依伊斯蘭教後，不願意讓別人知道他們改信伊斯蘭教，作者稱之為「隱藏性」的穆斯林。就如同 OC 先生所說：「我有一位朋友皈依後，在鐘錶店工作。他就是很怕別人知道他皈依。叮嚀我打電話到店裡時，不要叫他的經名。」[67]同樣的情形也發生在砂拉越，據砂拉越馬來西亞大學資深林研究員表示：[68]

> 有些華人皈依者不想讓人知道他們是皈依伊斯蘭教者，尤其是詩巫、成邦江、泗裏街等三個地方。問他們這邊有誰是回教徒，很少人知道。問僑領這邊有誰是回教徒，可安排去拜訪。僑領想來想去就說：「沒有啊！」事實上，我在去之前已經問過宗教局的主管有多少的華人穆斯林。但是如果在小的城鎮如美里（Miri）、老越（Lawas）、民都魯（Bindulu）、林夢（Lambang），他們就知道誰是穆斯林，這個跟地理位置有關，因為這四個地方都在北砂，靠近汶萊，而且他們有的家庭裡面有兩三個，三、四個皈依回教。

這種不想讓別人知道自己是穆斯林的皈依者，至今依然存在，尤其以居住在華人社群為最多。

2.室內裝飾

在屋內的裝飾方面，由於伊斯蘭教教義規定穆斯林不得崇拜偶像，華人皈依伊斯蘭教後，除了極少數家庭還供奉原來信仰的神祇外，大多數馬華穆斯林家裡用《古蘭經》的經文字畫，

67 鄭月裡主訪，吉隆坡 OC 先生口述（來自怡保），2004 年 7 月 25 日。
68 鄭月裡主訪，砂拉越林煜堂先生口述，2005 年 10 月 31 日。

或是把麥加清真寺朝覲盛況的圖片掛在牆上。然而華人穆斯林因嫁娶對像不同，室內的擺設與裝飾也就各異，如來自華人穆斯林的 Y 女士，其夫是皈依伊斯蘭教的華人。他們住宅內的擺設與裝飾，客廳的桌椅是中國式，抱枕是華人穆斯林的材質與圖案，另有伊斯蘭的圖片掛在牆上（如圖 3-2，見頁 215）。整體看來，具有中華文化、伊斯蘭文化、華人穆斯林文化等三種文化匯集在 Y 女士家中。

來自華人穆斯林的 R 女士，大陸淪陷，跟隨家人遷移到土耳其，後又嫁給馬來西亞的華人穆斯林，成為馬天英的媳婦。她家的擺設與裝飾，有中國式的家具（包括客廳、餐廳桌椅），櫃子裡的土耳其碗、牆上掛的伊斯蘭教植物蔓藤圖案，整個客廳至少具有中華文化、土耳其文化、伊斯蘭文化等三種文化在她的家中（如圖 3-3，見頁 215）。

同樣是來自華人穆斯林的 M 女士，她是馬天英的女兒，嫁給馬來人。M 女士的家裡，有《古蘭經》經文字畫、中國山水畫等裝飾（如圖 3-4，見頁 216），其屋內的裝飾以中華文化與伊斯蘭文化為主。

目前居住吉隆坡從事保險業的 MT 先生，[69]娶馬來女子為妻，他們家的擺設與裝飾，有兩幅經字畫掛在牆上（如圖 3-5，見頁 216），另有一塊沙龍的布料也掛在牆上，還有一組中國式的餐桌椅。

因此，MT 先生家裡客廳的擺設與裝飾，同時具有伊斯蘭文化、馬來文化、中華文化等三種文化。

69 鄭月裡主訪，吉隆坡 MT 先生口述（來自吉打），2005 年 1 月 26 日。

任教於國際伊蘭大學的 Osman Chuah 副教授，其妻是印度回回，拱門與經字畫是他們室內的特徵（如圖 3-6，見頁 217），一方面表示對宗教信仰的虔誠，另一方面可作為裝飾用。在他們家看不見有中國式的家具，也不見有印度的飾物，只有濃厚的伊斯蘭文化。

柔佛州新邦令金（Simpang Renggam）RR 先生，是華印混血，其妻為馬來人，全家都是虔誠的穆斯林，牆上掛著名貴的《古蘭經》經字畫。[70]

全家是穆斯林與家中只有一人信仰伊斯蘭，在室內擺設與裝飾上有很大的差別，住在吉膽島皈依的華人，因為大多數家裡只有一個人入教，因此，家裡的神案上仍然供奉著各種神祇。如 IA 先生家裡的神案上供奉蔡王、玄天上帝、大伯公，神案下供奉地主等神祇，另一面的牆上則掛著一幅「勸世文」。但是，他告訴作者，自從他皈依了伊斯蘭教後，這些神祇都由其妻在奉祀。[71]另一位 OS 先生住家的神案上供奉有祖先牌位、泰國佛、太上老君、茅山道士、達摩祖師、濟公等，門上還貼上一幅送子觀音（如圖 3-7，見頁 217），他告訴作者，這些神祇已由其妻來祀奉。[72]

離吉膽島步行約四十分鐘的潮州港，有一對華人夫婦均皈依伊斯蘭教。但其家中神案上仍供奉祖先牌位、大伯公、觀音菩薩等，神案下供奉地主（如圖 3-8，見頁 218）。這對夫婦告

---

70 鄭月裡主訪，新邦令金（Simpang Renggam）RR 先生口述，2006 年 8 月 6 日。

71 鄭月裡主訪，吉膽島 IA 先生口述，2005 年 7 月 20 日。

72 鄭月裡主訪，吉膽島 OS 先生口述，2005 年 7 月 20 日。

訴作者，這些神祇原來都是 HC 的大哥在奉祀，後來大哥皈依了伊斯蘭教，就交給他供奉，已祭拜多年，雖然現在夫婦都已經皈依伊斯蘭教，他們也知道伊斯蘭教不能崇拜偶像，但不忍棄之，所以仍然供奉著。[73]我們可以從吉膽島這些皈依者家中的擺設看出，華人宗教信仰與伊斯蘭教並存的現象。其實這也是吉膽島皈依伊斯蘭教華人的特色。

以上幾個案例，不論是皈依的華人穆斯林家裡，或者原來就是穆斯林家裡的擺設與裝飾，大多呈現多元文化並存的現象。

（四）衛生方面

馬來人因信仰伊斯蘭教而必須遵循割禮。割禮（circumcision）是伊斯蘭教禮儀，為阿拉伯語 Khatnah（赫特乃）的意譯，亦稱為「割包皮」。[74]2005 年 8 月間有 113 位 7 歲到 12 歲的馬來小男孩，聚集在吉隆玻與檳城之間的邦咯島的斯里邦咯國小進行「回教」集體割禮儀式，場面盛大及熱鬧，被稱為「馬拉松割禮」，這項活動由馬來西亞回教醫藥協會主辦，動用了 20 名來自各大醫院的專科及約 200 名來自國內外，包括愛爾蘭、埃及、印尼、英格蘭、蘇格蘭及馬來西亞各大學的醫學系最後一年的學生，義務參與這項活動，這也是馬來西亞回教醫藥協會首次

73 鄭月裡主訪，吉膽島潮州港 HC、TS 夫婦口述，2005 年 7 月 21 日。
74 《中國伊斯蘭百科全書》編輯委員會，《中國伊斯蘭百科全書》（成都：四穿辭書出版社，1994 年），頁 161。

【圖 3-2】華人穆斯林 Y 女士住宅客廳的擺設
製　作：鄭月裡（2004 年 7 月 27 日）攝。

【圖 3-3】華人穆斯林 R 女士住宅客廳的擺設
製　作：鄭月裡（2004 年 1 月 31 日）攝。

【圖 3-4】華人穆斯林 M 女士住宅室內裝飾
製　　作：鄭月裡（2004 年 7 月 28 日）攝
說　　明：“the Right to be Worshiped God”（阿拉伯文：Allah Jalalah）

【圖 3-5】MT 先生吉隆坡住宅牆上經字畫
製　　作：鄭月裡（2005 年 1 月 26 日）攝。
說　　明：1.右文“In the name of Allah the merciful all bounteous”（阿拉伯原文：Bismillahhirrohmanirrohim）
2. 左文“There is no god but Allah, Muhammad the messenger of Allah”（阿拉伯原文：Laillahhailallah, Muhammaddarrasulullah）

【圖 3-6】華人穆斯林住宅內的拱門
說　明：拱門是伊斯蘭的建築特色之一。
製　作：鄭月裡（2004 年 7 月 25 日）攝。

【圖 3-7】雪蘭莪州吉膽島（Pulau Ketam）皈依者住宅內的多神神桌
說　明：神案上由左而右供奉祖先牌位、泰國佛、太上老君、茅山道士、
　　　　達摩祖師、濟公，門上還貼上一幅送子觀音。
製　作：鄭月裡（2005 年 7 月 20 日）攝。

【圖 3-8】雪蘭莪州吉膽島（Pulau Ketam）潮州港皈依者住宅的多神神桌
說　明：神案上由左而右供奉祖先牌位、大伯公、觀音菩薩等，神案下供奉地主。
製　作：鄭月裡（2005 年 7 月 21 日）攝。

舉行這種別開生面的活動。[75]在馬來人必須為信仰伊斯蘭教下的憲法條文規定下，而割禮又是伊斯蘭教禮儀，自然必須遵行。

此外，根據《聖訓》第十九章第 4 節的一段話，穆聖說：「整潔之道有十：理髮、剪髭、梳鬍、刷牙、漱口、剪指甲、洗骨節、拔腋毛、剃陰毛、淨下。」又說：「割勢皮，對男性是聖行，對女性是懿行。」[76]穆斯林以割禮作為「聖行」而遵守。男孩出生三天以後即可以舉行割禮，因為嬰孩出生在三天

75 〈集體行馬拉松割禮〉，《星洲日報》，2005 年 8 月 22 日.
76 納・阿・曼爾編，陳克禮譯，《聖訓之冠》第三集（臺北：中國回教協會，1988 年），頁 150。

內痛苦甚少，否則當等到 7 歲以後，則隨時可舉行，[77]教法亦規定穆斯林男孩 7 歲到 12 歲時須舉行割禮。皈依者則是在皈依後才行割禮。至於割禮沒有固定的儀式。

在馬來西亞華人非穆斯林常以「豬仔」、「馬來仔」來稱皈依的華人，有時也會用 Kua Lan Chai（近似潮州語，即割生殖器）稱之，[78]這些都是不雅的字眼，甚至帶有諷刺的意味。華人殊不知「割禮」並不是伊斯蘭教所獨有，這種禮儀同樣存在於猶太教。割禮的目的有三：1.清潔；2.阻止手淫；3.助長發育。[79]基於清潔、衛生原則，身為穆斯林必須遵行割禮。但住在華人社群的馬華穆斯林，有些人原本不想割禮，經勸導後才實行，但也有些在皈依的當時，並沒有系統地進行對他們割禮的宣導，導致至今仍然沒有實行割禮。[80]

二、精神生活

華人皈依伊斯蘭教後，他們在行為、觀念思維上有哪些轉變？本身受宗教教育及學習宗教的情形又是如何？對其後代的教育究竟採取什麼樣的方式？以及穆斯林禮拜時間電視台播放娛樂節目所引起的爭議等等，這些都是接下來要探討的問題。

---

77 馬天英，《回教概論》第六版（馬來西亞：怡保南洋書局，1949 年），頁 113。
78 Osman bin Abdullah, "Interaction and Integration of Chinese Muslims," op.cit., p.158.
79 馬天英，《回教概論》第六版，頁 113。
80 Osman bin Abdullah , " Interaction and Integration of Chinese Muslims, " op.cit., p.193.

（一）行為方面

馬來人因信奉伊斯蘭教，理應遵循《古蘭經》規定禁止賭博，而馬來西亞對違反教規的穆斯林亦予以嚴厲處罰。對違反者可依據 2004 年罪犯（修正）第 79A 條文所定而被控上法庭。一旦罪名成立，將遭馬幣 3000 令吉的罰款或服刑兩年或兩者兼施。據《南洋商報》2005 年 6 月 30 日一則報導：「柔佛宗教局執法人員在分別突擊和檢查哥打丁宜縣和居鑾縣內的 13 間萬字票售票中心時，當場扣留 13 名正在購買萬字票的回教徒。」[81]這些被捕的男子罪名若成立，將會遭受上述處罰，因為購買萬字票被視為賭博行為，穆斯林是不准購買的。

《古蘭經》第二章第 275 節提到：「真主准許買賣，而禁止利息。」[82]《古蘭經》五章第 90 節亦明令禁止穆斯林從事賭博、拜偶像、求籤等等行為。其經文大致如下：[83]

> **信道的人們啊！飲酒、賭博、拜像、求籤，只是一種穢行，只是惡魔的行為，故當遠離，以便你們成功。**

伊斯蘭教認為迷信、拜偶像，且視飲酒、賭博是一種穢行，更視求籤為罪惡而嚴加禁止。

然而很多華人穆斯林也會在國際伊斯蘭銀行開戶存款、以及買賣股票。如此，存款生息和金融股票，是否屬於生息的範

81 〈13 回教徒購萬字票被扣 男子逃跑跌斷腳〉，《南洋商報》，2005 年 6 月 30 日。

82 中國回教協會，《古蘭經中文譯解》第二章第 275 節（台北：中國回教協會，回曆 1418 年 5 月（1997 年 9 月），頁 29。

83 中國回教協會，《古蘭經中文譯解》（台北：中國回教協會，1997 年 9 月），頁 76。

圍。答案如果是「是」的話，這樣一來豈不是有很多穆斯林都要違反教規了嗎？可是他們確認為這是投資所得的報酬。

作者訪談對象之一的 HA 先生，他也知道伊斯蘭教規定是不能賭博的，但偶爾還是會犯規，買買彩票。每張彩票為馬弊 3 令吉，三個星期開獎一次，中獎者約可獨得馬幣 450 萬令吉左右（這個金額還要看多少人購買，全視買氣而定）。[84]畢竟中獎的獎金的確是很吸引人的。

吉膽島上的居民在空閒時也會以下棋和打麻將來打發時間，當地皈依的華人穆斯林亦如此。[85]但不論是下棋，還是打麻將，甚至買彩票，這些投機行為都是違反伊斯蘭教教義的。《聖訓》第二十一章第 7 節亦提到，先知穆罕默德說：「下棋與觀棋者，如吃豬肉者一樣，是被詛咒的。」[86]在作者訪談過程中，受訪者大多數不願承認他們有下棋、打麻將、賭博等行為，只有極少數表示，偶爾會買彩票。

然而，令作者質疑的是，馬來西亞的買賣股票是否為賭博的行為？由於每個人認知不同，買賣股票，在馬來西亞有些人把它視為一種投資的行為，有些人則認為是一種投機的行為，後者即所謂的「賭博」。在馬來西亞各族人士均可買賣股票，但是政府總會保留一些股權給馬來人，以維護馬來人的權益，

---

84 鄭月裡主訪，吉隆坡 HA 先生口述，2004 年 7 月 23 日。

85 麻將活動早已成為華社當中，很多華人日常生活的一部份，尤其是所謂的「衛生麻將」更大行其道，鄉團組織自成立以來，很多都設立麻將台，讓會員通過麻將聯絡感情，透過麻將促進彼此交流；參見〈方天興：打麻將剃頭省思　友族應瞭解華社習俗〉，《東方日報》，2006 年 2 月 13 日。吉膽島的華人穆斯林偶爾也會打打麻將，視為一種消遣活動。

86 納・阿・曼爾編，陳克禮譯，《聖訓之冠》第三集，頁 245。

此舉導致華人穆斯林與非穆斯林均認為很不公平。

（二）性格與態度的轉變

大多數皈依伊斯蘭教的華人認為，在他們改信伊斯蘭教之後，除了飲食改變之外，態度也改變很多。在 101 位受訪者中，大多數認為皈依伊斯蘭教前有很多不好的習慣，在皈依後都變好了，這些改變的項目，大致可歸納為以下幾種：1.脾氣變好；2.做事順利；3.對父母、家人、朋友感情好；4.變孝順；5.生活有秩序、有條理；6.心理安定、內心平靜；7.不進聲色場所；8.遵守宗教嚴格規定；9.節儉；10.內在重於外表；11.做事有責任感；12.忍耐；13.有目標；14.有信心；15.樂於助人；16.朋友變多了。

受訪者中，改變最多的是脾氣，其次是做事順利。來自霹靂州 1985 年皈依的 YN 先生表示，之前脾氣很暴躁，對家人、父母感情也很淡薄、生活也沒有秩序。[87]自從皈依了伊斯蘭教之後，不僅生活變得有秩序，而且脾氣也變好了，甚至與家人、父母、親戚、朋友的關係變得更親近了。而在餐廳當顧問的 RL 先生則是告訴作者，他皈依前脾氣不好、性急、吃飯快、做事不順利，可是在皈依伊斯蘭教後，除了脾氣變好外，內心也比較平靜、講話平穩、做事順利。[88]擁有法律、經濟雙學位的 MH 小姐說：[89]

> 皈依前，我穿著很時髦；皈依後，變成保守樸實。並且

87 鄭月裡主訪，吉隆坡 YN 先生口述（來自霹靂州），2004 年 7 月 26 日。
88 鄭月裡主訪，吉隆坡 RL 先生口述，2004 年 7 月 22 日。
89 鄭月裡主訪，吉隆坡 MH 小姐口述，2004 年 7 月 21 日。

有自己的空間，尋找自己的目標。以前注重外表，現在重視內在。

作者兩度訪問她時，見她都穿得很樸素。1977 年，從柔佛到吉隆坡工作的 KK 先生表示，在皈依前都跟隨一般華人的生活方式，也沒有道德的觀念，可是皈依後有很大的轉變，不僅遵守伊斯蘭教的嚴格規定，也不進聲色場所。[90]於 1999 年皈依伊斯蘭教的 OC 先生敘述著：「皈依前開支很大，喝酒、賭博樣樣來，沒有規矩。」皈依後，把以前的壞習慣全都改掉了。[91]服務於電話局的 FY 女士則表示，皈依前她把金錢看得很重，認為有錢就是萬能，可是皈依後，就不再那麼重視金錢了，而且變得孝順，做事有責任感。[92]在宗教部廣播台以華語廣播伊斯蘭教教義的 JT 女士說：「皈依前，自己很怕死人，包括自己的親人都怕。自從皈依伊斯蘭，就是在屍體旁邊也不感覺害怕。」[93]

在國際伊斯蘭銀行擔任主管的 SC 女士，她表示：[94]

過去做事沒有目標，現在有目標，生活有條理，努力工作，而且有信心，也樂於助人。

從以上幾個訪談個案可以證實大部份皈依的華人穆斯林，他們在皈依前、後的行為、態度都有很大的轉變，不僅遵守飲食禁忌外，脾氣也變好了，而且重視內在，甚至變得有責任感，做事較以往順利等等。AL 先生更強調，皈依伊斯蘭教，

90 鄭月裡主訪，吉隆坡 KK 先生口述（來自柔佛州），2004 年 7 月 26 日。
91 鄭月裡主訪，吉隆坡 OC 先生口述（來自怡保），2004 年 7 月 25 日。
92 鄭月裡主訪，吉隆坡 FY 女士口述（來自馬六甲），2004 年 7 月 24 日。
93 鄭月裡主訪，吉隆坡 JT 女士口述（來自森美蘭），2004 年 7 月 22 日。
94 鄭月裡主訪，吉隆坡 SC 女士口述，2004 年 7 月 22 日。

未來會進入天堂，[95]這個觀念與馬來人相似。

以上所述受訪者態度改變的情況，並不足以代表整個馬來西亞所有皈依的穆斯林，所謂：「江山易改，本性難移」，一個人要改變過去的行為與態度，並不是一件容易的事。但令作者感到訝異的是，所有受訪者均表示，過去的壞習慣都改掉了，但是否真如受訪者所說，其實也不盡然，還是有少部份仍靠打零工度日，甚至有人處於失業狀態，生活過得並不順利，必須靠宗教局的補助度日。另有一位婦女，因其獨生女嫁給馬來人，女兒擔心母親會煮伊斯蘭教禁止的食物給孩子吃，因此在女兒的要求下皈依了伊斯蘭教，她的馬來女婿脾氣就相當不好，[96]令她相當難過。作者認為，宗教信仰可使一個人的精神有所寄託，若要靠宗教來教化一個人仍需一段很長的時間。

（三）普通教育與宗教教育並重

馬來西亞教育制度極為複雜。馬來人大多數讀馬來學校，僅少數讀華校。101 位受訪者少數早期沒有受過任何教育，有些則表示曾在基督教學校就讀過，但未受洗。沒有受過學校教育者或是僅受過小學教育者，這些人不會講馬來語和華語，更不用說是英文了，他們只會講流利的方言。出生在日本殖民時代的 SK 先生，由於當時正值戰爭沒有機會受教育，現在只會講廣東話，時常到宗教局學習，由於年紀大，不能工作，每個月靠宗教局 200 令吉的補助金生活。[97]小學沒有畢業的 SM 女

95 鄭月裡主訪，吉隆坡 AL 先生口述（來自馬六甲），2004 年 7 月 22 日。
96 鄭月裡主訪，吉隆坡 SM 女士口述，2005 年 1 月 24 日。
97 鄭月裡主訪，吉隆坡 SK 先生口述，2005 年 1 月 24 日。

士，也時常到宗教局學習，剛開始由於語言的關係，學習《古蘭經》很困難，但她說現在已經克服了。[98]沙巴出生的 HA 女士，[99]是一位養女，由馬來人撫養長大，只有小學畢業，目前腳受傷，撐著拐杖，無法工作，也在吉隆坡宗教局學習宗教課程。2004 年才皈依伊斯蘭的 LE 女士，受過國民型的中學教育，她坦誠學習《古蘭經》仍感困難。[100]這些正在學習的華人穆斯林，儘管他們學歷不高，甚至沒進學校讀過書，但學習伊斯蘭知識那種認真的態度，都是一樣的。不過，也有些華人穆斯林，他們不會講馬來話，看不懂馬來文，面對馬來教師的授課，既聽不懂也看不懂，因此，到宗教局或相關單位學習的意願並不高，去了幾次就不想再去了。

不過，也有一些皈依的華人穆斯林，他們受過高等教育，有很好的工作，在學校擔任教職或是在公司擔任主管，如 OC 先生目前是國際伊斯蘭大學的副教授、SC 女士在伊斯蘭銀行擔任主管的職務、MT 先生在保險公司也是一位主管。更有從阿拉伯世界留學回來，擔任工程師或者宗教師的也不少，他們會講多種語言，除 SC 女士和 FA 工程師的華語不怎麼流利外。目前 SC 女士正在加強學華語，她告訴作者：「華語很重要，近二、三年來開始講華語了。」因為馬來西亞講華語的觀光客有越來越多的趨勢，華語在當地社會逐漸受到重視。甚至近年來有些馬來人也會將其子女送到華小就讀，不僅學習華語，也學習其他的知識。

98　鄭月裡主訪，吉隆坡 SM 女士口述，2005 年 1 月 24 日。
99　鄭月裡主訪，吉隆坡 HA 女士口述（出生在沙巴），2005 年 1 月 24 日。
100 鄭月裡主訪，吉隆坡 LE 女士口述，2005 年 1 月 24 日。

華人向來重視自己孩子的教育，馬華穆斯林當然也不例外，有些家長早上會將自己的孩子送去華小讀書，下午再送其子女到宗教學校學習阿拉伯文、唸《古蘭經》、學習禮拜儀式。自己經營紙盒生意的 MB 先生，[101]其妻子為馬來人，育有三個女兒，住在馬來社群，隔壁是華人社群。每天早上，MB 先生就開車送她們到華人社群的華小唸書，中午接她們回家休息、吃中飯，下午再送她們到馬來西亞回教青年陣線（Islamic Outreach ABIM）辦的宗教學校學習宗教的課程。ML 女士有三個孩子，兩男一女，女兒目前讀國民中學一年級。她說：「我的女兒小學唸的是華小，放學後再到宗教學校學習；兩個兒子現在分別為五年級和三年級，上午在華小唸書，下午再到宗教學校學習。」[102]大熱天，作者目睹這些家長對孩子們的付出，深深體會到為人父母的苦心，特別是海外的華人。他們一方面希望孩子不要忘了自己的華語文，一方面又要讓他們懂得用阿拉伯文讀《古蘭經》，以及瞭解伊斯蘭教的教義，真是天下父母心。

MB 先生還告訴作者，在馬來西亞有些州，各族的穆斯林會讓他們的孩子在上午唸一般國民小學（馬來學校），下午再去上宗教學校，柔佛州便是如此。來自馬六甲的 NH 說：「我有兩個孩子，一子一女，他們小學讀的都是馬來學校，一到下午，就到宗教學校讀宗教課程。」[103]另有原來就定居在吉隆玻

---

101 鄭月裡主訪，吉隆坡 MB 先生口述，2004 年 7 月 22 日。
102 鄭月裡主訪，吉隆坡 ML 女士口述，2005 年 1 月 20 日。
103 鄭月裡主訪，吉隆坡 NH 先生口述（來自馬六甲的土生華人），2005 年 1 月 20 日。

的 BF 女士，她有一個五年級的兒子，早上在馬來學校就讀，下午再到宗教學校學習。[104]MT 先生表示，他堅持他的兩個孩子一定要上華小，至少要學 6 年的華語才行。[105]馬華穆斯林透過華小教育保留華語，讓華語能夠傳承下去。但是，能夠維持多久，誰也不敢斷言。不過大多數的華人穆斯林都有一個共識，那就是希望他們的子女多少懂得華語，畢竟一個民族是否能夠延續跟語言有很大的直接關係，而語言更是能夠讓文化代代相傳的主要工具。

不過，也有些馬華穆斯林的家庭，乾脆就直接把孩子送到宗教學校讀書，像是百奇郭後裔定居吉隆坡郭醫師的四個孩子，亦是如此。像這種情形在馬來西亞還不少，這些都是無不期望自己的子女學習伊斯蘭的知識，進而瞭解伊斯蘭這個宗教，做一個教門好的穆斯林。

（四）娛樂的規範

即將出爐的馬來西亞回教發展局娛樂指南，預料會禁止在祈禱時間內進行和播放娛樂節目。首相署部長拿督莫哈末辛指出，有關指南也將禁止使用任何違反「回教」教義和令聽眾不安的名詞或歌詞。他說：「歌曲必須要有適當的歌詞，情歌可以演唱和播放，不過歌詞內容不得無病呻吟。也不能出現『欲在天堂會面』等，因為我們還不能確定是否將可進入天堂」。他同時表示：「現今社會過於注重娛樂以至忽略其他的重點。」並且指出：「娛樂表演不能忽視觀眾，以及將男女觀眾混合在

104 鄭月裡主訪，吉隆坡 BF 女士口述，2005 年 1 月 20 日。
105 鄭月裡主訪，吉隆坡 MT 先生口述（來自吉打），2005 年 1 月 26 日。

一起，這是回教條規所不能允許的。」[106]因此，2005 年在吉蘭丹州舉辦的演唱會，男女座位是分開的。

在吉蘭丹州，2005 年 10 月初為配合吉蘭丹州政府宣佈哥打峇魯成為回教城而舉辦的「愛心演唱會」，當地市議會邀請多位當地藝人，包括來自柔佛州的冠軍歌手瑪威（Mawi）參與該會舉辦的演唱會，吸引了近 35,000 人前來參加，現場座無虛席，並且舉辦單位依性別將場地分劃為男、女及家庭等不同區域。[107]另外，根據《聖訓》第二十一章第 6 節的一段話，穆聖說：「歌唱使人心生邪念。」[108]所以這場表演的曲目自然以伊斯蘭教歌曲為主。由於吉蘭丹為回教黨執政，其執法的嚴格，在其他州是看不到的，尤其在華人較多的地區。

此外，新聞部長拿督斯里阿都卡迪說，為配合政府極力推行「回教現代化」政策。穆斯林祈禱時間，所有電視與電視台禁止播放娛樂節目，以尊重穆斯林，且避免影響他們的祈禱。這個提案大致上已獲得電視台及娛樂界人士的支持。大馬電視和電台將遵守首相和內閣所作的決定。[109]而大部分的藝人也都表示支持，因為他們也要祈禱。[110]可是副新聞部長拿督林祥三則有不同的看法，他指出：「娛樂節目應該以各族互相尊重和宗教信仰自由為考量。」他也認為：「在回教徒祈禱的時間內，

---

106 〈回教發展局將公佈指南　祈禱時段禁播娛樂節目〉，《星洲日報》，2005 年 5 月 18 日。
107 〈丹政府達至預期效果　男女分坐看演唱沒問題〉，《星洲日報》，2005 年 10 月 1 日。
108 納・阿・曼爾編，陳克禮譯，《聖訓之冠》第三集，頁 245。
109 〈回教徒祈禱時段　禁播娛樂節目〉，《南洋商報》，2005 年 6 月 20 日。
110 〈回教祈禱時停播娛樂節目　電視台娛樂界願遵守〉，《星洲日報》，2005 年 5 月 19 日。

應該讓其他種族繼續觀賞娛樂節目。否則會影響到回教徒以外的其他種族，若有關節目或活動沒有對回教徒造成影響，也沒有必要禁止。」[111]事實上，根據作者在馬來西亞的觀察，到了禮拜時間，有些電視台也在同一時間播放《古蘭經》，有的則播放與宗教有關的節目，或者播放柔和的音樂，大都已配合穆斯林的禮拜時間了。

但是在吉膽島則有很大的不同，該島上華人皈依伊斯蘭教者很少，約 50 人左右。平時的娛樂就靠家中的華語歌曲伴唱帶，舉凡台灣的歌手所唱的歌，不論國語或台語歌曲，在這個島上都會聽得到，呈現出華人社群的特色，這點和馬來人佔多數的社群有很大的差異。

三、公共儀式

華人一旦皈依伊斯蘭教後，必須摒棄原來的宗教信仰、取經名、不得崇拜偶像、用土葬方式處理屍體。作者將透過多次前往馬來西亞田調所取得的材料，針對馬華穆斯林皈依前、後的婚喪、節慶，以及改名換姓等幾個方面作論述。

（一）結婚儀禮

按照馬來人習俗，馬來人結婚，男性必須到女方家住上幾天，甚至幾個月，結婚儀式在女方家裡舉行。若華人嫁給馬來人，女孩子遭受家人反對時，她就無法在自己家裡舉行婚禮，

111 〈祈禱時間內停播娛樂節目？林祥才：應考量宗教自由〉，《星洲日報》，2005 年 5 月 18 日。

必須借用馬來朋友家暫住幾天並舉行婚禮。若華人娶馬來人，其家人反對時，頂多自己籌備下聘物品，結婚所需物品自己準備，並不需要到朋友家中借住。但由於受社會環境與宗教信仰的影響，現在很多新人會選擇在宗教局舉行婚禮。作者在2004年1月有機會在吉隆坡宗教局參加一場婚禮。男女雙方、阿訇及觀禮者均席地而坐，由阿訇（ākhond）舉行唸尼卡哈（Nikāh）[112]的儀式，阿訇唸完經文後，雙方在結婚證書上蓋印。其間有親友幫忙攝影，整個過程約40分鐘，簡單隆重。至於宴客場所，馬來人大多在甘榜辦流水席，採自助式。比較特殊的是，若男女雙方家長對這門婚事表示贊同的話，往往在女方家裡宴客後，回到男方家再宴請一次客。但當時不獲家人祝福者，後來取得家人諒解的不少，但也有些人因無法適應伊斯蘭生活而走上離婚之途。

至於結婚儀式舉行的「並坐禮」（bersanding），並不是伊斯蘭的一種婚俗，是馬來人傳統的結婚儀式。不過，已逐漸被年輕一代遺忘。[113]所以，現在很少人會去舉行，因為華人穆斯林也不知道該如何去做。

此外，根據伊斯蘭教教規，夫妻的宗教信仰必須相同以維護婚姻。穆斯林嫁娶非穆斯林，非穆斯林必須要先皈依才可以結婚。而已婚夫妻，若一方皈依伊斯蘭教，另一方則必須在三個月又十天內跟著皈依，否則他們的婚姻無效。不過，根據馬

112 尼卡哈：阿拉伯語音譯，原意為「結婚」、「婚姻」。

113 〈發射古砲婚禮〉，《星洲日報》，2009年3月9日；Osman Chuah, *Chinese Muslims in Malaysia,* Kuala Lumpur: International Islamic University Malaysia, 2001, pp.177-178.

來西亞 1976 年法令修正（婚姻及離婚），任何結婚的一方皈依伊斯蘭教，如果當事人沒有以皈依伊斯蘭教的理由提出與另一方離婚，他們的婚姻仍是有效的。[114]事實上，在 1970 年代，很多華人丈夫或妻子單方皈依伊斯蘭教，另一方仍保持原來的宗教信仰，各信各的，這種情形目前在吉膽島仍然相當普遍。

（二）喪葬儀式

伊斯蘭教主張死者入土為安，所以採取土葬，並講求速葬、薄葬。所謂速葬，即 72 小時內，必須將死者安葬；所謂薄葬，即指喪禮不鋪張浪費，講求簡樸。

當一位穆斯林歸真，其埋葬方式也與華人有很大的不同。依照伊斯蘭教法，人過世後，首先將屍體洗乾淨；再用白布包好，男性三條，女性五條，不論高矮胖瘦，尺寸一樣，意味人生而平等；待唸經禮拜就可下葬，埋葬不用棺木。若歸真者沒有親戚，或者沒有皈依的親戚，只要有人發現，便會通知宗教局的人，告訴他們有穆斯林歸真，宗教局馬上會派人前來處理後事，喪禮費用全由宗教局負擔。這種作法，對一個無依無靠的穆斯林老人來說，不必為後事煩惱。反之，非穆斯林喪葬費全由家人負擔就很重。華人一向自私、冷漠，若沒有皈依的話，死了就沒有人知道，也不會有人去管。來自怡保的 OC 先生就道出，他母親過世，就花了二到三千元馬幣辦喪事，覺得鋪張浪費。

114 〈李紹基循華人習俗　無損其回教徒身份〉，《南洋商報》，馬來西亞，1991 年 5 月 23 日。1976 年離婚法令第 51 條文說明，其中一方皈依回教，並不影響婚姻的有效性；參見〈回教理事貴代表律師指出　即使吃豬肉沒行割禮，李紹基仍然是回教徒〉，《星洲日報》，1991 年 5 月 23 日。

華人的喪禮費包括超度、燒紙錢、看風水、買墓地等等，要花很多錢，且過於商業化。相較之下，伊斯蘭的喪禮很簡單，一個穆斯林的喪葬費開銷不超過馬幣 1000 令吉。不過，華人非穆斯林對伊斯蘭教葬禮的看法是：「連這種喪禮的錢都要省，人辛苦了一輩子，過世還要這麼節省，連棺材也不用了，……。」[115]令華人實在無法想像。華人一般有「死者為大」的觀念或對死者表達哀思之情，總想盡辦法為死者辦一場風光的喪禮。如果根據宗教學的靈魂觀來看，我們就不難理解華人辦喪事的動機，主要是生者擔心對死者不敬，而招來亡靈對生者的傷害，因此，才會有一連串的祭祀行為，莫非希望亡者能繼續保佑其子孫。

經過作者多次的實地調查還發現，確實有些獨居老人或是生活環境較差的，皈依伊斯蘭之後，他們似乎在後事方面表示放心許多，因為宗教局會處理的好好的。

由於宗教信仰不同，舉行喪葬儀式也隨之不同。但是，有些馬華穆斯林會參與非穆斯林的喪禮，來自柔佛的 WS 先生表示，他參加非穆斯林的喪禮，但是不會拿香祭拜亡者。[116]任職於餐飲業的 RL 先生，他認為：「華人戴孝不是宗教，而是一種習俗。」[117]吉膽島的 IH 先生表示：「我會到墓地看母親的墳墓，但不祭拜。」[118]大體上，馬華穆斯林因身份的關係，參加喪禮時是不拿香的。至於馬來人的喪葬儀式，依照伊斯蘭教方

115 鄭月裡主訪，吉隆坡 OC 先生口述，2005 年 1 月 17 日。
116 鄭月裡主訪，吉隆坡 WS 先生口述（來自柔佛），2005 年 1 月 20 日。
117 鄭月裡主訪，吉隆坡 RL 先生口述，2004 年 7 月 22 日。
118 鄭月裡主訪，吉膽島 IH 先生口述，2005 年 7 月 20 日。

式處理，其屍體葬於伊斯蘭教公墓，[119]華人皈依伊斯蘭教後，其喪禮亦完全遵循伊斯蘭方式。

（三）穆斯林的節慶

伊斯蘭教重要的節慶有開齋節（Hari Raya Aidilfitri, 'idu-l-Fitr عيد الفطر）、哈芝節（即「古爾邦節」、「犧牲節」、「宰牲節」、「忠孝節」（Hari Raya Haji ,'idu-l-Adhā عيد الأضحى）、聖紀節（Maulud Nabi）、回曆新年（Maal hijrah）等，但是，較為華人穆斯林重視的為開齋節和哈芝節，[120]玆就這兩個節日加以說明。

1.開齋節（Hari Raya Aidilfitri, 'idu-l-Fitr عيد الفطر）

開齋節是伊斯蘭教一年一度的大節日，伊斯蘭教教曆 9 月，即拉瑪丹（Ramadan）月，它是伊斯蘭教的齋戒月。齋戒又稱「封齋」或者「守齋」。當伊斯蘭教教曆 8 月 29 日的日落時，如果能見到新月，那就是 9 月的開始，第二天必須開始齋戒。世界上所有穆斯林應遵守教律必須進行一個月的「封齋」，直到 9 月 29 日晚上看月，如果看見了新月，第二天是伊斯蘭教教曆 10 月 1 日，就是開齋節的日子，齋戒月就停止了。

齋戒的時候，日出之後至日落之前這段時間，穆斯林不能進食，包括不能喝水，男女間也不能發生親密的行為。待日落

---

119 在馬來西亞的伊斯蘭教墓場大致有兩種，一種是一般的墓場，場地較大，只有小型的墓碑，這種墓場在馬來西亞到處可見；另一種是豪華的墓場，有著大大的墓碑，墳墓以大理石砌成，有專人管理。

120 穆斯林的新年是穆哈蘭目的初一。可以說沒有慶祝。馬來西亞有某些州放假一天，有的照常工作，足以證明不注重回曆新年。參見艾驪馬琳，〈伊斯蘭的忠孝節〉，《伊斯蘭之光》79（1976），吉隆坡：全馬伊斯蘭福利機構。

之後，他們就可以大快朵頤。市集的許多小販，也抓住商機，在日落前，擺上各式各樣的美食，除了傳統的麵食之外，也有許多外型精緻、味道可口的糕點。此時，餓了一整天的穆斯林，在市集買了飲料和美食之後，等待日落後享受美食。[121]蜜棗是齋月不可少的食品，因此，小販準備了各式各樣的進口蜜棗供應龐大市場的需求。據說，在進食之前先吃蜜棗可以調和腸胃，以免一下大量進食感覺不適。[122]

在馬來西亞，開齋節稱之為「open house」（即開放門戶），每一年的開齋節慶，馬來穆斯林都保持開放門戶的美德，邀請同族或各族好友到家裡，分享開齋的喜慶。政府高官也不例外，在開齋節期間舉行大型開放門戶，讓各族人民前往，共同慶祝開齋節。[123]尤其在東馬，不論那一個民族，信仰那一個宗教，都會到穆斯林家中道賀。有些還會在住家宴客，以佳肴美食招待好友。同樣地，華人的農曆過年，也會受到其他民族的道賀。當然也不會忘記到清真寺禮拜，如居住在砂拉越美里（Miri）的 JY 女士，其夫為馬來人，她說：「開齋節（open house），會準備東西給大家吃，這是砂拉越的特色。」[124]當天也會去清真寺禮拜。

此外，伊斯蘭教亦規定在開齋節前，凡是穆斯林必須繳交開齋捐（zakat fitrah），[125]馬來西亞的華人穆斯林（包括皈依者）亦不例外。開齋捐按人頭計算，每人必須繳交一天食物的錢，

121 葉永衾，〈美食飄香齋戒月〉，《中國報》，2005 年 10 月 7 日。
122 葉永衾，〈美食飄香齋戒月〉。
123 〈高官政黨開齋開放門戶〉，《中國報》，2005 年 11 月 3 日。
124 鄭月裡主訪，美里 JY 女士口述，2006 年 7 月 26 日。
125 已有經濟能力的自繳，沒有經濟能力的小孩，由父母負擔。

大約馬幣 5 令吉左右。由於每個州政府規定不一樣，收費也不同，有些州繳馬幣 4.5 令吉，有些則只須繳 3.5 令吉。這些開齋捐由各州宗教局自行管理，主要用途是捐給貧窮的人，讓他們也能夠過節。如吉膽島的 FW 先生，從 2004 年開始每年開齋節可以領到青包 450 令吉，據說是吉膽島宗教師幫忙申請的，2005 年是第二次領。[126]事實上，目前島上居民約 9,000 多人，99%是華人，信仰伊斯蘭教的華人約 50 多位（包含潮州港的 3 位），僅有一間禮拜堂（surau）作為穆斯林的禮拜場所，以及辦活動的地方，島上華人穆斯林大多會來這裡參與開齋節的活動。

穆斯林齋戒有兩種意義：一個是宗教意義；另一個是社會意義。宗教意義為討安拉喜悅而封齋，至於社會意義在於節約。然齋戒最大的用途就是「濟貧」，最大的目的在於「敬慎」，即自我節制。[127]

表 3-3：101 位華人皈依者過伊斯蘭節慶情形

節慶／性別	開齋節（'idu-l-Fitr）Hari Raya Aidilfitri	哈芝節（'idu-l-Adhā）Hari Raya Haji	聖紀節（maulidu-l-Nabbi）Maulud Nabi	回曆新年 Maal hijrah
男	65	62	21	17
女	34	33	4	2
合計	99	95	25	19

資料來源：鄭月裡據 2004、2005、2006、2008 田調訪問資料整理，2008 年 2 月 7 日。

說　　明：1.皈依的華人穆斯林較不重視聖紀節與回曆新年。
　　　　　2.開齋節中有一對夫婦沒有慶祝表中任何節日，也從未慶祝開齋節。

126 鄭月裡主訪，吉膽島 FW 先生口述，2005 年 7 月 20 日。

127 艾丹，〈齋戒對社會的價值〉，《伊斯蘭之光》113（1979），吉隆坡：全馬伊斯蘭福利機構。

依照伊斯蘭教教規，所有成年及身體健康的穆斯林，每年必須「封齋」一個月。但是，仍有極少數例外，居住雪蘭莪州吉膽島潮州港的 HC、TS 夫婦，[128]他們沒有守齋，也從未慶祝開齋節。這也難怪，因為整個潮州港信仰伊斯蘭教的華人僅有 3 位，該地區也沒有禮拜堂，若需參與宗教活動，必須到離住家有一段距離的吉膽島禮拜堂，在這樣的情形下，要他們堅守教規的確有困難。從表 3-3 的數據看來，開齋節也是皈依的華人最重視的一個節日，其次才是哈芝節。

2. **哈芝節**（Hari Raya Haji ,'idu-l-Adhā عيد الأضحى）

伊斯蘭教一年之內有兩個大日子。一個是封齋一個月以後的開齋節，另一個便是在 70 天以後，即大聚以後的哈芝節（伊斯蘭教教曆最後一個月的第十天舉行）。這個節日亦稱：（1）「都哈」；（2）「古爾邦節」（犧牲節）；（3）馬來人稱它為「哈芝節」（Hari Raya Haji）；（4）華人稱它為「小節」、又稱之為「忠孝節」、「古爾邦節」、「犧牲節」、「宰牲節」。[129]

在哈芝節前後，馬來西亞各地也會熱烈慶祝這一個節日，除了穆斯林前往禮拜堂或清真寺禮拜外，另一個重要的活動就是宰牲，所宰的牲畜有牛、山羊、綿羊、駱駝等。[130]這些動物宰殺後用來做為哈芝節的祭品，之後將肉分成若干份，用磅秤過，每份重量一樣，再用塑膠袋裝好，分送給其他各族人士或窮人，如 2005 年吉隆坡某個清真寺將宰牲的肉，送給 Kampung

---

128 鄭月裡主訪，吉膽島潮州港 HC、TS 夫婦口述，2005 年 7 月 21 日。
129 艾驪馬琳，〈伊斯蘭的忠孝節〉，《伊斯蘭之光》79（1976），吉隆坡：全馬伊斯蘭福利機構。
130 "Spirit of Sharing," *Star,* 2005 年 1 月 22 日。

禮拜堂的印度穆斯林食用。[131]州政府宗教部門也會出資宰牲，分肉給貧苦的穆斯林或送給 Kampung 的穆斯林，[132]華人穆斯林也可以去分肉，像是吉膽島上的 FW 先生，在 2004 年的哈芝節就分到一袋牛肉。[133]有些宗教部門則是到印尼亞齊贈送錢給貧窮的孩子。[134]

非官方的宗教組織（NGO），如大（全）馬伊斯蘭福利機構（Pertubuhan Kebajikan Islam Malaysia; The Muslim Welfare Organization of Malaysia，簡稱「PERKIM」）、馬來西亞華人穆斯林協會 （Pertubuhan Kebajikan Islam Malaysia; The Muslim Welfare Organization of Malaysia，簡稱「MACMA」）及其各州支部每年也都有宰牲的活動，[135]任何穆斯林都可以來享用。

除了官方、非官方的宗教機構宰殺牲畜之外，政治人物也會在這個節日裡宰殺一兩隻羊，供非穆斯林食用，他們認為這是一種功德的行為，不過在 OC 先生看來，這一切都是為了選票。[136]

受訪者中有 95 位聲稱，他們過哈芝節，僅有 6 位表示沒有過哈芝節。有過這個節日的皈依華人穆斯林會以實際的行動參與，OC 先生提到慶祝哈芝節情形，他說道：[137]

---

131 "Sambutan Aidiladha," *UTUSAN MALAYSIA,* 2005.1.22.

132 "Sambutan Aidiladha," *UTUSAN MALAYSIA,* 2005.1.22-23.（霹靂州宗教局 Jabatan Agama Islam Negerl Perak，簡稱「JAINP」的顧問，送肉給甘榜的穆斯林）。

133 鄭月裡主訪，吉膽島 FW 先生口述，2005 年 7 月 20 日。

134 "MangsaTsunami di Kuala MudaTetap Sambut Aidiladha, " *UTUSAN MALAYSIA,* 2005.1.22.。

135 穆斯林宰牲之牲肉分為三份：一份自用；一份贈送親朋好友；一份濟貧。

136 鄭月裡主訪，吉隆坡 OC 先生口述，2004 年 7 月 25 日。

137 鄭月裡主訪，吉隆坡 OC 先生口述，2005 年 1 月 20 日。

> 在馬來西亞甘榜（Kampung）比較多宰牛、羊，也有宰駱駝的習俗獻給安拉。羊一隻約馬幣 1000 令吉，牛較便宜，駱駝最貴。都市比較少宰，而且時間較早就宰殺。我們大多是出資合買一隻牛、羊或駱駝。這天男穆斯林會到清真寺禮拜，之後便三五成帮聚會或拜訪親友。女穆斯林不能進清真寺，大多在下午 3 點多有個聚會，在一起吃、喝、聊天來慶祝哈芝節。馬來西亞訂這天為國定假日，放假一天。很多人去朝觀還沒回來。…

駱駝價格昂貴，大多數宰牛和羊，但有極少的地方宰駱駝，大多是集資購買。2005 年的邦克島，[138]該島上的穆斯林就宰殺了從澳洲進口的 3 頭駱駝，在宰殺前，吸引許多當地人及小孩圍觀。在祈禱及誦讀《古蘭經》經文後宰殺，駱駝肉也是分給當地 1 千戶穆斯林享用。[139]

哈芝節在馬來西亞的穆斯林看來，雖然不是一個很大的節日，但確是伊斯蘭教朝覲中的一個重要活動，宰牲是穆斯林對安拉的一種獻祭行為，縱使其重要性不如開齋節，確實富有極深的宗教性意涵，這是不爭的事實。

---

138 邦咯島位於霹靂州西海岸，歷代以來，它優越的海灣為來往馬六甲海峽的商旅提供庇護之所它的魅力，也令海盜、探險家、商店及軍人深深陶醉。邦咯島位於馬來西亞半島西岸外，接近丁丁河（Dinding）河口大約是在整個麻六甲海峽終點位置，距離怡保市約 90 公里。邦咯島自古以來居民皆以捕漁為生。

139 〈宰駱駝慶佳節〉，《星洲日報》，2005 年 1 月 22 日；“Koran Kelompok Jimatkan Belanja,” *UTUSAN MALAYSIA,* 2005.1.23.

第二節　名字的改變

從古到今，中國人看重他們自己的姓名，絕不容許隨便更改，所謂「坐不改名，行不改姓」，關於改姓一事，沒有商量的餘地。長久以來，皈依伊斯蘭教後的「改名換姓」，深深地觸動了華人家族最敏感的神經線，如「香火突然斷了」、「家譜驟然翻到最後一頁」，世代的輝煌榮耀以一個「不光彩」的句點作為「完結」，沒有綿延下去的子子孫孫，實在令華人難以接受。

在這多元族群、宗教的社會，若一個華人喜歡上一個穆斯林，極可能上演的是「選擇愛情，還是選擇家庭」的苦情悲劇。[140]然而，誰是這齣悲劇的導演？皈依伊斯蘭教真的非「改名換姓」不可嗎？本節針對馬來西亞皈依穆斯林取名規範作探討。

一、bin 與 binti 的作用

穆斯林稱「伊斯蘭教名」為經名。任何一個人皈依伊斯蘭教，取個經名，表示自己已經信奉了伊斯蘭教，這是很普通的事情。當今的「伊斯蘭教名」，其實是在阿拉伯當地的人名，如「穆罕默德」，早在伊斯蘭教創立之前，就已經有這個名字了，一直延用至今。事實上，伊斯蘭教教義並沒有規定皈依穆

140 林宏祥，〈置家族姓氏沒資格享土著特惠　改名換姓程式繁縟〉，《東方日報》，2005 年 2 月 5 日。

斯林的名字後面要加上 bin 或 binti，這是馬來西亞獨有的。

馬來西亞政府於 1983 年以前，曾允許所有皈依者棄舊名另取新名，當時可以從後置詞 bin Abdullah 辨認其皈依身份。[141]因為馬來人沒有姓氏，加上 bin 或 binti 是為了方便辨認是誰的子女，例如 bin Abdullah 是阿都拉的兒子，binti Abdullah 是阿都拉的女兒。目前馬來人所取的名字，也未必均是阿拉伯的名字，如 Intan，就不是阿拉伯名字。有些小孩的名字還是取自父母的名字部分拼音的結合，[142]因為是馬來人，無形中就變成伊斯蘭教名字了。

吉蘭丹州州務大臣聶阿茲曾經在 2003 年 3 月提出質疑：「在伊斯蘭教，任何名字都是被允許的。在皈依後改名，是馬來西亞的新文化，它不曾在任何地方實行過。」[143]這也難怪，當皈依伊斯蘭教者得知更換名字並不是宗教的規範，而是行政程序的時候，即把憤怒的情緒指向馬來官員。

根據馬來西亞伊斯蘭教促進局（Jabatan Kemajuan Islam Malaysia）在 1998 年出版的一本名為《皈依穆斯林取名指南》的小冊子，不僅裡面有被允許使用與被禁止使用的名字外（參見表 3-4、3-5），亦將取名的規範分為兩大類：土著（原住民）皈依的穆斯林與非土著皈依的穆斯林。前者在取名方面的規範極為寬鬆，甚至可以「改名換姓」，即皈依者可以放棄家族的姓氏。換言之，可以選擇適當的名字，也不會因為他們皈依伊

141 麥留芳，《島嶼東南亞人名與稱謂》（台北：中央研究院亞太區域研究中心，2003 年），頁 56。
142 〈中國華裔回族保留姓氏〉，《東方日報》，2005 年 2 月 5 日。
143 〈換名字屬大馬獨有〉，《東方日報》，2005 年 2 月 5 日。

斯蘭教而喪失他們的土著地位；[144]後者就截然不同，他們不被允許將名字改成伊斯蘭教的名字，即使本身願意放棄華人的姓氏，也不被允許，例如 Zheng Yao Qing，其名不能改為 Muhammad Imam bin Abdullah，也不能以「@」符號，必須保有家族的姓氏，將家族名字或姓氏放置在伊斯蘭教名的後面，[145]如 Muhammad Imam Zeng bin Abdullah。目的有二：一是為了顯示他（她）是一位皈依的華人穆斯林；二是易於分辨皈依者不是馬來人或土著（原住民）。據此，他們沒有資格享有國家《憲法》中對土著（原住民）的一些優惠。

表 3-4：馬來西亞被允許使用的伊斯蘭教名

原　名	伊斯蘭教名
Pantat anak[146] Man	Zaleha bt. Man
Tan Sun Hai	Ahmad Tan b. Abdullah 或 Ahmad b. Tan Abdullah 或 Ahmad bin Abdullah 或 Ahmad Arif b. Tan
Balakrishnan a Maniam	Balakrishnan b. Abdulah 或 Tajudn b. Maniam 或 Tajudin b. Abdullah balakrishnan

資料來源：《皈依穆斯林取名指南》，Jabatan Kemajuan Islam Malaysia，1998 年。

144 〈置家族姓氏沒資格享土著特惠　改名換姓程式繁褥〉，《東方日報》，2005 年 2 月 5 日。
145 林宏祥，〈置家族姓氏沒資格享土著特惠　改名換姓程式繁縟〉，《東方日報》，2005 年 2 月 5 日。
146 Anak，適用於男女雙性，若不細分，常指男性；參見麥留芳，《島嶼東南亞人名與稱謂》（台北：中央研究院亞太區域研究中心，2003 年），頁 31。

表 3-5：馬來西亞被禁止使用的名字

原　名	伊斯蘭教名
Pantat anak Man	Pantat binti Mna
Tan Sun Hai	Ahmad b. Abdullah
Balakrishnan a Maniam	Tajudin b. Abdullah

資料來源：《皈依穆斯林取名指南》，Jabatan Kemajuan Islam Malaysia，1998 年。

多數皈依者認為，強制他們使用 bin 或 binti 是為了辨識之用，最大的作用還是在於凸顯誰是皈依的新教徒。特別是在正式的證件上，亦是如此登記，此種作法，視皈依者如同「次等教徒」一般。2005 年 1 月間，政策有了很大轉變。皈依伊斯蘭教者只需在 My Card（馬來西亞的晶片身份證）的晶片裡更改其宗教身份就可以了，並不需要改名。但由於宗教局的規定時常改變，早期對於皈依者規定必須在名字後面加上 Abdullah，作為對新皈依穆斯林（新教胞）的辨識，官方對新教胞的認定期效是 8 年。之後，改為不用冠上 Abdullah。最近政策又改為不需要加上 bin 或 binti 了。

據 RC 先生告訴作者：「近日來馬來西亞政府對皈依的華人已經准許他們的名字不必再加上 bin 或 binti 了。」[147]例如過去 Muhammad Imam Zeng bin Abdullah，則可改為 Muhammad Imam Zeng Yao Qing，也可以改為 Muhammad Imam Zeng。

二、華人姓氏的保留

在馬來半島、汶萊與新加坡，馬來－穆斯林式的「本名－本名」系統依然佔有強勢地位，而與之並行的為一小撮阿拉伯

147 鄭月裡主訪，吉隆坡 RC 先生口述，2005 年 11 月 25 日。

裔望族、華人、印度人皈依者採 「本名－姓氏」。[148]

馬來西亞皈依者的男教徒與馬來人或土著穆斯林通婚，所生的下一代，則可以全面採用馬來名字或伊斯蘭教名字，而棄用原來家族的姓氏。但也可以仍然保留原來的姓氏，採「本名－姓氏」的命名規則，如 Muhammad Imam Zeng 的兒子可以取名為 Ali Zait Zeng。不過，在此值得一提的是，舉凡具有宗教意思的名字，例如印裔的 Siva，Murugan 等，在皈依伊斯蘭教後都被禁止使用。[149]這就表示，皈依穆斯林能夠自己替下一代選擇適當的名字，以決定孩子的民族身份為土著（原住民）或非土著。至於皈依的女教徒方面，由於華人社會與馬來社會皆屬父系社會，馬來人的孩子承襲父親的名字，於是問題不大。

然而皈依的華人穆斯林，大多數會堅持保留自己的姓氏，也會在他們的下一代冠上姓氏，甚至有些會取華人的名字。一般而言，男性受訪者均異口同聲說：「因為我們是華人，有保留華人姓氏的必要。」但當作者進一步詢問：「你們確定你們的下一代未來在給他們的孩子取名字時，也同樣會保留先祖的姓氏嗎？」他們則是回答：「到了那時候就不是我們所能控制的了。」在全馬伊斯蘭福利機構（PERKIM）工作的 NH 先生，他是來自馬六甲的土生華人。他認為，保留華人的姓氏就是對自己族群（華族）身份的認同。[150]他把他的皈依伊斯蘭教的入教證明卡影印給作者，證明其所言屬實。皈依的華人可根據這

148 麥留芳，《島嶼東南亞人名與稱謂》（台北：中央研究院亞太區域研究中心，2003 年），頁 30。

149 〈取名指南供參考〉，《東方日報》，2005 年 2 月 5 日。

150 鄭月裡主訪，吉隆坡 NH 先生口述（來自馬六甲的土生華人），2005 年 1 月 20 日。

張卡，作為改名用。

但是姓氏能否延續，完全取決於嫁或娶。來自吉打州畢業於拉曼學院會計系，現任職於保險公司的 MT 先生，因娶馬來女孩而皈依伊斯蘭教。他的兩個孩子仍保有華人的姓氏，他說：「保留姓氏很重要，因為我們是華人。」[151]吉膽島的 I H 先生，因娶印尼穆斯林而皈依，育有一子三女，長女是妻子與其前夫在印尼出生的，長子及另兩個女兒才是他親生的，可是長子也在印尼出生，所以在印尼出生的兩個孩子不能在馬來西亞受教育，儘管在吉膽島禮拜堂（surau）AM 宗教師的多方奔走下，希望官方通融能讓他們受教育，但迄今仍無下文。而另外兩位女兒一個叫 Hafini（何麗美），就讀華小二年級，小女兒叫 Hayati（何麗云），就讀華小一年級，[152]都分別有華人的名字。像這種不僅保留華人的姓，還有華人的名字，在馬華穆斯林當中是比較罕見的，大多數都只有保留姓氏而已。

相反地，女性就不同了，他們嫁給馬來人，只有自己保留華人的姓氏，孩子的名字後面則是加上馬來父親的名字，即所謂的「父子連名制」。AN 女士於 1973 年皈依伊斯蘭教，她的丈夫是馬來人，但她皈依不是為了結婚，丈夫已經去世，她的四個孩子都加上父親的名字。[153]服務於警界的 CM 女士[154]也是如此。不過，由於華人和馬來人命名方式不同，前者採父親的姓氏，後者加上父親的名字。但是嫁給馬來人的華人女子，無

151 鄭月裡主訪，吉隆坡 M T 先生口述（來自吉打州），2005 年 1 月 26 日。
152 鄭月裡主訪，雪蘭莪州吉膽島 IH 先生口述，2005 年 7 月 20 日。
153 鄭月裡主訪，馬來西亞吉隆坡 AN 女士口述，2005 年 1 月 24 日。
154 鄭月裡主訪，吉隆坡 CM 女士口述，2005 年 1 月 26 日。

法把自己華人的姓氏傳給下一代。

當今馬華穆斯林保留姓氏主要是對自己族群身份的認同。至於想要獲得什麼利益似乎微乎其微。不像馬來西亞的土著（原住民），他們並非都是穆斯林，其福利與馬來人一樣，購屋也享有九折的優惠，例如十萬的房子，除付給發展商（建商）10%外，其餘可以向銀行貸款，公務員又可以便宜的利息向政府貸款，利息約 4%左右。另外，馬來西亞公務員大多數是馬來人，所以，他們的購屋是比其他族群來得便宜。華人穆斯林沒有這種優惠，因此，夫妻一方是馬來人的話，大都會由馬來人的先生或妻子申請，[155]如此，可以省下一筆可觀的數目。

除馬來人享有優惠外，基於政治的考量，被官方視為土著的土生泰裔及土生印裔，也享有部份的特權，包括可以在吉打州和玻璃市限制地申請馬來保留地、可以像土著一樣購買國民信託基金，然其土生泰裔人口數僅佔馬來西亞總人口的0.25%，[156]土生印裔也極少，由於作者目前沒有正確的數據，無法準確說出他們的人口數。但唯一可以確定的是兩者都是名副其實的「少數民族」。因為人數很少，在政治上並不能發揮顯著的力量。儘管如此，他們仍可享有與土著（原住民）馬來人一樣的福利。可是，土生華人並沒有這種特權。

因此，華人穆斯林名字的轉變，只是國家行政方面的程序，而非宗教的規矩。而他們保留華人的姓氏或名字，並不能給自己帶來絲毫的利益，僅是表達自己對祖先及本民族的認同

---

155 鄭月裡主訪，馬來西亞吉隆坡 MT 先生口述（來自吉打州），2005 年 1 月 26 日。

156 楊微屏，〈土生泰裔享土著地位〉，《星洲日報》，2003 年 2 月 14 日。

而已。

綜觀以上所述，皈依伊斯蘭已經不僅是個人的問題，而且還是一個公共的問題，不僅涉及法律與繁文縟節的程序，而且攸關皈依者身份地位的轉變。由於宗教屬於州政府的權限，根據馬來西亞年輕學者邱偉榮指出：「聯邦直轄區回教局（Jabatan Agama Islam Wilayah Persekutuan，簡稱「JAWI」）可以發出指示，或提出規範性的建議，然而最終還是交由各州宗教局去決定是否要採納其建議。」[157]可見最後裁決權仍掌握在各州宗教局的手裡。

第三節　華人傳統文化的維繫與揚棄

華人傳統節慶很多，舉凡農曆新年、元宵節、清明節、端午節、中元節、中秋節、冬至等習俗均為華人所重視。這些節日有那些被視為文化的日子，得以繼續在華人穆斯林間保留下來，又那些節日被視為屬於宗教的日子，必須捨棄，將是本節探討的重點。

一、視為文化的節日

華人皈依伊斯蘭後，比較常過的節日就是農曆新年，其次是中秋節和端午節。

157 林宏祥，〈置家族姓氏沒資格享土著特惠　改名換姓程式繁褥〉，2005年2月5日。

（一）農曆新年

在華人社會中極具人情味的農曆新年，當要過年的時候，所有家人都從遠地趕回老家歡度新年，增進與家人的親情，同時長輩給晚輩壓歲錢，子女也會給父母及長輩紅包，並在新年期間與親友互相造訪拜年。

表 3-6：101 位華人皈依者對中華傳統的維繫與揚棄

節慶／人數／性別	農曆新年	元宵節	端午節	中秋節	清明節	中元節	冬至	無
男	53	19	26	34	0	0	3	13
女	30	14	18	20	0	0	0	5
合　計	83	33	44	54	0	0	3	18

資料來源：根據 2004、2005、2006、2008 訪談資料整理，2009 年 3 月 2 日。
說　　明：本表係就統計樣本加以合計，從統計學上看，誤差必大。因此，這些數字不宜用來作為比率或比例的計算。

從表 3-6，101 位受訪者中，有 83 位表示，他們會過農曆新年。農曆除夕，有些華人穆斯林會回老家與父母、家人吃團圓飯，但禁食豬肉。過年期間，會去拜訪親友，也有包「紅包」或「壓歲錢」的習慣。[158]信奉伊斯蘭教的維吾爾族永樂多斯表示：「我們也會依照華人的傳統文化來過新年，不過不包括迷信的部分如拜拜等。」以及「會包壓歲錢予小孩、向親朋戚友拜年。除夕也會回婆家共用團年飯。」[159]皈依的華人 AT 先生

158 Ibrahim Ahmad Bajunid, “A Well of Wisdom in Cultural Festivities,” *NST*, 2004.1.25.
159 永樂多斯，〈永樂：華裔回教徒也慶春節〉，《星洲日報》，2000 年 2 月 4 日。

說：「過年會和家人一起吃團圓飯，給孫子紅包，子女也會給我紅包。」[160]任教於美里中華公學的 FT 教師，她是馬來人的媳婦，她說：[161]

> 華人新年會煮幾道菜，拿到姊姊家，與媽媽、姊姊一起吃團圓飯。並給媽媽、孩子紅包，對方也會給她紅包。但是，馬來新年只有自己發青包給他們。

有些華人穆斯林慶祝華人農曆新年，但不參加典型的非華人穆斯林的慶祝儀式，也不給紅包，只買禮物送給孩子。[162]

受訪者中，有 18 位沒有回去拜訪父母及團聚的理由不外乎有下列幾種：（1）年夜飯食物不是合法的，以及有些食物對華人穆斯林是禁止的；（2）反對崇拜祖先或崇拜偶像；（3）認為沒有意義；（4）在華人非穆斯林家裡，困難禮拜；（5）家裡成員會問他們一些被伊斯蘭禁止的事。

除了團聚外，農曆新年的大團拜已形成了大馬華人歡慶春節的一大特色。大年初一，大家不再只到親友家拜年，也會齊聚政黨及華團團拜地點，與其他民族共同慶祝華人農曆新年。儘管大家擁有不同膚色、宗教、語言及生活背景，卻擁有一同慶祝新春佳節的到來，藉此機會深入了解大馬華人的傳統習俗。[163]

---

160 鄭月裡主訪，雪蘭莪州吉膽島 AT 先生口述，2005 年 7 月 20 日。
161 鄭月裡主訪，美里 FT 女士口述，2006 年 7 月 26 日。
162 Osman bin Abdullah , " Interaction and Integration of Chinese Muslims, " op.cit., pp.160-161.
163 黃良儒，〈春眠不覺曉〉，《東方日報》，2006 年 2 月 5 日。

（二）元宵節

華人從除夕當天到農曆正月十五日元宵節為止，都算是新年期間。華社往往舉辦一些慶祝活動，如揮春比賽，但是這些比賽場所，大多在寺廟舉行，即使揮春是中國傳統文化，華人穆斯林也不便參加。

華人受訪者中有 33 位有過元宵節，男性 19 位，女性 14 位。事實上，他們表示僅吃湯圓而已，並沒有任何慶祝活動。

（三）端午節

華人農曆五月五日是紀念屈原的日子。傳說屈原是戰國時代楚國的三閭大夫，亦是一位詩人。他是一位忠臣，後因國王聽信奸臣，把屈原放逐。屈原投江自盡，於是人民用竹葉包糯米投入江裡，餵詩人死者之靈。用竹葉包糯米的食物成為華人的傳統，也形成一年一度慶祝端午節的由來。

在馬來西亞雖然這種食物是整年都可以吃得到，但是華人在農曆五月五日當天，幾乎每個家庭會用竹葉包糯米的粽子，以祭拜神明及祖先。糯米裡包著豬肉，這種食物對穆斯林而言是不合法的。1995 年，在吉隆坡怡保路 PERKIM 大樓舉行 MACMA 第一次大會，當時 OC 先生擔任秘書，就請了一位穆斯林傳教士的華人妻子，準備合法的食材，用竹葉包糯米的粽子，裡面放置著雞肉和鹹蛋，當時包了很多的粽子，在幾分鐘內就銷售一空。[164]

---

164 Osman bin Abdullah, “Interaction and Integration of Chinese Muslims,” op.cit., pp.163-164.

受訪者中有44位過端午節，男性有26位，女性有18位，他們均表示，會吃不包豬肉、及不用豬油包的粽子，甚至有些華人穆斯林擔心買到不合法的粽子，所以自己動手包。

（四）中秋節

華人農曆八月十五日是中秋節。馬來西亞華社為了保維繫中華文化的習俗，舉辦歌唱比賽、[165]園遊會、[166]聯歡晚會[167]及製作燈籠比賽。有些地方甚至把提燈籠遊行視為中秋節的重要活動。[168]「提燈籠」在台灣是元宵節的主要活動，在馬來西亞卻是中秋節的活動。

馬來西亞國民大學（UKM）中秋最基本的宗旨是發揚華族的優秀文化，促使各民族文化交流與團結，從中激勵大學生更積極地參與文化活動，並將此活動延續下去。因此，每年都會舉辦「國大中秋文娛晚會」慶祝中秋節。[169]

當天，華人除了煮些特別的菜肴，附上柚子和月餅，供奉在屋內所有的神祇和祭拜祖先。月餅的銷售量很大，而且一些華人主要以製造和出售月餅生活，在媒體時常可以見到很多的廣告。[170]現在月餅已有馬來式的合法月餅，所謂合法月餅就是

---

165 章菁燕，〈鼓勵樂齡者參加活動　聚星堂中秋節辦歌唱大賽〉，《星洲日報》，2005年9月22日。
166 〈18華團聯辦園遊會　中秋節慶瀰漫龍溪〉，《星洲日報》，2005年9月21日。
167 〈5千民眾鬧翻天　沙登中秋晚會聲勢浩大〉，《星洲日報》，2005年9月21日。
168 〈共慶中秋在白小200人出席熱烘烘〉，《星洲日報》，2005年9月21日。
169 瑞瑤，〈中秋帶我們成長〉，《中國報》，2005年9月26。
170 Osman bin Abdullah , " Interaction and Integration of Chinese Muslims, " op.cit., pp.160-162.

沒有用豬油及豬肉包的月餅，這種月餅由製作廠商直接出售，他們也同時供應用豬油做的月餅。除了銷售上述兩種作法的月餅外，另有素食月餅也可供顧客選擇。

101 位受訪者中，有 54 位有過中秋節，男性 34 位，女性 20 位，他們表示會吃柚子及不含豬油及豬肉的月餅。少數禮拜堂在中秋節也會發給金錢讓大家過節，如 2004 年中秋節，吉膽島的禮拜堂（surau），發給每位穆斯林馬幣 50 令吉，非穆斯林馬幣 40 令吉，皈依伊斯蘭教的小孩馬幣 10 令吉。[171]換句話說，吉膽島上人人有獎。

（五）冬　至

冬至是一年二十四節氣中，最重要的一個節氣。它的由來，和曆法有直接的關係。冬至的日期，每年都在陽曆的 12 月 22 日或 23 日；陰曆的日期則不太一定，但大抵不會超過陰曆的 11 月。

冬至的應節食品，中國北方多吃水餃或餛飩，南方多吃湯圓。101 位受訪者中，僅有 3 位男性過冬至的習俗。

華人穆斯林對於農曆新年、元宵節、端午節、中秋節、冬至傳統節日，受訪者大多數認為：「那是我們華人文化傳統的習俗，與宗教無關。」尤其農曆新年，至今仍為華人穆斯林所重視。

171 鄭月裡主訪，吉膽島 AM 先生口述，2005 年 7 月 20 日。

二、視為宗教的節日

清明節和中元節兩個節日，被華人穆斯林認為與華人宗教有關，兩者均屬於祖先崇拜範疇，與伊斯蘭教牴觸而必需揚棄。

清明節，華人穆斯林選擇性的做某些事情，如來自雪蘭莪州的 AW 先生，在清明節當天，他會與其父母、家人去掃墓，幫忙拿祭品、開車、除草，但不拿香，也不鞠躬。[172]事實上，穆斯林在開齋節當天，先到清真寺參加節日會禮，俟會禮結束後，再到自家墳墓前誦經悼念亡人，穆斯林稱之「走墳」。可見掃墓習俗及悼念亡人，並非華人的專利，因為穆斯林也有這種習俗。不過，在穆斯林看來像清明節這種祭祖活動是屬於華人宗教的範疇。

除了清明節外，另一個被視為宗教節日的是中元節。農曆七月十五日為中元節，華人社會每年農曆七月都會舉行普渡，在馬來西亞幾乎沒有華人穆斯林去參與這個節日的活動，因為此一節日被視為具有濃厚的宗教色彩。中元節俗稱「鬼節」，華人社會一年一度的中元普渡是華人的傳統文化。在這個期間各地會舉行盛大盂蘭盆會，一般進行至少三天，除了讓善男信女上香祭拜孤魂野鬼、先祖、燒紙錢、上香、點香燭等，祈求本身多福多壽，也會開筵席上百桌（平安宴）。[173]這種燒紙錢、祭先祖、拜孤魂野鬼的行為，被華人穆斯林認為與宗教有關，因此，華人穆斯林不參與也不舉行任何活動。

---

172 鄭月裡主訪，吉隆坡 AW 先生口述（來自雪蘭莪州），2005 年 1 月 27 日。
173 李惠鈴，〈盂蘭勝會減少香火〉，《東方日報》，2005 年 8 月 5 日。

儘管宗教信仰在華人社群有異，族群身份仍然不變。在 101 位受訪者中，他們大多數表示，會過華人的農曆新年，同時也過伊斯蘭教的節日，像是開齋節、哈芝節、聖紀節（穆罕默德誕辰）、回曆新年等，然而更重視開齋節與哈芝節。究竟馬來西亞華人穆斯林是否應保留華人傳統的習俗，看法不一，有些人強調一定要保留，因為那是華人五千年悠久的傳統文化。不過，也有些人持反對的看法，認為除了農曆新年外，其餘的節日不必重視。甚至有少數的人，完全將之捨棄。據作者根據田調資料顯示，華人最重視的是農曆新年，其次是中秋節，再其次是端午節、元宵節，冬至。華人穆斯林只吃沒有攙入豬油、豬肉的月餅，端午節吃不含豬油和豬肉的粽子，以符合伊斯蘭教教義。

儘管華人穆斯林重視華人農曆新年，但對他們而言，最重要的節日還是伊斯蘭教的開齋節和哈芝節，[174]這些日子馬華穆斯林大多會參與慶祝的活動。

小　結

馬來西亞以伊斯蘭教為國教，憲法第 160 條亦明定：[175]「馬來人必須信仰伊斯蘭教。」也因為這一層關係，馬來文化與伊斯蘭文化往往被視為一個整體。馬來西亞華人皈依伊斯蘭教後，除了脫離過去原有宗教外，也必須摒棄原有的生活方式，

174 鄭月裡主訪，吉膽島 AT 先生口述，2005 年 7 月 20 日。

175 International Law Book Services, *Federal Constitution,* Kuala Lumpur：International Law Book Services, p.141.

完全過著穆斯林的生活方式。

馬來人常吃的食物有 lemang（竹筒飯）、rendang daging（馬式燴牛肉）、kari sambal（佐料）、sayur sayur ulam（各種生吃蔬菜）、nasi lemak（椰漿飯）等食物，並喜歡拌許多的辣椒醬一起吃。華人皈依伊斯蘭教後，大多數能夠遵循伊斯蘭教教律禁食豬肉，並且吃 Halal 的食物，但有些則不介意食物是否 Halal，只要不吃豬肉就好，僅有極少數皈依者仍維持吃豬肉的習慣。在服飾方面，皈依的華人大多遵照伊斯蘭教規定穿著；至於室內的裝飾，因嫁娶對像不同而有不同的擺設與裝飾，甚至不同民族也有各自的擺設，加上又信奉伊斯蘭教。因此，在華人穆斯林家裡可以說是多元文化並存的現象。

此外，住在馬來社群的馬華穆斯林常講馬來語、穿馬來衣服、吃馬來食物，行馬來人的飲食方式。久而久之，不會講華語了，華人的傳統文化習俗也遺忘了，就被當成是馬來人看待，其子孫也自認為是馬來人。

但是，馬華穆斯林有些則視本民族的文化傳承與宗教教育並重，即使住在馬來社群的華人穆斯林，早上會把他們的孩子送到華校讀書，下午再送到宗教機構辦的學校學習阿拉伯文、《古蘭經》、禮拜儀式；有些則是早上在馬來學校讀書，下午再到宗教機構辦的學校學習。更有些就直接送到宗教學校就讀。如此，這些孩子一方面吸收了華人文化、馬來文化，另一方面也吸收了伊斯蘭文化。

按照伊斯蘭教教規，夫妻的宗教信仰必須相同以維護婚姻。穆斯林嫁娶非穆斯林，非穆斯林必須要先皈依才可以結婚。按照馬來人習俗，馬來人結婚，男性必須在女方家住上幾天，甚至幾個月，結婚儀式在女方家裡舉行。但由於社會大環境的改變及受到宗教信仰的影響，當今很多新人會選擇在宗教局舉行婚禮，由阿訇主持結婚儀式，簡單隆重。至於宴客場所，馬來人大多在 Kampung 採自助、流水席方式進行。

伊斯蘭教喪葬形式以土葬為主，強調死者入土為安，並講求速葬、薄葬。當一位穆斯林歸真，宗教局依照伊斯蘭教方式處理屍體，將之葬於回教公墓，費用也由該局負擔。至於馬來人是不是原來就採土葬的方式，還是信仰了伊斯蘭教之後才改為土葬，由於筆者欠缺這方面的資料，仍有待進一步瞭解。

在名字方面，由於多年來宗教局對皈依者改名換姓經過多次的更動。華人皈依者從在經名之後加上在馬來西亞獨有的 bin（兒子）或 binti（女兒）後，改為在 bin 或 binti 後面再加上 Abdullah，以此作為對皈依華人的辨識。直到今天皈依者可以在經名之後直接加上姓名或姓氏，而不須再加上 bin 或 binti，以及 Abdullah。此一政策顯然較以往放寬許多。不過，華人皈依的男性，大多數會堅持保留自己的姓氏，也會在他們的下一代冠上姓氏，甚至還會取個華人的名字。他們認為，保留華人的姓氏就是表示對自己族群身份（華族）的認同。

而皈依伊斯蘭教的華人居住在華人占多數的社群裡，仍受華人傳統文化的影響，家裡供奉神明，甚至原是馬來人的神祇拿督神也拜。至於華人的節慶，馬華穆斯林大多數至今仍過華人農曆新年、端午節、中秋節等節日，特別是農曆新年，因為他們認為這是習俗、是文化，不是宗教。但比起農曆新年，他們更重視開齋節、古爾邦節等兩大伊斯蘭教節日。

總而言之，華人皈依伊斯蘭教後，無論在物質生活、精神生活、及公共儀式方面，在結合馬來文化的同時，也吸取了伊斯蘭文化，甚至還保留了部份華人的傳統文化。因此，馬華穆斯林不能說是單一的「馬來化」或「伊斯蘭化」，只能說是一種多元並存的文化。

第四章　皈依者的社會適應

華人穆斯林（Muslim）有兩類：一類是原來就是穆斯林，另一類是後來才改變信仰伊斯蘭教（Islam）的穆斯林。本章研究的對象以後者為主，這些人比較容易遭遇文化上的衝突，其中包括知識、道德、法律、信仰、風俗、習慣等。

馬來人文化和華人文化有許多不同，甚至有相對立的地方。華人常誤以為伊斯蘭教等於馬來教，穆斯林等於馬來人，伊斯蘭教文化等於馬來文化。對「皈依伊斯蘭教（masuk Islam）」的華人，所謂「進番」，是華人罵人的語詞，意即成為「馬來人」。[1]自視甚高的華人，極擔心會被所輕視的馬來人同化。當然，一旦有華人皈依，他或她會立即在文化上和生活上遭遇雙重的壓力不止此，同時還需要面對社會適應的問題。

華人皈依伊斯蘭教，最大的問題是來自家庭，尤其是父母，他們認為子女皈依伊斯蘭教是違背祖先的行為，是不孝順的。因此，華人一旦皈依伊斯蘭教，就會引起父母、兄弟姊妹、朋友、親戚的反彈。情況好的，過些時候，獲得家人的諒解，但有少數皈依者，從此便必須與親人互不往來。所幸大多數的

---

1 何國忠，〈獨立後華人文化思想〉，收錄於林水檺、何啟良、何國忠、賴觀福等編，《馬來西亞華人史新編》，冊三，（吉隆坡：馬來西亞中華大會堂總會，1998 年），頁 61。

馬來穆斯林對皈依伊斯蘭教的華人表示友善與歡迎，因而讓有些華人皈依者覺得：住在馬來社群比住在華人社群自在。只有少數馬來穆斯林對於華人皈依的目的存疑，且視其為次等公民，甚至加以排斥。這些皈依者遭到非穆斯林的華人排斥，也不被馬來穆斯林接受，可以說變成了「裡外不是人」，內心嚴重受創。

有部份皈依的華人，既不了解伊斯蘭教教義，不會阿拉伯文，又不懂如何唸誦《古蘭經》，也不知道該如何禮拜。為了解決這些問題，馬來西亞各州宗教局及非官方宗教機構，均有開設宗教課程，讓皈依者學習，這些課程都是免費的。此外，各州宗教局另設有車馬費的補助，鼓勵前來學習的穆斯林。

也有一些華人在皈依之後，努力學習教義，講馬來語、遵從馬來習俗，甚至不承認自己是華人，來盡力融入馬來社群，甚至想盡辦法使自己的外觀讓別人看起來像馬來人。但是，經過如此之後，他們就變成馬來人了嗎？一般華人和馬來人如何看待這些皈依的華人？很多皈依的華人認為：「生活在馬來社群比在華人社群自在」。事實真是如此嗎？宗教機構開設輔導課程，為什麼皈依者學習意願不高？

本章將根據以上幾個問題，分三節探討：首先是皈依者與一般華人的互動關係，如華人皈依穆斯林與一般華人的家庭、親戚、朋友、社會的互動情形；其次：皈依者與馬來人的互動關係，如皈依者與馬來人的朋友、收養家庭、輔導皈依的姻親、社會的互動情形；最後論述官方、半官方與非官方的宗教機構，他們如何輔導皈依的華人穆斯林，以及這些機構具有那些功能等等。總之，本章意旨分析華人在皈依伊斯蘭教後，因為文化的變遷而產生不同的社會適應模式。[2]

第一節　皈依者與一般華人的互動

馬來西亞雖以伊斯蘭教為國教，[3]但官方並未反對其他宗教之存在，因此沒直接發生教案，這與清朝末年以來官紳反教（基督宗教），甚至教案層出不窮的現象不同。[4]在過去，一般華人絕大多數對信仰伊斯蘭教仍持反對態度。華人皈依伊斯蘭教一

2 馬林諾斯基對文化變遷的定義：「現存的社會秩序，包括它的組織、信仰和知識、以及工具和消費者的目的，或多或少地發生迅速改變的過程。」Bronislaw Malinowski, *The Dynamics of Change: an inquiry into race relations in Africa,* New Haven: Yale University Press; London: H. Milford, Oxford University Press, 1945, p.1；據作者田調發現，皈依伊斯蘭教的華人不見得會產生 rapid process of change，都是慢慢改變其生活方式。柴爾德認為：「變異可以視為創新，遺傳可以適為學習與傳播，而適應與淘汰則可視為文化的適應與選擇。」Gordon V. Childe, Social Evolution, London and New York: H. Schuman, 1951, pp.175-179.; 目前馬華穆斯林只有傳承與承新。懷特指出：「文化由簡單變為複雜這項通則以及懷特所謂的法則（技術的發展表示人對能量的控制，是否某些文化成就與社會變遷的先決條件）早就接受了。」Leslie A. White, Emergy and the Evolultion of Culture, *American Anthropologist,* XLV,pp.335-356.；事實上，文化是累積性的，有可能越變越複雜。何雷認為：「每一項新技術的發現與舊技術的更新，不論其起源為何，都會改變人與周圍的有機體之關係，並改變他在生物社區的地位。」Amos H. Harris, *Human Ecology: A Theory of Community Structue,* New York, The Ronald Press, 1950, p.68；何雷說法較適合應用在生物上，並不適用馬華穆斯林身上。參見史徒華（Julian H. Steward）著、張恭啟譯，《文化變遷的理論》（台北：遠流出版社，1998 年），頁 23、41。

3 馬來西亞《憲法》第 3 條第一項：「伊斯蘭教為聯邦之國教，唯其他宗教可在安寧與和諧中在聯邦地奉行。」參見 International Law Book Services, *Federal Constitution,* Malaysia: Selangor Darul Ehsan, 2003, p.13.

4 呂實強，《中國官紳反教的原因（一八六〇～一八七四）》（臺北市：中央研究院近代史研究所，民 55（1966））。

向是華社敏感的問題，當一名華人皈依伊斯蘭教時，他們往往被華人非穆斯林視為「背叛」自己民族、祖先的人，而受到不諒解與排斥，甚至認為信仰伊斯蘭教就是「進馬來教」、「進番」，就要變成馬來人了。所以，有不少華人穆斯林，在皈依伊斯蘭教前後，都曾經和家人有過「拉鋸戰」，甚至一生瞞著家人皈依，最後竟導致「歸真」[5]後，家人與官方上演一幕幕的「搶屍」風波。

作者又發現，過去許多華人認為：伊斯蘭教和華人的特性與傳統宗教相違背，對其周遭親友皈依伊斯蘭教，就會有激烈的反應，加以排斥。同時，當若干華人在排除萬難皈依後，突然間發現自己被孤立了，甚至連同他們最親密的家人，也毫不客氣的拒絕他們，昔日的好友也不相往來，之後發現華人穆斯林這條道路，並沒有想像中的平坦。相較於過去，今天的華人穆斯林所面對社會壓力，已經減少許多，即使家庭、朋友、親戚、社會仍有若干抗拒或排斥，也已不如以往嚴重。

一、與其非穆斯林家庭成員的互動[6]

在 101 位受訪者中，男 66 位，女 35 位。皈依者曾遭到父親反對有 40 位，沒有反對 38 位，沒有意見 4 位，皈依者在皈依前父親已過世的有 18 位，有一位不知道，反對當中有 13 位

5 伊斯蘭教術語，指「歸天」，去世之意。

6 參見鄭月裡，〈皈依後的社會適應：馬華穆斯林田野調查之分析〉，收錄於夏誠華主編，《新世紀的海外華人變貌》（新竹：玄奘大學海外華人研究中心，2009（民 98）年），頁 298-307。

是皈依一段時間後，才被父親接受。其次遭到母親反對有 45 位，沒有反對的有 36 位，沒有意見有 5 位，皈依者皈依前母親已過世的有 14 位，有一位不知道，反對者中有 15 位是皈依一段時間後，才被母親接受。

皈依者受到兄弟反對有 35 位，沒有反對 51 位，沒有意見 10 位。反對中有 8 位剛開始反對，後來才接受。其餘 5 位則是包含沒有兄弟的 1 位、和家人沒有來往的 2 位、不知道的 1 位、獨身的 1 位。受到姊妹反對有 30 位，沒有反對 53 位，沒有意見 12 位。反對者中有 6 位剛開始是反對，後來是接受。其餘 6 位則包含沒有姊妹的 2 位、沒有來往的 2 位、不知道的 1 位、獨身的 1 位（參見表 4-1）。

華人皈依伊斯蘭教最常見的問題是來自家庭，尤其是皈依者的非穆斯林父母，他們反對的理由大多不外乎：1.孩子皈依伊斯蘭教是不做華人要做「番」；2.違反中華文化、敗壞門風；3.受到降頭師施術的影響；4.伊斯蘭教屬於馬來教，一旦皈依伊斯蘭教就是馬來人，再也不是他們的子女了。因此，華人家庭對入教一事反對極為激烈。然而有些皈依者的父母雖然不高興，但已經結婚了沒有辦法，只好勉強接受；甚至有一位父親因自己皈依伊斯蘭教，得不到妻子與孩子的認同，最後承受不了壓力，恢復原來的信仰。

表 4-1：101 位皈依華人穆斯林受到非穆斯林家庭贊同與否的數據

項　目	父　親	母　親	兄　弟	姊　妹
皈依前去世	18	14	0	0
反　對	40（13）[7]	45（15）[8]	35（8）[9]	30（6）[10]
沒有反對	38	36	51	53
沒有意見	4	5	10	12
其　他	1（父親不知道）	1（母親不知道）	5（包含沒有兄弟的 1 位、沒有來往的 2 位、獨身的 1 位、不知道的 1 位）	6（沒有姊妹的 2 位、沒有來往的 2 位、獨身的 1 位、不知道的 1 位）
合　　計	101	101	101	101

資料來源：鄭月裡，根據 2004 年至 2008 年田野調查收集資料整理，2008.12.11。

說　　明：本表係就統計樣本加以合計，從統計學上看，誤差必大。因此，這些數字不宜用來作為比率或比例的計算。

曾赴約旦學阿拉伯文一年、伊斯蘭法四年的 FA 先生，於 1978 年皈依，目前在吉隆坡自己經營一家工程資訊公司，員工有 20%為馬來人，其餘為華人、印度人等。他說：[11]

> 華人皈依伊斯蘭教最常面臨的問題（困難）來自家庭。家庭觀念認為，孩子入教是不做華人，要做「番仔」。

上述內容說明華人視馬來人為「番仔」，顯然鄙視意味濃厚。事實上，早在 1940 年，馬來西亞華人伊斯蘭領袖馬天英訪問馬來亞時，為促進華、馬兩族和平相處，當時他藉著演講的機會，一方面勸馬來人學習華語，以便向華人傳教；另一方面

7 40 位反對者當中有 13 位是皈依一段時間後，才被父親接受的。

8 45 位反對者當中有 15 位是皈依一段時間後，才被母親接受的。

9 35 位反對者當中有 8 位剛開始是反對，後來才被接受。

10 30 位反對者當中有 6 位剛開始是反對，後來才被接受。

11 鄭月裡主訪，吉隆 FA 先生口述（來自霹靂），2004 年 7 月 23 日。

希望僑胞與馬來人友好，勿稱馬來人為「鬼」。[12]華人不論以「番仔」或「鬼」稱呼馬來人，除了區分民族外，亦具有輕視對方文化的意涵。時至今日，有些華人仍存有這種觀念。這就是為什麼華人面對家庭成員皈依伊斯蘭教時，常持反對態度的原因。

而令皈依者感到苦惱的是，與家裡關係的維持，有些華人穆斯林得不到家裡諒解，不敢回家，又若回家過節，就被指點為「回歸華人」。[13]如此也常使華人穆斯林陷入兩難。茲分別就皈依者與父母、兄弟姊妹和配偶的關係來加以說明之。

（一）與父母之關係

因嫁娶馬來人遭到父母反對的不少。在吉隆坡國家廣播電台以華語廣播伊斯蘭教義的 JT 女士，因結婚而皈依伊斯蘭教。當年其父已過世，母親認為女兒嫁給馬來人，是違反中華傳統文化，敗壞門風，是個不聽話的小孩，因而極力反對。[14]JT 女士仍不顧母親反對，堅持嫁給馬來人。但是，好不容易與家人抗爭來的婚姻並不幸福，最後以離婚收場。

來自吉打，在吉隆坡從事保險業的 MT 先生，1997 年因結婚皈依伊斯蘭教，父母親反對他皈依，尤以母親反對最為激烈，反對理由是兒子一旦皈依伊斯蘭教就會變成馬來人，再也不是她的兒子了。直到一年後有了孩子，父母親才接受他，現在

12 馬天英，《馬來亞訪問記》，出版時間、地不詳，頁 103-109。該書作者在 2006 年 8 月間在吉隆坡華社找到僅剩餘的後面 12 頁（彭亨、重遊柔佛）資料。
13 馬琦，〈華人穆斯林的兩難〉，《星洲日報》，2001 年 3 月 25 日。
14 鄭月裡主訪，吉隆坡 JT 女士口述（來自森美蘭），2004 年 7 月 22 日。

MT 先生兩個月就會帶著妻小回吉打探望他的父母。儘管現在還有一位弟弟反對。[15]但與家人的關係已緩和許多。

2005 年 7 月，作者在雪蘭莪州的吉膽島上進行田野調查時，在禮拜堂（surau）遇見了 1981 年出生的 NK 先生，他是 2000 年在澳洲讀書時皈依伊斯蘭教，其妻也是華人皈依者。NK 先生告訴作者，他的父母原來對伊斯蘭教就很反感，想不到在他皈依後更反感。[16]因此，自從皈依以來與父母的關係就一直處於緊張狀態。有些皈依者的處境比 NK 先生嚴重，他們不僅不被家人接受，甚至逐出家門。目前住在收養家庭的努魯蕭小姐，便是一個例子，她說：[17]

> 當我決定入教（皈依）時，家人大力反對，雖然至今母親還不能接受我，但信仰告訴我，一定要與家庭維持良好關係。所以我還是會盡所能，嘗試修補與母親的關係。

她自己形容這是上蒼給她的一種考驗。此外，若干華人在皈依後不敢讓家人知道。擁有雙學士學位，目前任職於吉隆坡某阿拉伯公司的顧問的 MH 女士，當年為了嫁馬來人瞞著父母皈依伊斯蘭教，直到婚姻出了問題才回娘家，有一段時間躲起來禮拜。四年後，才戴上頭巾，這時父母才知道她已經皈依，但並沒有反對。她告訴作者：「因結婚皈依伊斯蘭教，結婚後才做穆斯林、離婚才認識伊斯蘭。」[18]現在她在華人穆斯林社會很活躍，時常幫助新皈依者。

---

15 鄭月裡主訪，吉隆坡 MT 先生口述（來自吉打），2005 年 1 月 26 日。

16 鄭月裡主訪，吉隆坡 NK 先生口述（來自雪蘭莪州吉膽島），2005 年 1 月 26 日。

17 梅光源，〈聆聽 華裔穆斯林心聲〉，《南洋商報》，2001 年 12 月 20 日

18 鄭月裡主訪，吉隆坡 MH 女士口述（來自雪蘭莪州），2004 年 7 月 21 日。

以上所舉例子屬於較不幸的個案。不過也有好的例子，信奉伊斯蘭教的永樂多斯博士，是馬華穆斯林當中除了皈依的穆斯林及來自中國的回族之外，極為少數的維吾爾族。其夫是皈依的華人穆斯林。永樂多斯說，每年農曆年除夕，她會回去先生的家團聚，共享年夜飯，一家人在一起慶團圓。[19]這是文化，不是宗教，不會影響皈依者對伊斯蘭信仰的虔誠度。

（二）與兄弟姊妹之關係

受訪者中有 51 位皈依者沒有受到其兄弟的反對。他們之中有 6 位的兄弟已有 2 至 6 位皈依了伊斯蘭；53 位皈依者沒有受到其姊妹的反對，當中 1 位有 2 個妹妹已經皈依伊斯蘭。這些皈依者之所以沒有受到兄弟姊妹的反對，主要原因是他們當中有人已經皈依了伊斯蘭教。目前在吉隆坡一家餐廳擔任顧問的 RL 先生，中小學讀的是基督教會學校，但沒有信仰基督教，卻在 1996 年皈依了伊斯蘭教。他有 7 個兄弟姊妹，分別信仰不同的宗教。他說：[20]

> 二個姊姊是基督徒。三個哥哥，大哥娶馬來人而皈依伊斯蘭教；二哥為了研究伊斯蘭而皈依。自己則是一半結婚，一半研究，學習了解後就皈依伊斯蘭教了。一個小弟也是因研究而皈依伊斯蘭教，未婚。其餘兄弟姊妹沒說什麼。

早在 RL 先生皈依伊斯蘭教之前，他的兩位哥哥就已皈依了伊斯蘭教，其他的兄弟姊妹也沒有任何意見。但是，有時候

---

19 永樂多斯，〈永樂：華裔回教徒也慶春節〉，《星洲日報》，2000 年 2 月 4 日。
20 鄭月裡主訪，吉隆坡 RL 先生口述，2004 年 7 月 22 日。

他們想了解伊斯蘭，也會談些有關宗教方面的問題，但從沒有因為信仰不同而發生爭辯。晚上經營小生意的 YL 女士，其父母和一位哥哥也皈依了伊斯蘭教。另一位畢業於中國文化大學，1985 年皈依的 RC 先生，除了他的父親之外，祖父、母親、弟弟均已皈依。雪蘭莪州吉膽島（Pulau Ketam）的 IH 先生，他的哥哥在他皈依伊斯蘭教之前就已經皈依。IH 先生強調，皈依是他自願的，不是受到他哥哥的影響。[21]潮州港的 HC 先生，有 5 個兄弟，早在他皈依伊斯蘭教之前就有兩位兄弟已經皈依了。[22]

1987 年皈依的 KC 先生，19 歲時認識伊斯蘭教而皈依。他有 8 個兄弟，其中 6 個兄弟（包括 KC 先生）已經皈依，最先皈依的是大哥，另有一位堂弟也皈依了伊斯蘭教。[23]出生於霹靂州的 YN 先生，於 1985 年皈依伊斯蘭教，至今已二十多年。其妻是來自吉打的土生華人，也是皈依的穆斯林，他們在婚前就已分別皈依。YN 先生表示，他不是為了結婚才皈依伊斯蘭教的，他的兩個妹妹也已經皈依了。[24]

以上幾個例子，都是家人已經有其他的兄弟姊妹皈依伊斯蘭教，所以，當他們皈依時，兄弟姊妹是不會反對的。但有些則是剛開始反對，後來也接受了。不過，也有少數是堅決反對的，例如在吉隆坡任職保險業的 MT 先生，他的一位弟弟反對

---

21 鄭月裡主訪，雪蘭莪州吉膽島 IH 先生口述，2005 年 7 月 20 日。
22 鄭月裡主訪，雪蘭莪州吉膽島 HC 先生口述，2005 年 7 月 21 日。
23 鄭月裡主訪，林志誠、鄧珮君陪訪，柔佛州新邦令金 KC 先生口述，2006 年 8 月 6 日。
24 鄭月裡主訪，吉隆坡 YN 先生（來自霹靂）口述，2004 年 7 月 26 日。

極為激烈。[25]而住在吉膽島上的 FW 先生，他向作者提到，強烈反對他皈依的是他的大哥，其餘兄弟姊妹並沒有人反對。[26]不過，在他的大哥去世之後，就再也沒有人反對他了。

（三）與配偶和子女的關係

據陳烈甫指出：「因為馬來為回教民族，生活習慣與華人相異。」[27]伊斯蘭教與華人傳統的宗教信仰差異極大，舉凡生活方式、祈禱禮拜、婚俗、喪葬儀式都不相同。[28]華人視皈依伊斯蘭教是對祖先的「背叛」，尤其在喪葬方面，伊斯蘭教講求「厚養薄葬」、「速葬」、「土葬」，葬不用棺木，大大違背華人的傳統習俗，甚至還被視為「不孝」。因此，沒有特殊原因，是不輕言放棄自己的宗教信仰。

1960 年，全馬伊斯蘭福利機構（Pertubuhan Kebajikan Islam Malaysia; The Muslim Welfare Organization of Malaysia，簡稱「PERKIM」）成立，隨即展開對非馬來人的傳教活動，當時為了鼓勵華人入教，而給予皈依者一些好處。直到 1970 年代，的確有些華人是為了獲得經濟利益入教的。事實上，這些人回到家裡，仍然過著他們「原來的」生活，如吃豬肉！拜祖先！拜神祇！在生活上完全沒有絲毫的改變，甚至家裡的人也不知

25 鄭月裡主訪，吉隆坡 MT 先生（來自吉打）口述，2005 年 1 月 26 日。
26 鄭月裡主訪，雪蘭莪州吉膽島 FW 先生口述，2005 年 7 月 20 日。
27 陳烈甫，《東南亞洲的華僑華人與華裔》（台北：正中書局，1979），頁 279。
28 鄭良樹，〈大馬華人宗教芻議〉，收錄於賴觀福主編，《馬華文化探討》（台北：馬來西亞留台校友會聯合總會出版，1982 年），頁 170-171；黃堯，〈談華人的禮俗問題〉，收錄於賴觀福主編，《馬華文化探討》（台北：馬來西亞留台校友會聯合總會出版，1982 年），頁 225。

道與他們每天生活在一起的人，竟然會是一位皈依的穆斯林。從 1960 年代到 1970 年代，皈依的華人穆斯林，確實一方面是為了謀取利益；另一方面，也有可能當時宗教的管理制度並不完善，對皈依者也沒有教導教義，導致他們無法遵循伊斯蘭教的教規，[29]仍維持原來的生活方式。

幾十年過後，他們去世，正當家裡以華人習俗舉行喪葬儀式安葬時，不料宗教局人員前來，具體出示往生者當年皈依的證據，把屍體取走，並以伊斯蘭教方式土葬。之後，家屬再將屍體取出，依照華人習俗安葬（土葬或火葬），造成「一屍兩葬」的結果。

1.**爭屍風波的探討**

根據作者的整理，爭屍案風波的主要原因是：

（1）瞞著家人皈依伊斯蘭教

除以上所述 MH 女士的情況外，同樣瞞著家人皈依的還有住在檳城的散工黃敦秀（化名），據《新明日報》刊載：[30]「黃敦秀生前瞞著家人，與一名馬來女孩依伊斯蘭教習俗在加央結婚，1985 年 10 月，在一場交通意外中逝世，因為華人與馬來人的喪葬方式不同，[31]因而鬧出『爭屍風波』，最後以『一屍

29 林廷輝，〈回教與華人社會〉，收錄於駱靜山編，《宗教與禮俗論文集》（吉隆坡：馬來西亞雪蘭莪中華大會堂出版，1985 年），頁 133-134。

30 〈偷皈依回教死不安寧　搶屍案屢見不鮮〉，《新明日報》，1991 年 5 月 8 日。

31 華人喪禮戰前戰後略有不同，戰前人死一概土葬，戰後因土地短缺，改多用火葬。戰前停柩開喪日期，長短並無限制，戰後則由執政當局規定以不超過三日為限。參見溫梓川，〈華人的禮儀〉，收錄於駱靜山編，《宗教與禮俗論集》（吉隆坡：馬來西亞雪蘭莪中華大會堂，1985（民 74）），頁 151。

兩葬』[32]收場。」發生在檳城的第二件搶屍案，是位名叫賴木榮（化名）的中年男子，又名莫哈末賽，據稱他是已故前吉打蘇丹的義子。賴木榮去世後，其子乃依華人風俗，正進行祭拜並將火化時，警察及宗教局人員趕來，阻止遺體出殯，並開棺將遺體取出，另置於伊斯蘭教使用的棺木中，依伊斯蘭教習俗土葬，而原棺木則在場火化。這是第一個死後開棺移葬的案件。[33]

另有怡保金融界一位齊人伍喜薪（化名），生前擁有一個華籍妻子及一個馬來籍妾。當伍喜薪病逝後，他的華人妻子及兒女將其屍體領出，並在殯儀館舉行超度儀式。就在儀式進行時，警方和宗教局人員出現，伍喜薪的妻子才知道她的丈夫原來還有一名馬來籍妾。於是宗教局人員在警方的陪同下，把尚未封閉的天主教式棺木打開，並運走屍體，依伊斯蘭教方式土葬。[34]

1989 年 9 月，一位家住柔佛麻坡（Muar）36 歲的潘奎東（化名）因車禍喪生，其家屬將遺體領回祭拜超度。正當儀式進行中，一名自稱為死者之妻的馬來婦女，帶著 5 名宗教局人員到來，阻止死者家屬依照華人風俗辦理喪事。這幾位宗教局的人員出示兩張證書，證明死者已娶了一位穆斯林為妻，並已皈依伊斯蘭教，所以死者後事，應以伊斯蘭教方式處理。這起案件後來在麻坡馬華公會的縣議員和警局主任拉曼的協助下，雙方各退一步，同意死者家屬可照華人習俗祭拜超度，不過遺

32 先以伊斯蘭教方式埋葬，再以華人喪葬方式處理。

33 〈華籍回教徒死不安寧　先依華人風俗出殯受阻　復按回教習俗開棺移葬〉，《新明日報》，1986 年 2 月 13 日。

34 〈偷皈依回教死不安寧　搶屍案屢見不鮮〉，《新明日報》，1991 年 5 月 8 日。

體得交回給馬來籍妻子以伊斯蘭教安葬「回教墓場」。[35]以上所舉案例除了賴木榮外，其餘均因當事人瞞著家人皈依娶馬來女子，死後才會引起「爭屍」的風波。森美蘭州也曾發生過一宗「爭屍案」，最後在森州宗教局官員出面干預下，該名華人屍體由其馬來籍妻子領回，依伊斯蘭教葬禮安葬。[36]

（2）家屬出示證據證明死者為非穆斯林

另受馬國注目的森美蘭州淡邊（Tampin）已故婦女黃亞嬌（化名），被宗教局阻止以華人風俗下葬的案件。來自馬來家庭，自小被華人家庭收養的黃亞嬌，有三個同胞兄弟姊妹，均已過世。她的身份證姓名為 Nyonya binti Taib，長大後嫁給華人男子張明（化名）。黃亞嬌曾分別於 1991 及 1998 年兩次向有關當局申請脫離伊斯蘭教。[37]

然森美蘭州宗教局確定死者曾經是穆斯林，其子以黃亞嬌不會講國語（馬來語），從小信奉佛教，跟隨華人習俗、每天燒香拜神、吃豬肉、喝酒等 14 點聲明，並附上喝酒、燒香拜神吃豬肉的照片來證明死者為非穆斯林。[38]芙蓉高等回教法庭於 2006 年 1 月 23 日宣判黃亞嬌的家屬獲勝，對黃亞嬌生前的宗教信仰做出明確的判決。「爭屍風波」的訴訟至此告一段落。

（3）宗教機構無法證實死者為穆斯林

其實「搶屍風波」或「爭屍風波」不僅出現在華族家庭，

---

35 〈偷皈依回教死不安寧　搶屍案屢見不鮮〉，《新明日報》，1991 年 5 月 8 日。

36 〈偷皈依回教死不安寧　搶屍案屢見不鮮〉。

37 〈淡邊老婦無法舉殯 回教高庭宣判非回教徒 黃亞嬌遺體葬華人義山〉，《新明日報》，2006 年 1 月 23 日。

38 〈黃亞嬌獨子呈宣誓書　14 點聲明證明非回教徒〉，《星洲日報》，2006 年 1 月 24 日。

印族家庭、原住民家庭也有類似案件發生。不過，因「爭屍案」而鬧上法庭，眾所關注的首宗案件是，李紹基的屍體爭奪風波。[39]他生前在大馬電視台擔任節目策劃助理，於 1991 年 5 月去世。

李紹基於 1973 年皈依伊斯蘭教，名字是「利撒阿都拉」。[40]不過，他在皈依後，其身分證、護照、銀行戶口及其他文件上的名字卻沒有做任何更改，甚至他在去世時也未向家人透露。其妻黃方青（化名）聲稱死者僅未按照回教教義生活，同時也作出種種觸犯回教教規的行為，諸如去神廟、吃豬肉、沒有割禮等，[41]並以死者生前是南海觀音亭的頭家，也參與佛教的活動，[42]來證明李紹基是一名非穆斯林。最後高院於 1991 年 5 月宣判「李紹基終身是一名佛教徒。」[43]之後，聯邦直轄區回教理事會對此宣判不服向高庭提出上訴，也曾把此案的數項問題，提交給伊斯蘭教法學家裁決委員會（Fatwa Committee）鑑定，結果該委員會裁定如下：[44]

> 一名皈依伊斯蘭教的人士，如果沒有行割禮、去廟堂膜拜、吃豬肉、沒有更改姓名、允許孩子信佛教、與非回

---

39 蔡源林，〈大馬華社的伊斯蘭論述之分析，1980：1990；一個後殖民文化認同政治之個案〉，「印尼與馬來西亞的宗教與認同：伊斯蘭、佛教與華人信仰習俗」研討會論文（台北：中央研究院亞太區域研究中心，2006 年 9 月 15 日），頁 22-24。

40 〈電台華裔職員皈依回教 死後掀起一場領屍風波〉，《南洋商報》，1991 年 5 月 4 日。

41 〈李紹基回教信仰　辯訴方各執一詞〉，《中國報》，1991 年 5 月 23 日。

42 〈高庭判系佛教徒 李紹基遺孀勝訴〉，《星州日報》，1991 年 6 月 1 日。

43 〈法院駁回遺孀初步反對　李紹基遺體爭屍案 回教理事會獲准上訴〉，《星州日報》，1993 年 6 月 25 日。

44 〈法院駁回直區回教理事會上訴　李紹基是佛教徒〉，《星州日報》，1994 年 3 月 15 日。

> 教徒的妻子生活，以及沒有遵守回教教義，他還是一名回教徒。

伊斯蘭教法學家裁決委員會補充，只有回教法庭可以宣判一名穆斯林是否已背叛或脫離伊斯蘭教。再者，根據伊斯蘭教法律，如果死者是一名穆斯林，他的遺孀及孩子若沒有皈依伊斯蘭教，遺產應歸予回教理事會。[45]對此案件，由於回教理事會並沒有說明死者是在什麼時候皈依伊斯蘭教，以及在何處舉行皈依的儀式，[46]因此，高院最後在 1994 年 3 月駁回回教理事會提出的上訴，宣判李紹基是一名佛教徒。以上兩個案件凸顯，在家屬出示有力證據證明死者為非穆斯林，以及宗教機構無法證實死者為穆斯林的情況下，家屬是可以打贏官司的。

2.繼承遺產的問題

1992 年 11 月 11 日，因救人意外身亡的華人穆斯林林錫景（化名），去世後，留下遺孀及 3 名兒子，也留下一間單層排屋，以及一間廉價屋與公積金等，當年市值 10 萬令吉的財物，由於林錫景生前在家人不知情況下改信伊斯蘭教，根據伊斯蘭教條例，家人因為是「非穆斯林」，無法繼承遺產，所有遺產歸回教理事會所有。後來在馬六甲回教會理事主席，也是馬六甲州首席部長拿督斯里莫哈末阿里的協助下，理事會破例歸還

---

45 〈法院駁回直區回教理事會上訴　李紹基是佛教徒〉。

46 法官說：「任何人皈依回教必須遵守 1952 年回教行政法令第 146 條的條文或條規」，又該回教行政法第 148 條指出：「任何回教徒為任何人皈依回教，他必須將有關資料交給回教理事會」。此外，1953 年回教行政法令第 10 條也指出：「所有回教堂的宗教司必須保管皈依者的皈依紀錄，然後宗教司應把有關的皈依資料交給回教理事會登記。」參見〈爭屍案判決－李紹基是佛教徒　遺霜領屍體火葬〉，《南洋商報》，1991 年 6 月 1 日。

單層排屋給他的 3 名兒子。[47]但是，像馬六甲州回教理事會的通融是很罕見的。

一對華人夫婦已育有三個孩子，妻子控告丈夫皈依伊斯蘭教是想與馬來女子結婚。她的丈夫答應給她所有的財產，包括昂貴的房子。並聲稱，他皈依伊斯蘭教後，不再酗酒及出入聲色場所。但是，他的妻子仍持反對態度且不聽其言。後來，他在馬來西亞回教青年陣線（Angkatan Belia Islam Malaysia,簡稱「ABIM」）擔任義工，[48]以證明他皈依伊斯蘭教的誠心。

有一位華人 X 先生，在 1984 年皈依伊斯蘭教後，他的父母親、太太和孩子們，威脅要斷絕和他的關係。他的孩子分別為 15、17、20 歲，甚至威脅他放棄伊斯蘭信仰，否則不認 X 是他們的父親。而 X 先生的父親也警告他，未來不分給他任何遺產。又每當 X 在屋內禮拜時，他的妻子便在他的頭上澆水，並且認為，她的丈夫不是瘋了，就是被馬來黑巫術的降頭師下了符咒。X 先生因壓力過大，最後終於放棄伊斯蘭教，恢復原來的宗教。[49]

另有一對華人夫妻，妻子皈依伊斯蘭教後，丈夫勉強跟著皈依。妻子原以為有共同的信仰，財產也可以互相繼承，但因丈夫實在無法實踐伊斯蘭教教規，也無法適應伊斯蘭教的生活方式，最後以離婚收場。在電話局工作的 FY 女士，她的前夫

47 〈甲回教理事會通融　華裔回教徒家屬獲歸還排屋〉，《星州日報》，2005 年 10 月 7 日。

48 Osman bin Abdullah（Hock Leng Chuah）,“Interaction and Integration of Chinese Muslims,” Ph. D. dissertation, Universiti Malaya（馬來亞大學）, 1997, p.153.

49 Osman bin Abdullah, “Interaction and Integration of Chinese Muslims,” op.cit., p 151.

是華人，原先兩個都沒有皈依。之後 FY 女士先皈依，丈夫才跟著皈依，FY 女士說：[50]

> 我的前夫很想跟家庭一起，但仍無法適應，分居很久，約 6 年，直到 2001 年正式離婚。

2004 年，她再嫁給一位美國人，這位美國人早在結婚前就自己皈依伊斯蘭了。因此，沒有不適應伊斯蘭教規的問題。相較上述案例，以下所提的個案就很平和。東馬古晉的 DA 先生，與其妻均為華人，因馬來同事的鼓勵而皈依伊斯蘭。DA 先生皈依後，告訴他的妻子，若她仍是非穆斯林的話，將來無法繼承他的遺產，其妻聽後沒有反對，不久也皈依了伊斯蘭教。[51]類似這樣的情況，也同樣發生在隸屬雪蘭莪州吉膽島潮州港的 HC 先生及其妻 TS 女士身上。[52]

根據受訪者表示，父母親對其子女皈依伊斯蘭教，有些起初反對而後來接受的，有些雖不高興但並不反對，也有些是沒有意見的。另外，在夫妻方面，有的是夫妻兩人先後皈依，後來因為一方無法適應而離婚，但有些則是透過溝通後圓滿解決。

二、與其非穆斯林親戚的互動

受訪者的非穆斯林親戚中，有 25 位持反對態度，52 位沒有反對，11 位沒有意見，11 位不知道，1 位沒有親戚，1 位沒有來往，1 位獨身。25 位反對者當中，有 8 位原來是反對，後

---

50 鄭月裡主訪，吉隆坡 FY 女士口述（來自馬六甲），2004 年 7 月 24 日。
51 鄭月裡主訪，古晉 DA 先生口述，2006 年 7 月 29 日。
52 鄭月裡主訪，雪蘭莪州吉膽島 HC 先生、TS 女士口述，2005 年 7 月 21 日。

來不再反對。另有 1 位則是有些親戚反對，有些親戚沒有反對（參見表 4-2）。

3 年前，作者在吉隆坡進行田調時，遇見 MT 先生，他因與馬來人結婚而皈依伊斯蘭教，除了他的父母反對外，他的叔叔、姑姑也非常反對，甚至遠從吉打到吉隆坡來勸他，問他「為什麼要皈依回教？」[53]讓他們很傷心。其反對理由是 MT 先生皈依伊斯蘭教，就要變成馬來人了。但他仍不顧眾人反對，堅持皈依伊斯蘭教娶馬來人。現在叔叔和姑姑已不再反對。

1995 年皈依伊斯蘭教的 FY 女士，親戚對她皈依伊斯蘭教有很多的意見，因為他們認為，信仰伊斯蘭教就是信仰馬來教。[54]曾赴沙烏地阿拉伯留學，現為吉膽島的宗教師 AM 先生，其親戚也同樣把伊斯蘭教和馬來教劃上等號。[55]1996 年皈依伊斯蘭教的 SE 先生，皈依前遭家人反對，皈依後依然反對，[56]包括他的親戚在內。吉膽島上的穆斯林夫妻 HC 先生與 TS 女士，TS 女士的娘家並不知道她已經皈依伊斯蘭教。但是，知道他們皈依的親戚，都認為他們的皈依是想「貪圖利益」。[57]據作者所知，他並沒有獲得什麼補助或好處，仍靠自己捕魚為生。

在吉隆坡經營電腦事業的 AL 先生，親戚知道他皈依，即使不喜歡，也不敢說出口，見面時彼此尊重，只要不談及宗教議題，就不會有問題。[58]來自沙巴，目前任職於國際伊斯蘭銀

53 鄭月裡主訪，吉隆坡 MT 先生（來自吉打）口述，2005 年 1 月 26 日。
54 鄭月裡主訪，吉隆坡 FY 女士口述（來自馬六甲），2004 年 7 月 24 日。
55 鄭月裡主訪，雪蘭莪州吉膽島 AM 先生口述，2005 年 1 月 24 日。
56 鄭月裡主訪，吉隆坡 SE 先生口述（來自雪蘭莪州），2004 年 10 月 25 日。
57 鄭月裡主訪，雪蘭莪州吉膽島 HC 先生、TS 女士口述，2005 年 7 月 21 日。
58 鄭月裡主訪，吉隆坡 AL 先生口述，2004 年 7 月 22 日。

行的 SC 女士，她的親戚雖然不喜歡她皈依伊斯蘭教，但也無法左右她的選擇。[59]

表 4-2：101 位華人皈依者與非穆斯林親友互動的正負面統計簡表

項　目	親　戚	朋友、同儕
反　對	25（8）[60]	15（5）[61]
沒有反對	52	58
沒有意見	11	15
其　他	14（11 位不知道、1 位沒有來往、1 位獨身、1 位沒有親戚）	13（9 位不知道、4 位沒有來往）
合　計	102[62]	101[63]

資料來源：鄭月裡，根據 2004 年至 2008 年田野調查收集資料整理，2008 年 12 月 11 日。

說　　明：本表係就統計樣本加以合計，從統計學上看，誤差必大。因此，這些數字不宜用來作為比率或比例的計算。

JT 女士的母親不僅反對她皈依伊斯蘭教，連同親戚也一樣持反對態度，認為她是被馬來人的降頭術所迷惑，她提到：[64]

> 我的親戚認為我是被馬來人迷惑了，帶我去拜神，曾有一星期被關在神廟裡，我把神像搗毀，用指甲把神像抓傷。他們以為我個子小，那有力氣做這種事，認為是惡魔上身，於是強迫我喝下符水，……。

59 鄭月裡主訪，吉隆坡人 SC 女士口述（來自沙巴），2004 年 7 月 26 日。
60 原有 8 位的親戚反對，後有 6 位沒有反對，2 位沒有意見。
61 原有 5 位的朋友、同儕反對，後來 3 位沒有反對，2 位沒有意見。
62 有 1 個是親戚之中，有些「反對」，有些「不反對」，故而重覆計算，多 31 人。
63 101 位受訪者中包含一位的親戚不反對也不喜歡。
64 鄭月裡主訪，吉隆坡 JT 女士口述（來自森美蘭），2004 年 7 月 22 日。

雖然如此，JT 女士嫁給馬來人的心意很堅決。但是，馬來人與華人在觀念上有很大的不同，加上皈依後，很多事情不知該如何適應，往往把事情弄得很糟，最後結束婚姻。她說：「從皈依、結婚、生孩子、離婚，整個過程不到三年。」

現在，她已娶了馬來媳婦，與兒媳住在一起，一家和樂融融。然而有些皈依者的親戚並沒有反對，例如警察退休的 CM 女士，她的親戚認為宗教信仰是個人的自由選擇，沒有反對。[65]

從數字顯示，親戚反對有 25 人，比父母親 40、45 人要少。不過，值得注意的是，朋友、同儕 15 人反對，人數又比親戚來得少。顯然，隨著知識、教育水準的提升，加上年輕一代認為宗教信仰是個人的自由，較能接受與自己信仰不同的宗教。

三、與其非穆斯林朋友、同儕的互動

皈依者的朋友、同儕中，反對他們皈依有 15 位，沒有反對有 58 位，沒有意見有 15 位，9 位不知道，4 位與朋友沒有來往。反對者中有 5 位剛開始時不能接受，後來接受了（參見表 4-2）。

KL 先生告訴作者，他的朋友對他皈依伊斯蘭教，有一點不喜歡，主要原因是朋友喜歡吃肉骨茶，時常拿肉骨茶和豬肉跟他開玩笑。[66]柔佛州新邦令金（Simpang Renggam）的 AR 先生，就遇到他的朋友拿穆斯林不吃豬肉的理由來開他玩笑。[67]不

65 鄭月裡主訪，吉隆坡 CM 女士口述，2005 年 1 月 26 日。
66 鄭月裡主訪，吉隆坡 KL 先生口述，2004 年 7 月 22 日。
67 鄭月裡主訪、林志誠陪訪，柔佛新邦令金 AR 先生口述，2006 年 8 月 4 日。

過，有些情況嚴重得都會失去原有的朋友。JT 女士描述她與朋友互動的情形時說道：[68]

> 皈依後，我的朋友都沒有了，多年後再去找朋友，但是，他們都敬而遠之，不敢跟我親近，認為我是政府的眼線。

在這種情況下，她覺得被孤立了，內心很不舒服。有些皈依者則是受到朋友的誤解，而漸漸疏遠。

家裡祖傳賣豬肉的 TC 先生，他的朋友常會問他：「為什麼要『入番』」？[69]「入番」無疑指的就是皈依「馬來教」。經營紙盒生意的 MB 先生也提到，他的朋友不了解伊斯蘭教，錯以為他皈依就是變成馬來人。[70]警察退休的 CM 女士，她的朋友則認為，她皈依伊斯蘭教是為了要進天堂，[71]語意中指皈依者是為了某些利益才皈依的。在吉膽島上的 HC 先生就說：「我的朋友認為伊斯蘭教是『豬狗教』，問我『為什麼要信仰那個宗教？』」[72]其實，這些都是對伊斯蘭教教義不了解，所產生的誤解。

不過，也有些是完全不受任何影響的。來自柔佛，目前經營藥品的 KK 先生，他表示，他的朋友、同儕沒有任何想法，當時他皈依時，還拉了一位同學一起皈依。[73]而來自馬六甲的 FY 女士，因為讀的是國立大學，同學都是馬來人，她覺得沒

---

68 鄭月裡主訪，吉隆坡 JT 女士口述（來自森美蘭），2004 年 7 月 22 日。
69 鄭月裡主訪，林志誠、鄧珮君陪訪，柔佛新邦令金報導人 TC 先生口述，2006 年 8 月 4 日。
70 鄭月裡主訪，吉隆坡 MB 先生（來自雪蘭莪州）口述，2004 年 7 月 22 日。
71 鄭月裡主訪，吉隆坡 CM 女士口述，2005 年 1 月 26 日。
72 鄭月裡主訪，雪蘭莪州吉膽島 HC 先生口述，2005 年 7 月 21 日。
73 鄭月裡主訪，吉隆坡 KK 先生（來自柔佛）口述，2004 年 7 月 26 日。

有受到任何影響。[74]

除了朋友、同儕有時會開點玩笑外，也有互相鼓勵的，但也有因對伊斯蘭教不了解，而產生誤解。在馬來西亞，華人皈依伊斯蘭教必須要有很大的勇氣，幸好這幾年來，當事者也逐漸能泰然處之。比較常聽到的是：「嘴巴長在他們的身上，愛怎麼講就隨他們」，也會說：「見面彼此互相尊重，對方怎麼想就不知道了」。

四、與華人社會的互動

101 位受訪者中，住在華人社群的有 37 位，其中有 17 位完全沒有受到華人的排斥。儘管有些皈依者完全沒有受到排斥，不過，還是常會被非穆斯林華人問道：「為什麼你（妳）要信仰那個宗教（伊斯蘭教）？」「為什麼要進教？」獨居的 HL 女士，他就被問道：「妳為什麼要信仰回教？這個不能吃，那個不能吃，也不能穿短袖，…。」她乾脆告訴對方：「我進了馬來教。」[75]她會這麼回答，主要是很多華人視伊斯蘭教即馬來教。

一般華人大多認為，伊斯蘭教是馬來人特定的宗教，只有馬來人才能信仰的宗教。對華人信仰伊斯蘭教都會投予異樣的眼光，一些人甚至認為信仰伊斯蘭教，就要成為馬來人。[76]因

74 鄭月裡主訪，吉隆坡 FY 女士（來自馬六甲）口述，2004 年 7 月 24 日。
75 鄭月裡主訪，吉隆坡 HL 女士（來自沙巴）口述，2005 年 1 月 24 日。
76 〈砂首長：中國歷史證明　華族能包容不同宗教〉，《星洲日報》，2003 年 10 月 24 日。

此，當華人皈依伊斯蘭教，總會被稱之為「Masuk Malayu（加入馬來人）」，而華人穆斯林對一般華人也會說：「你（妳）何時成為 Masuk Melayu？」甚至以為伊斯蘭教是「番仔教」。住在吉膽島上高齡的 AC 先生，他聲稱：[77]

> 我常被人（華人）取笑，笑我皈依伊斯蘭教後沒有水喝。[78]他們認為伊斯蘭教是「番仔教」，入教變「番仔」。

這裡的「番仔」指的便是馬來人，「番仔教」指的就是馬來教，馬來教亦等同於伊斯蘭教，「番仔」、「番仔教」均是輕蔑的語詞。不過，像這樣被華人排斥的情形，現在已經減少很多了。因為華人逐漸知道早在七世紀時，伊斯蘭教就已經傳入中國，而且現在中國大陸信仰伊斯蘭教的人很多，伊斯蘭教不是馬來人獨自的宗教。

過去，華人認為，皈依伊斯蘭是為了獲取某些利益，如申請廉價屋、貸款、申請執照等。甚至在 1960 年代犯了一點點錯，只要說你是穆斯林，政府機關就會放過你。但現在已不一樣了，如 OC 先生說：「如果現在還以為皈依可以得到什麼利益的話，這只是華人的感覺罷了。」[79]此外，華人皈依後，若住在華人地區，加上沒有禮拜的地方，不實踐伊斯蘭教教規，就易恢復

---

77 鄭月裡主訪，雪蘭莪州吉膽島 AC 先生口述，2005 年 7 月 24 日。

78 雪蘭莪州吉膽島 AC 先生告訴作者，有關水井紛爭之事。原來水井是屬於第一家與第二家公用的，而水井的範圍大部分在他家。有一天，他住的房子與鄰居的房子都被火燒了。重建之後，房子落成了，他和鄰居抽籤，結果他抽到第二家，水井便屬於第一家的了。因此，現在常被取笑皈依後，反而沒水喝。其實 AC 先生皈依伊斯蘭教，其中的一個重要原因是要解決水井的事，但皈依後仍無法解決。所以鄰居（華人）取笑他，皈依伊斯蘭教是沒用的。

79 鄭月裡主訪，吉隆坡 OC 先生口述，2004 年 7 月 25 日。

原來的宗教信仰。2004 年皈依的 OA 先生，仍住在華人社群，他說：[80]

> **我居住的地區沒有穆斯林，沒有清真寺，沒有伊斯蘭組織，沒有清真餐廳，與家人、公司同事一起吃飯有問題。**

雖然沒有清真餐廳，但 OA 先生仍然每天到餐廳吃飯。住在華人社群，但又很少與當地華人來往。他認為馬來人很友善，自己很喜歡馬來穆斯林。他除了改變飲食習慣、慶祝伊斯蘭教節日外，對於華人習俗如農曆新年、元宵節、端午節、中秋節的節慶也都保留。OA 先生沒有恢復原來的信仰，但比起住在馬來社群的華人皈依者，他還是保留了較多的華人習俗。[81]

不過，社會階層較低皈依的華人穆斯林，他們的問題是來自對伊斯蘭教沒有清楚的認識，又要面對來自社會和家庭的壓力。因此，只好畏畏縮縮地，當一個常用很多理由向人推說「不吃豬肉」、「不燒香」的穆斯林了。[82]再者，皈依伊斯蘭教及與馬來人通婚的華人，或多或少會引起華人社會的鄙視。[83]所以，在馬來西亞皈依伊斯蘭教的華人顯然沒有那麼幸運。

第二節　皈依者與馬來人的互動

---

80 鄭月裡主訪，吉隆坡 OA 先生口述，2004 年 10 月 25 日。

81 參見鄭月裡，〈皈依後的社會適應：馬華穆斯林田野調查之分析〉，收錄於夏誠華主編，《新世紀的海外華人變貌》，頁 307-311。

82 〈華裔回教徒 缺乏容身空間〉，《星洲日報》，1993 年 9 月 11 日。

83 陳祖排，〈大馬種族關係概況〉，收錄於駱靜山編，《馬來西亞華人問題論叢》（馬來西亞：玻璃市州廣東公會獎助學金委員會，1983 年），頁 77。

101 位受訪者當中，住在馬來社群的有 47 位（包含 45 位組小家庭，2 位獨居），其中 28 位完全沒有受到排斥。他們大致認為，住在馬來社群好適應、開通、自在、很受馬來人尊敬與歡迎、馬來人視他們為伊斯蘭兄弟姊妹，華人社區沒有穆斯林與清真寺、受到華人排斥、很少與華人來往等。由於華人對伊斯蘭教教義認識不夠，從而排斥皈依者，造成皈依者傾向馬來社群靠攏。

2005 年 9 月，作者在馬來西亞僑生鄧小姐的協助下，曾對馬來人學習華語的 37 位學生，以他們對華人皈依伊斯蘭教的態度做問卷調查，所得結果全部表示歡迎，沒有一個例外。可是，以華人皈依者個人內心的感受，仍有少數人並不認為如此。

一、與其馬來朋友、同儕的互動[84]

原在政府擔任公職的 DA 先生，因周圍同事都是馬來人，受到他們的鼓勵才皈依伊斯蘭教。他說：「馬來社群很歡迎，皈依後以兄弟相稱，感覺很受尊敬。」[85]

皈依伊斯蘭教的 OC 先生，覺得馬來人很友善，視皈依伊斯蘭教者為兄弟姊妹。當皈依者實行割禮（割包皮）時，馬來人會提供住的地方。另外，一位華人皈依的女穆斯林因透過 Taman Kosas Ampang 禮拜堂（surau）的宗教師 Fatimah al-Zahrah 幫她在摪萬（Rawang）伊斯蘭教法官的辦公室裡安排

84 參見鄭月裡，〈皈依後的社會適應：馬華穆斯林田野調查之分析〉，收錄於夏誠華主編，《新世紀的海外華人變貌》，頁 312-313。
85 鄭月裡主訪，古晉 DA 先生口述，2006 年 7 月 29 日。

她的婚禮而感到高興。這位女穆斯林在 Bukit Indah Ampang 已經和來自巴基斯坦的穆斯林在一起生活，但卻不具婚姻的合法性。她曾在日本工作，是日本合法的移民，在那段時間遇見她現在的丈夫，一位來自巴基斯坦的馬來西亞公民。當他們回到馬來西亞在 Bukit Indah Ampang 租屋居住，他們之間用日語交談，希望擁有婚姻的合法性，使他們可以過正常的婚姻生活。但是依照一般程序，首先她必須學習有關伊斯蘭的基本教義。此外，他們兩位在舉行結婚儀式之前，應去上一個結婚課程，並且還要經過 JAWI（Jabatan Agama Islam Wilayah Persekutuan 聯邦直轄區宗教局）或 JAIS（Jabatan Agama Islam Selangor 雪蘭莪州宗教局）口試通過，才可以結婚。

禮拜堂的宗教師是撓萬（Rawang）一位伊斯蘭教法官的朋友，Fatimah Al-Zahrah 便帶這位華人穆斯林去見伊斯蘭教法官並請他主持婚禮，舉行婚禮後。這位皈依的華人女穆斯林及其丈夫都很高興。之後，他們在 Taman Kosas Ampang 的禮拜堂舉行一場婚宴，這個社群所有的穆斯林均被邀請參加，這對夫妻也捐了一些錢給禮拜堂。[86]

另一個案例，一位貧窮的皈依華人穆斯林接受馬來朋友財務上的幫助。這位皈依者的馬來朋友幫他在齋戒月期間從 Bukit Ampang 的禮拜堂籌募了幾百元的令吉給他。此外，一些在財務上有困難的皈依者，有時候也會透過馬來西亞各州救濟協會收到馬來人所捐贈的衣服。[87]

86 Osman bin Abdullah, “Interaction and Integration of Chinese Muslims,” op.cit., pp.160-161.

87 鄭月裡主訪，吉隆坡 OC 先生口述，2008 年 8 月 22 日。

有 3 位皈依的華人穆斯林跟隨在馬來西亞的德加維教團（Thariqah Darqawi）。這個組織的成員每星期就會見面一次，並唱 Qasidah（卡斯達）[88]來讚美安拉。3 位皈依的華人穆斯林和其他馬來成員很親近。有時候他們一群人結伴到關丹的海灘或波德申（Port Dickson）港旅遊，也捐出他們在巴生（Klang）所租的一間平房去幫助需要幫助的人。曾有一位失業的華人皈依者及一位馬來友人住在這間平房裡，每星期這群成員在唱完 Qasidah 讚美安拉後，會捐款去幫助這位失業的華人穆斯林，僅要求他維護這間房子作回報。這些成員當中，有工程師、講師和其他職業的人士。儘管他沒有登記在政府的任一個組織之下，也不被馬來政府所承認，[89]但仍然繼續幫助皈依者。在東馬的古晉有些皈依伊斯蘭教的華人表示，他們與馬來人是朋友、兄弟，而且馬來人願意教導他們，對他們也很好。

以上所述均屬正面性的個案，但也有少數是負面的例子。像是一位皈依者從家裡帶來一些自己做的食物要讓穆斯林朋友分享，遭到其中少數人質疑食物的合法性？[90]甚至懷疑她皈依伊斯蘭教的動機，是不是為了想貪圖某些利益，而排斥她，令她深感畏懼，之後再也很少與馬來友人往來。事實上，有這種

88 Qasidah（卡斯達），阿拉伯一種吟唱的詩歌。參見鍾松發（Song Hua Chengt）、黎煜才（Choy Lai）編，KAMUS PERDANA（最新馬來語大詞典）（吉隆坡：聯營出版有限公司，1997 年），p.1272.

89 Osman bin Abdullah,"Interaction and Integration of Chinese Muslims," op.cit., p.160.

90 王樂麗（Rosey Wang Ma）, "Chinese Muslims in Malaysia（〈馬來西亞華人穆斯林〉）, " Anthropology I：Overseas Chinese and Indigenous People Ethnic Relations in Overseas Chinese Societies，中央研究院第三屆國際漢學會議論文，（台北：中央研究院，2000 年），共 23 頁。

狹隘想法的馬來人是很少的。所以，華人穆斯林大多數認為，馬來人比華人還是比較容易接受他們，只要隔膜一經消除，就會伸出友誼之手。[91]

二、與其收養家庭的互動

「收養家庭」在伊斯蘭是一個很重要的制度。當穆罕默德及其隨從於西元 622 年從麥加遷到麥地那，當抵達麥地那並建立政權後，根據與麥地那人訂立的阿克巴盟約，命令麥加全體穆斯林秘密遷徙到麥地那。穆罕默德則要求麥地那的「輔士」（al-Ansār 安薩爾）[92]安置從麥加來的「遷士」（al-Muhājirùn 穆哈吉倫）[93]。在宣揚教義以及對異教徒的戰爭過程中，輔士與遷士建立了超同胞的手足之情。

當華人在皈依伊斯蘭後，突然間發現自己被孤立了，和他同樣是黃皮膚黑眼睛的華人社會，此時卻沒有包容的精神，對身旁的華人穆斯林，常常是很不客氣的排斥，且沒有理由的拒絕。嚴重的還會被逐出家門。在走投無路之下，皈依者若被穆斯林家庭收養，大致在生活上不成問題，甚至過得還不錯。[94]

---

91 〈華裔回教徒缺乏容身空間〉，《星洲日報》，1993 年 9 月 11 日。

92 輔士（al-Ansār），伊斯蘭榮譽稱謂。阿拉伯語「安薩爾」的意譯。原意為「輔助者」。指早期麥地那的穆罕默德弟子，與「遷士」對稱。後演化為對麥地那當地穆斯林的通稱。參見中國伊斯蘭百科全書編委會編，《中國伊斯蘭百科全書》（成都：四川辭書出版社，1994 年），頁 155。

93 遷士（al-Muhājirùn），伊斯蘭榮譽稱謂。阿拉伯語「穆哈吉倫」的意譯。原意為「遷徙者」、「遷移者」。主要指西元 622 年遷徙到麥地那的穆斯林，與「遷士」對稱。參見中國伊斯蘭百科全書編委會編，《中國伊斯蘭百科全書》（成都：四川辭書出版社，1994 年），頁 443。

94 參見鄭月裡，〈皈依後的社會適應：馬華穆斯林田野調查之分析〉，收錄例如某位在大學擔任教授的馬來人收養了一個華人為養子。這位教授支持他到印尼大學研究伊斯蘭，養子完成學業時獲得很高的榮耀。而這名教授有治療罕見疾病的技術，這名養子從他的養父那裡學了技術。當他的養父治療病患時，他都跟隨著，並且拒絕收取任何酬勞。[95]

另有一位男孩，他原是一位在技術學院擔任講師的非穆斯林華人之子。當他皈依伊斯蘭教後，變成一位馬來政府高階官員的養子。這位官員供給他讀書，並且給他一間房子住。[96]讓他無後顧之憂，專心求學。

然而，並非每個都是幸運者，一名青年因為皈依後，得不到家人的諒解，心力交瘁，最後走上吸毒之路。

還有許多少男少女，甚至是青年男女，為了皈依，和家庭鬧翻，導致他們的穆斯林養父母，和生父生母上演一幕又一幕的爭奪戰，或四處躲藏避難。KK 先生補充說：「許多新教胞並不是自願離家，而是被家庭逼得走頭無路才這麼做的。」[97]在馬來西亞華人穆斯林協會工作的努魯蕭玉燕，住在收養家庭裡。

約 26 歲的女性華人，教名「努魯蕭」。在受訪時，皈依伊斯蘭教已有 5 年之久。在念中學時，家境複雜的她認識了一個很要好的馬來朋友。她說：[98]

有一次我去拜訪那位朋友的家，發現她的母親原來是華

於夏誠華主編，《新世紀的海外華人變貌》，頁 313-316。

95 Osman bin Abdullah, "Interaction and Integration of Chinese Muslims," op.cit., pp.163-164.

96 Osman bin Abdullah, "Interaction and Integration of Chinese Muslims," op.cit., p.164.

97 〈華裔回教徒缺乏容身空間〉。

98 努魯蕭，〈華裔穆斯林心聲〉，《南洋商報》，2001 年 12 月 20 日。

裔穆斯林。她母親很仔細聆聽我傾訴心事，並教我如何作祈禱，開始時我很抗拒，但在幾次的祈禱經驗後，我逐漸相信安拉的存在，也發覺內心的煩惱已漸減少。

努魯蕭從不後悔當初選擇皈依伊斯蘭教，她對自己很有信心的說：「馬來西亞有不少華人年輕男子是信奉伊斯蘭教的。」[99]還是單身的她不愁找不到心儀對象。

她發覺有些皈依的華人比馬來穆斯林還要勤於鑽研宗教，奉行伊斯蘭生活方式。在馬大修伊斯蘭教法律的她即表示，很多馬來人都不敢和她談及伊斯蘭教，因為她比他們更懂這個宗教。[100]像努魯蕭對自己有信心，又樂觀進取的人，並不多見。

另一個個案是，發生在 1994 年的麻坡。一名華、馬混血兒被華籍家庭領養，他從小就在華人家裡長大，他一直以為他是華人。若不是他的養母要幫他領取身份證，其身世也不會被揭開。但是由於馬來西亞的法律絕對不允許穆斯林兒童由非穆斯林領養，導致他必須與收養的親人分開。[101]

林金華（化名），今年 11 歲，他在學校用的是「林金華」的名字，但是他的出生證明上寫的是 Salim bin Tajupdin（沙林・達如丁），母親的名字是 Fatimah binti Abdula，父親也用馬來人的名字 Tajupdin（其實是華人「林玉寬」）。沙林從兩歲起，便由住在麻坡的鄭月玲（化名）女士撫養，至今已 9 年，他叫鄭月玲為媽媽，不曾懷疑自己不是這個家庭的親生子女。鄭月

99　努魯蕭，〈華裔穆斯林心聲〉。

100　努魯蕭，〈華裔穆斯林心聲〉。

101　鄭清華，〈上一代異族姻緣遺恨綿綿 華巫混血兒 11 年後被迫與「家人」分離，《南洋商報》，1994 年 12 月 8 日。

玲表示，在她還沒有認識其丈夫林玉章（化名）時，丈夫已經在吉隆坡與沙林的母親法諦瑪相識，並生下了沙林。之後，法諦瑪不知去向。當時，在鄭月玲認識其丈夫時，他已經獨自撫養著沙林。不過，對方只是告訴她，沙林是其姊姊的孩子。1985年結婚後，倒也相安無事，直到1994年林玉章在臨終時才把實情告訴她，林金華（沙林）是他與一名馬來女子所生的孩子。鄭月玲說：[102]

> 由於林玉章向來不顧家庭，我在結婚後，就一直住在柔佛砂益（Sagil）的娘家，沙林也就與我住在一起。因此，沙林和我的父母與姊妹們都非常親密。

沙林是位「與生俱來」的穆斯林，依伊斯蘭法規定，必須由福利部安排由穆斯林的家庭來撫養。[103]當事件發生後，其家人都很捨不得離開沙林。鄭月玲希望，福利部或宗教局能網開一面，讓林金華和家人過完農曆新年及吃團圓飯後，再把林金華帶走。[104]也許鄭月玲還沒想到，她與皈依伊斯蘭教的林玉章所生的兒子林宗帆（化名），可能也依法會發生類似的情況，[105]因為鄭月玲是一名非穆斯林。

三、與其馬來姻親的互動

Fredrik Barth 認為：「一個群體通過強調特定的文化特徵

---

102 鄭清華，〈上一代異族姻緣遺恨綿綿 華巫混血兒 11 年後 被迫與「家人」分離。

103 〈陸庭諭建議：華裔回教徒 撫養林金華〉，《南洋商報》，1994 年 12 月 14 日。

104 李安，〈愛心社會的諷刺〉，《中國報》，1994 年 12 月 11 日。

105 鳥哥，〈林金華的悲劇〉，《中國報》，1994 年 12 月 11 日。

來限定我群的『邊界』以排斥他人。」[106]對馬來人來說，宗教和族群的認同與文化的遺產密不可分。因此，一些馬來人很難相信一個人在沒有融入馬來人的文化、語言、飲食習慣和衣著等之下，能真誠的信仰「他們的」宗教。[107]換言之，馬來人以他們的文化特徵來區分「我族」與「他族」的邊界，並藉以排斥他人。以下是作者田野調查訪談資料中的三個個案，分別與婆家、岳家、女婿互動的情形。[108]

曾玉莞是一位皈依的華人女穆斯林，婚後沒有和婆婆住在一起，她是一位公務員。皈依伊斯蘭教已十多年。這麼多年來，她都活得很自在，從來沒有感覺自己被邊緣化。曾女士感到很欣慰，她的家庭和親友都沒有排斥她，其馬來丈夫的家人也很歡迎她。在她丈夫的鼓勵下，孩子們都受華文教育。在家裡，他們講馬來語和華語，孩子的外婆則用方言和孩子們溝通。[109]

馬來人因為皮膚黑，向來喜愛白皮膚的孫子女，所以很喜歡娶華人媳婦。馬來人認為，只要跟著他們的習俗、講馬來語、信仰伊斯蘭教就不會有衝突。有一位皈依的華人從新加坡嫁到登嘉樓的馬來家庭，與婆婆住在一起，當她講華語時，婆婆不喜歡她講華語，認為會影響教門。[110]就不准媳婦再講華語。顯然如此「馬來化」就不會產生問題。

娶馬來女子皈依的 LT 先生，原生家庭在柔佛，婚後與岳

---

106 Fredrik Barth, *Ethnic Groups and Boundaries,* Oslo: Universitets Forlaget. 1969, p.15.

107 丘偉榮，〈華裔穆斯林之路〉，《通報》，1992 年 9 月 30 日。

108 參見鄭月裡，〈皈依後的社會適應：馬華穆斯林田野調查之分析〉，收錄於夏誠華主編，《新世紀的海外華人變貌》，頁 316-317。

109 曾玉莞，〈華裔穆斯林心聲〉，《南洋商報》，2001 年 12 月 20 日。

110 鄭月裡主訪，吉隆坡王樂麗女士口述（於台北），2008 年 12 月 15 日。

家住在一起，他認為岳父母對他很好，也很照顧他。[111]雖然相處愉快，但也有不少的禁忌。

另一個較為特殊的個案，這是一位受訪者與馬來女婿的關係。丈夫已去世多年的 SM 女士，只有一個女兒，女兒為了嫁給馬來人而皈依，她為了工作擔心孩子沒有人照顧，於是便請媽媽到她家幫忙照顧孩子。SM 女士為了照顧三個外孫，就到女兒家幫忙。但是媽媽是非穆斯林，女兒擔心媽媽煮的食物有豬肉，便要她皈依伊斯蘭教，以避免煮非合法的食物給孩子吃。不過，她很不喜歡馬來女婿的行為，無奈的告訴作者：[112]

> 我的女婿有不好的行為，脾氣不好。起初與我的女兒交往的時候，表現很好，結婚以後就不一樣了。在外喝酒回家，會和我女兒吵架，有時還會打我的女兒。

SM 女士心疼女兒。強調她的女婿若做了不好的行為，都推說不是他做的，是別人做的。事實上，根據她的觀察，女婿很聽朋友的話。朋友不喝酒，他就不喝，朋友邀他喝酒他就喝。[113]穆斯林是禁止喝酒的，喝酒是違反伊斯蘭教規。因此，SM 女士懷疑，是她的女婿交到了壞朋友，才會變得如此，像這樣的情形仍屬少數。據作者在馬來西亞的田調發現，華人嫁娶馬來人，極少數與岳家或婆家住在一起，大多自組小家庭。因此，很少有衝突問題發生。

111 鄭月裡主訪，吉隆坡 LT 先生口述，2004 年 1 月 30 日。
112 鄭月裡主訪，吉隆坡 SM 女士口述，2005 年 1 月 24 日。
113 鄭月裡主訪，吉隆坡 SM 女士口述，2005 年 1 月 24 日。

四、與馬來社群的互動

據現任職於馬來西亞森林部的林廷輝分析說：「馬來人的邊界很鬆散，只要放棄自己的宗教，講馬來語、穿沙籠，儘量看起來像馬來人即可。」他們在宗教、文化及政治方面仍可保持開放，但經濟方面就不行。對要皈依伊斯蘭教的華人，有些馬來人會去質疑他們皈依的背後動機，同時作出試探的動作。

馬來人認為華人皈依伊斯蘭教並不足以令人完全信賴，像是他們的不虔誠，不實踐馬來人的生活習慣等。然而四十年前確實有些華人皈依是為了獲取某些經濟上的利益，讓馬來人對華人皈依忠誠度產生懷疑。少數馬來人會作出檢驗華人皈依的動作，詢問問皈依者的子女，他們的父親或母親是否有禮拜及齋戒？[114]這些動作往往讓皈依者感到他們是不受歡迎的，同時缺乏安全感。不過現在隨著教育、經濟、文化上的提昇，大大地降低對華人皈依動機的質疑。

大多數華人皈依伊斯蘭教是為了與馬來人結婚，而且大部份馬來人喜歡華人皈依伊斯蘭教，有些華人皈依者會認為，馬來人對他們較少心懷偏見。但有些皈依者則認為，被他們自己

---

114 如 1.檢驗華人入教的行為，馬來人問他們的子女，是否有禮拜及齋戒？2.有一次當一位皈依者從家裏帶一些食物給其他的穆斯林吃，遭到其中的一些人質疑食物的合法性？3.馬來婆婆不喜歡兒子娶華人，因為她的種族。後來當他們帶著孩子回婆家，婆婆很喜歡孩子，但是仍然不請她進去。參見王樂麗（Rosey Wang Ma），"Chinese Muslims in Malaysia（〈馬來西亞華人穆斯林〉），" *Anthropology I：Overseas Chinese and Indigenous People Ethnic Relations in Overseas Chinese Societies,* 中央研究院第三屆國際漢學會議論文（台北：中央研究院，2000 年），共 23 頁。

的族人輕視和遺棄，最後移入馬來地區居住，與馬來人交往，如此一來，他們便不容易與自己同族的人來往，久而久之對華族文化就淡忘了，最後在馬來地區尋找伴侶進而結婚。

華人非穆斯林社群恰好相反，他們不喜歡自己的同胞皈依伊斯蘭教。對華人而言，華人皈依者即認同馬來人的宗教與文化，他們也責備華人皈依者捨棄自己本民族的宗教與祖先所傳下來的文化。另一個因素是來自華人穆斯林與非華人穆斯林飲食習慣的衝突。非華人穆斯林輕蔑華人穆斯林不吃他們已經吃慣了的食物，以及有一些華人在農曆每月的初一、十五吃素的習慣。令華人遺憾的是皈依者不再遵從這些傳統。這也就是華人皈依後，為什麼不願住在華人地區，而喜歡住在馬來地區，其實是為了避免遭受敵意與帶來不必要的困擾。可是馬來社群卻又對皈依的華人存有猜疑心，一些缺乏認識伊斯蘭的馬來人，更視伊斯蘭教為他們的宗教，[115]也只有他們才能信仰。事實上，這些都是對伊斯蘭了解不夠。

林廷輝在其碩士論文“Kajian Tentang Identiti Dan Pertubuhan-Pertubuhan Permeluk-Permeluk Agama Islam di Pulau Pinang”（〈檳城回教徒社團及特徵研究〉）中提到：[116]

> 皈依者與馬來人結婚，以及少與華人接觸，他們被馬來社會接受的程度越高。反之，在日常生活中，如果皈依

115 〈華裔回教徒 缺乏容身空間〉，《星洲日報》，1993 年 9 月 11 日。

116 林廷輝（Hin Fui Lim）, “KajianTentang Identiti Dan Pertubuhan-Pertubuhan Permeluk-PermelukAgama Islam di Pulau Pinang（〈檳城回教徒社團及特徵研究〉）,” Tesis Yang Diserahkan Untuk Memenuhi Keperluan Bagi Ijazah Sarjana Sains Kemasyarakatan（馬來西亞理科大學碩士論文）, 1983 年, pp.219-222。

者還保留原本民族的生活習慣，不與馬來人結婚及不住在馬來人的地區，就不是馬來人。……。而那些伊斯蘭教皈依者如果常以馬來語交談及跟隨馬來風俗習慣，原則上他們是馬來人。

如果華人皈依者能日禮五時（即每日五次禮拜），參加馬來鄉村內一切活動，他被當地社會接受的可能性較高，可是要被當地馬來居民接受為馬來人，除了「馬來化」外，也必須放棄原來自身的民族文化。[117]換句話說，「masuk Islam」等於「masuk Melayu」是附有條件的，那便是與馬來人結婚和跟隨馬來風俗習慣。但是，各州在馬來保留地法令的「馬來人」定義並不包括伊斯蘭教皈依者在內。因此，他們不被認為是「馬來人」，即使他們跟隨馬來生活方式及風俗習慣。實際上，政府不曾承認華人伊斯蘭教皈依者是馬來人。除此之外，一般大馬馬來社會也不稱皈依伊斯蘭教之華人為馬來人，雖然有些馬來人指皈依伊斯蘭教者為 masuk Melayu。[118]從宗教的觀點來說，馬來社會稱皈依伊斯蘭教者為 Mualaf 或 Saudara Baru，[119]以區別於馬來穆斯林。[120]林廷輝亦指出：「皈依伊斯蘭教並非我們常聽到的 masuk Melayu 那麼簡單。在某種程度上，一些伊斯蘭教皈依者可能被接受為『馬來人』，但他們畢竟不是真正的

---

117 林廷輝，〈種族宗教是兩回事〉，《星洲日報》，2001 年 3 月 25 日。

118 林廷輝，〈皈依伊斯蘭教則成為馬來人？〉，《文道月刊》，31（1983），1983 年 8 月 7 日，頁 32。

119 Mualaf 或 Saudara Baru,指剛入「回教」(伊斯蘭教)的人；參見 Johari Yap Abdullah, " Cabaran dan Harapan Dalam Perlaksanaan Dakwah Islamiyyah Kepada Masyarakat Cina di Malaysia," Masyarakat Cina Dan Perkembangan Islam Di Malaysia, 2004.10.5,pp.3-4.

120 林廷輝，〈種族宗教是兩回事〉，《星洲日報》，2001 年 3 月 25 日。

馬來人。」[121]

另外，林廷輝也從歷史角度來看，一些華人經常與馬來居民接觸後，便與馬來人通婚，並接受馬來人的生活習俗，而漸漸的同化於馬來社會。[122]這種情形造成非馬來人亦同樣認為，皈依伊斯蘭教者就成為馬來人或 masuk Islam 就等於 masuk Melayu。[123]

大部份皈依者若住在馬來地區，他們通常與馬來人有良好的關係。馬來人對皈依者表現出歡迎的舉動，自然使華人皈依者與馬來人有很多的互動與交往。他們沒有讓孩子讀華校，孩子不會講華語，很多小孩不認為自己是華人，甚至不知道華文姓名。在馬來西亞，一些華人皈依者的小孩，對外聲稱他們不吃豬肉，他們是穆斯林，不是華人。[124]華人皈依者希望多與馬來人互動，而減少與非華人穆斯林的互動，甚至少到僅限於拜訪雙親。如此作為讓他們易於融入馬來社會。

皈依華人想融入馬來社會，希望被馬來人接受，而馬來人對皈依者雖表示歡迎，但內心是否完全接受，倒也不盡然。有些皈依者仍感覺自己受到馬來人的排斥，覺得政府並沒有一視同仁的對待所有的穆斯林。在巴生工作，娶土著（Temuan 族）女子為妻的 SL 先生，他曾到政府機關辦事就被趕出三次，讓他受到極大的恥辱。他說：「馬來政府拉攏土著，因為土著勢

121 林廷輝，〈皈依伊斯蘭教則成為馬來人？〉，《文道月刊》，31（1983），1983 年 8 月 7 日，頁 32。

122 林廷輝，〈皈依伊斯蘭教則成為馬來人？〉，《文道月刊》，頁 30。

123 林廷輝，〈皈依伊斯蘭教則成為馬來人？〉，《文道月刊》，頁 30。

124 Osman bin Abdullah, “Interaction and Integration of Chinese Muslims,” op.cit., p.168.

力很大，很多利益分給土著。只有土著才有權力和馬來人坐在一起談事情。」[125]但是，並非每位土著都是支持政府的，在土著看來政府拉攏他們，主要的目的是為了土地的利益。土著在馬來西亞被歸屬於馬來人，但他們並非全部信仰伊斯蘭教，可是，華人皈依伊斯蘭教後卻仍被歸屬為華族。

從以上所述，部分馬來穆斯林內心對華人皈依者仍欠缺友善，視華人穆斯林為次等公民。作者認為，這種態度不僅要歸咎於不同民族、語言和文化的差別，政治與經濟可能才是主因。不過，有些學者則認為，在猜疑的背後隱藏著數十年的政治歷史才是最重要的，這是源自英殖民地分而治之（divide and rule）的政策。[126]但是，英國是否真有實施此一政策，仍有討論的空間。

第三節　皈依者與宗教機構的關係

馬來西亞宗教機構為了讓新皈依者了解伊斯蘭教教義、學習阿拉伯語、如何唸誦《古蘭經》、如何禮拜等等，開設了很多相關課程。本節針對官方宗教機構、半官方及非官方宗教機構（NGO）的輔導措施、機構的設置、經費來源、功能、課程表，並對半官方的全馬伊斯蘭福利機構（Pertubuhan Kebajikan Islam Malaysia; The Muslim Welfare Organization of Malaysia，簡稱「PERKIM」）與非官方（NGO）的馬來西亞華人穆斯林

125 鄭月裡主訪，吉隆坡 SL 先生口述，2006 年 8 月 10 日。
126 楊建成，《華人與馬來亞之建國》（台北：文史哲出版社，1988（民 77）年），頁 52、53；丘偉榮，〈華裔穆斯林之路〉，《通報》，1992 年 9 月 30 日。

協會（Malaysian Chinese Muslim Association，簡稱「MACMA」）比較，以瞭解兩者的關係與差異。

一、官方宗教機構的輔導措施

各州及直轄區的宗教局均有開設伊斯蘭教相關課程，讓華人及各族皈依者學習，如吉隆坡宗教局從星期一到星期五分上午、中午、晚上三個時段，及星期六上午，每次兩小時，以教授教法學、認主學、品德、道德等課程為主（參見表 4-3）。

表 4-3：吉隆坡宗教局

（Jabatan Agama Islam Wilayah Persekutuan）課程表

時間 / 星期	09:00-11:00 AGI（上午） 2JAM（小時）	02:00-04:00 PETANG（下午） 2 JAM	07:00-09:00 MALAM（晚上） 2JAM
ISNIN（一）	Al-Quran/Fiqh 教法學	Al-Quran/Tauhid	Fiqh
SELASA（二）	Al-Quran/Tauhid 認主學	Al-Quran / Akhlak	Al-Quran
RABU（三）	Al-Quran/Akhlak 品德、道德	Al-Quran / Fiqh	Tauhid
KHAMIS（四）	Al-Quran/ iqh	Al-Quran /Akhlak	Solat 回教徒（穆斯林）的祈禱
JUMAAT（五）	Al-Quran/Tauhid	Al-Quran/Fiqh	Akhlak
SABTU（六）	Hafazan 背誦	—	—

資料來源：據吉隆坡宗教局（Jabatan Agama Islam Wilayah Persekutuan）提供資料整理，2005 年 1 月 20 日。

說　　明：以上課程分別由 8 位教師以馬來語文和阿拉伯語文，分三個不同時段（上午、下午、晚上）授課。

宗教局除了開設宗教課程以外，另對前來學習的各族皈依者發給車馬費補助。各州给的車馬費不一，雪蘭莪州回教事務局（Jabatan Agama Islam Selangor，簡稱「JAIS」），對來學習的穆斯林，每人發給馬幣 10 令吉，如吉膽島；直轄區宗教事務局（Jabatan Agama Islam Wilayah Persekutuan，簡稱「JAWI」），如吉隆坡則發給車馬費馬幣 15 令吉。來學習的人，每位都要簽到，宗教局依簽到的次數核發費用（參見表 4-4）。一個月結算一次或二個月結算一次，用天課（Zakat）[127]支付。

表 4-4：皈依者在吉隆坡宗教局

（Jabatan Agama Islam Wilayah Persekutuan）學習次數及領取費用表

	名 字	證件號碼	金額 x 次數	總金額	學員號碼
1	Ahmad Sukn Sugumaran bin Abdullah	490718-08-5045	RM15.00 x 8	RM120.00	14-014-02-0756＊＊
2	Aishah Barsalote binti Adullah	LL571669	RM15.00 x 22	RM330.00	14-014-02-0790＊＊
3	Aisha Nor Glona Abdullah	KK439179	RM15.00 x 2	RM30.00	14-014-02-0796＊＊
4	Aisyah binti Adullah Maria	830803-14-5966	RM15.00 x 1	RM15.00	14-014-02-0797＊＊
5	※ Aminah binti Abdullah@Chong Ah Gek	540821-10-5940	RM15.00 x 19	RM285.00	14-023-02-0136＊＊
6	※ Amir Hamzah bin Abdullah Liaw	750308-14-5111	RM15.00 x 3	RM45.00	14-014-02-0794＊＊

127 Zakat 可給：（1）貧苦的人；（2）負債者；（3）遠行者；（4）皈依者；（5）收 Zakat 的人；（6）孤兒；（7）宣教者；（8）新皈依者。憲法第九十七條之三：根據聯邦內各州的憲法條文下，或對聯邦直轄區而言，根據聯邦法律，所籌集伊斯蘭之天課（Zakat）、開齋節的開齋捐（Fitrah）、宗教局財務部門（Baitu-Mal）或類似性質之伊斯蘭稅收（Hasil）必須存入一項特別的基金，除非獲得州和聯邦相關法律之授權，不得被提領；參見 International Law Book Services, *Federal Constitution,* Malaysia: Selangor Darul Ehsan ,2003, p.84.

7	Amirudin Limson bin Abdullah	KK724116	RM15.00 x 16	RM240.00	14-014-02-0773＊＊
8	※ Arbai iyah binti Abdullah	480916-10-5466	RM15.00 x 19	RM285.00	14-14-02-0780＊＊
9	Ayisha Mumtaz binti Abdullah Suppiah	561129-10-5904	RM15.00 x 22	RM330.00	14-023-02-0136＊＊
10	Ban Sereyvathana@Mahfuz bin Abdullah	N0298779	RM15.00 x 14	RM210.00	14-014-02-0797＊＊
11	Cecelia Faulve Faucbit @Sakinah Cecelia binti Abdullah	HH243148	RM15.00 x 17	RM255.00	14-014-02-0801＊＊
12	※ Chan Kok Kan @ Alhizman Chan bin Abdullah	691013-10-6505	RM15.00 x 8	RM120.00	14-014-02-0043＊＊
13	※ Cheong Swee Lan @Hanisah Cheong binti Abdullah	530713-10-6058	RM15.00 x 19	RM285.00	14-014-02-0801＊＊
14	※ Cheong Yong Hong @Muhammad Zaenurrohman	570210-10-6271	RM15.00 x 4	RM60.00	14-014-02-080 xxxxx
15	※ Danial Lim bin Abdullah	650618-10-7083	RM15.00 x 10	RM150.00	14-014-02-079xxxxx
16	Edna binti Yaabak @Nur Edna Yaabak binti Abdullah	781023-12-5506	RM15.00 x 15	RM225.00	14-023-02-015xxxxx
17	Fadzil bin Abdullah Murugis	660916-08-6187	RM15.00 x 8	RM120.00	14-014-02-0803＊＊
18	Farhana Banu Jaya binti Abdullah	670801-10-5842	RM15.00 x 13	RM195.00	12-113-02-0091＊＊
19	※ Fatimah Aw binti Abdullah	300615-10-5218	RM15.00 x 17	RM255.00	14-014-02-0789＊＊
20	Fatimah Ortiz binti Abdullah @ Ortiz	DD779671	RM15.00 x 14	RM210.00	14-023-02-0137＊＊
21	※ Foong Lai Kam @ Safiah binti Abdullah	460105-10-5210	RM15.00 x 21	RM315.00	14-023-02-0136＊＊

資料來源：根據吉隆坡宗教局（Jabatan Agama Islam Wilayah Persekutuan）於 2005 年 12 月 4 日張貼於佈告欄的資料整理而成，2009 年 3 月 7 日。

說　　明：1.證件號碼最後一個數字單數為男性，雙數為女性。

2.※作者從名字判斷為皈依伊斯蘭教的華人。

3.為顧及田野倫理，後面三位數字以＊＊替代。

4.xxxxx 表示數字不清楚。

除了鼓勵皈依者學習伊斯蘭教課程發給車馬費外，對於貧窮、生活困難、受傷、生病無法工作的皈依者，宗教局也會給予金錢上的補助。但必須由宗教局先派員實地調查訪視，認為達到補助標準才予以補助，補助金額多少，完全視情況輕重而訂，但是，一旦宗教局發現領有補助款的人恢復工作，生活改善，隨即停止補助。如吉隆坡的 SK 先生每月 200 令吉補助款；[128]LE 先生受宗教局補助學費一年 2,500 令吉及租屋費每月 180 令吉。[129]吉膽島 FW 先生領有醫療補助款每月 65 令吉；[130]IH 先生的兩位女兒領生活補助款，每個月各領 100 令吉；[131]HN 先生領補助款每月 250 令吉，另獲福利部補助每個月 135 令吉，[132]但是他只領了兩個月的補助款，因為宗教局派員定期追蹤，發現他生活情況好轉，即停止補助。另一位吉膽島 IA 先生，1996 年因病，宗教局補助 5,000 令吉作為醫療用，現在每個月領有 250 令吉的補助金。[133]這些補助款均由宗教局負責管理 Zakat 的 Baitulmal（財庫）部門支付。

Zakat 對新皈依者的影響很大，Zakat 一部份給他們作為：（1）來學習《古蘭經》者的津貼；（2）聯歡會的費用；（3）旅遊費。吉隆坡直轄區宗教局（JAWI）及雪蘭莪州（JAIS），這兩個地方因企業家多、公司行號多，收到 Zakat 相對就很多，每年可以收到幾千萬令吉，其他地方就沒這麼多，像是登嘉樓、

128 鄭月裡主訪，吉隆坡 SK 先生口述，2005 年 1 月 24 日。
129 鄭月裡主訪，吉隆坡 LE 先生口述，2005 年 1 月 24 日。
130 鄭月裡主訪，吉膽島 FW 先生口述，2005 年 7 月 20 日。
131 鄭月裡主訪，吉膽島 IH 先生口述，2005 年 7 月 20 日。
132 鄭月裡主訪，吉膽島 HN 先生口述，2005 年 7 月 20 日。
133 鄭月裡主訪，吉膽島 IA 先生口述，2005 年 7 月 20 日。

吉蘭丹，與吉隆坡、雪蘭莪州相比，就差距很大。現任職於國際伊斯蘭大學的 OC 先生，他說：[134]

> **我就讀大學四年的獎學金都是雪蘭莪州宗教局 Baitumal 給的，每年約 3,000 令吉，包括學費、生活費等。**

OC 先生就在這項補助下完成他的學業。此外，新皈依者若被趕出家門，宗教的 Baitumal 部門也會幫忙安排住的地方及支付費用，行為表現好的就可以一直住下去，甚至宗教局還會幫忙介紹一個好工作。

伊斯蘭教規定每一位穆斯林將每年沒有用的流動資金，生息的東西，如放在銀行沒有用的存款有 4000 令吉者，要繳交四分之一（2.5%）給政府特別部門，他們會前來收取，以幫助有困難及貧窮的人。在馬來西亞的穆斯林一定要繳納，包括皈依的華人穆斯林在內，他們認為這是一種功德。繳交 Zakat，有關部門會給一張收據，未來在申報所得稅時，可以扣除。這點令華人非穆斯林覺得相當不公平。

二、與半官方及非官方宗教機構的關係

在馬來西亞半官方的伊斯蘭教機構不少，但是，與皈依的華人穆斯林有關的只有兩個，一個是半官方的全馬伊斯蘭福利機構（PERKIM）；另一個是非官方（NGO）的馬來西亞華人穆斯林協會（MACMA）。前者輔導對象不限皈依伊斯蘭教的華人穆斯林，後者最初以皈依的華人穆斯林為主，後來亦擴及

134 鄭月裡主訪，吉隆坡 OC 先生口述，2005 年 1 月 17 日。

到其他民族，以及原來就是穆斯林的成員。以下針對全馬伊斯蘭福利機構及馬來西亞華人穆斯林協會的創立背景、內部設置、經費來源、功能作一說明，並比較兩者之差異。

（一）全馬伊斯蘭福利機構（PERKIM）

1.成立背景

1954 年，東姑阿都拉曼（Tunku Abdul Rahman）成為了馬來亞的首席部長。1957 年 8 月 31 日馬來亞獨立時，擔任馬來亞第一任首相。四年之後，東姑提議成立馬來西亞聯邦的構想，於 1963 年 9 月 16 日，馬來西亞聯邦國家成立，仍由東姑擔任第一任首相直到 1970 年辭職。1960 年，與馬天英等人創立全馬伊斯蘭福利機構（PERKIM），輔導皈依的穆斯林，並且設置一些福利，鼓勵其他民族皈依伊斯蘭教。

全馬伊斯蘭福利機構，於 1960 年 8 月 19 日，東姑阿都拉曼在馬來西亞首相任內時創立的，馬來西亞華人穆斯林領袖馬天英亦參與其間。1969 年之際，馬天英擔任該機構副主席。當時，PERKIM 是馬來西亞唯一積極在非穆斯林之間從事宣教和傳播伊斯蘭教的機構。因此，該機構兼具民間以及官方傳教的兩種性質。至今，當年在東姑領導下的 PERKIM 仍然是馬來西亞唯一受政府和公眾承認，負責向非穆斯林傳教的組織。[135]也是伊斯蘭國家、世界各伊斯蘭教組織以及聯合國都承認的福利機構。[136]

135 全馬伊斯蘭福利機構，《介紹全馬伊斯蘭福利機構》（吉隆坡：全馬伊斯蘭福利機構，出版時不詳），頁 1。

136 陳玉龍，〈馬來西亞伊斯蘭福利協會簡介〉，《中國穆斯林》2（1999），頁 41。

PERKIM 是一個自願性的組織，從事福利的服務、社區發展工作、及對孤兒、貧窮、殘障人士、甚至需要幫助的人提供關懷和援助，做有益於人類的一切善事。該組織的性質略與扶輪社相似，並不公開招請會員，而只是經過審慎物色，再經過若干委員推薦，由全體通過方能成為會員。其宗旨係在：（1）聯合本邦所有不同宗教共同向善；（2）積極對於本邦有需要之人才，不分宗教與民族之畛域，一律予以協助；（3）宣揚回教教義及介紹其它文化予不同之民族，以期互相瞭解。[137]

該機構的目標，主要讓非穆斯林對伊斯蘭教產生良好深刻的印象，繼而引起他們對伊斯蘭教的認識與瞭解。[138]換言之，是向非穆斯林傳播伊斯蘭的相關知識；非穆斯林想聆聽宣教並準備接受伊斯蘭教時，他們便會向有關人員詢問伊斯蘭教方面的問題，以此來認識和瞭解伊斯蘭教。而 PERKIM 也會主動派出受過訓練的宣教人員，到那些想瞭解伊斯蘭教的非穆斯林社群中，提供他們所需要的伊斯蘭知識，回答他們所提出的問題。通常是同一民族的宣教人員到他們的群體中去用他們自己的語言與他們交談，如華人、印度人或者是在馬來西亞定居的其它民族。PERKIM 就是用這種方式來進行宣教工作的，[139]而馬天英則負責對華人傳教的工作。PERKIM 的另一個目標則是幫助病患及貧窮的人。

PERKIM 在成立之初，遇到的最大問題是缺少能夠承擔宣

137 〈全馬回教福利會 今年開齋節日 派代表訪問監獄慰藉犯人〉，《光華日報》，1972 年 7 月 17 日。
138 全馬伊斯蘭福利機構，《介紹全馬伊斯蘭福利機構》，頁 1。
139 陳玉龍，〈馬來西亞伊斯蘭福利協會簡介〉，《中國穆斯林》2（1999），頁 41。

教任務的宣教員，PERKIM 採取了多種措施和方法來解決這個問題，其中之一就是成立了伊斯蘭宣教學院。設立在八打鄰再也（Petaling Jaya）的 PERKIM 宣教學院（Institut Dakwah PERKIM，簡稱 IDP），該院成立於 1975 年，起初，分別採取 6 個月和 18 個月的培訓辦法，在第一屆畢業生當中，選出優秀者到中東地區國家的伊斯蘭大學或學院繼續深造，如沙烏地阿拉伯麥地那國際伊斯蘭大學、埃及愛資哈爾大學等。隨著時間的推移，學院現已成為一個擁有 300 多名學生，[140]這些學生大多是新皈依的穆斯林。

學生中除了來自馬來西亞本地的學生外，亦有些來自外國，例如斐濟（Fiji）、香港、菲律賓與韓國。學生大多數修完五年的課程，修業期滿經考試合格者，將獲得學院頒發證書，該證書除了相當於馬來西亞高中畢業的文憑外，同時還具有宗教教育文憑（Sijil Pelajaran Ugama，簡稱 SPU）等資格，[141]這些都是馬來西亞政府所承認的。

倘若畢業生沒有機會被選派到外國深造的話，將會被遣派回各自原來的地區或家鄉，從事宣教和對新穆斯林進行指導教育的工作，以期成為真正信奉真主的穆斯林。[142]

1972 年 4 月 26 日，由沙巴州首長敦穆斯達發（Tun Datu Haji Mustapha bin Datu Harun）主持並成立沙巴州伊斯蘭機構（Persatuan Islam Bersatu Sabah，簡稱 USIA），在 1977 年，全

---

140 陳玉龍，〈馬來西亞伊斯蘭福利協會簡介〉，《中國穆斯林》2（1999），頁 42。

141 全馬伊斯蘭福利機構，《介紹全馬伊斯蘭福利機構》（吉隆坡：全馬伊斯蘭福利機構，出版時不詳），頁 2。

142 全馬伊斯蘭福利機構，《介紹全馬伊斯蘭福利機構》，頁 2。

馬伊斯蘭福利機構（PERKIM）與沙巴州伊斯蘭機構（USIA）簽定協議成立聯合會，是該州唯一和 PERKIM 合併的傳教組織。USIA 一開始便積極地在土著之間從事傳教活動。到了 1979 年為止，已成功的引導數以萬計來自不同部族的土著改信了伊斯蘭教。而由沙巴州州長拿督哈里斯（Datuk Harris Halleh）所領導的沙巴州伊斯蘭宗教局（Majlis Ugama Islam Sabah，簡稱 MUIS），該局除了注重向已經信教者灌輸宗教知識及給予宗教訓練外，也繼續扮演向土著宣傳伊斯蘭教的重要角色。州政府的有關當局並向 PERKIM 請求協助在距離首府哥打精那峇魯（Kota Kinabalu）七十五公里的拉腦（Ranau）興建一所傳教訓練學院。PERKIM 已經答應政府的請求，並著手規劃。[143]

另外，在砂拉越州，由該州元首敦拿督阿督拉曼雅谷（Tun Datu Patinggi Haji Rahman Yaakub） 領導的伊斯蘭團結醒覺運動（Angkat an Nahdatul Islam Bersatu，簡稱 BINA），也與 PERKIM 簽定了聯合會，PERKIM 協助他們訓練剛入教的年輕子弟，以成為未來的傳教士。該會雖然較 USIA 成立來得晚，但在引導砂拉越土著信仰伊斯蘭教的工作，亦同樣有優異的表現。[144]

至於 MUIS 和 USIA 這兩個伊斯蘭機構究竟有什麼差別。事實上，他們各負其責， USIA 負責福利和宣傳；MUIS 負責教導伊斯蘭教理和收集「天課」（Zakat），並且負責處理朝覲事務和禮拜寺的一切。不過，自 1977 年始，MUIS 和 USIA 同樣負責福利和宣傳的工作。

143 全馬伊斯蘭福利機構，《介紹全馬伊斯蘭福利機構》，頁 2。
144 全馬伊斯蘭福利機構，《介紹全馬伊斯蘭福利機構》，頁 2。

儘管如此，USIA 是一個公眾熱心人士攜手合作成立的伊斯蘭機構，也就是沙巴州伊斯蘭的平民組織，純屬為了穆斯林本身利益而設立的，所以，其經濟來源全靠會員的支持。因此，USIA 的會員眾多，沙巴州各地都有其分會。反之，MUIS 是政府設立的伊斯蘭傳教基金會，它沒有會員，只是行政的設立。而 USIA 在伊斯蘭教中很多方面的問題、人才等，都要向 MUIS 求助，從而達到真主之道而推行的計劃與活動。USIA 在沙巴州共有 23 個直轄分會，每個分會都在各鄉村地區設立小組，小組的成立則視會員人數的增加而設立。[145]

與 USIA、MUIS 不同的是，全馬伊斯蘭福利機構（PERKIM）宣教對象大多以華人為主，因為他們的人口數僅次於馬來族。華人多數信奉佛教或道教，少數信奉基督教。

2.內部設置與經費

全馬伊斯蘭福利機構（PERKIM）的成立，主要目的是為了穆斯林的利益，援助那些不分民族而皈依伊斯蘭教的穆斯林，從而傳揚安拉之道，使多數的人們明白該機構成立的宗旨。[146]共同在安拉道上而奮鬥，尋求為教友的利益而聖戰（Jihad）。但要成為全馬伊斯蘭福利機構的會員，必須繳交會費，繳交方式分五種，其費用亦不同：永久會員繳馬幣 200 令吉、一年會員繳馬幣 5 令吉、二年會員繳馬幣 10 令吉、三年會員繳馬幣 15 令吉、四年會員繳馬幣 20 令吉。[147]

---

145 〈瞭解沙巴洲伊斯蘭機構〉，《伊斯蘭之光》（季刊）10：3（1989）（馬來西亞：全馬伊斯蘭福利機構），頁 15。

146 〈叮嚀〉，《伊斯蘭之光》（季刊）10：3（1989）（吉隆坡：全馬伊斯蘭福利機構），頁 11。

147 鄭月裡主訪，雪蘭莪州吉膽島 AM 先生口述，2005 年 7 月 20 日。

與宣教和福利組織一樣，PERKIM 與馬來西亞各州的宗教部門，及其它福利與穆斯林傳教組織密切合作，努力鞏固成為一個強壯，而且有影響力的組織。PERKIM 已經和其它組織相連結，像是沙巴州伊斯蘭機構（USIA）、Harakah Islamiah（HIKMAH）、馬來西亞華人穆斯林協會（MACMA）、以及馬來西亞賑濟協會（Persatuan Darul Fitrah Malaysia，簡稱 Darul Fitrah）等。

PERKIM 與所有國內、國際政府的關係密切，與非政府的伊斯蘭組織有更進一步的合作，以促進穆斯林社群的發展。亞太伊斯蘭宗教宣教協會（Regional Islamic Dakwah Council for South East Asia Pasific，簡稱 RISEAP）是在 PERKIM 領導下優先設立的，並且經由它的合作，與其它類似宗教目的的組織相聯合。

PERKIM 自 1979 年，已和聯合國難民高級專員公署（United Nations High Commission for Refugees, 簡稱「UNHCR」）和伊斯蘭會議組織（Organization of Islamic Conference，簡稱「OIC」）成為工作的夥伴，擴展伊斯蘭的聯繫網絡。

（1）總部與分會的設置

全馬伊斯蘭福利機構遍佈東西馬，該機構總部設在吉隆坡怡保路。[148]目前共有 21 個分會，分別設在東馬和西馬各州。東馬 3 個，西馬有 18 個。東馬 3 個當中，砂拉越州有 2 個，另一個則是在沙巴州。全馬伊斯蘭福利機構從 1960 年開始，歷經四十餘年，迄今共有 7 位主席及 13 秘書。現任主席為 Y. A. Bhg.

148 資料來源：PERKIM 網站：http://www.perkim.net.my（2007 年 1 月 10 日瀏覽）。

Tun Dr. Mahathir Mohamad。[149]

（2）經費來源

全馬伊斯蘭福利機構（PERKIM）的經費來源有二：一是來自國內；二是來自國外的捐獻。國內主要源自馬來西亞聯邦政府和地方政府，以及一些非穆斯林的捐助。國際則源自世界伊斯蘭聯盟（Rabitah Al-Alam Al-Islami）、利比亞伊斯蘭傳教機構（Jami'atul Dakwah Islamiyah Jamahiriyah Libya）、在沙烏地阿拉伯吉達的伊斯蘭會議組織、以及其他的伊斯蘭教國家也提供資助給 PERKIM。[150]

PERKIM 非常感激來自各方捐獻者的善舉，它深深地瞭解到，如果沒有這些援助，它們就不可能為穆斯林提供服務，也不可能持續不斷地進行宣教工作。但是 PERKIM 也認識到，不應長期依賴他人的慷慨捐助。PERKIM 必須自力更生，設法謀取經費以推行它的服務項目與計劃。[151]PERKIM 的首要計劃就是興建位於吉隆坡怡保路上的 PERKIM 大廈。該大廈必須耗資馬幣 2700 萬令吉，由 PERKIM 向利比亞伊斯蘭宣教協會貸款 2200 萬令吉建立。該大廈落成後，PERKIM 只佔用了該大廈的其中一個樓層，其餘樓層出租，把一部份租金做為每年舉辦活動的經費。[152]使各項活動能夠順利進行。

149 PERKIM 網站：http://www.perkim.net.my（2007 年 1 月 19 日瀏覽）。

150 陳玉龍，〈馬來西亞伊斯蘭福利協會簡介〉，《中國穆斯林》2（1999），頁 43。

151 全馬伊斯蘭福利機構，《介紹全馬伊斯蘭福利機構》（吉隆坡：全馬伊斯蘭福利機構，出版時間不詳），頁 9。

152 陳玉龍，〈馬來西亞伊斯蘭福利協會簡介〉，《中國穆斯林》2（1999），頁 43。

同時，PERKIM 亦鼓勵與協助各州的分會展開各自的自力更生計劃，以期至少能負擔各自的福利與傳教的經費。在亞羅士打（Alorsetar）、新山（Johor Bahru）、關丹（Kuantan）和玻璃市（Perlis），PERKIM 都已經有了自己的建築物。而在檳城（Penang）、巴生（Klang）、馬六甲（Melaka）、哥打峇魯（Kota Bharu）和怡保（Ipoh），PERKIM 的分會也有類似的大樓。以此作為宣教活動的經費來源。[153]

除了上述經費來源外，PERKIM 還參與商業活動以賺取經費。由於 PERKIM 是一所福利機構，章程限制不能直接進行商業活動，因而設立了一個特別商業小組，名為 PERKIM 營業（PERKIM Niaga）。如今 PERKIM 企業已經投資於各種行業，例如售賣書籍、發行影片及和一些著名公司合作投資於職業訓練學校、建築和餐廳。PERKIM 也購有伊斯蘭銀行的股份。

在各州的 PERKIM 分會亦有些已組聯營公司以賺取各自所需的經費。此外，PERKIM 還在吉隆坡建了一座綜合大樓稱做「哈吉營」，專門負責接待朝覲人士，並對他們進行培訓和模擬朝覲儀式的訓練，[154]使朝覲人士在行前對「朝功」的整個過程，有一定程度的認識與瞭解。

3.功　能

PERKIM 對於宗教教育極為重視，設有傳教學院、幼稚園、以及職業訓練學校。同時也積極投入福利工作與社會服務，設置免費診所、穆斯林難民安置中心、婦女組等，婦女組常為新的穆斯林姐妹舉辦一些活動，舉凡聚會、研討會和學術會議。

---

153 陳玉龍，〈馬來西亞伊斯蘭福利協會簡介〉，《中國穆斯林》，頁 43。
154 陳玉龍，〈馬來西亞伊斯蘭福利協會簡介〉，《中國穆斯林》，頁 43。

此外，對於新皈依的教徒或者是原本就是穆斯林者，PERKIM開設一些宗教課程，讓所有穆斯林學習，輔導他（她）們瞭解伊斯蘭教。

（1）宗教教育

①傳教學院

全馬伊斯蘭福利機構（PERKIM）非常重視新穆斯林的教育培訓工作。從 1983 年度 270 萬元馬幣開支的數目字來看，接近 30%是使用在 PERKIM 傳教學院及在全馬各地的宗教班之上。在瞭解到設立在八打鄰再也的傳教學院不能再容納更多的學生後，PERKIM 計劃在吉蘭丹州興建另一所能容納 300 名學生的傳教學院。為此，PERKIM 在吉蘭丹州政府的協助下購地增設。

除了在 PERKIM 傳教學院裡提供宗教教育外，PERKIM 也在全馬各地的會所裡開設宗教學習班。這些學習班，根據學生來源分別用華語、英語、淡米爾語、馬來語授課。[155]另外還用多種語言出版發行許多伊斯蘭教的小冊子，用英文出版了《伊斯蘭先驅》（Islamic Herald）雜誌、用馬來文出版了《PERKIM之聲》（Suara PERKIM）雜誌、用漢文出版了《伊斯蘭之光》雜誌。到目前已經發行了 34 種小冊子。1976 年，PERKIM 開設了一家專賣伊斯蘭教書籍的書店，由於發展迅速，很快在馬來西亞各州開設分店。

②幼稚園

全馬伊斯蘭福利機構（PERKIM）也同樣非常重視兒童的

---

155 全馬伊斯蘭福利機構，《介紹全馬伊斯蘭福利機構》（吉隆坡：全馬伊斯蘭福利機構，出版時間不詳），頁 4-5。

教育，本著 Membentuk rebung biarlah sebelum menjadi buluh（矯正嫩筍須於成竹之前：意即幼年好教導，年老更難訓）哲理，成立了許多的幼稚園。

第一所幼稚園是在檳城設立，它是東姑阿都拉曼親自籌募經費與努力的成果。這所幼稚園是一個由公眾（包括非穆斯林）捐款而買下的建築物。另一所幼稚園設立在霹靂州實兆遠鎮[156]的甘文閣（Kampung Koh）。它是唯一設在華人地區中心的伊斯蘭幼稚園。住在該地區的穆斯林寥寥無幾，但是在一位女助理華人穆斯林傳教士莎莉娜楊（Salina Yong）的倡導下，該所幼稚園辦得有聲有色。之後，又陸續成立了幾所幼稚園。這些幼稚園或學校招收穆斯林及非穆斯林的兒童入學，目的在於讓他們互相接觸、互相影響。PERKIM 堅信，非穆斯林兒童與穆斯林兒童之間的經常接觸，以及在伊斯蘭氣氛之下學習，那些非穆斯林兒童至終會對伊斯蘭發生興趣，[157]從而皈依伊斯蘭教。在英籍穆斯林穆納・歐斯曼女士直接管理下，PERKIM 還在吉隆坡成立了一個「殘疾兒童幼稚園」，接收了 20 多名來自不同國家、不同宗教的殘疾兒童。幼稚園的經費則源自一些慈善家的資助。[158]

---

156 實兆遠，馬來語 Sitiawan 或 Setiawan, 是 Setia Kawan 的組合詞,意即「忠實的朋友」是馬來西亞霹靂州曼絨縣的一個地區，因其居民多為福州籍華人，也被稱為「小福州」。

157 全馬伊斯蘭福利機構，《介紹全馬伊斯蘭福利機構》（吉隆坡：全馬伊斯蘭福利機構，出版時間不詳），頁 5。

158 陳玉龍，〈馬來西亞伊斯蘭福利協會簡介〉，《中國穆斯林》2（1999），頁 42。

③職業訓練學校

PERKIM-Goon 學院的成立是全馬伊斯蘭福利機構（PERKIM）的另一項成就。成立時，約有 500 名學生在這所設立在檳城學院修讀各項職業課程，例如電腦、會計與秘書等課程。當中一些學生是由 PERKIM 資助其住宿及一切費用，有數位新皈依的穆斯林受益。

PERKIM-Goon 學院及其他設立在吉隆坡、八打鄰再也和怡保的 Goon 學院還可以接受更多的穆斯林學生。[159]在所有 PERKIM 分會全力的合作下，期望能增加學院的穆斯林學生人數。

（2）**福利工作與社會服務**

①設置免費診所

全馬伊斯蘭福利機構設立免費診所為來自不同民族和宗教的貧苦人們提供醫療服務，這也是 PERKIM 認為可以協助達到傳教目標的一項重要計劃。1977 年 3 月 20 日，PERKIM 開設了第一個免費為貧窮的穆斯林病人治病的診所，診所裏有 20 名醫生，除星期日外，每天晚上從六點到八點輪流為病人提供醫療服務，診所開設第一年已有 3,000 多人來此看病，往後人數不斷地在增加當中。[160]另外，PERKIM 在其它的大城市，如亞羅士打、檳城、吉隆坡的蕉賴和太子路皆設有免費診所。在太子路的診所同時設有牙科及普通醫療服務。

---

159 全馬伊斯蘭福利機構，《介紹全馬伊斯蘭福利機構》（吉隆坡：全馬伊斯蘭福利機構，出版時間不詳），頁 8。

160 陳玉龍，〈馬來西亞伊斯蘭福利協會簡介〉，《中國穆斯林》2（1999），頁 42。

光是 1983 年內，在 PERKIM 診所接受醫療服務者估計超過 8,000 人。這些病人當中多數接受一次以上的治療。因此，推測從 PERKIM 的醫療服務中受益的至少超過 10,000 人次。[161] 對病患而言，可說是一大福音。又為了照顧原住民村落及偏遠地區的民眾，1984 年初，PERKIM 在吉蘭丹州開始設置了一間流動診所，提供免費診療。這一個流動診所設於一輛有蓋的貨車上，由一位緬甸籍的醫生，穆罕默德伊斯邁義（Dr. Mohd. Ismail bin Mohd. Hussain）負責處理，另有一位助理傳教士和一位司機協助。PERKIM 設置的流動診所每星期有四天出動到原住民及偏遠村落去免費提供健康及醫療的服務，也在兒童障礙中心（TASPUTRA PERKIM）及健康復原中心提供醫學上的服務，[162]頗受當地居民的歡迎。前來看病者甚多，包括穆斯林與非穆斯林。因此，PERKIM 總部聲稱，當經費充足時，將在其他州內設置更多的流動診所，[163]方便服務民眾。

②穆斯林難民安置中心

全馬伊斯蘭福利機構把福利工作和社會服務放在首要位置。自 1975 年初越、棉、寮赤化，馬來西亞政府請求 PERKIM，照顧從印支戰亂地區逃來的穆斯林，這些難民總數超過 13,000 多名。他們不願意像一般的越南難民那樣，移居到歐美的國家去，而是希望能移居到離他們最接近的伊斯蘭國家，以期能過

161 全馬伊斯蘭福利機構，《介紹全馬伊斯蘭福利機構》（吉隆坡：全馬伊斯蘭福利機構，出版時間不詳），頁 6。

162 全馬伊斯蘭福利機構，'Muslim Welfare Organisation Malaysia'（吉隆坡：全馬伊斯蘭福利機構，出版時間不詳），頁 8。

163 全馬伊斯蘭福利機構，《介紹全馬伊斯蘭福利機構》（吉隆坡：全馬伊斯蘭福利機構，出版時間不詳），頁 6。

著自由安定的穆斯林生活。馬來西亞是最接近他們祖國的伊斯蘭國家，在馬國政府支持之下，與聯合國難民署合作，在吉蘭丹州，成立了以「東姑阿都拉曼」主席命名的難民安置中心，使這些難民得到庇護。同時又根據馬國政府的請求，PERKIM受委托管理位於彭亨州境內的日拉定難民營（Kem Cherating），收容來自越南、老撾（寮國）、印度等地區的穆斯林難民。

這些難民在難民營的基本經費，均由聯合國難民事務高級專員公署（UNHRC）負擔，而國際伊斯蘭銀行（Bank Pembangunan Islam）則支付一切用品，如交通工具和其他必備設施的費用，[164]使難民營得以正常運作。

③婦女組

全馬伊斯蘭福利機構設有婦女組，它是一個愈來愈活躍的組織，同時被視為是新穎的。該組織發展迅速，目前已有數個支會，但其中最活躍的要算是孟沙支會（Cawangan Bangsar）了。當時該支會在英裔的穆娜奧斯曼（Puan Muna Othman）女士領導下，積極參與各種社會福利活動。由於婦女組支會的增加，PERKIM 已經修改章程，准許婦女分會（PERKIM Bahagian Wanita）的成立。[165]換言之，准許婦女會在各地成立分會。

婦女組常為新的穆斯林姐妹舉辦一些活動，舉凡聚會、研討會和學術會議。1988 年 11 月 6 日，在舉行的 PERKIM 年會上，婦女組向大會呈交一份工作報告，並建議在婦女組直接管

164 陳玉龍，〈馬來西亞伊斯蘭福利協會簡介〉，《中國穆斯林》2（1999），頁 42；全馬伊斯蘭福利機構，《介紹全馬伊斯蘭福利機構》（吉隆坡：全馬伊斯蘭福利機構，出版時間不詳），頁 7。

165 全馬伊斯蘭福利機構，《介紹全馬伊斯蘭福利機構》（吉隆坡：全馬伊斯蘭福利機構，出版時間不詳），頁 8。

理下成立社會福利院，該報告中指出：[166]

> 據觀察，我們發現許多穆斯林家庭忽視對孩子的照看和教育，他們中的許多人因離異雙方都不願意承擔對子女的社會責任，造成孩子流落街頭，為了保護和關心這些穆斯林兒童，婦女部（組）擬盡快成立一個幼兒園即社會福利院。

之後，馬來西亞政府便在吉隆坡為社會福利院捐贈了一塊面積達 1.5 公頃的土地，原地上有一座必須重修和增建的附屬設施的舊大樓，該大樓經整修後即成為社會福利院的辦公場所，據稱，此項工程費用為馬幣百萬令吉，每年辦公及接收 100 名兒童的費用為 50 萬令吉。[167]這座大樓位於怡保路。

（3）輔　導

全馬伊斯蘭福利機構（PERKIM）除了宣教與福利外，對於新皈依或者是原本就是穆斯林，開設一些宗教課程，讓所有穆斯林能夠學習伊斯蘭教的相關課程，以輔導穆斯林瞭解伊斯蘭教，從而做一個虔誠的穆斯林。2006 年，PERKIM 開設的課程分每日課程、星期日課程、每日夜間課程三種。

①每日課程，乃指從星期一到星期六的下午，授課語言以馬來語和英語為主，沒有華語和淡米爾語。其詳細課程、授課者、時間如表 4-5：

---

166 陳玉龍，〈馬來西亞伊斯蘭福利協會簡介〉，《中國穆斯林》2（1999），頁 42-43。

167 陳玉龍，〈馬來西亞伊斯蘭福利協會簡介〉，《中國穆斯林》2（1999），頁 43。

表 4-5：JADUAL KELAS PENGAJIAN MINGGUAN（PETANG）（一星期教育班級表）

TAMPAT:PUSAT MAKLUMAT PERKIM, TINGKAT BAWAH, BANGUNAN PERKIM, JALAN IPOH, KUALA LUMPUR
（吉隆坡怡保路 PERKIM 大廈，PERKIM 公告中心，底層）

HARI 星　期	PELAJARAN 課　程	PENGAJAR 授課者	MASA 時　間	BAHASA 語　言	TINGKAT 第幾層樓
ISNIN 星期一	Tauhid 認主學	Ustaz Najib Ali Al-Hafiz	05:30-07:00 Petang（下午）	B. Malaysia	G
SELASA 星期二	Asas Fiqh 基本功課	Ustaz Amran Abdullah	05:30-07:00 Petang（下午）	B. Malaysia	G
RABU 星期三	Tafsir Al-Quran 《古蘭經》釋解	Ustazah Aisyah Jamian	05:30-07:00 Petang（下午）	B. Malaysia	G
KHAMIS 星期四	Hadith 40 《聖訓》40	Ustaz Sayyid Musa Al Kazim	05:30-07:00 Petang（下午）	B.Inggeris	G
JUMAAT 星期五	Understanding of Islam 認識伊斯蘭	Ustaz Mohd Nicholas Slyester	05:30-07:00 Petang（下午）	B.Inggeris	G
SABTU 星期六	Haji & Umrah 大朝與小朝	Ustaz Syed Ahmad Syed Abu Bakar	10:30-12:00 Tengah hari（中午）	B. Malaysia	G
	Belajar Al-Quran 學習《古蘭經》 *Kuliah Mingguan 公共假期授課	Ustaz Sulaiman Ding Yu Zhong Ustazah Khatijah Ishak	02:30-04:00 Petang（下午）	B. Malaysia	4
		Penceramah Jemputan	05:00-06:00 Petang（下午）	B. Malaysia	4
	Tajwid Al-Quran 《古蘭經》的誦讀	Ustaz Nazaruddi Mohd Badzir	02:30-04:00 Petang（下午）	B. Malaysia	G

資料來源：1.全馬伊斯蘭福利機構提供，吉隆坡：全馬伊斯蘭福利機構，2006 年 7 月。
2.作者整理，2007 年 1 月 21 日。

據上表得知，PERKIM 從星期一到星期六每天白天均有開設課程，課程有認主學、基本功課（封齋、禮拜）、《古蘭經》釋解、《聖訓》40、認識伊斯蘭、哈吉（哈志、哈智、漢志）與朝覲、學習《古蘭經》、研讀《古蘭經》等。星期一到星期五，每天都開一班，而星期六在同一個時間開 3 班，其中有一班是在公共假期才開的課。上述課程除了星期六有一個班級在中午上課外，其餘均在下午上課。分別使用馬來語及英語教學。除了《聖訓》40、認識伊斯蘭的課程用英語授課外，其餘課程用馬來語授課。上課地點均在吉隆坡怡保路的 PERKIM 大廈。

②星期日課程，分上、下午班，時間、課程表如表 4-6：

表 4-6：JADUAL KELAS PENGAJIAN MINGGUAN（AHAD）

（星期日班級教育表）

TAMPAT: PUSAT MAKLUMAT PERKIM, TINGKAT BAWAH, BANGUNAN PERKIM, JALAN IPOH, KUALA LUMPUR

（吉隆坡怡保路 PERKIM 大廈，PERKIM 公告中心，底層）

PELAJARAN 課　程	PENGAJAR 授課者	MASA 時　間	BAHASA 語　言	TINGKAT 第幾層樓
Teoridan Asas Praktikal Solat（Lelaki） 禮拜理論基本課程（男生）	Ustaz Abdul Hadi Chang	10:00-11:30 Pagi（上午）	B. Malaysia	4
eoridan Asas Praktikal Solat（Wanita） 禮拜理論基本課程（女生）	Ustaz Khatijah Ishak	10:00-11:30 Pagi（上午）	B. Malaysia	G
Rahsia Solat 禮拜的秘密 Tauhid/Aqudah 認主學/信仰	Ustaz Syed Ahmad Syed Abu Bakar Ustaz Awang Mamat	11:30-01:00 Petang （下午） 11:30-01:00 Petang （下午）	B. Malaysia B. Malaysia	4 G
REHAT　休息	MAKAN　吃飯	SOLAT ZOHOR　禮拜時間		G
Mari Belajari	Ustaz Mohd	02:00-03:30	B. Malaysia	4

Muqaddam 學習宗教基本課程 Bekahar Al-Quran 學習《古蘭經》	Nor Othman Ustaz Abdul Azia Ismail	Petang（下午） 02:00-03:30 petang （下午）	B. Malaysia	G
Bahasa Arab （Asas） 基本阿拉伯語 Bahasa Arab （Komunikasi） 阿拉伯語會話	Ustazah Jamaliah Shaari Ustazah Hayati Harun	03:30-05:00 Petang（下午） 03:30-05:00 Petang（下午）	B. Malaysia B. Malaysia	G 4
Figh Wanita （Wanita Sahaja） 女孩子的功課	Ustazah Jamaliah Shaari	05:00-06:30 Petang（下午）	B. Malaysia	G

資料來源：1.全馬伊斯蘭福利機構提供，吉隆坡：全馬伊斯蘭福利機構，2006 年 7 月。
2.鄭月裡整理，2007 年 1 月 21 日。

以上課程只有在星期日才開班，由於是休假日，因此，開班的時間不受限制，有上午班和下午班。上午班課程有：禮拜理論基本課程（分男生和女生班）；下午班課程有：禮拜的秘密、學習宗教基本課程、學習《古蘭經》、基本阿拉伯語、阿拉伯語會話、女孩子的功課等等。中午一點到二點則是休息、午餐及禮拜。星期日的課程均使用馬來語教學，上課地點均在吉隆坡怡保路 PERKIM 大廈。

③每日夜間課程，從星期一到星期五晚上 8:30-10:00，課程安排如表 4-7：

表 4-7：JADUAL KELAS PENGAJIAN HARIAN（MALAM）
（每日夜間課程）
TAMPAT: TINGKAT 1&3, BALAI ISLAM , PERKIM,
JALAN IPOH, KUALA LUMPUR
（吉隆坡怡保路 PERKIM 大廈，伊斯蘭局，1 和 3 樓）

HARI 星　期	PELAJARAN 課　程	PENGAJAR 授課者	MASA 時　間	BAHASA 語　言	TINGKAT 第幾層樓
ISNIN 星期一	Akhlak Islamiah 伊斯蘭的品德	Ustaz Farhan Mazlan	08:30-10:00 Malam（晚上）	B. Malaysia	1
	Understanding Of Islam 認識伊斯蘭	Saudara Danial Hakim Boey（MACMA）	08:30-10:00 Malam	B. Inggeris（英　語）	3
SELASA 星期二	Asas Fiqh 基本功課	Ustaz Amran Abdullah	08:30-10:00 Malam	B. Malaysia	1
RABU 星期三	Asas Bacaan Al-Quran 基本誦讀《古蘭經》	Ustaz Haji Mohamad Besar	08:30-10:00 Malam	B. Malaysia	3
	Asas Fardhu Ain 基本認識課程	Ustaz Haji Abdul Latiff Abdullah	08:30-10:00 Malam	B. Tamil（淡米爾語）	1
KHAMIS 星期四	Aqidah Islamiah 伊斯蘭信仰學	Ustaz Jamaliah Shaari	08:30-10:00 Malam	B. Malaysia	1
	Asas Fardhu Ain 基本認識課程	Ustaz Dawud Haiping（MACMA）	08:30-10:00 Malam	B.Mandarin（華　語）	3
JUMAAT 星期五	Tarannum & Hafazan 長短音律背誦學	Ustaz Razis Ismail Al-Hafiz	08:30-10:00 Malam	B. Malaysia	1

資料來源：1.全馬伊斯蘭福利機構提供，吉隆坡：全馬伊斯蘭福利機構，2006 年 7 月。
2.鄭月裡整理，2007 年 1 月 21 日。
說　　明：星期一和星期四各有一班的課程在 MACMA 上課，星期一用英語教學，星期四用華語教學。

以上是從星期一到星期五夜間開設的課程，讓白天有工作者可以利用夜間學習，不致於耽誤工作。PERKIM 所開設課程包括伊斯蘭的品德、認識伊斯蘭、基本功課、基本誦讀《古蘭經》、基本認識、伊斯蘭信仰學、長短音律背誦學等，在這些課程中，除了星期二和星期五各開一班外，其餘都開兩班，雖同一時段，但課程不同，亦由不同教師授課。星期三和星期四各開一班「基本認識課程」，這兩班課程雖然相同，但分別由不同教師教學，使用教學語言也不同，星期三的「基本認識課程」，使用淡米爾語教學，星期四則使用華語教學。另外，星期一的「認識伊斯蘭」課程則用英語教學。除此之外，其餘課程都使用馬來語文教學。

此外，PERKIM 聘請兩位來自馬來西亞華人穆斯林協會（MACMA）的 Saudara Danial Hakim Boey 及 Ustaz Dawud Haiping，協助教學。

（二）馬來西亞華人穆斯林協會（MACMA）

與皈依伊斯蘭教的華人最有直接關係的是 MACMA。1960 年，由於東姑阿都拉曼為鼓勵馬來西亞各族人士信仰伊斯蘭教，而給予多方面的福利，華人因而改宗（皈依）的人不少。同時，東姑阿都拉曼從伊斯蘭教福利機構訓練一些傳教士，並設立「車水費」或「勉勵金」，假如成功使一名非馬來人皈依伊斯蘭教，他們將可領取 20 令吉。此一福利政策大約實施一年，後因馬來人抗議而取消。

福利政策遭取消後，華人皈依伊斯蘭教當然就不是因為功力主義的誘惑，而是令有其他的因素，如結婚、個人喜歡或受到朋友、同儕的影響而入教。但是，並非每位華人改宗都會得到家裡的認同，有的因入教遭到家人、朋友的不諒解，而不知該何去何從。此時馬來西亞華人穆斯林協會（MACMA）即扮演著輔導的角色，至今該機構仍是對華人傳教的一個重要機構。

1.創立背景

馬來西亞華人穆斯林協會於 1994 年 9 月 8 日正式成立，這個協會成立的原因大致可歸納為三點：[168]

（1）消除華人認為伊斯蘭教就是馬來教的偏見與誤解

在馬來西亞很多華人認為伊斯蘭教就是「馬來教」，所以對於信奉伊斯蘭教的人，便會說他們「入了馬來教」。事實上，馬來民族（族群）和馬來西亞地區，從來就沒有什麼是屬於他們特別的宗教，有的是印度的佛教、波斯的祆教、中國的儒家思想與道教、天主教，這些宗教在歷史記載上都曾傳入馬來西亞，況且這些宗教都是外來宗教。因此，根本上就沒有什麼所謂的「馬來教」這一名詞。至於現在馬來人所信奉的宗教，那完全是伊斯蘭教，毫無疑問的這也是一個外來宗教。

伊斯蘭教是一個世界性的宗教，世界各國都有人信奉它，並不是屬於馬來人所獨有、專利的宗教，它是世界三大宗教之一。所以不能稱他為馬來教。因此任何人信奉了伊斯蘭教，並不是信奉馬來教。[169]又如中國的漢人或是西北地區的維吾爾、東鄉、撒拉等族，他們信奉伊斯蘭教，不能因他們信奉伊斯蘭教就說他們入了馬來教。

為什麼會讓人產生伊斯蘭教就是馬來教的刻板印象？乃在於馬來人以伊斯蘭教宗教信仰作為他們生命的根本，[170]馬來

168　〈認識大馬華裔穆斯林協會〉，《南洋商報》，2001 年 12 月 18 日。
169　胡恩君，〈回教不是馬來教〉，《回教之光》26（1971）。
170　阿茜雅袁淑明，〈伊斯蘭教不是「馬來教」〉，《星洲日報》，2001 年 3 月 25 日。

民族與伊斯蘭教關係又極為密切，因而產生諸多誤解。此外，在馬來西亞，有些華人往往把民族與宗教混為一談，他們以為伊斯蘭教是馬來人特定的宗教，信奉伊斯蘭教就等同於馬來人。

有些華人甚至認為信奉伊斯蘭教，即是所謂的「入番」，實際是不了解華族的根是在「文化」。縱使因為宗教信仰，而導致一些生活習俗上必須改變，但是他們仍可繼續保留一些中華文化及參與華人的社會活動，如此還是華人社會的一份子，只不過華人對身份認同卻表現得相當堅持，[171]也對伊斯蘭教向來持著「可以容忍，但不能接受」的態度。

宗教與民族從來就不是等同詞，面對伊斯蘭教，華人有種說不出的滋味，欲迎還拒，主要仍在於那是馬來人的宗教，以為信奉了馬來教就是等於馬來人的錯誤觀念。華人穆斯林協會成立的原因之一，即在於消除「伊斯蘭教等同於馬來教」的這種偏見與誤解。

（2）希望馬來穆斯林認識華人文化

據馬來西亞華人穆斯林協會主席拿督哈吉穆斯達化馬琦（Y. Bhg. Dato' Haji Mustapha Ma）說：「一些華人以為華人穆斯林是沒有過華人節慶，混淆於宗教與文化的分野。而馬來穆斯林有時見到華人穆斯林穿著華人打扮，看他們用筷子吃飯，便說他們『回歸華人』。」[172]馬來穆斯林殊不知筷子是中國的傳統文化之一。

信奉伊斯蘭教的永樂多斯則強調：「農曆新年是一種文化活動，與伊斯蘭教信仰並沒有衝突。因此，華裔穆斯林也照樣

171　林廷輝，〈種族與宗教是兩回事〉，《星洲日報》，2001 年 3 月 25 日。
172　馬琦，〈華人穆斯林的兩難〉，《星洲日報》，2001 年 3 月 25 日。

慶祝新年，並無排斥。」[173]事實上，根據作者幾次到馬來西亞田調觀察發現，在華人社群裡，華人穆斯林基本上都會與其他的華人，一起渡過及慶祝農曆新年，他們也都一致認為，這是華人的文化，與宗教無關。不過，若住在馬來人較多的社群裡，華人的傳統文化易被忽略。

此外，伊斯蘭帶有濃厚的儒家色彩。伊斯蘭信仰與儒家思想相去不遠。伊斯蘭強調的個人道德修養，尤其是誠信、忠、義、孝悌，以及注重人與人、人與社會的和諧關係，然其實這都是與儒家思想相符的。此外，還要讓其他民族知道這些美德的意義，以及向其他民族宣揚擁有 5 千年歷史的中華文化，同時還要影響其他民族的文化，[174]特別是馬來和印度民族。[175]唯獨不同的是伊斯蘭所信仰的真主，認為祂是無所不在的；而儒家則崇拜一個具體的人物，即是孔子。

（3）讓華人意識到不是所有華人皆非穆斯林

一般華人對伊斯蘭教還有一個誤解，以為華人是不信奉伊斯蘭教的。事實上，依據 1990 年中共第四次人普查，目前這十個穆斯林民族總人口數為 17,599,268 人，佔全大陸 55 個少數民族（約九千萬人）總人口數的五分之一。其中回族人口最多，有八百六十多萬人，僅次於壯族、滿族，為大陸人口第三位的少數民族。[176]更學者預測到了 2010 年，大陸穆斯林民族總人口

173 〈永樂多斯：華裔回教徒也慶春節〉，《星洲日報》，2000 年 2 月 4 日；馬來西亞吉隆坡永樂多斯口述，2005 年 1 月 20 日。

174 〈華人回教領袖馬天英的廣播談話〉，《婆羅洲時報》，1964 年 12 月。

175 〈邢福庄：華人回教徒應向他族宣揚文化〉，《新民報》，1993 年 2 月 9 日。

176 張中復，《清代西北回民事變 — 社會文化適應與民族認同的省思》（台北市：聯經出版社，2001 年），頁 18-19。

數將會增至一億三千一百萬。[177]

伊斯蘭教傳入中國，始於唐代。在廣州，至今還保留一座歷史悠久的清真寺 — 懷聖寺（又名光塔寺），它是由阿拉伯、波斯商人所建立的。然大量外來穆斯林定居中國，則始於元代。因此，回族的祖源具多元性，加上伊斯蘭宗教信仰與民族的緊密關係，以及與中國的多民族文化，特別是漢文化的互動關係，[178]在形成過程中，有著複雜的發展面向。中國回族的祖先除了來自阿拉伯人或波斯人外，還有很多後來因漢回通婚，改信伊斯蘭教的漢人（華人）。[179]所以說，中國回族穆斯林也有很多具有華人血統。因此，早在 1400 多年前，中國境內就有人已經信仰伊斯蘭教了，當今世界上更有十三億多的穆斯林。因此，伊斯蘭教絕對不是馬來人的專屬宗教，更不是所有的華人均非穆斯林，對華人信仰伊斯蘭教的誤解是不應該存在的。

MACMA 的成立是希望在社會教育、經濟、文化與宗教方面扮演積極的角色。更重要的是，這個組織可以協助一些面對各種難題的華人穆斯林，[180]尤其是皈依者。協會的目標為：1.宣傳及教導伊斯蘭的知識；2.履行和協調宣教活動；3.建立一個馬華穆斯林社群；4.鞏固所有穆斯林的兄弟關係；5.指導學習、研究、專題研討及訓練，以促進會員們的伊斯蘭知識；6.

177 Dru G. Gladney, *Ethnic Identity in China: the Making of a Muslim Minority Nationality*, USA.: Harcourt Brace College Publishers, 1998, p.172.

178 張中復，《清代西北回民事變 — 社會文化適應與民族認同的省思》，頁28。

179 Dru G. Gladney, *Ethnic Identity in China: the Making of a Muslim Minority Nationality*, USA: Harcourt Brace College Publishers, 1998, pp.166-170.

180 〈華人穆斯林協會開大會：韓佑明當選首任主席〉，《南洋商報》，1995 年 5 月 22 日。

建造及管理伊斯蘭中心給華人穆斯林禮拜的清真寺；7.計劃、協調與執行伊斯蘭的經濟活動，慈善的信託與基金作為擔保的福利。[181]但該會主要目的在於 1.傳教；2.對新入教者的輔導；3.作為非政府與政府的關係聯絡站。[182]原來的對象是華人皈依者，但後來也擴及到其它族群。

2.內部設置

（1）組　織

馬來西亞華人穆斯林協會（MACMA）章程經馬來西亞內政部核可、登記始成立，是個非政府組織的機構。該協會設有主席 1 名、署理主席 1 名、副主席 2 名、榮譽秘書 1 名、榮譽助理秘書 1 名、榮譽財務 1 名、委員若干名。[183]二年改選一次，均由會員選舉產生。其任期得以連任，但是財務只能連任一次，其餘沒有連任次數的限制，分會亦同。每個月月底定期召開委員會，每年四月召開會員大會。討論事項大抵為申請援助問題、活動事情、教徒問題、傳教問題等。

會員分普通會員和半正式會員兩種。普通會員須 1. 年滿 18 歲，具有華人血統的馬來西亞人穆斯林；2.須具有對組織相關事務的投票權力，以及適合保持協會的職責。而半正式會員的身份是：1.年滿 18 歲，具有其它民族的馬來西亞人穆斯林；2.對組織相關事務沒有投票的權力，也沒有適合保持協會的職

181 馬來西亞華人穆斯林協會， ‘Bulletin MACMA’，(In English and Bahasa Malaysia)（吉隆坡：馬來西亞華人穆斯林協會，2002 年 1 月），頁 2。

182 鄭月裡主訪，馬來西亞華人穆斯林協會馬琦主席口述，吉隆坡：馬來西亞華人穆斯林協會辦公室，2004 年 1 月 30 日。

183 馬來西亞華人穆斯林協會（MACMA）提供，SENARAI MACMA Pusat（MACMA 委員表）（吉隆坡：馬來西亞華人穆斯林協會，2006 年）。

責。[184]

MACMA 有八個分會，除了總會在吉隆坡怡保路外，分會則分佈於雪蘭莪、彭亨、霹靂、柔佛、吉蘭丹、吉打、沙拉越等州。各分會設有主席 1 名。MACMA 擁有會員 1000 多名，包括各族穆斯林，並不是只有華人穆斯林。

（2）經費來源

馬來西亞華人穆斯林協會（MACMA）由於是非政府的組織，光靠會員繳交會費，仍然相當拮据。在經費並不充裕的情況下，便很難有所大發展，僅能夠逐漸發展而已。[185]為維持該協會的正常運作，經費來源大致來自：1.私人捐款、募款；2.政府一年一次補助 PERKIM，再從 PERKIM 那裡獲得補助，每年約馬幣四萬令吉；3.辦活動申請經費。[186]

MACMA 有時舉辦小型研討會、活動，甚至與 PERKIM 聯合舉行活動募款。這些經費可以向政府申請補助，但視活動情況來決定補助的多寡。申請活動是全額補助的，如有困難，也可申請平常開銷的費用來維持生存。但有時並非全額補助，會在擬定的計劃經費上刪一些，如 2300 令吉會刪成 2000 令吉。[187]儘管如此，對 MACMA 而言，雖有刪減但不無小補。

由於資金的不足，協會的工作人員，只有一名工作人員有支領一般工作的薪資外（照一般的薪水支付），[188]其餘都是義

184 資料由馬來西亞華人穆斯林協會（MACMA）提供，2006 年 7 月。
185 鄭月裡主訪，吉隆坡馬來西亞華人穆斯林協會馬琦主席口述，2004 年 1 月 30 日。
186 鄭月裡主訪，吉隆坡 MH 女士口述，2005 年 1 月 19 日。
187 鄭月裡主訪，吉隆坡 CM 女士口述，2004 年 1 月 31 日。
188 鄭月裡主訪，吉隆坡 CM 女士口述，2004 年 1 月 31 日。

工，包括上至主席，下至委員都是無給職。

3.功能與影響

（1）宗教教育與輔導

馬來西亞華人穆斯林協會（MACMA）為了輔導新皈依的穆斯林，開設了一些宗教課程，讓皈依者學習。從教學語言看來，以皈依的華人為主。上課時間、課程大致如下：

表 4-8：馬來西亞華人穆斯林協會（MACMA）開設課程表

Hari 星期	Kelas 課程	Guru 授課教師	Masa 時間	Bahasa 語言
Isnin 星期一	Understanding of Islam 認識伊斯蘭	Ustaz Ismail Chong	20:30-22:00	Inggeris 英　語
Khamis 星期四	Understanding of Islam 認識伊斯蘭	Sdr. Dawud Haiping	20:30-22:00	Mandarin 華　語
Jumaat 星期五	Understanding of Islam 認識伊斯蘭	Ustaz Ismail Chong	20:30-22:00	Inggeris 英　語

資料來源：馬來西亞華人穆斯林協會（MACMA）提供，2006 年 7 月 24 日。
說　　明：星期一和星期四的課程為 PERKIM 在 MACMA 開設。

從表 4-8 顯示，馬來西亞華人穆斯林協會（MACMA）一星期開設三個班，教學內容均是「認識伊斯蘭」的基本課程，授課語言以英語、華語為主，上課時間均在晚上，主要是提供白天工作的穆斯林，在下班後有個學習場所。前來學習者一律免費，但不限於華人皈依者，其它民族皈依者也可以來學習。至於星期一和星期四是 PERKIM 在 MACMA 開設的課程。不過，前來學習的人並不多。此外，華人社會對信仰伊斯蘭教比較無法接受，有些入教者因為得不到家人的支持，甚至被趕出家門，但有些則是遭受到他人的歧視、排擠，很難生存，因此，需要心理輔導。此時 MACMA 即擔負起輔導的工作，代皈依者向宗教局申請安排住宿、就學、給予生活上的協助，解決皈依者的困境。

此外，每個入教者都來自不同的生命背景，不同的生活方式，但入教後能夠學習到一套很好的穆斯林生活方式，較入教前或剛入教時，有明顯的進步。[189]可見 MACMA 確實扮演了非常重要的角色。至於馬來西亞華人穆斯林協會的輔導工作很多，也都頗有成效，比較具體的一個輔導工作案例是：[190]

> 每當聽到一有華人入教，如果是男的，男教胞就會負責輔導，女的就由女教胞去關心輔導。給入教者一個方向，教他們如何禮拜。沒有住的地方，就協助解決他們的居住問題。若經濟有困難，經委員會委員開會討論過後，可以發錢給他們（新入教者）。這是很基本的幫助，但沒有一定的金額。金額不等，要看情形。如開刀就比較多，大約八、九千馬幣。但遇到 MACMA 本身做不到的話，就幫助他們向宗教局申請 Zakat 來給。

如果一個皈依者遭遇任何困難，MACMA 就會盡可能去幫助他們，除了關心輔導外，若碰上入教者經濟上發生了困難，而 MACMA 自身又沒有足夠的金錢可以幫助的話，此時，由 MACMA 出面與政府聯繫，或找一些人出錢贊助，甚至幫忙找工作，解決困難。作者在 2006 年 7 月到 MACMA 時，也親眼目睹一位需要幫助的華人穆斯林，承辦人 CM 女士即讓他填寫資料，並允諾代他向宗教局申請幫助。

189 鄭月裡主訪，吉隆坡 MH 女士口述，2005 年 1 月 19 日。
190 鄭月裡主訪，吉隆坡 MH 女士口述，2005 年 1 月 19 日。

（2）化解華人、馬來人對伊斯蘭教的誤解

透過宣教活動與學術研討會的方式，讓雙方認識到，伊斯蘭教是一個世界性的宗教，它不是某個民族專屬的宗教，而是世界各地民族的宗教，任何人都可以信奉。信奉他的人沒有貴族平民、窮富和階級之分。此外，透過公益活動，例如舉辦類似捐血等的活動，讓更多人能夠深入接觸伊斯蘭也是一個有愛心的宗教，[191]從而化解華人、馬來人對伊斯蘭教的誤解。

（3）增進華巫間的關係

宣揚與發揚伊斯蘭教，同時讓馬來人知道，什麼是中華文化？尤其中國的儒家思想與伊斯蘭有哪些相同的地方？透過這樣的一個方式，促進華巫間的合作與瞭解，而不帶有任何政治色彩。

（4）使新皈依者能成為一個真正的穆斯林

馬來西亞華人穆斯林協會目前是每星期一、四晚上從八點半到十點，一個半小時教新皈依華人學習伊斯蘭。授課老師是一位 26 歲的男性穆斯林，他來自中國海南島的回族，目前是馬來西亞國際伊斯蘭大學的學生，每次教學費用是馬幣 50 令吉。但是，來學習的穆斯林卻很少，每次大約 4、5 人左右，效果並不顯著。

據 CM 女士告訴作者，因為皈依者住的地方或工作場所離華人穆斯林協會較遠，交通不便無法前來學習。[192]可是作者前往直轄區宗教事務局（Jabatan Agama Islam Wilayah）訪問正在學習的入教華人。他們告訴作者，在宗教局學習除了免費外，每人每次上課還可領車馬費。MACMA 因為沒有補助車馬費，

191 鄭月裡主訪，吉隆坡 CM 女士口述，2005 年 1 月 26 日。
192 鄭月裡主訪，吉隆坡 CM 女士，2005 年 1 月 26 日。

自然無法吸引皈依者前來學習。

（5）消除入教者與非入教者的對立

華人皈依伊斯蘭教常受到華人社會與馬來社會的排擠。華人認為皈依者想要得到什麼好處，馬來人也認為皈依者想要與他們分享某些資源。有些華人對於自己子女、親屬皈依伊斯蘭教總是無法諒解，導致彼此關係變得很緊張，甚至對立。對皈依者抱著強烈反對的態度，認為皈依者就是要變成馬來人了。[193] 也有些華人則是在皈依伊斯蘭教後遭華人老闆解僱，陷入生活的困境。

馬來西亞華人穆斯林協會為消除這些誤會，負起穆斯林與非穆斯林溝通的橋樑，透過宣教、座談會、舉辦活動的方式，除了增進彼此的瞭解外，更重要的是化解兩者間的對立。

（三）PERKIM 與 MACMA 的關係及差異

PERKIM 與 MACMA 經常不定期會聯合舉辦募款活動，儘管如此，在輔導開設的課程上仍有些差異。

1.二者關係

（1）聯合舉辦活動募款

MACMA 是 PERKIM 屬下的機構之一。PERKIM 為了解決轄下協會如 USIA、HIKMAH、MACMA 經費的問題，往往以與其「聯合」舉辦活動的名義募款，讓所屬機構可以正常運作。

例如根據馬天英在 PERKIM 擔任吉隆坡北區婦女會主席的女兒，（即 MACMA 馬琦主席的胞姊）馬珉所說：[194]

193 鄭月裡主訪，吉隆坡 OC 先生口述，2005 年 1 月 17 日。
194 鄭月裡主訪，吉隆坡馬珉女士口述，2004 年 7 月 28 日。

> PERKIM 婦女會與 MACMA 沒有關係，馬琦是那裏的理事長（主席）。可憐他沒有錢。他要我籌錢給他。我告訴他：「不可能」。如果要錢，就兩個人一起合作，籌了款就一起分，他不應該平分的。因為他沒做那麼多。可是沒有辦法。因為宗教的關係，加上邊緣的關係。

同時馬珉表示：「馬琦很好，想學父親為回教出力。」

MACMA 靠著與 PERKIM「雙方的合作」的名義，所得的募款「一起分」。完全是本著宗教上的這層關係，把他們結合在一起。這種關係，並非只是基於姊弟之情，更是宗教的這股力量。這一力量在親情之上，看著自己的弟弟想學父親（馬天英）為伊斯蘭教在 MACMA 出力做點事，當然，為人姊姊又在 PERKIM，也就毫無拒絕的理由而盡力幫忙了。

（2）MACMA 有四個成員是 PERKIM 的委員

基本上 MACMA 有四個成員如 Fuad Yo、Marlina、Ridaan、Hakim Boey 等是 PERKIM 的高層委員，而馬琦主席是屬於 PERKIM 總部委員之一（共有 40 多位）。由於這樣的一個關係，使得兩個機構的關係更加緊密，MACMA 的資金來源，有時要靠 PERKIM 的補助。雖然不多，但對資金缺乏的 MACMA 來說，的確不無小補。

2.二者差異

（1）授課語言

PERKIM 授課以馬來語文為主，MACMA 以英語、華語為主，其中有兩個班級還是 PERKIM 在 MACMA 上課。授課時間 MACMA 一星期三天，都在晚上上課，而且只有三個班級，課程名稱只有一個，那就是「認識伊斯蘭」。PERKIM 開設的課程較為多元，除了平時開設課程外，在假日及夜間也有開設各種課程。其實，PERKIM 的課程會在 MACMA 上課，是有原因的，現在 MACMA 總部大樓是屬於 PERKIM 早期的辦公大樓。兩者除了以課程名稱作區隔外，授課語言也不同。

（2）入教（皈依）者性質

PERKIM 組織大、會員多，成立至今約有 46 年的歷史，入教者較多元化，來自各民族，其中包括峇峇、土著（原住民）。[195]MACMA 成立 11 年，會員很少，在整個馬來西亞只有一千多人，大多數是華人穆斯林，其他族群的穆斯林佔少數。

（3）福利機構與社會服務

PERKIM 有專屬、固定的社會福利機構，如設置免費診所、穆斯林難民安置中心、以及積極參與各種社會福利活動的婦女組，惟在醫療機構及慈善機構，均由委員組成，是一個固定組織。MACMA 的社會服務活動則屬於臨時性、任務性的組織，任務結束即自行解散。

總而言之，不論是官方宗教機構，或者是半官方及非官方的宗教機構，均設有學習伊斯蘭教教義、唸誦《古蘭經》、認識伊斯蘭的免費課程，各宗教局甚至有車馬費的補助，但對於受華文教育的皈依者而言，聽不懂馬來語，看不懂馬來文，學習意願並不高。至於半官方及非官方的宗教機構雖然有開設用

195 東姑在巴生成立一個雪蘭莪華人穆斯林協會，辦了一些社交活動，吸引年輕人參加。有一次協會召集全部人到東姑家，名義上去探訪，但實際上就是進行宗教推銷，許多人在半推半就情況下皈依了伊斯蘭教。在當時，政府多是採用利益交換方式吸引華人入教，如給予各種執照的優惠。1970 年代以後，當華人認為很難適應伊斯蘭教的生活方式，入教的熱潮便逐漸消退。回教福利機構就轉移焦點，策略也改變，他們覺得華人很難搞，便把目標轉向原住民。

華語文教學的課程，但大多數的華人皈依者不想讓別人知道他們已經皈依伊斯蘭教，也不願意參與宗教活動，更談不上去學習伊斯蘭教的課程，因此，效果仍然有限。

小　結

不少華人穆斯林在皈依前後都曾經和家人有過一番爭辯。當他們排除萬難地皈依伊斯蘭教後，卻發現成為華人穆斯林的道路，並沒有想像中來的順利而感到灰心。

華人穆斯林在受到本身族群的排斥後，很自然的走向馬來人社群，雖然馬來人對皈依者表示歡迎，但仍心存懷疑這些人的虔誠度，甚至一些缺乏伊斯蘭教知識的馬來人，視伊斯蘭教為馬來教，是馬來人才能信仰的宗教，導致不能夠坦然地接納皈依者。而華人對伊斯蘭教的反應更是激烈，他們自己不接受伊斯蘭，認為這是「背叛」自己的民族與祖先的一種行為，自然也不喜歡看到親友皈依伊斯蘭教。因此，華人皈依後，往往被視為要做馬來人了，把伊斯蘭教等同於「馬來教」，穆斯林等於「馬來人」。

如果一名剛皈依伊斯蘭教的華人還維持其華族的特性，這名皈依者會被認為不夠「回教」，因為還保有華人的習俗和傳統。相反地，如果這名皈依者開始採取一些馬來人的特徵或特性，他們會被華人社會唾棄，被認為是已經「進番」。[196]常令

196 Johari Yap Abdullah, " Cabaran Dan Harapan Dalam Perlaksanaan Dakwah Islamiyyah Kepada Masyarakat Cina Di Malaysia", Masyarakat Cina Dan Perkembangan Islam Di Malaysia, 2004.10.5, pp.7-8.

皈依者左右為難。

過去確實有些華人為了想獲取一點經濟利益而皈依，像是取得若干土地所有權、獲取救濟金、易於申請執照去經營只有馬來穆斯林才能經營的商業，而且這些人在皈依後，又不遵守伊斯蘭教規；因此，使得對華人皈依者心存懷疑的馬來人認為，華人的皈依並不足以令人完全信賴，如他們的不虔誠，不實踐馬來人的生活習慣等，他們甚至還會檢驗華人皈依伊斯蘭教的行為，問皈依者的子女，打聽其父親或母親是否有遵守伊斯蘭教規禮拜與齋戒？這些作為往往讓皈依者感到他們是不受歡迎的，而且缺乏安全感。

然而大多數馬來人卻忘了伊斯蘭是世界的宗教，而堅持伊斯蘭教是他們獨有的宗教，靠著他們的語言和生活方式，認為他們才是真實的、最好的穆斯林。不過現在隨著教育、經濟、文化上的提昇，逐漸降低他們對華人皈依動機的質疑。

大多數受訪的皈依華人表示，住在馬來社群較自在，與馬來人有很好的互動，易於融入馬來社會。相反地，住在華人社群，常會被問道：「你（妳）為什麼要信仰那個宗教？」因此，大部份皈依者感覺馬來人比華人容易接受他們，並且相信只要去除隔膜，就會伸出友誼之手。

此外，為鼓勵皈依者學習伊斯蘭教教義、唸誦《古蘭經》、及如何禮拜，官方與半官方宗教機構開設許多伊斯蘭相關課程，除了免費學習外，宗教局還會發車馬費給前來學習的人。如果皈依者生活上有困難，也會獲得宗教機構的適當補助，但學習的人意願並不高。主要原因在於大部份的課程用馬來語教學，用馬來文課本，既看不懂也聽不懂，就不想學習了。

若說宗教是民族識別與文化識別之判準的話，[197]對馬來西亞皈依的華人穆斯林而言，似乎有些困難。確實華族的根在其文化，只要皈依伊斯蘭教的成員繼續保留一些中華文化或參與華人社會的活動，他們基本上還是華人社會的一份子。[198]簡言之，皈依伊斯蘭教的華人，在文化面、社會面都屬馬華穆斯林，但還是不會變成馬來人，馬來社會也不會視他們為馬來人。依據《聯邦憲法》第 160 條對馬來人的定義，指出：「馬來人：1.必須信仰伊斯蘭教；2.習慣說馬來語；3.遵守馬來傳統習俗（Adat Istiadat Melayu）。」[199]馬華穆斯林符合的條件，至少有兩點，但有些人，如目前任職於國際伊斯蘭大學的 OC 先生，[200]他非常虔誠，時常參加馬來社群內的活動，幾乎完全「馬來化」，並努力地希望被當地社會接受，甚至放棄原來華族的文化。據此，OC 先生已完全符合《聯邦憲法》的界定，是標準的馬來人。但是，事實並非如他所願，馬國政府仍將其視為華人，排斥在馬來人之外。可見官方對「馬來人」的認定仍採「血統主義」。

在文化上，其實已經不再遵從華人社會的傳統習俗，也離開華人的文化，像 OC 先生馬來化的華人穆斯林並不在少數。但這些人仍被馬國官方認定為「華族」，即使他們皈依伊斯蘭

---

197 李豐楙，〈文化識別：從事馬來西亞華人宗教研究的經驗〉，《亞太研究論壇》（台北：亞太區域研究專題中心，2008 年 9 月），頁 1-30。

198 林廷輝，〈皈依伊斯蘭教則成為馬來人？〉，《文道月刊》，頁 30。

199 International Law Book Services, *Federal Constitution,* Selangor: Darul Ehsan, 2003,p.141.

200 馬來西亞國際伊斯蘭大學副教授 Osman Chuah，是一位當地伊斯蘭教的皈依者，而且還是深度歸化的華人穆斯林，太太是印度回回，均是虔誠的穆斯林。

教，甚至真正「伊斯蘭化」與「馬來化」，也被當地馬來社會所接受為「馬來人」。但是，各州的馬來保留地法令所訂的馬來人定義，卻沒有包括伊斯蘭教皈依者。這點更加證實，在馬來西亞民族和宗教是兩回事，因此，這些皈依伊斯蘭教的華人，要成為馬來穆斯林，融合在馬來世界中，這條道路依然艱辛。

第五章　從多元衝撞到融合：馬來西亞國族主義今昔的比較

馬來西亞的華人只是希望國家在文化認同方面趨向中立。誠如美籍政治學家瓦瑟（Michael Walzer）[1]在 1989 年的〈何謂美國人〉一文中所表達的，當一個人決定堅持其文化族群的身份時，國家應該樂觀其成，讓他們成為「華裔馬來西亞人」或「印度裔馬來西亞人」。反之，當一個人決定淡化其文化認同時，而寧可強調自身的公民身份，別人也不能指責他將政治認同和文化認同混在一起，就讓他成為「馬來西亞裔馬來西亞人」。如今最大的問題是，馬來西亞強硬地堅持文化認同必須和政治認同視為一物。

在馬來西亞，政治上佔優勢的馬來人主張以伊斯蘭教為國

1 麥可・瓦瑟（Michael Walzer），出生於 1935 年 3 月 3 日，是美國著名政治理論家和公共知識分子。1956 年，瓦瑟（21 歲）以優異成績從布蘭代斯（Brandeis）大學的歷史系畢業。之後，他（21-22 歲）就讀於劍橋大學並獲得富布賴特（Fulbright）獎學金（1956-1957），1961 年（26 歲）在哈佛完成了他的博士學位。
2009 年 3 月 10 日左岸值此出版的《誰是美國人？》，也被認為是《文明的衝突與世界秩序的重建》的姐妹作，即：文明衝突論的「美國國內版」。這兩本書所關注的議題和杭亭頓於 2004 年出版的《誰是美國人？》政治哲學家麥可・瓦瑟在 1989 年的一篇小短文〈何謂美國人？〉杭亭頓雖然已於 2008 年年底辭世，然而其「文明衝突」理論仍然是學界爭論的焦點。

教，除了導致非穆斯林的少數華人在文化和政治上分歧外，華人穆斯林亦然。華人穆斯林認同馬來西亞是他們的國家，又因信仰伊斯蘭教，與馬來人多了一層在宗教上的認同，但民族屬性各異。然民族認同和民族有越來越被視為流動和可以改變的建構。他們是隨著情境而出現、轉變及消失的，這中間當然不能排除不平等的權力關係運作，[2]而這個權力往往來自國家。可是，任何國家或民族都不可能拋棄民族的文化而走向全盤異國化或異族化的道路。另一方面，人類文化的發展從來不是絕對封閉的。各種文化間的邊界是可以互相滲透的，[3]即楊國樞院士所謂雙文化，[4]與香港學者所提文化的「本質論」與「社會建構論」。[5]各民族文化之間的相互交往、吸收、結合在人類的歷史過程中不斷發生。

一般而言，文化的交流必然產生文化的衝撞和文化的融合。文化的地域性、民族性決定了文化發展的差異性與不平衡性，造成了文化演變過程中的衝撞與矛盾。只要文化發展是持續的，文化交流和文化衝撞也將是持續的。往往非戰爭性的文化衝撞之後，一種文化會吸收有利自身文化發展的因素，其結

2 林開忠，《建構中的「華人文化」族群屬性、國家與華教運動》（吉隆坡：馬來西亞華社研究中心出版，1999 年），頁 9。

3 伍錫洪、葉嘉雯、吳挺堅，〈全球一體化和雙文化對研究華人心理的啟示〉，葉光輝主編，《華人的心理與行為：全球脈絡下的研究反思》，台北：中央研究院，2013 年 12 月，頁 91。

4 陸洛、楊國樞，〈當代華人的傳統與現代雙文化自我：其現身、組成與變遷〉，見楊國樞、陸洛主編《中國人的自我：心理學的分析》，台北：台大出版中心，2008 年，頁 279-322。伍錫洪、葉嘉雯、吳挺堅，〈全球一體化和雙文化對研究華人心理的啟示〉，如上頁。

5 伍錫洪、葉嘉雯、吳挺堅，〈全球一體化和雙文化對研究華人心理的啟示〉，2013 年 12 月，頁 91。

果整合出一種更豐富及更具生命力的文化。[6]

構成文明的要素不僅僅限於族類和宗教，但美國政治學家杭廷頓（Samuel P. Huntington）卻傾向凸顯這一方面的衝突（衝撞），尤其是戰爭性的文化衝突，而對於文明間的創造性和建設性的互動則避而不談。這種理論正好符合實行強權文化的美國布希政府的口味。[7]那麼，在多元民族、多元文化、多元宗教的馬來西亞，皈依的華人穆斯林是否在文化交流過程中，產生文化衝撞或者是文化融合？這是一個值得探討的問題。

第一節　在國策之下的衝撞或融合

1963 年通過施行的馬來西亞《憲法》，有 3 大部分：1.聯邦、2.州和 3.聯邦與州之間的關係。中央政府依循《聯邦憲法》，州政府依循州憲法，至於聯邦與州之間的關係，則依據聯邦政府與州政府共同執行的法律。各州的州憲法大致是相同的，沒有各自獨立的一套，祇有極少的差異，本節的重點將放在《聯邦憲法》第 3 條第一項；第 8 條第一項、第二項；第 11 條第一項的規定上，進而分析其特色與矛盾。

一、「宗教國」理論的特色及其矛盾

馬來西亞《憲法》以伊斯蘭教為國教，並規定其他宗教可

6 劉崇漢，〈文化發展的省思〉，《星洲日報》，2003 年 4 月 10 日。
7 劉崇漢，〈文化發展的省思〉。

在聯邦任何地方，安寧而和諧地奉行。但事實是否如同其文。茲以《憲法》第三條的條文來分析馬來西亞塑造「宗教國」的文字特色及其矛盾。

（一）馬來西亞《憲法》第三條的特色

1.特　色

馬來西亞《憲法》第三條內容，具有聯邦性、宗教性、元首人選必須具備伊斯蘭教性，以及特定的地區性等特性。

（1）聯邦性

《憲法》第 3 條討論聯邦的宗教（Religion of the Federation）。第 3 條第一項一方面指出伊斯蘭教為聯邦之國教，但是，立刻接著規定其他宗教：可在聯邦任何地方，安寧而和諧地奉行。其英文如下："Islam is the religion of the Federation; but other religions may be practiced in peace and harmony in any part of the Federation."[8]

（2）宗教性

第 3 條第二項規定：除無統治者之州外，尊重州憲法所確定的每一州之統治者，作為該州伊斯蘭教首長之地位，及享有伊斯蘭教首長之「權利、特權、專有權及權力（all rights, privileges, prerogatives and powers）」，完全不受影響或削減。其英文如下："the position of the Ruler as the Head of the religion of Islam in his State in the manner and to the extent acknowledged and declared by the Constitution, all rights, privileges, prerogatives

---

8 International Law Book Services, *Federal Constitution*, Malaysia: Selangor Darul Ehsan, 2003, p.13.

and powers enjoyed by him as Head of that religion, are unaffected and unimpaired";[9]

但是有例外。那就是任何一項「宗教行為、典禮或儀式」須要「擴展實施於聯邦時」，則各州統治者必須「以伊斯蘭教首長之地位授權最高元首來代表」。其英文如下："in his capacity of Head of the religion of Islam authorize the Yang di-pertuan Agong to represent him."

（3）元首人選的伊斯蘭教性與特定的地區性：

第 3 條第三項規定：「馬六甲（Malacca）、檳榔嶼（Penang）、沙巴（Sabah）及砂拉越（Sarawak）」的《憲法》必須訂定有關條款，使最高元首成為各該州之伊斯蘭教首長。其英文如下："The Constitution of the States of Malacca, Penang, Sabah and Sarawak shall each make provision for conferring on the Yang di-Pertuan Agong shall be Head of the religion of Islam in that State."[10]

從《憲法》規定條文來看，最高元首必須是穆斯林，但較為特殊的是從以上條文可得知馬來西亞雖以伊斯蘭教作為國家的宗教，是東南亞唯一將其列入《憲法》的一個國家，但卻沒有確立任何全馬來西亞聯邦的伊斯蘭最高領袖，[11]身為馬來西亞國家元首的最高元首（Yang Di-Pertuan Agong ），他也只能成為聯邦 13 州（State，馬來語為 Negeri）以及 3 個聯邦直轄區（馬

---

9 *Federal Constitution*, Selangor Darul Ehsan, 2003, pp.13-14.

10 International Law Book Services, *Federal Constitution*, Malaysia: Selangor Darul Ehsan, 2003, p.14.

11 陳中和，《馬來西亞伊斯蘭政黨政治 巫統和伊斯蘭黨之比較》（馬來西亞：新紀元學院馬來西亞族群研究中心，2006 年），頁 61。

來語為 Wilayah Persekutuan）的伊斯蘭首長。而各州的伊斯蘭領袖由各州的統治者擔任，統治者之間的關係是平等且互不隸屬。

此外，各州元首稱呼及中文譯名亦不同，各州行政首長稱謂亦各異。聯邦最高領袖是最高元首，最高行政首長是首相，吉隆坡元首是直轄區部長，吉隆坡行政首長是市長，納閩特區和布城（Putrajaya）是主席（行政權力等同市長），柔佛、雪蘭莪、吉打、霹靂、吉蘭丹、彭亨、登嘉樓的行政首長是州務大臣（參見表 5-1）。

表 5-1：各州元首稱呼、元首中文譯、名行政首長對照表

區功能變數名稱	元　首　稱　呼	元首中文譯名	行政首長
聯　邦	Yang Di-Pertuan Agong	最高元首	首相
吉隆玻	Menteri Wilayah Persekutuan	直轄區部長	市長（Datok Bandar）
納閩	Menteri Wilayah Persekutuan	直轄區部長	President Perbadanan Labuan（納閩機構主席，行政權力等同市長）
布城	Menteri Wilayah Persekutuan	直轄區部長	President Perbadanan Putrajaya（布城機構主席，行政權力等同市長）
1 柔佛	Sultan	蘇丹	州務大臣
2 雪蘭莪	Sultan	蘇丹	州務大臣
3 吉打	Sultan	蘇丹	州務大臣
4 霹靂	Sultan	蘇丹	州務大臣
5 吉蘭丹	Sultan	蘇丹	州務大臣
6 彭亨	Sultan	蘇丹	州務大臣
7 登加樓	Sultan	蘇丹	州務大臣
8 森美蘭	Yam Tuan	嚴端	州務大臣
9 玻璃市	Raja	拉惹	州務大臣
10 馬六甲	Yang Di-Pertuan Negeri	象徵性州元首	首席部長
11 檳榔嶼	Yang Di-Pertuan Negeri	象徵性州元首	首席部長
12 沙巴	Yang Di-Pertuan Negeri	象徵性州元首	首席部長
13 砂拉越	Yang Di-Pertuan Negeri	象徵性州元首	首席部長

資料來源：

1.http://zh.wikipedia.org/wiki/Category.馬來西亞行政區劃（2009 年 5 月 24 日瀏覽）。

2.http://www.ncku.edu.tw/~cseas/report%20SEA/MY/my11hongjinrong.pdf（2009 年 5 月 24 日瀏覽）。

說　明：

1.柔佛、吉打、吉蘭丹、森美蘭、彭亨、霹靂、玻璃市、雪蘭爾及丁加奴等九個州之元首，由蘇丹投票選舉，輪流擔任，任期五年，不得連任。另外的四個州，如馬六甲、檳城、沙巴、砂拉越，沒有蘇丹，由象徵性州元首（Yang Di-Pertuan Negeri）統治，因此不參與國王的產生（國王為虛位元首）。最高元首僅有少數統治權，首相為全國最高行政首長。

2.聯邦政府統治下的 13 州設有州政府，享有內政獨立的自主權，9 個州州長稱為「州務大臣」，為一州權力最高者。但是檳榔嶼、馬六甲、沙巴、砂拉越四州州長，由聯邦政府任命委派，稱為首席部長。

3.森美蘭州行政首長稱嚴端（Yam Tuan），玻璃市行政首長稱拉惹（Raja）。

由於《憲法》中沒有確立任何馬來西亞伊斯蘭首長，甚至也沒有任何人能以全馬來西亞穆斯林代表的身份對外發言或行使職權。那麼，究竟是何人或何團體才是屬於伊斯蘭最高層級的領袖？[12]根據《憲法》第 3 條第 2 項規定：「統治者會議（the Conference of Rulers）可同意任何一項『宗教行為、典禮或儀式』須要『擴展實施於聯邦時』」，則各州統治者必須「以伊斯蘭教首長之地位授權由最高元首來代表」。因此，只有透過統治者會議的授權，個人為最高元首方可以全國伊斯蘭首長的身份行使職權，而最高元首則需限定為馬來人穆斯林和皇室族裔。[13]

---

12 陳中和，《馬來西亞伊斯蘭政黨政治 巫統和伊斯蘭黨之比較》，頁 61。

13 Ahmad Ibrahim, *Al-Ahkam Jilid 4, Islam Dalam Perlembagaan*（《憲法中的伊斯蘭》）, Kuala Lumpur:Dewan Bahasa Dan Pustaka, 1994, p.4.

（二）馬來西亞《憲法》第三條的矛盾

1.《憲法》第 3 條第一項指出伊斯蘭教為聯邦之國教；唯其他宗教可在安寧與和諧中在聯邦任何地方奉行。

從文字上來看，伊斯蘭教最受尊崇。但是，它並非唯一的宗教，馬來西亞這個國家可以有別的宗教存在。

2.最高元首的人選既來自宗教，更由地區（直轄區）決定。

本身是屬於宗教，卻用政治手段支持伊斯蘭教，破壞其他宗教。甚至由政府機構來推動伊斯蘭教事務，其他宗教則沒有專屬機構推動。

3.副首相納吉（Dato' Sri Mohd Najib bin Tun Haji Abdul Razak）[14]的「回教國」論 2007 年 7 月 27 日，副首相納吉提出馬來西亞是「回教國」，從來不是「世俗國」理論。[15]可是，馬來西亞的伊斯蘭教是國教，但非穆斯林在信仰各其他宗教時並不受任何限制。由《憲法》第 3 條第一項內容文字本身看來，既是特色也是矛盾。

4.說多套做多套馬來西亞是「回教國」還是「世俗國」？首相納吉的「回教國」論除了與《憲法》第 3 條第一項的規定不符以外，也在政界掀起軒然大波。有些認為馬來西亞是「回教國」，如前任首相馬哈迪、巫青（巫統的青年）團長希山慕丁；有些認為是「世俗國」，如民主行動黨林吉祥、律師公會

---

14 副首相納吉（Dato' Sri Mohd Najib bin Tun Haji Abdul Razak）已於 2009 年 4 月 3 日擔任首相。

15 〈副首相納吉：馬來西亞是回教國　從來就不是世俗國〉網址：http://bar.lifeall.com/tie-9537658-1.ahtml （2009 年 7 月 20 日瀏覽）。

副主席拉吉納、馬華公會總秘書黃家泉等；有些則認為馬來西亞是議會民主國家，如前任首相阿都拉；世俗民主法治國，如華總等；他們各有各的主張，下表為各界人士的概念及其主張「回教國」或「世俗國」的具體內容（參見表 5-2）。

表 5-2：族群屬性與是否「回教國」主張對照簡表

編號	主要概念	主張者	日期	具體內容	出處	符號
1	世俗國	聯盟（馬華、巫統、印度國大黨	1956.9.27	馬來西亞國教是回教，但非回教徒國民在信仰與奉行各自宗教時不受任何限制。	普世科學研究網（Lighting World with the Truth）	X
2	回教國	李特憲制委員會（Reid Commission）報告書	1957	沒有列明回教是聯邦宗教的條文	星洲日報	○
3	世俗國	第一次三方工作會談紀錄	1957.2.22	聯盟指出馬國是世俗國	星洲日報	X
4	世俗國	第十九次工作會談紀錄	1957.4.17	東姑聲明，整個憲法的草擬是以聯邦是個世俗國而制定。	星洲日報	X
5	世俗國	倫敦憲制會議	1957.5.23	強調馬國為「世俗國」，聯邦再次指出，聯邦憲法第 3 條文，維持聲明回教是聯邦宗教，但馬國是個「世俗國」，不容受到任何影響。	星洲日報	X
6	回教國	副首相納吉（Dato' Sri Mohd Najib bin Tun Haji Abdul Razak）	2008.7.17	不是「世俗國」，而是尊重非回教徒權益的「回教國」。	普世科學研究網	○
7	回教國	前任首相馬哈迪（Tun Dr. Mahatir	2008.7.24	馬國是「回教國」是既定的事實。	普世科學研究網	○

		Muhammad）				
8	議會民主國家	首相阿都拉（Tun Abdullah Ahmad Badawi）	2008.8.4	不是「世俗國」，也不是「神權國」。	普世科學研究網	□
9	（不清楚）	人民公正黨安華（Awar bin Ibrahim）	2008	僅嚴厲批判副首相，斥「回教國」是煽動種族情緒。	普世科學研究網	□
10	世俗國	民主行動黨林吉祥	2008	「回教國」的言論，目的是為了轉移馬來選民視線，以獲得更多支持。	普世科學研究網	X
11	（不清楚）	馬青廖中萊	2008	多元種族為事實，納吉所說的「回教國」應係被華語譯成的結果。以神權治國的回教國（Islamic state），以回教徒佔多數的回教國（Islamic country）有很大的不同。	普世科學研究網	□
12	世俗民主法治國	華總	2008	回教的地位在憲法上被規定為官方的宗教，不是政治體制的基礎，反對神權治國。	普世科學研究網	□
13	世俗國	律師公會副主席拉吉納	2008	馬國的憲法、法庭、政府都不是依據回教教義行事；馬來西亞的刑事法典沒有依據回教的回教刑事法（Hudud）制定。	普世科學研究網	X
14	不認同馬國為回教國	首相署部長柏納東博	2008.8.2	從憲法出發點，不曾意指馬來西亞是回教國。	普世科學研究網	□
15	世俗國	馬華公會總秘書黃家泉	2008	世俗國是馬來西亞立國的基礎	普世科學研究網	X

16	回教國	巫青（巫統的青年）團長希山慕丁	2008	要執政聯盟國陣華族成員黨馬華公會閉嘴，停止發表馬來西亞是世俗國的言論。	普世科學研究網	○

資料來源及其編號：

1.北美新浪網：http://news.sina.com/oth/sinchewdaily/302-106-106-103/2008-04-11/04442805920.html。2、3、4、5。（2009 年 5 月 10 日瀏覽）

2.普世科學研究網 http://www.pacilution.com/Search.asp?Field=Title&keyword=%F1R%87%F8%B7N%D7%E5%C5c%D7%DA%BD%CC&Submit=+%BC%EC%CB%F7+。1、6-16。（2009 年 5 月 10 日瀏覽）

3.〈魏家祥：回教黨言論極端〉，《星洲日報》2008 年 04 月 11 日及 2015 年 09 月 03 日瀏覽。

說　明：

1.符號：正面支持：○；完全負面態度：X；僅批判正面：□。

2.無日期標示：均為 2008 年 7 月 17 日回應副首相納吉的「回教國」言論。

認為馬來西亞是「世俗國」的民主行動黨林吉祥指出，「回教國」的言論，目的是為了轉移馬來選民視線，以獲得更多支持；律師公會副主席拉吉納認為，馬國的《憲法》、法庭、政府都不是依據伊斯蘭教教義行事；馬來西亞的刑事法典沒有依據回教的回教刑事法（Hudud）。整體而言，政治的宗教主治僅係表面，實際上透過公民的投票，最後還是選舉。

前最高法院院長 Tun Mohamed Suffian Hashim 認為：「伊斯蘭教為國教是為了國家儀式的需要」，如讓伊斯蘭禮拜（Salat）得以在如國慶日或元首登基等正式慶典中進行。[16]唯在 1988 年的一場上訴官司中，聯邦最高法院將《憲法》第 3

16 Mohd. Zuhdi Abd. Majid, *Pengantar Undang-undang Islam Di Malaysia,*（伊斯蘭法在馬來西亞的媒介）, Kuala Lumpur:Pernebit Universiti Malaya, 1997, p.101.

條規定，伊斯蘭為國教的原因首次被解讀為伊斯蘭是代表包含人類一切活動形式的一種生活方式，而非僅就國家慶典和儀式的需要。[17]之後，聯邦最高法院院長 Tun Salleh Abas 進一步說明，聯邦法院始終認為，伊斯蘭在馬來西亞的法律效力只是及於部份的生活範圍如婚姻和財產分配等事宜。[18]如果《憲法》以伊斯蘭教國國教的定義是指，包含一切活動形式的生活方式，則《憲法》必須增修一個附帶條文「任何法律若與伊斯蘭法相牴觸則需取消之」。[19]但事實顯示，反而是伊斯蘭若和《憲法》牴觸，則以《憲法》為優先考量。

《憲法》中以宗教為國教的國家並不罕見，其中不乏世俗化國家如挪威、西班牙、阿根廷和巴拿馬等。如此，規定伊斯蘭教為國教並不影響馬來西亞成為世俗化國家的事實。更重要的是，Wu Min Aun 認為：[20]

> 伊斯蘭成為國教可以使政府利用公權力和財政支出來推廣伊斯蘭和建築數以千計的清真寺（或禮拜堂）。

相反地，其他宗教並不見有這樣的待遇，即使華人穆斯林想要建造屬於自己的清真寺，在國家政策下至今仍不獲允許。

二、「馬來人」定義的特色及其矛盾

---

17 Ahmad Ibrahim, *Al-Ahkam Jilid 4, Islam Dalam Perlembagaan*（《憲法中的伊斯蘭》），Kuala Lumpur: Dawan Bahasa dan Pustaka, 1994, p.8.

18 陳中和，《馬來西亞伊斯蘭政黨政治 巫統和伊斯蘭黨之比較》，頁 65。

19 Ahmad Ibrahim, *Al-Ahkam Jilid 4, Islam Dalam Perlembagaan*（《憲法中的伊斯蘭》）, p.8.

20 Wu Min Aun, *The Malaysian Politics,* London: Addison Wesley Longman Malaysia Sdn. Bhd. 1997, p.99.

以下將進一步探討「馬來人」定義的文字特色及實際上所產生的矛盾。

（一）馬來西亞《憲法》第 160 條的特色

《憲法》第 160 條規定：「馬來人必須信仰伊斯蘭教、習慣說馬來語、奉行馬來習俗，以及：（a）其個人或其父母必須在獨立前出生在聯邦或新加坡，抑或在獨立時為聯邦和新加坡的永久居民；或（b）上述人的後裔。」其英文如下：“Malay" means a person who professes the religion of Islam, habitually speaks the Malay language, conforms to Malay custom and -

（a）was before Merdeka Day born in the Federation or in Singapore or born of parents one of whom was born in the Federation or in Singapore, or is on that day domiciled in the Federation or in Singapore;or

（b）is the issue of such a person .”

（二）馬來西亞《憲法》第 160 條的矛盾

大多數華人皈依伊斯蘭教後，捨棄原有的宗教信仰，講馬來語，奉行馬來人的習俗，盡力融入馬來社會，甚至馬來化，符合「馬來人」的定義。但是，官方仍將這群華人穆斯林（包含皈依者），均歸納為「華人」，不是馬來人，如國際伊斯蘭大學 OC 副教授，及吉膽島 AM 宗教師、國際伊斯蘭銀行 SC 女士等。顯然法令是一回事，真正執行又是另一回事，把華人穆斯林排斥在馬來人之外，與《憲法》第 160 條規定的內容矛盾。

三、「平等與自由」文字的特色及其矛盾

這一部份將針對馬來西亞《憲法》第 8 條的平等與第 11 條的自由，從文字與實際的特色與矛盾，作一剖析。

（一）《憲法》第 8 條有關平等（Equality）詮釋的特色與矛盾

《憲法》第 8 條第一項明文規定：「法律之前人人平等，並享有法律同等保障之權利。」其英文如下：“ All persons are equal before the law and entitled to the equal protection of the law.”[21]

從文字上看，在馬來西亞的公民，在法律之前人人平等，並享有法律同等的保障。但是，事實不然，以下舉兩個實例以資證明：

1.限制非穆斯林建立崇拜場所

1980 年至今，非穆斯林崇拜場所建立的批准越來越困難。並且時常附上不合常理的限制條件，如教堂的尖塔高度、廟宇的頂端設計等。許多錫克廟不被批准建立，只因傳統的頂端看起來很像「回教堂」。在雪蘭莪州的沙亞南（Shahalam）的一間教堂共花了 28 年的時間才獲得批准。至今，共有 10 間興都廟被拆除，理由是其結構是非法的。[22]對那些非穆斯林的信徒

---

21 *Federal Constitution*, Malaysia: Selangor Darul Ehsan, 2003, p.17.

22 〈馬來西亞否認限制宗教自由〉，網址：http://news.bbc.co.uk/chinese/trad/hi/newsid_3330000/newsid_3336300/3336369.stm（2009 年 4 月 16 日瀏覽）。

而言，極為不公平。

從這個例子顯示，《憲法》所規定的是一回事，實際上並沒有保障非穆斯林的權利。

2.「瑜伽」的爭議

根據多維新聞網 2008 年 12 月 14 日報導：[23]

> 馬來西亞伊斯蘭教最高指導機關 ──「回教裁決理事會」日前把伊斯蘭教教徒不應該涉及的事項增多一項，即「不應參與在馬國深受歡迎的瑜伽」。

該理事會是基於瑜伽涉及興都教膜拜、誦經及肢體動作三項元素，並不符合伊斯蘭教教義，因此禁止信徒學習。「回教裁決理事會」主席阿都蘇古在解釋有關裁決時甚至表示：「它可能會摧毀回教徒對回教的信念，並導致回教徒逐漸遠離回教信仰。」[24]有關裁決也獲得前任首相馬哈迪的支持。巫統副主席兼馬六甲首席部長莫哈末阿里也表示支持，他指馬六甲將修改法律，禁止「回教徒」修煉瑜伽。

但是，向來被視為開明的「回教姐妹組織」(Sisters In Islam) 則持不同的看法，該組織策劃經理諾哈耶蒂說：[25]

> 許多回教徒都熱衷學習能保健強身的瑜伽，我沒有見過回教徒學習瑜伽後改變宗教信仰，或因此而削弱回教信念的案例。

「回教姐妹組織」從 2007 年開始，開辦瑜伽課程供會員

23 林友順，〈種族藩籬淡化宗教意識抬頭〉，22:50（2008）《亞洲周刊》。網址：http://www.yzzk.com/cfm/Content_Archive.cfm?Channel=aw&Path=219199501/50aw1.cfm（2009 年 7 月 20 日瀏覽）。

24 林友順，〈種族藩籬淡化宗教意識抬頭〉。

25 林友順，〈種族藩籬淡化宗教意識抬頭〉。

參與。諾哈耶蒂堅持繼續開辦瑜伽課程，同時認為：「沒有關閉的必要」。根據馬來西亞法令，蘇丹是各州伊斯蘭教最高領導，各州重要的伊斯蘭教事務皆必須獲得蘇丹的認可。首相阿都拉也適時表示，穆斯林修煉瑜伽時，沒有涉及誦經及膜拜，那將是被允許的，他的談話也平息了有關的爭議。但是像他們這幾位罕見的進行干預的行為，確實違背《憲法》第 8 條第一項平等的規定。

（二）《憲法》第 11 條宗教自由 Freedom of Religion 的特色與矛盾

《憲法》第 11 條第一項一方面規定：「人人皆有權利信仰及奉行其本身之宗教」；另一方面又強調：「在第（4）款[26]約束下傳播之」。其英文如下："Every person has the right to profess and practice his religion and, subject to Clause（4）, to propagate it."[27]該條文字充分說明，馬來西亞任何人都有權利信奉自己的宗教。但是，實際情形與法律規定是矛盾的，如非穆斯林的信徒，要興建他們的廟宇經常遇到阻礙即是一個例子。

又第 11 條第四項規定：「州法律及在吉隆坡與納閩聯邦直轄區的情況 —— 《聯邦憲法》可以管制或限制向回教徒傳播任何宗教教義或信仰。」根據伊斯蘭教教義非穆斯林與穆斯林

---

26 馬來西亞《憲法》第 11 條第一項第 4 款：「州法律及在吉隆坡及納閩聯邦直轄區的情況 —— 聯邦法律可以管制或限制向回教徒傳播任何宗教教義或信仰。」其英文如下：State law and in respect of the Federal Territories of Kuala Lumpur and Lubuan, federal law may control or restrict the propagation of any religious doctrine or belief among persons professing the religion of Islam, Federal Constitution, Malaysia: Selangor Darul Ehsan, 2003, p.19.

27 *Federal Constitution*, Malaysia: Selangor Darul Ehsan, 2003, p.19.

通婚，非穆斯林必須先皈依伊斯蘭教才可進行，並且皈依後就必須放棄原來的宗教信仰，只有穆斯林去影響非穆斯林，絕對不能有非穆斯林去影響穆斯林的事情發生。加上馬來西亞《聯邦憲法》可以管制或限制向穆斯林傳播任何宗教教義或信仰，這意味著非穆斯林不能向穆斯林傳播任何宗教，但是他們可以向非穆斯林傳教，而通婚就是一種重要的宗教傳播方式。看不出宗教信仰的自由真正落實《憲法》中的文字規定。

此外，有關聯邦法院前任首席大法官敦阿都哈密（Abdul Hamid Mohamad）在美國哈佛大學法學院，伊斯蘭教法研究計劃授課中提出「普通法庭與回教法庭或將合併」的建議。他認為，兩種法庭結合能夠協調普通法和回（伊斯蘭）教民事法的原則，應付不同宗教案件引發的司法爭論及複雜問題。

馬來西亞擁有兩套法律審理家庭糾紛，分別為民事法和回（伊斯蘭）教民事法；雖然《憲法》闡明伊斯蘭教法僅適用於穆斯林，但是因為通婚和皈依問題，使整個案件複雜化，這可由爭屍案、遺產、婚姻、子女撫養權等案件，看出這兩套法律之間的分歧，希望從中能夠找到解決方案。法律界對於伊斯蘭教法和普通法能否合併存有不同看法。贊同者認為，伊斯蘭教法主要是審理宗教、婚姻和家庭案件，並非是所有官司都涉及伊斯蘭教法，只有涉及婚姻與宗教官司才需要引用伊斯蘭教法原則去處理，而且《憲法》已清楚說明伊斯蘭教法不適宜用在非穆斯林身上。

反對合併者則認為，要達到這個目標需要大幅度修改《憲法》，而且現階段伊斯蘭教法是屬於州法律，普通民事法屬於聯邦政府法律，兩者的層次不同，要有效的合併不容易。[28]伊斯蘭教法和民事法這兩套法律都存有灰色地帶，若將伊斯蘭教民事法適用於非穆斯林身上，與《聯邦憲法》是相牴觸的。馬華法律局拿督梁鄧忠即表示：[29]

> 這樣的建議將迫使非回教徒受限於回教法的權限，這包括過去一直存在的不同宗教信仰者之間的婚姻問題。當然，如此強迫非回教徒受限在回教法的建議，已經違反了《憲法》第 11 條提及：「人人皆有權利信仰及奉行其本身之宗教」。

因為「普通法庭」處理非穆斯林的案件，「回教法庭」處理穆斯林的案件，若把伊斯蘭教民事法適用於非穆斯林身上，不僅對非穆斯林不公正，也與《聯邦憲法》相牴觸。梁鄧忠補充說：「民事法庭的獨立性要繼續保留，而不是由回教法來詮

---

28 〈釐清民事與回教法灰色地帶〉，網址：
http://www.mca.org.my/Chinese/Commentaries/Pages/201108lk01.aspx
（2009 年 5 月 3 日瀏覽）。
http://www.mca.org.my/cn/2008/11/20/%E5%8E%98%E6%B8%85%E6%B0%91%E4%BA%8B%E4%B8%8E%E5%9B%9E%E6%95%99%E6%B3%95%E7%81%B0%E8%89%B2%E5%9C%B0%E5%B8%A6%C2%A0/（馬來西亞華人公會 2015 年 9 月 3 日瀏覽）。

29 〈「馬華反對敦阿都哈密『普通法法庭』與『回教法庭』或將合併」建議〉網址：
http://www.mca.org.my/Chinese/MCANotices/Pages/131108lkh02.aspx#.
（2009 年 4 月 10 日瀏覽）。
http://www.mca.org.my/cn/2008/11/13/%E9%A9%AC%E5%8D%8E%E5%8F%8D%E5%AF%B9%E6%95%A6%E9%98%BF%E9%83%BD%E5%93%88%E5%AF%86%E2%80%9C%E6%99%AE%E9%80%9A%E6%B3%95%E6%B3%95%E5%BA%AD%E4%B8%8E%E5%9B%9E%E6%95%99%E6%B3%95%E5%BA%AD%E6%88%96%E5%B0%86/（馬來西亞華人公會 2015 年 9 月 3 日瀏覽）。

釋相關民事法庭的權限。」[30]若將「民事法庭」與「回教法庭」合併，顯現已經忽略馬來西亞是一個多元民族和多元宗教的國家。馬來西亞佛教、基督教；興都教、錫克教與道教諮詢理事會也反對伊斯蘭教法取代現有的普通法（common Law）制度。

綜觀以上所述，《聯邦憲法》文字上的特色是在馬來西亞境內各民族各宗教一律平等，但是，實際與文字的規定在很多地方充滿矛盾，形成法令一回事，執行又是另一回事的情況。

四、國家原則

登嘉樓政府通過的「回教刑事法」已引起法律的爭執。聯邦法院於 2002 年 9 月 11 日批准一名律師的申請，讓他可以在法庭挑戰「回教刑法」是否合乎《憲法》。由於登嘉樓州剛通過「回教刑事法」，手續尚未完成，因此，法院只批准挑戰吉蘭丹州通過的回教刑法。所謂的「回教刑法」，一般簡化為「斷肢法」，這只是「回教刑法」的一部份。根據登嘉樓州通過的「回教刑法」，它包含三個類別：一是 Hudud（回教刑事法），對酗酒、通姦和偷竊、搶劫及叛教的處罰；二是 Qisas（應得的懲罰「死刑」），對殺人、傷人案的刑罰；三是 Takzir（非法的處罰），當案件審訊時，法官不能用 Hudud 或 Qisas 刑罰判決時，法官可自行裁決。[31]

---

30 〈「馬華反對敦阿都哈密『普通法法庭』與『回教法庭』或將合併」建議〉。
31 〈回教黨宗教政治走向：回教刑法對回教國〉，網址：
http://www.geocities.com/cheahseekian/csk2002/csk20718.html
（2009 年 4 月 10 日瀏覽）

這些刑法被回教黨（伊斯蘭教黨）視為是屬於《古蘭經》（Qur'an）及《聖訓》（Hadith）的一部份，因此，當它在州立法院議會提出這項法案時，就認定穆斯林必須依《古蘭經》的重要步驟行事。當然從法律的角度詮釋，任何州法律與《聯邦憲法》牴觸時，州法律是無效的，這是不爭的事實。

如此看來，馬來人的政黨或議員有一定的難度，在政治上直接了當反對「回教刑法」，伊斯蘭教黨就是看準這一點，把「回教刑法帶入政治鬥爭中」。巫統形容伊斯蘭教黨的政治手段外，也沒有否定中世紀時的伊斯蘭教國家曾有這樣的法律，而所爭議的是，伊斯蘭教黨不是提出「真正的刑法」，而是懷有政治目的提出「回教黨的刑法」，迫使巫統迎合回教黨的挑戰。[32]

從政治角度來看，這是伊斯蘭教黨刻意刺激巫統，以讓國內的馬來選民作出裁決。而伊斯蘭教黨顯然下定決心運用政治權力和政治論壇，拿伊斯蘭教課題與巫統槓上。[33]顯然，宗教被族群精英，利用意識型態操弄。非馬來人在政治上要扮演決定性的角色是極不容易的，反而是兩個大馬來人政治團體在左右其國人的前途。

然而每當選舉時，不論是小黨或者是少數民族，成為多數黨爭取票源的對象。華社在 2008 年大選接受了伊斯蘭教黨，但不是接受伊斯蘭教黨的神權主義，推行「回教國」政策，只是為了不要把選票投給國陣。據作者所知，在這次大選中，除了若干皈依伊斯蘭教的華人是伊斯蘭教黨的黨員，理所當然支持伊斯蘭教黨參選的黨員外，許多華人也從支持國陣轉而支持反

32 〈回教黨宗教政治走向：回教刑法對回教國〉。
33 〈回教黨宗教政治走向：回教刑法對回教國〉。

對黨。

從伊斯蘭教黨領袖出任霹靂州大臣後，承諾不會推行「回教州」、「斷肢法」的立場，華社準備給該黨一個機會，如果伊斯蘭教黨仍繼續推行「回教州」 的理念，在未來選舉將會失去華人的選票。公正黨實權領袖安華強調，不管是《聯邦憲法》，還是反對黨的競選宣言，均不存有「回教國」字眼。「回教國」並非是一項課題，希望人民給聯盟（反對黨）機會，為民服務。[34]

不過，在大選前馬華總會長拿督斯里翁詩傑則表示：「回教黨所要落實的回教法，其實是要實施在全國人的身上，伊斯蘭教黨最終極目標在建立『回教國』。」[35]該黨所要落實的「回教刑事法」，並沒有聲明非穆斯林不受影響。就以吉蘭丹州為例，雖然執政的伊斯蘭教黨無法落實「回教刑事法」，但州政府卻通過行政手段，逐步落實其議程，如男女分開坐、在齋戒月期間取締華人餐館等。[36]因此，這種互相攻擊對方的行為，說穿了只是為了選舉。

雪蘭莪州大臣丹斯里卡立強調，基於民情和局勢與吉蘭丹州不同，雪州不實施「回教法」。大臣認同《憲法》明訂「回教是大馬的國教」，但也贊同人人有權自由信仰任何宗教，包括那些想要脫離伊斯蘭教的人是可以遵循所規定的程序，提出

---

34 〈回教黨要建回教國　大馬華社表明反對立場〉，網址：http://club.dayoo.com/read.dy?b=news&t=25547&i=25547&p=32（2009 年 7 月 20 日瀏覽）

35 翁詩傑，〈全國落實回教法 回教黨終極目標建回教國〉，《星洲日報》，2009 年 1 月 16 日。

36 翁詩傑，〈全國落實回教法 回教黨終極目標建回教國〉。

脫離伊斯蘭教的申請。他說：[37]

> 其實回教法只實施在回教徒身上，實施這項法令的基礎在於不剝削其他穆斯林的權益，加上每個州屬都有屬於本身的州法令和回教法庭管制回教事務，所以雪蘭莪州不會實施回教法。

接著他又說道：[38]

> 任何改變都會引發牽一髮動全身，如果雪州要實施或修改現有的回教法令，都必須得到蘇丹殿下的允准，這將引起巨大的回響，所以我並不打算做出任何改變。

由上文可知，雪蘭莪州若要實施或修改現有的伊斯蘭教法令，都必須得到蘇丹的允准。顯然，蘇丹在雪蘭莪州仍有著舉足輕重的地位。

第二節　東西情人節與馬國民族主義

一、西方情人節在 2011 年的馬來西亞[39]

馬來西亞剛好是另一面鏡子。可以他山之石，來相互攻錯，因為華人在該國是少數民族，而馬來人才是主流民族，並

37 〈卡立：民情局勢與丹州不同　雪不實施回教法〉，《星洲日報》，2008 年 6 月 17 日。

38 〈卡立：民情局勢與丹州不同　雪不實施回教法〉。

39 鄭月裡、朱浤源，〈從東西情人節試論中山先生民族主義在馬來西亞復活〉，收錄於洪泉湖主編，《當代族群關係》（台北：商鼎數位出版公司，民 100 年 7 月），頁 573-596。

且控制了馬國的政治。易言之，原先在中國是主流統治族群的華族，在馬國卻轉成與在中國一樣地位的滿、蒙、回、藏之類的所謂「少數民族」。馬國政府也與孫中山相同，都強調主流的統治族群來主導國政。

不止此，馬來西亞還有以伊斯蘭教，也就是一般華人所謂「回教」為國教的情況。因此合理推斷：該國主流族群的內聚力，就比中國主流族群的華族還更高。果然，馬國獨立以及獨立以後的歷史，完全證實了這個推論；由於華族本身並不團結，其中的土生與客生華人，就曾經被分化，因此造成新加坡被迫獨立以及華族的文化、語言均被馬來族，從政治、社會、法律等面向壓制的後果。

如此一來，許多爭端就會產生。但是，又由於伊斯蘭教與基督教為「世仇」，相對於西洋文化，中華文化又較友善，在伊斯蘭教主導的馬來西亞內部，中華文化與西洋文化的地位，就又不同。

作者有鑒於是，乃以 2011 年二月中旬的該國朝野對西洋情人節與華人情人節的態度為例，來細膩觀察馬來西亞內部民族主義與政策的特色及其困難。

（一）2011 年爭議之始

眼看 2 月 14 日的西洋情人節即將到來，但馬來西亞卻因為這個源自西方的世俗節日，而引起值得注意的宗教爭議。

原因雪蘭莪州政府的回教局（Jabatan Agama Islam）[40]於

---

40 馬來西亞華人以華文稱該國的伊斯蘭教發展局為「回教局」。本書從其俗，以下均同。

2011 年 2 月 11 日，祈禱通過各「回教堂」的講道，宣布禁止州內穆斯林慶祝情人節，並聲稱該節日為基督教的傳統節日，指控情人節引發棄嬰潮：「情人節的慶祝方式有很多，從賀卡到鮮花再到舞會，但事實上有些人卻以約會的方式來慶祝，有者甚至進行非法的性行為。」[41]據《大馬內幕者》（the Malaysian Insider）報導該局的談話稱，這是違抗伊斯蘭教義，更是與道德操守互相矛盾。

雪州回教局聲稱，在高達 25 萬 7411 宗的私生孩子案例當中，情人節是其中一個原因。該局引述《天主教百科全書》，指情人節的由來是為了紀念一位因堅持本身信仰而被監禁的基督教神父，而人們之所以記得他，則是因為他致給監獄官女兒的情書。非常明顯，情人節與這事件有關，因此「信奉上蒼、接受先知穆罕默德為上蒼使者的回教徒，會否適合慶祝情人節？」[42]就是個問題。

因此，「回教徒尤其是青少年必須摒棄慶祝情人節的傳統，因為這在回教社會中被視為腐敗。我們必須銘記，猶太教和基督教徒將繼續欺騙回教徒，他們願意做任何事破壞回教徒的信仰和人格。」該局也促請媒體及社交網站勿宣傳情人節。[43]

馬來西亞政府的回教發展局（Jabatan Kemajuan Agama Islam, JAKIM），也在 2 月 11 日當天推出「小心情人節陷阱」的運動（如圖 5-1），以提醒穆斯林有關情人節的危險性，同時也號召穆斯林，抵制違反伊斯蘭教義的情人節。

41 〈雪回教局禁教徒慶情人節〉，《東方日報》，2011 年 2 月 12 日。
42 〈雪回教局禁教徒慶情人節〉。
43 〈雪回教局禁教徒慶情人節〉。

【圖 5-1】小心（情人節）「陷阱」

資料來源：《東方日報》211 年 2 月 13 日。

說　　明：圖一為活動的出席者高舉印有運動口號的牌子，以行動支持回教發展局的這項運動。

（二）宗教與社會各界的回應

事實上，全國「回教裁決理事會」[44]早於 2005 年 11 月針對情人節一事做出探討，並裁決情人節無論在慶祝文化、方式和意圖上都具違反伊斯蘭教義的基督教元素，因此禁止穆斯林慶祝。[45]馬來西亞「回教黨」[46]發展局也在 2011 年 2 月 11 日表示，將在全國各地推動「反情人節運動」，以提醒青少年穆斯

44 本處亦以同一從俗原則沿用，故稱「回教裁決理事會」。

45 〈情人節「道德檢舉」風波　回教徒不宜慶祝〉「慕尤丁認為，其他宗教或許可慶祝情人節，但不適合回教徒慶祝，應該通過回教教義去勸告他們。」《東方日報》，2011 年 2 月 13 日。

46 「回教黨」一詞，也從俗沿用。以下「回青團」亦然。

林有關慶祝情人節的危險。此外，「回青團」也計劃在民聯執政的州屬推行類似的活動。[47]

這種由聯邦政府抬出以伊斯蘭教義作為反對理由的舉措，立刻引起軒然大波。下是各宗教團體的反應：

1.基督教

馬來西亞基督教聯合會抗議伊斯蘭教人士把214情人節的不道德活動與基督教掛鉤，並促請這些人士在發言前，應先做好研究，勿「滿口謊言」攻擊其他宗教信仰。該會主席黃滿興說，情人節不是基督徒在教堂內慶祝的節日，基督教也不再把情人節視為宗教節日，至於眾人對情人節的慶祝，是受世俗文化影響，而不是基督教信仰。[48]

他翌日發布文告，對回青團團長納斯魯丁（Nasrudin bin Hassan at Tantawi）引述全國回教理事會指「情人節暗藏著基督教元素及罪惡」，這可被理解為「基督教鼓吹情人節的罪惡行動」，以及一名伊斯蘭教激勵講師西蒂巴雅馬末（Siti Nor Bahyah），上週在第二電視台的訪問中說，不道德活動、派對及未婚男女聚在一起是基督教社群的傳統，「草率地把一些罪惡行動與宗教信仰相掛鉤」，表示強烈抗議。

黃滿興表示，最初紀錄顯示，2月14日是教宗聖基拉西烏斯一世，為紀念一名殉教的男子瓦倫坦（Valentine）而設，但對此人背景的文字記錄卻含糊不清。後期很多對瓦倫坦的撰文多數是傳說，而且在中古世紀時被浪漫化。「愛情與婚姻可能

47　〈雪回教局禁教徒慶情人節〉。
48　〈基督教聯會抗議情人節與宗教掛鉤〉，《東方日報》，2011年2月12日。

是因為當時的流行文化而注入，更甚於宗教文獻。」他續稱，1969 年天主教教會就把「聖瓦倫坦日」（St. Valentine's Day）廢除。2 月 14 日也是東正教會紀念另外兩名受人尊敬的聖人，即聖啟錄及聖默道或被喻為斯拉夫人的使徒的日子。

另外，基督教理事會的社會、經濟和環境協調員鄭依蓮（音譯）形容，西蒂在電視訪問的言論是貶損及不負責任的。她說，西蒂的談話是毫無根據、謊言及利用公共平台來攻擊其他社群的信仰。她建議，西蒂應該建議年輕人在這個被商業化的日子裡應該更加聰明，而不是公開攻擊另一個社群的信仰。大馬基督教堂理事會要求西蒂向所有基督徒道歉。[49]

2.佛　教

馬來西亞的佛教青年總會（簡稱「馬佛青」）表示，情人節為一個由西方引入的普世節慶，以紀念基督教傳教士聖瓦倫坦的忌日，但其意義與宗教的意義及價值無關，好比父親節、母親節、兒童節等，都是在倡導普世的相親相愛價值觀。[50]

馬佛青在文告中指出，馬佛青無法苟同回教裁決理事會於 2005 年所發出的裁決，即情人節擁有基督教的元素，此裁決「已在在為兩個宗教的社群，甚至普羅大眾產生負面的影響與反應」。[51]同時，該團體也無法認同伊斯蘭教黨青年團團長納斯魯丁於日前的公開呼應，於情人節當天，要求執法當局實施「道德檢舉」。馬佛青認為「道德檢舉」等執法行動，無法真正解

---

49 〈基督教聯會抗議情人節與宗教掛鉤〉。
50 〈馬佛青：情人節倡導相親相愛〉，《東方日報》，2011 年 2 月 13 日。
51 〈馬佛青：情人節倡導相親相愛〉。
51 〈馬佛青：情人節倡導相親相愛〉。

決社會問題，為有通過教育，以提升自覺，並對自身的行為負起責任。[52]

該團體也批評西蒂「情人節狂歡淫亂是基督教信徒傳統」的言論，是無根據的公開指責，並以在無形間散播社群間的仇恨：「馬來西亞是一個言論自由的國度，任何公眾人物或在大眾傳媒所發表的演說，需視有依據，而非以自己的錯誤知見，誤導群眾。」[53]

3.回教（伊斯蘭教）

面對這些責難，回青團則堅持立場，不但聲稱穆斯林不應慶祝情人節，更透露：會在情人節等節慶時，自動出擊去勸誡該些獨處的未婚穆斯林男女，宣導伊斯蘭教教義，欲求他們「回頭是岸」。

該團副團長阿末沙基說，此舉並非檢舉，只是宣導伊斯蘭教義。回青團不只是針對情人節，在其他節日如國慶日、新年也一樣。「我們會在一些情侶愛出沒的熱點偵查，如果他們未婚，那我們會去勸告他們這是不對的，我們不是警察，只是在宣傳回教教義。」[54]他出席回青團會議後，代表因身體抱恙的回青團團長納斯魯丁主持新聞發布會。

納斯魯丁因表示要檢舉歡慶情人節的穆斯林而掀起滿城風雨，但阿曼沙基今日強調，該團不會因此道歉。他說，「我們只是在情人節時，提醒年輕男女，並要求他們別發生婚前性

52 〈馬佛青：情人節倡導相親相愛〉。
53 〈馬佛青：情人節倡導相親相愛〉。
54 〈回青勸未婚男女「回頭是岸」〉，《東方日報》，2011 年 2 月 13 日。

行為。」[55]回青團是擔心該節日直接成為青少年關係開放的平台，衍生通姦、亂搞男女關係、棄嬰等社會問題。回教不只反對婚前性行為，即連男女獨處、摟抱等親密行為也是犯禁。同時透露，回青團也將舉辦「遠離通姦」醒覺運動，以直接的方式向回教年輕後輩進行對話和交流。以及「情人節的必要性」對話會，邀請非政府組織、公眾、媒體參與。[56]

（三）政　黨

居反對陣贏的民主行動黨，總是以負面心態看待所有政府施政，因此該黨秘書長林冠英通過 The Malaysian Insider，抨擊政府禁止穆斯林青年慶祝情人節，其實是國陣所引發國內族群的衝突。林冠英質問：[57]

> 要模仿烏邊耶王朝勤政愛民的哈里發58烏瑪阿都阿茲（Umayyad Caliphate），卻如此無的放矢，到底邏輯何在？

國陣則反擊，認為林冠英的穆斯林盟友，應該向林冠英解釋信仰（akidah）、功德（pahala）與罪孽（dosa）的概念。既然國陣已經將慶祝（西方）情人節，貼上「造孽的傳統」之標籤，那麼反對「回教國」的行動黨為何要發言？林冠英也不需要既捍衛基督教的教條，又指責國陣「造孽的傳統」。[59]

---

55 〈回青勸未婚男女『回頭是岸』〉。

56 〈回青勸未婚男女『回頭是岸』〉。

57 外報評論《馬來西亞前峰報》社論（2011 年 2 月 14 日）：回教徒不可慶祝情人節，《東方日報》，2011 年 2 月 15 日。

58 「哈里發」：指穆罕默德（先知）的「代理人」。

59 外報評論，社論（2011 年 2 月 14 日）：回教徒不可慶祝情人節。

（四）政府高層

政府高層一方面穩住伊斯蘭教陣營，另一方面也想大事化小，小事化無；盡可能減少爭議。以下介紹聯邦政府高層一些代表性的意見：

1.副首相丹思里慕尤丁

針對回青團團長納斯魯丁早前表示：將於民聯執政的四個州屬，即是雪蘭莪、檳城、吉打和吉蘭丹，在情人節當天動員宗教局官員進行「道德檢舉」，副首相慕尤丁認為這舉止過火。[60]

他巡視雪（雪蘭莪）隆（吉隆坡）區，被記者問及情人節禁令風波時，表示：「這個（建議）是超過了一點，我們（回教徒）使用的方法是勸告而非強制，而且希望不會挑起不滿情緒，政府是通過教育和勸告來解決問題，所以希望不要反應過度，因這只會引起怨氣。」[61]穆斯林確實不宜慶祝情人節，但是，他也強調：「其他宗教或族群可有權與自由地慶祝該節日。」[62]

副揆說：「這應該是對回教社會的勸告，其他宗教或許可慶祝情人節，但不適合回教徒慶祝，所以應該做的是通過回教教義去勸告他們。……如果其他宗教的民族已經習慣去慶祝，那是他們的權利，事實上，非回教徒過去已經有很久慶祝該節日的傳統了。」他還補充說，穆斯林不曾藐視情人節，只是可能不適宜慶祝。他說：聯邦政府回教發展局（Jakim）展開反情

---

60 〈情人節「道德檢舉」風波 回教徒不宜慶祝〉，《東方日報》，2011 年 2 月 13 日。

61 〈情人節「道德檢舉」風波 回教徒不宜慶祝〉。

62 〈情人節「道德檢舉」風波 回教徒不宜慶祝〉。

人節運動，宗旨是為了拯救穆斯林群眾，避免他們在結婚前做了不該做的事。伊斯蘭教義教導的確禁止男女在結婚前談情說愛，或做出不雅行為。觸犯了這教導的情侶，顯然已經造了孽。其他宗教並沒有功德與罪孽的概念，可是應該也禁止了這些不道德的行為。伊斯蘭教沒有禁止非教徒情侶慶祝情人節，他們可以自己做判斷。[63]

若林冠英不認同，慕尤丁說：「他顯然無意制止我國的社會問題，特別是婚外情問題。」在維護國內穆斯林青年的道德上，國陣並不像行動黨般見人說人話。他應問問「回教黨」與公正黨，是否願意讓穆斯林在天主教神父聖瓦倫坦殉教日展開不道德行為？[64]

2.交通部長拿督斯里江作漢

交通部長拿督斯里江作漢，也在之後向記者發表意見。江的態度又更和緩，認為慶祝情人節與宗教無關，因該節日除可促進情人關係，也能增進家人間的聯繫。

「情人節不一定只有年輕情侶慶祝，也有結婚了或年老的夫婦慶祝，就如我的選區，一些宗教的組織會在當天舉辦晚宴，而出席的都是老夫婦或一家人，能夠增進彼此感情。」他補充，此節日不應該與有傷風化的行為掛鉤，因為這並不是只有在情人節時才會發生問題。[65]

---

63 外報評論《馬來西亞前峰報》社論 2011 年 2 月 14 日）：回教徒不可慶祝情人節，《東方日報》2011 年 2 月 15 日。

64 外報評論《馬來西亞前峰報》社論（2011 年 2 月 14 日）：回教徒不宜慶祝情人節。

65 〈情人節「道德檢舉」風波」回教徒不宜慶祝〉。

3.回教發展局總監拿督旺莫哈末賽阿都阿茲（Datuk Wan Mohamad Sheikh Abdul Aziz）

至於回教發展局本身，則總監拿督旺莫哈末賽阿都阿茲出面勸告國人，特別是穆斯林，要遠離以情人節為主題的慶祝活動，以免他們製造社會問題。「難道也有錯嗎？」他為自己的單位而辯護，又再次強調：大馬回教事務理事會之裁決委員會，早於2005年已經宣布，慶祝情人節對穆斯林是非法的。並批評林冠英，說他不曉得：「回教發展局是針對回教社群而發出勸告，完全與種族主義無關。」[66]

以上馬來西亞回教局所發動，政府及穆斯林支持，將重點放在為了降低數量極高私生率之社會問題的活動上。看起來其實與宗教或者族群無關。不過如果與政府對待華人的情人節的態度相比，問題似乎就複雜了些。

二、中華情人節在馬來西亞

就在西方情人節必須被禁的爭論，正甚囂塵上之際，也看到被當地喻為「中國情人節」，其實是馬來西亞華人，在元宵節上加以「改造」而成的節日，不但政府沒有介入，沒有制止，也沒有爭議，而且更被廣泛肯定的情況。以下，先介紹相關報導：

（一）2011年「拋柑」覓良緣鬧元宵

2011年農曆正月十五日（2月17日，就在瓦倫坦日之後4

66 外報評論《馬來西亞前峰報》社論（2011年2月14日）：回教徒不可慶祝情人節。

天）是華人元宵節，但是，馬國華人的慶祝方式，與臺灣海峽兩岸（華人的主要國度）並不相同。

1.八打靈市

雖然下了一場大雨，但是阻不了馬國上萬名紅男綠女紛紛湧入「靈市（八打靈）」的「再也」花園及「敦拉薩」鎮的皇后公園，參與「辛卯年慶元宵」拋柑活動，以便在這個浪漫的「中國情人節」，找到愛侶。雖然在傍晚 6 時 30 分天色突然昏暗，更下起傾盆大雨，令整個場地都變得濕漉漉，但卻無阻年輕男女前往，用拋擲柑橘入河的方式尋找有緣人。[67]

晚上 8 時 45 分，已經有超過 2000 名男女報名。主辦單位準備了 200 箱的年柑，供民眾在寫上姓名電話之後拋擲。（如圖 5-2：拋柑覓良緣鬧元宵）也有部分民眾乾脆剝來吃，一邊吃柑、一邊看年輕人拋柑。[68]

2.吉隆坡

另外，在首都隆市（吉隆坡）的敦拉薩鎮皇后公園（Tasik Permaisuri），也有由城派管理所舉辦的第十一屆城派愛元宵「愛。一生一世」拋柑活動，更吸引超過 1 萬人踴躍出席，參與拋柑者高達 3000 人。到了晚上 9 時 30 分，仍有人排隊報名要參與。[69]

（二）女性占三分之一

男女青年的公開性派對，似乎對社會更具正面的意義。因

---

67 〈拋柑覓良緣鬧元宵〉，《東方日報》，2011 年 2 月 18 日。

68 〈拋柑覓良緣鬧元宵〉，《東方日報》。

69 〈拋柑覓良緣鬧元宵〉，《東方日報》。

此，儘管拋柑活動於去年停辦一屆，但在今年復辦後，依然引起大批年輕男女前往。儘管，拋柑活動是專為有意尋找愛侶的單身男女而設，但是旁觀者站在一旁，一邊享受熱鬧的元宵氣氛，一邊談情說愛，也無不可。

城派策劃經理羅干明說，雪（雪蘭莪）隆（吉隆坡）地區眾多拋柑場所，這裡最適合舉辦拋柑活動，因為設有一個頗具特色的拋柑池，出席者三分之一是女性，而且不分族群與國籍。（如圖 5-3）

拋柑活動所拋的東西，其實不止柑橘，也包含香蕉在內。基本上，女性拋的是柑橘，男性拋的是香蕉。當地人似乎是沿用福建省會福州的方言說：「拋紅柑（蕉柑），嫁好盎（老公）；拋蘋果，娶好某（老婆）。」但加以變通，把男性所拋的水果，從皮上寫字不易辨識的蘋果改為極好寫又好認的香蕉。

出席者不論男女青年，都發給環保袋：男性的為黃色，裡面是香蕉、馬克筆、許願船與蠟蠋；女性的是紅色，裡頭有柑、沒香蕉，其他的一樣。（如圖 5-4）他（她）們就用馬克筆在水果上留姓名與電話，再放在許願船上，任其水中漂流，或者直接丟入水中，也任其漂流。蠟燭則想必用在互相見面約會之時。

很顯然，華人的拋柑活動，使男女青年在公開場合相聚，並且公開各項聯誼。此與西洋情人節，讓男女青年私下約會的活動基本上不同。無怪乎馬國政府並未制止。但是，與西洋情人節被禁相比，則不免予人差別待遇的聯想。

華人的這種活動，不祇馬國政府不禁止，而且當地外國居民也熱烈響應。（如圖 5-3）從這一點看來，馬來西亞華將元宵節做別開生面的輕型的作法，無疑得到超越國界、族界，以及

【圖 5-2】拋柑覓良緣鬧元宵
攝　　影：黃良儒
資料來源：《東方日報》，2011 年 2 月 18 日。
說　　明：元宵節也被喻為中國情人節，而拋柑活動向來都是元宵節的重頭節目。

【圖 5-3】不少國外的旅客也前來參與元宵節的拋柑活動。
攝　　影：黃良儒
資料來源：《東方日報》，2011 年 2 月 18 日。

【圖 5-4】眾多「單身一族」湖泊拋柑及香蕉，祝願早日結束單身
攝　　影：顏泉春
資料來源：《東方日報》，2011 年 2 月 18 日。
說　　明：男生在香蕉上，女生在柑橘上寫名字及電話。

【圖 5-5】元宵佳節燃放孔明燈向天祈願平安順利
攝　　影：黃良儒
資料來源：《東方日報》，2011 年 2 月 18 日。

宗教的良好效果，這樣的效果能在堅持伊斯蘭為國教的馬來西亞，更值得肯定。

除拋柑外，現場也可看見有許多人向主辦單位所設的許願樹「許願」，參與者在紙條上寫滿願望後，便貼在一棵樹上，以祈求心想事成，如願以償。[70]另外還有與我國相同的放天燈活動。馬國華人也在元宵節放天燈，並且稱之為「放孔明燈」。（如圖5-5）

三、中山先生中華民族說在二十一世紀的馬來西亞復活

孫中山為了救中國，他的民族主義，從 1895 到 1925 年，一變再變。在國家疆域大小、民族種類多寡兩個重要項目上，甚至都可以變動；也就是說：滿族等少數民族，他都可以不要。[71]他的意思很清楚：漢人、漢族為主體是不變的原則，其他都可以變動。[72]從他後來的中華民族之內，其他民族都要融合，甚至同化到漢族，就可以了解。

馬來西亞的民族主義也與孫中山當年相同。尤其在建立中華民國之後，更是一樣：馬國領導人縱然強調自由，其實仍在堅持馬來族為主體來建國的規範之下，因此，縱使東馬的土著

70 〈拋柑覓良緣鬧元宵〉，《東方日報》。

71 鄭月裡、朱浤源，〈從東西情人節試論中山先生民族主義在馬來西亞復活〉，《中華民國族群與多元文化學會學術研討會論文集》（台北：國父紀念館，2011 年），頁 31-62。

72 朱浤源，〈孫中山民族主義的變與不必變〉，劉青峰主編，《民族主義與中國現代化》（香港：中文大學，1994 年），頁 437-462。

高達三十多種，馬來政府還是認為，透過馬來語（和英語）在大馬的多元種族社會中，能夠扮演團結國民的重要角色，讓人民可以使用同一語言溝通及交流。[73]從砂拉越地方政府為扶植多元文化而資助獨中可看出，在砂拉越民族間是沒有文化衝撞問題的。有問題的是在西馬聯邦政府有意無意的忽略，令華人感到不服氣。因此在地方上是融合的，但若拉高到國家的層次，問題就出現了。

特別是民族與宗教結合之後。《憲法》規定馬來人為穆斯林，伊斯蘭教為官方宗教。[74]因此，常常產生一些簡化二分：即馬來人是穆斯林，其他信仰各種宗教的族群則一律被歸為非穆斯林。這種認知，往往忽略了華人穆斯林的存在。而 1957 年的《憲法》也只對馬來人定義，對「非馬來人」的定義沒有被提及。

從這裏再回頭檢視中國當年孫中山「中華民族」說的細節，就不難發現馬國政府的心態，早已存在孫中山的心中：民國 10（1921）年，孫中山北伐到了桂林，於 12 月 10 日對滇、贛、粵三省軍隊演講，指出這次北伐是再造新民國。強調完成革命事業需要革命精神，這種精神及軍人精神。但是在這篇演講之中，他進一步批判五族「共和」論。不只此，他還具體指出必須由漢族在國內主導全局，並且將所有其他各族全部予同化。他說：[75]

今則滿族雖去，而中華民國國家，尚不免成為半獨立國，

---

73 〈婆羅洲語言恐消失　麥西慕籲教育家捍衛〉，《星洲日報》，2005 年 6 月 10 日。

74 但是，中國不太堅持宗教，對宗教，政府當局（有清一代）沒有所謂的「國教」。

75 孫中山，〈軍人精神教育〉，《國父全集》冊 2，1921 年 12 月 10 日，頁 491。

所謂五族共和者，直欺人之語！蓋藏、蒙、回、滿，皆無自衛能力，發揚光大民族主義，而使藏、蒙、回、滿，同化於我漢族，建設一最大之民族國家者，是在漢人之自決。

再回到今天，重觀主張民族平等，而且強調多元並存的我們。並且，重新思考這個問題。就會發現孫中山所主張的，似乎就是所謂的「大漢沙文主義」！他當年並不能以平等地位，來對待國內的所有少數民族。而他之所以有此局限，原因仍在中國當時太弱，仍有被列強瓜分或吞食的危機。

在這麼一個認定之上，副首相丹斯里慕尤丁所呼籲全國穆斯林團結一致，接受馬來西亞是多元種族及宗教的事實，共同維護國家及人民間的和諧，就容易理解。問題是馬國當年並無被瓜分的危機，因此配合伊斯蘭教先知穆罕默德誕辰，慕尤丁籲請人民必須謹記先知穆罕默德的恩賜。他說，「今年我國在慶祝穆罕默德主題是『一個馬來西亞一個回教徒』是迎合先知穆罕默德的恩澤。」其大馬沙文主義，就顯得更為強烈。

「一個馬來西亞代表各族及宗教的和諧與團結，這也是上蒼賜給大馬人的最大恩賜。」[76]他表示，先知穆罕默德誕辰也提醒著大馬穆斯林：了解先知當年如何建立起麥地那，以致成為各宗教及社會和諧生活的文明社會。「當年雖然大家來自不同的宗教和後代，但他們卻因都是麥地那人而聯繫起來，這與身為一個現代化的國家-馬來西亞一樣，所有回教徒和非回教徒都是一體的。」[77]字裡行間充滿對伊斯蘭宗教的肯定。

至於「一個回教徒」，則代表著穆斯林之間的團結，穆斯

76 〈回教徒應接受多元宗教事實〉，《東方日報》，2011 年 2 月 15 日。

77 〈不分種族膚色〉，《東方日報》，2011 年 2 月 15 日。

林也應不分種族、膚色，成為彼此聯繫的親人。宗教依附於民族認同；主流民族又與國家相結合。這一點，的確不同於孫中山。

不過，必須說明：馬來西亞政府雖然以一族壓倒性領導，但到了二十一世紀，馬國已經站穩腳步，而且其實行法治的基礎也已經穩固，因此而有明顯放鬆的現象。以下是今天，也就是 2011 年，依法行政而皆大歡喜的一個範例：檳州馬華公共投訴局主任陳德欽，與孫佩佩的祖母陳夢珠、姑姑孫麗春及姑丈鍾貴森前往威中宗教局了解情況後指出，2 天前發生的 16 歲少女被強迫皈依回教事件高潮迭起，終有圓滿結局。

【圖 5-6】回教局撤銷 16 歲華人少女皈依回教的資格
攝　　影：鍾貴森
資料來源：《東方日報》，2011 年 3 月 4 日。
說　　明：陳夢珠（坐著前中）獲悉孫女孫佩佩撤銷回教資格，欣慰大笑。
劉一端（坐著左）與陳德欽（坐著右）即孫麗春（後站者）

他說，他們在回教局與檳州回教基金局主任尤索夫、檳州副宗教師沙拉胡丁及威中縣局長阿末等官員召開對話會。「官員聆聽孫佩佩家人的意見後，也認為此事上，宗教局的確犯了很大錯誤，所以願意撤銷孫佩佩的資格。」[78]（如圖 5-6）

本節發現：「中山先生民族主義，基本上，曾經在馬來西亞復活」的痕跡。[79]因為孫中山的「中華民族」說，是種標準的國族主義，其內用漢族來主導所有少數民族；馬來西亞也在建國之後，採取國族主義，其內用馬來人來主導。精言之：華族在該國，是被馬來人所主導的，特別在政治方面。在多元民族、多元文化、多元宗教的馬來西亞，其華裔人民是否在文化交流過程中，會與主流民族產生文化衝撞或者是文化融合？這是一個值得探討的問題，而本節有了細膩的呈現。

換個立場來看：馬來西亞剛好是另一面鏡子。可以他山之石，來相互攻錯，因為華人在該國是少數民族，而馬來人才是主流民族，並且控制了馬國的政治。不止此，馬來西亞還有以伊斯蘭教，也就是常人所謂「回教」為國教的情況。馬國政府也與孫中山相同，都強調主流的統治族群來主導國政。由於華人一直堅持中華民族的優越性，而且過去還將當地人視為「番人」，如此一來，若干爭端就會產生。本節不談過去的歷史，但以史存心，在史之上，建構對二十一世紀馬來西亞的理解。亦即以 2011 年二月中旬，該國朝野對西洋情人節與華人情人節

78 〈回教局撤銷 16 歲少女入教〉，《東方日報》，2011 年 3 月 4 日。
79 鄭月裡、朱浤源，〈從東西情人節試論中山先生民族主義在馬來西亞復活〉，洪泉湖主編，《當代族群關係》，（台北：商鼎數立，2011 年），頁 593。

的態度為例，來細膩觀察馬來西亞內部民族主義與政策的特色、矛盾、困難及其變遷。

的確，馬來西亞是一個以伊斯蘭為國教，並且以馬來人為主流民族的國家。華人於襄助馬來人建國之後，在發揚中華文化上面，就曾長年深受政府的壓制。而從華人民族主義的觀點來看，則馬國的堅持其統治的主體性，又較孫中山晚年所提中華民族說，有過之而無不及。主要的原因已經不是單純的民族問題，而且其內有加上宗教，族群上的主流在加上宗教上的主流，使馬來西亞的華人雖然原佔四成以上，但仍不敵馬來人。

作者與朱浤源教授特別挑選 2011 年 2 月間，在馬來西亞引起注意，甚至帶來爭論的「中國式」與「西洋式」的兩種情人節，發掘它更新鮮，而且特別的新內容，進一步與馬國的宗教政策對照，將其特色，再融入當地社會，來討論中山先生的民族主義曾經再生於馬國，但到 21 世紀已有變化的實況，並加以深刻、具體而動態地呈現。

第三節　在團體之下的衝撞或融合

馬來西亞不僅存在東西馬兩岸的問題，內部還存在嚴重的種族與宗教問題，甚至又有中心與邊陲之分。在東馬的政經課題上，其實也存有內在的差異，砂拉越人也未必了解沙巴人，只是邊緣論凸顯出東西馬之間的隔閡和差異，也使得兩岸問題尖銳化。何國忠認為：「文化是沒有國度的，所以不應該再有中心與邊陲」之分。[80]不過，沙巴和砂拉越加入馬來亞半島形成馬來西亞，已是一個既定的事實，何國忠相信東西馬的區分，將逐漸消失。[81]其實很多西馬人都不知道，古晉街道有中文路牌，砂拉越政府每年甚至會撥款給華文獨中。[82]不僅砂拉越人未必了解沙巴人，甚至西馬人也未必了解東馬人。

【圖 5-7】馬天英當眾焚燒中國神像
資料來源：《星檳日報》1974 年 10 月 7 日

本節從華人的文化認同、穆斯林婦女工作場合穿戴服飾的爭議、以及馬天英在團體之下身不由己的焚燒神像行為，探討在團體之下文化融合與衝撞的現象。

80 〈兩岸文化生態不同 東西馬得融匯貫通〉，《東方日報》，2004 年 1 月 7 日。
81 〈兩岸文化生態不同 東西馬得融匯貫通〉。
82 〈矛盾心態互衝擊〉，《東方日報》，2004 年 1 月 7 日。

一、華人的文化認同

文化認同是華人跨文化的優勢之一。華人的文化認同具有定位及多變的文化特性。情境論者（Circumstantialists）或工具論者（Instrumentalists）強調民族（族群）認同的多重性，以及隨境（工具利益）變化的特徵，例如某個人到了福建，他可以稱自己是福建人，到了海南島，他可以說他是海南島女婿等等。[83]華人的文化認同還具有泛中國化的意味。原因是馬來西亞的華人許多人屬於若干代的華人，他們對祖籍地的印象大多來自耆老的口述傳說，對祖籍地只是一個模糊的概念，所以對「中國」的認同要強過「家鄉」的認同。[84]同樣地，隨著時間的推移，對於馬來西亞的認同大於對「中國」的認同。

華人對國家的參與感和認同感相當強烈，不僅僅是國籍的問題而已。而馬來西亞的華人也因曾參與獨立與建國的過程，他們的角色和貢獻受到官方和民間的肯定，因此一本馬來西亞護照，對華裔馬來西亞人而言就不再只是「糊口」的工具，而是一種身份認同。[85]

毫無爭議的是，新一代的馬來西亞華人已經接受的國語（馬來語）和國教的地位；而私立教育的普及在某種程度上沖淡了因為大學配額所引發的民族矛盾。在這過程中，其負面影響是華文教育工作者原先「華社先鋒」的地位遭到削弱，新一

83 周大鳴主編，《中國的族群與族群關係》，頁 13。
84 張應龍，〈華人族群的本土化與馬來西亞的國際化〉，頁 92。
85 唐南發，〈「海外華人」與「馬來西亞華人」概念的再想〉，頁 111。

代華人對華教的奮鬥史無法體會，產生認同感不足。另一個負面結果是，非穆斯林接受了伊斯蘭教作為主導宗教的地位，從要求「憲法保障宗教自由與平等」，退而求其次，希望「憲法保障信仰自由」。這樣的轉變部份解釋了為什麼面對著執政的巫人統一機構（UMNO）和伊斯蘭黨（Parti Islam Se Malaysia, PAS）圍繞著何者最具有建立伊斯蘭教國的條件，是「非穆斯林」。但他們卻表現得異常超然，甚至淡漠，尤其是華人。馬來西亞華人在國家獨立的 50 年當中，從「華僑」演變成為「華人」，他們是否能整合馬來人及穆斯林，共同打造一個「馬來西亞」的身份認同。可以肯定的是認同本身是「馬來西亞華人」的群體，會大於「海外華人」。[86]馬來西亞籍學者王碧君於 2000 年曾對馬來亞大學、馬來西亞國民大學、拉曼學院、HELP Institute 學院等四所大專院校的其中 501 位學生作調查，有 70% 的華人學生認為，馬來西亞國族（The Malaysian Nationhood）的建立應以多元文化和信仰為原則。[87]

（一）土著和馬來人的特權

馬來西亞的土著包含馬來人和其他土著（如砂拉越和沙巴的原始住民）。《憲法》除了賦予國家元首和各州君王與蘇丹

86 唐南發，〈「海外華人」與「馬來西亞華人」概念的再想〉，收錄於何國忠編，《全球化話語下的中國及馬來西亞》，頁 110-111。

87 王碧君，〈馬哈迪世代與馬來西亞的國族建構：政治、經濟與社會文化動力〉（The Mahathir Generation And Nation-building in Malaysia: Political, Economic and Socio-cultural Dynamics）, 2003 年 8 月，未出版。並參見唐南發，〈「海外華人」與「馬來西亞華人」概念的再想〉，收錄於何國忠編，《全球化話語下的中國及馬來西亞》，頁 109。

若干特權外，《憲法》第 153 條亦規定：「馬來人和土著在經濟、教育、社會等的領域上皆有若干的優先權或其他特權」；第 89 條也有關於馬來人保留地的訂定。因此，馬來族群（含其他土著）和其他民族的邊界劃分就成為一個重要的議題。任何馬來西亞公民若符合《憲法》第 160 條規定的條件（馬來人必須信仰伊斯蘭教、習慣說馬來語、奉行馬來習俗），就被接受為馬來人，照理得以享受若干政府所賦予的優厚特權。反之，則須接受政府某種程度的差別待遇。

土著或原住民並非全部信仰伊斯蘭教，[88]即使信仰了伊斯蘭教，少數仍保留昔日的巫術信仰，甚至有些已改信天主教、基督教、佛教，可是，他們並不因為如此而喪失馬來人的身份。這點更凸顯《憲法》第 160 條對馬來人的界定不僅是基於「馬來人特權」存在的必要性，同時也是為了單一民族的想像，在《憲法》中訂下一條民族認同的「馬來人」的條款，從而為馬來族塑造一個官方的民族邊界，[89]以此和非馬來人作區隔，並塑造馬來西亞與馬來人國族合一的認同觀。[90]而這種區隔的標準就是宗教、語言、文化習俗。其中以信仰伊斯蘭教為最明顯的判定標準。被尊為馬來西亞國父的東姑阿都拉曼曾經說過：

---

88 有謂「西馬原住民均為穆斯林」的說法是不正確的，作者在 2006 年曾在雪蘭莪州士毛月（Semenyih）的原住民部落田調發現，當地原住民並非全部均信仰伊斯蘭教。除了信仰伊斯蘭教外，有些是信仰天主教、基督教，或者沒有任何信仰者。

89 Fredrik Barth 就主張以周邊（boundaries）的存在界定族群，周邊可以出現、變動、也可以消失。族群的歸屬或身分的認定，並不以血緣或系譜關係為準則，而需要經由個人的主動宣稱與認同；同時，得到他群或政府的認可。參見 Fredrik Barth, *Ethnic Groups and Boundaries*, Oslo: Universitets Forlaget, 1969, p.11.

90 陳中和，《馬來西亞伊斯蘭政黨政治 巫統和伊斯蘭黨之比較》，頁 66。

「一個放棄他的宗教的馬來人將停止成為馬來人。」[91]因此，馬來穆斯林放棄伊斯蘭信仰即視同放棄馬來民族的身份認同，也連帶放棄馬來人的法定地位，以及馬來人的特權。

基於《憲法》對馬來族（包含土著）邊界的制定，可以發現，唯一具有特權的民族不是穆斯林，而是馬來族和其他（土著及原住民）。顯然，伊斯蘭是被用來解釋和保護馬來人的地位。[92]

對於土著或原住民而言，「族」、「教」在官方絲毫沒有任何爭議，且因法定少數民族（土著或原住民）與馬來穆斯林身份在《憲法》上的界定出現形式上的統一。[93]因此，「馬來人」與其說是一個種族或血統概念，倒不如說是一個文化和法律概念。[94]馬來人這一概念和定義，最早見於 1913 年的馬來人保留地法案，並且一直延續至今。

（二）華人穆斯林的屬性

那麼，華人穆斯林（包含皈依的華人穆斯林）是屬於什麼樣的「華人」？「中華民族」及「華人」這些看起來理所當然的「民族」、「種族」或「族群」，其實所指並不明確。有說

---

91 張禹東，〈試論東南亞華人宗教的基本特質〉，《華僑華人歷史研究》，創刊十周年增刊，頁 26。

92 Jusith A. Nagata, *The Reflowering of Malaysia Islam: Modern Religion Radicals and Their Roots,* Canada: The University of Columbia Press, 1984, p.188.

93 張中復，〈「華夷兼蓄」下的邊緣游移：論當代中國回族屬性中的「少數民族化」問題〉，《國立政治大學民族學報》24（2005），頁 126。

94 廖小健，〈影響馬來西亞馬華兩族關係的文化與政治因素〉，《華僑華人歷史研究》，4（2007），頁 20。

馬來語、穿沙籠的峇峇、娘惹華人，有信仰伊斯蘭教的華人穆斯林；有說泰語、馬來語和閩南話混合的吉蘭丹土生華人，有信仰伊斯蘭教的華人穆斯林。所有與華人沾上邊的全部被馬來政府歸納為「華族」。王樂麗博士說：[95]

> **我曾經主張大馬華裔穆斯林協會（MACMA）申請加入馬華公會，成為會員，也建議過和馬華公會一起聯辦活動，以便促進華社對伊斯蘭教及華裔穆斯林的認識，可是至今未獲得積極的響應。**

和大馬華人一樣，華人穆斯林並非同質性的群體，而是充滿異質性的。大部份華人穆斯林都說流利的馬來話，同時也懂各自的漢語方言及英語。華人穆斯林有自己的身份認同，他們不是馬來人，既使大多數華人穆斯林比大部份馬來人更了解伊斯蘭教，[96]依舊是華人身份。

民族身份像烙印的胎記，自始至終皆伴隨著人的一生。華人穆斯林游走於「華人」、「馬來人」和「穆斯林」的民族身份及文化認同、如何使用文化符碼，如何抵抗被主流的馬來人或第一支流的華人所同化，以建立自己的主體性，至今仍然是項嚴峻的考驗。

另一方面，宗教信仰是各民族文化傳統的一個重要內容，如果各族之間在宗教信仰、儀式和與宗教相關的生活習俗等方面有很大差異，可能直接影響各族間的日常交往和關係。宗教在許多社會裡已經成為建立或群體認同的重要因素，成為影響

---

95 周澤南，〈族群及文化認同受嚴峻考驗 華裔穆斯林身份模糊〉，《東方日報》，2007 年 3 月 10 日。

96 周澤南，〈族群及文化認同受嚴峻考驗 華裔穆斯林身份模糊〉。

各族和睦或造成各族衝突的重要因素。華人與馬來人在宗教信仰方面的區分特別明顯，並對兩族間的關係產生巨大的影響。[97] 但對於華人穆斯林而言，就不一樣了。在官方來講他們形同局外人，因為不是馬來人；在宗教來講，他們又是局內人，因為信仰伊斯蘭教。因此，很難區分他們屬於那一個群體，至於維持群體的邊界更不可能。

伊斯蘭教的教義與宗教制度，深植於穆斯林的意識之中，馬來穆斯林遵守教義，不吃豬肉，不崇拜偶像，堅守封齋、繳納天課等。認為嚴重違規的穆斯林必須接受伊斯蘭法的制裁。華人主要信奉其傳統宗教，如佛教、道教，及民間信仰，也有信仰基督宗教，常因佛、道、民間信仰不分，呈現多元而模糊，沒有嚴格的界限，隨心所欲，很少受到宗教的約束。又以擁有五千年的悠久文化而自視甚高，認為伊斯蘭教是一個不文明的宗教而加以排斥。可是，對馬來人來說，伊斯蘭教卻是把他們與其他族群區分開來的「族群邊界」和「認同旗幟」的界限，[98] 藉以排斥他人。

二、「戴頭巾」（Serban）的爭議

「頭巾」是穆斯林婦女最普遍的服飾之一。然而不同團體、不同場合、不同需要，有些地方要求「戴頭巾」，有些不要求「戴頭巾」。這一部分主要探討非穆斯林女警在特定場合是否必須「戴頭巾」？男學童是否可以「戴頭巾」上學？伊斯

97 廖小健，〈影響馬來西亞馬華兩族關係的文化與政治因素〉，《華僑華人歷史研究》4（2007），頁 20。
98 廖小健，〈影響馬來西亞馬華兩族關係的文化與政治因素〉，頁 21。

蘭教婦女不可以濃妝穿高跟鞋，以及馬天英為了勸人皈依而主動攻擊其他宗教等，作為分析在文化霸權、宗教干預教育、宗教霸權、以及大馬沙文主義為符合國教意涵所產生的融合或衝撞現象。

（一）文化霸權

吉蘭丹州回青團團長莫哈末查基於 2008 年 4 月 6 日強調，可以落實的「回教國」內容將會繼續落實。至於有爭議的部分，如伊斯蘭教刑事法「斷肢法」，就會擱置一旁，直到需要實行時，再來商討。當提到穆斯林與非穆斯林所關注的衣著或戴頭巾的問題。他說：[99]

> 我推崇的是開明與自由的信仰，而《古蘭經》也教導宗教是沒有強迫性的，即使在回教黨執政 19 年的吉蘭丹，也沒有強迫衣著指南的問題，吉蘭丹州務大臣聶阿茲也未曾強制非穆斯林必須戴頭巾。

《古蘭經》第二十四章 31 節及三十三章 59 節說到：「當令她們把頭紗垂在衣領上，不要露出裝飾，除非對她們的丈夫…。」意指穆斯林女子在外人面前只可以露出臉和手，因此穆斯林女子戴頭巾是必須的。[100]但非穆斯林女子則不受《古蘭經》約束，是不需要戴頭巾的。

2006 年 3 月間，馬來西亞警察總長巴克利下令所有女警必

---

99 〈回教黨要建回教國 大馬華社表明反對立場〉，星島環球網：www.stnn.cc/cc.82/pacific_asia/200804/t2008046_758088.html。（2009 年 4 月 10 日瀏覽）。

100 鄭慧慈，〈伊斯蘭服飾文化〉，《新世紀宗教研究》，4:2（2005），頁 98。

須在官方場合戴頭巾，在國會引起激辯。民主行動黨強烈不滿警方採取強迫的手段，他們認為，這種作法違反《聯邦憲法》中，讓人民宗教信仰的自由，同時也違反人權，以及沒有遵守社會契約。可是，巫統國會議員莫阿未阿威認為：[101]

> 非回教徒女性戴頭巾並無不妥，即使她們戴頭巾或穿馬來服裝，也並不表示她們就成為了回教徒。

莫阿未阿威強調，全國總警長的指令只針對穆斯林，非穆斯林如果不要戴頭巾，可以選擇不要戴。政府的決策都會以尊重各民族作為大前提，包括在戴頭巾的課題上。[102]對於他之前的說詞，引起其他反對黨的不滿。他們認為，若強迫非穆斯林戴頭巾，違反《憲法》第 8 條宗教信仰自由的條規。民主行動黨副秘書長章瑛指出：[103]

> 頭巾本來不是女警制服的一部份，她們原本與男警一樣戴帽子。後來有信仰回教的女警選擇穿戴頭巾；現在為了統一女警制服，而非規定非回教徒女警必須在官方場合穿戴頭巾；本來是尊重回教徒女警選擇權的措施，變成了剝奪非回教徒女警的選擇權，這已侵犯了基本人權。

有關女警是否必須穿戴頭巾惹來很大的爭議，但是穿戴頭巾並沒有法令依據，若有也只有一個「制服指南」可依循。首相拿督斯里阿都拉曾表示：「所有女警員在特定場合如參與檢

101　〈朝野激辯女警戴頭巾　行動黨議員反對強制規定〉，《星洲日報》，2006 年 3 月 23 日。

102　〈強制非回教徒女警戴頭巾〉，《東方日報》，2006 年 3 月 24 日。

103　〈章瑛籲非回教徒部長表態反對強制女警戴頭巾〉，《星洲日報》，2006 年 3 月 26 日。

閱隊伍時，衣著必須遵循『制服指南』，包括戴頭巾。」[104]根據阿都拉的說法，非穆斯林女警僅有在參與檢閱時，必須穿所規定的制服，而日常執行任務或其他時間，可自行選擇是否要戴頭巾。

強制規定非穆斯林女警在特定場合戴頭巾的做法，已經是違反了《聯邦憲法》人民宗教信仰的自由，也沒有遵守社會契約。因此，民主行動黨促請首相撤銷全國警察總長限制女警在出席官方場合時，必須戴頭巾的指令。[105]這件事情會引起軒然大波，甚至朝野議員為此議題爭辯 15 分鐘，主要是警察總長巴克利的指令過於強硬之故，並沒有文化上的衝撞，而是文化霸權的政策。

（二）大馬沙文主義

由於不同團體、不同場合與需要，有些工作場合強行穆斯林婦女戴頭巾，有些工作場所則禁止戴頭巾，否則必須辭職。前者引起婦女不滿，後者則引來官方的關注。吉蘭丹州的穆斯林婦女遭強行戴頭巾。伊斯蘭黨執政的吉蘭丹州哥打峇魯市議會在 2005 年 6 月指示，凡是在工作場所沒戴頭巾的女穆斯林，一律被罰款 50 令吉。在此之前，市議會對付不戴頭巾的馬來婦女時，以罰款 30 令吉。5 個月內，該州已對 80 名穆斯林婦女，因為不戴頭巾違反條例而被罰款。[106]

104 〈首相：遵循制服指南，女警參與檢閱須戴頭巾〉，《星洲日報》，2006 年 3 月 25 日。
105 〈戴頭巾課題未息波　朝野議員爭辯 15 分鐘〉，《東方日報》，2006 年 3 月 24 日。
106 〈哥市議會加強執法 女回教徒不戴頭巾罰 50〉，《星洲日報》，2005 年 6 月 24 日。

伊斯蘭黨自從 1990 年執政以來，15 年的執政期間，實行多項伊斯蘭教化政策，尤其是針對婦女衣著方面的條例，引起婦女的不滿，一些馬來婦女也很反感。他們認為戴頭巾也是個人的習慣，州政府不應該強制實行政策，然後要人民遵守。[107]

與上述強行戴頭巾不同的是，在酒店工作的職員哈巴莎，她遭禁止戴頭巾工作的事件。發生在 2006 年 2 月間，一名在酒店擔任會計經理哈巴莎遭禁止戴頭巾而辭職，旅遊部長東姑安南針對這起事件表示，酒店業者並沒有禁止或在指南中詳細列明女穆斯林職員不可戴頭巾。旅遊部建議的是，酒店職員的衣著必須端莊、不暴露，因為住宿在酒店的外國旅客，將以酒店工作的人員的衣著打扮，作為評估馬來西亞人民禮儀的準則。人力資源部副部長拿督阿都拉曼巴卡表示，已對有關不允許職員戴上頭巾的五星級酒店提出嚴厲勸告，但不會對酒店採取法律行動。他說：[108]

> 大馬酒店沒有設定員工衣著的規則，但酒店規定職員必須穿著整齊及禮貌，資方不可阻止員工穿上任何宗教信仰的服飾。如果任何酒店重犯錯誤，違反宗教服飾自由，人力資源部有權援引 1955 年勞工法令控告僱主。大馬有足夠的法令來解決僱主或員工所引起的糾紛。

阿都拉曼巴卡以酒店不應歧視各宗教信仰的服飾，並強調：「不允許職員戴上頭巾並不是該酒店的規則，那只是涉及管理及個人的決定。如果有需要，大馬將設定一套衣著準則。

107 〈哥市議會加強執法 女回教徒不戴頭巾罰 50〉。
108 〈酒店受嚴厲提醒重聘哈巴莎 禁員工戴頭巾風波解決〉，《星洲日報》，2006 年 2 月 28 日。

同時，我們也將繼續探討這個問題。」他進一步宣稱：[109]

> **大馬是個多元種族的國家，僱主必須尊重在聯邦憲法賦予人民的自由，避免以個人角度看待他人的宗教。**

最後，這起事件雖然在酒店願意重新聘請哈巴莎的情形下落幕。但是，從以上兩個事件可以看出，實際上是國家凌駕在團體之上，政治介入公司的運作，美其名是宗教自由，其實是拿宗教作為政治的工具，這種以大馬至上的價值觀作為符合伊斯蘭教為國教的理念是不變的。

（三）宗教干預教育

禁止學生「戴頭巾」上學的校規是否牴觸《聯邦憲法》第11條第1項的宗教自由條款？2005年柔佛州新山，有153位穆斯林學生的一間華小（嗎晒華小），遭一位馬來家長投訴，指其女兒戴頭巾（serban）上學，遭一名教師企圖將頭巾扯掉，該生親友先後向柔佛州教育局和回教黨柔佛州青年團投訴。經回教黨柔佛州青年團黨員與嗎晒華小校長會談後，證實校方從未干涉穆斯林學生穿著傳統服裝上課的自由。校方表示：「純粹是場誤會，校方絕對允許回教徒男生身穿長褲，以及女生穿戴頭巾，每天到校園上課和進行課外活動。」[110]以伊斯蘭教為國教的馬來西亞，若禁止穆斯林學生「戴頭巾」上學，勢必會引來官方與媒體的關注。

另有3名學生因戴頭巾上學，遭學校開除的事件。他們是

---

109 〈酒店受嚴厲提醒重聘哈巴莎 禁員工戴頭巾風波解決〉。

110 〈華小禁回教徒戴頭巾？純粹誤會圓滿解決〉，《中國報》，2005年4月20日。

森美蘭州（N. SEMBILAN）仁保縣（JEMPOL）斯汀土展區小學的男學生，分別就讀 5 年級、3 年級及 2 年級，因戴頭巾上學，在 1997 年 11 月 10 日遭該校女校長法蒂瑪開除。女校長指出：「穆斯林男學生只可戴宋谷，但不可戴頭巾。」[111]3 名學生透過監護人向高等法院控訴，要求宣判學校的開除行動不合法及無效，並要求賠償損失。於是芙蓉高院在 1998 年 8 月 6 日宣判 3 名學生勝訴，指學校的開除令是無效的，3 名學生可返學校就讀。但是，女校長、教育部秘書在 2004 年 11 月 22 日提出上訴。上訴庭裁決，在學校戴頭巾是屬於校長權限下的紀律問題。裁決法官也說：[112]

> **此案並沒有任何證據指戴穆斯林頭巾在回教是強制性的以及它是組成回教的一部份。**

校長應有管理學校的自由權，如果法庭干預學校，是不是法庭就可以管理學校？何況學生的服飾條例，是由學校規定的。這個案例乃是男學生因戴頭巾所引發的爭議，可是在沒有法令規定不允許，或違反伊斯蘭教教規下，男學生戴頭巾上學並無不可。根據梅井在其著作《馬來風俗與文化》中對阿拉伯形式的服裝有這樣的一段描述，他說：[113]

> **白頭巾是阿拉伯人慣紮的頭巾，在馬來人之間，通常是到過麥加的男性阿訇和女性哈加（Hajah）[114]所紮用的頭**

---

111 〈被禁止戴回教徒頭巾上學　法院批准 3 學生上訴〉，《星洲日報》，2005 年 5 月 17 日。

112 〈被禁止戴回教徒頭巾上學　法院批准 3 學生上訴〉。

113 梅井，《馬來風俗與文化》（新加坡：新加坡國家語文局出版，1963 年），頁 27。

114 哈吉（Haji）指到過麥加朝觀的男性；哈加（Hajah）指到過麥加朝觀的女性。

巾，比圓白帽尤受敬重。這種頭巾和普通的頭巾不同。不但一律白色，而且邊緣繡上縫纓，包紮時只是纏做圓盤狀；不過女性經常同時垂掛在肩膀上。

按梅井說法，3 名男小學生戴頭巾上學是屬於阿拉伯服飾的裝扮，並無不妥。至於宋谷也非馬來西亞男性傳統戴的帽子，它是由土耳其帽演變過來的穆斯林帽子，近幾百年來，宋谷已形成了馬來人普遍戴用的帽子，而且逐漸代替了舊有的頭巾，[115] 因而男性戴頭巾和戴宋谷都是穆斯林的一種特徵。但是，從另一個角度來看，學校有學校的制服，這 3 名男學童不按學校規定的制服穿著，當然是違反校規。男學童戴頭巾上學引發的事件，後由高等法院判決男學童勝訴，足以反映出這是一起宗教干預教育，而且是團體壓制個人，政治壓制團體的案例。

（四）宗教霸權

馬來西亞國營「柏納馬（Bernama）新聞社」報導，吉蘭丹哥打峇魯市官員，在去（2008）年 5 月間對該市的公司發出有關婦女衣著規範的通告。通告中說明，這些指示是以在餐廳與其他商業場所工作的穆斯林婦女為對象，以防止發生強暴與非法性行為等事件。因此規定伊斯蘭教婦女在工作時不得濃妝艷抹，以及穿著會發出喀喀聲響的高跟鞋，但可以穿橡皮底的高跟鞋。指示中還規定：[116]

回教婦女戴的頭巾應長及胸部，頭巾應使用不透明材料

115 梅井，《馬來風俗與文化》，頁 25。

116 〈馬來西亞哥答巴魯市禁回教婦女濃妝穿高跟鞋〉，馬來西亞法新社提供，2008 年 6 月 25 日。

製成，違反規定者將處以五百馬幣的罰款。

根據《聖訓》，穿著透明的婦女在最後審判日時是無法進入樂園的。[117]因此，應用不透明材料製作。此外，吉蘭丹州統治者過去也曾頒布一些法律成為媒體頭條新聞，包括在商店購物時男女必須分為兩行，以及對穿著暴露服裝者課以罰款。[118]由於吉蘭丹州為伊斯蘭教黨當家，雖然是馬來西亞較為保守的一州，其他州不見有這樣的規定。但它仍然以伊斯蘭教主導的宗教霸權在統治該州，顯然宗教淪為統治者的工具。

三、馬天英主持焚燒神像

馬來西亞華人穆斯林領袖馬天英，於 1974 年 10 月 6 日，訪問檳榔嶼郭姓居民時，向他們講述郭、馬、金、丁等祖先原係穆斯林後，約有二、三十名的姓郭的男女少老少，甘願恢復信仰他們祖先所信仰的伊斯蘭教。並且在馬天英的領導下，除去他們家中供奉的神像，並在 6 日晚上 9 時假頭條路郭氏汾陽堂焚燒神像，被燒毀的有「關雲長，關平及周倉」及「大伯公神」，以及老虎頭與八卦的神牌。

在焚燒神像前，馬天英向這些姓郭者講道，並稱：[119]

郭、馬、金、丁原屬一家人，而祖先是中國人中最先信仰伊斯蘭教的，所以在福建的泉州及廣東省均有伊斯蘭教，及泉州有許多穆斯林，不過南來後，因為與西方及

---

117 納・阿・曼爾，《聖訓之冠》（台北：中國回教協會，1988 年），頁 155。

118 〈馬來西亞哥答巴魯市禁回教婦女濃妝穿高跟鞋〉。

119 〈馬天英氏主持之下 郭氏汾陽堂內焚神像 關公周倉關平大伯公 昨晚九時皆火化歸天〉，《星檳日報》，1974 年 10 月 7 日。

> 東南亞之回教徒隔斷關係，又加上語言的不通，故許多姓郭者在馬來亞學習了其他華人之風俗習慣，而拜起大伯公來。其實大伯公不是神，亦非佛教或道教。大伯公是一隻老虎。

中國人初來南洋開芭，時常碰到老虎，好幾次一些人遇虎而被噬，故以為虎就是神。馬天英認為，華人不拜神，[120]故畫了一個大伯公畫像來拜，逐漸大伯公就被神格化了，他說：[121]

> 甚麼神能為人醫病，能給人發財等等，還有很多人因欽佩英雄，而拿英雄的像來拜，如拜「關公或關羽」，拜三保公等。

馬天英告訴郭姓居民，拜神像是不對的，我們應當欽佩英雄，但是，不可以拜英雄，正如我們欽佩東姑首相，可是決不能拜他。馬天英並強調：[122]

> 真正的佛教徒戒淫、戒酒、戒殺、戒謊、戒偷，可是我們做不到，故最好信回教，回教是信而非迷信。今晚燒神像，各位心中怕，可以說大伯公、關公都是馬天英燒的，將罪加上馬天英之頭上，如大伯公顯靈，就可以加在我的頭上。

最後二、三十名的姓郭人士乃在馬天英領導之下，集體焚燒大伯公及關公的神像，也重回原來的宗教信仰。從學術觀點來看，馬天英為了勸人皈依而主動攻擊其他宗教，但是他沒有

120 大多數華人是拜神的，馬天英以為華人不拜神，是錯誤的。

121 〈馬天英氏主持之下 郭氏汾陽堂內焚神像 關公周倉關平大伯公 昨晚九時皆火化歸天〉。

122 〈馬天英氏主持之下 郭氏汾陽堂內焚神像 關公周倉關平大伯公 昨晚九時皆火化歸天〉。

使用暴力的手段，而是在一個團體公開場合身不由己的情勢下所做的行為，屬於一個異質文化的衝撞現象。

第四節 在華人穆斯林家庭內的混合文化

一位皈依伊斯蘭教的華人會被鼓勵放棄華人的文化和傳統習俗，並遵循伊斯蘭教的生活方式，例如在食物、衣著方面和居家的擺設等等。本節將以華印穆斯林家庭及馬華穆斯林家庭為例，來檢視華人皈依伊斯蘭教後，其家庭內混雜文化的現象。

一、華印混合文化

現任職於國際伊斯蘭大學的 OC 先生。他於 1979 年皈依伊斯蘭教，住在 90%是馬來人的社群，妻子是印度回回，他們不是因通婚皈依伊斯蘭教，而是婚前就已分別皈依了伊斯蘭教，在 PERKIM 相識的，有三個孩子，一女二男。其長女是收養的馬來人，另兩個較小的兒子是華印混血。在這個家庭內可以充分反映出多元民族及多元文化並存的現象。

由於印度人與馬來人文化不同，例如在食物方面，OC 先生原不吃牛肉，其妻原也不吃牛肉，自從皈依伊斯蘭教後，不能吃豬肉，這是他們在生活上最大的改變。此外，印度人的食物一定要煮熟，喜歡吃 basmathi（一種米，來自巴基斯坦），多咖哩少椰漿。而馬來人的菜大多生吃，喜歡加上很多的辣椒醬，也放椰漿，比較甜一點。OC 喜歡吃蒸魚，太太喜愛咖哩，偶爾她也會用華人烹煮方式蒸魚。華人食物有時也會放很多的椰漿，可能受到馬來人的影響。至於衣著方面，OC 喜還穿馬來服，他覺得穿馬來衣服比較適合，口袋很多；其妻喜歡穿馬來服或印度服，大女兒穿著馬來服裝，兩個兒子穿著 T-Shirt 配上長褲，與華人穿著無異。

在語言上，太太會講英語、馬來語、印度語（淡米爾語），女兒會講馬來語和英語，大兒子受華小教育 6 年（現就讀宗教學校）會講華語、馬來語、英語，小兒子講馬來語和英語，OC 先生會講華語、英語、馬來語、潮州話。他們在家溝通的語言則是英語和馬來語。但若有人來家裡學習《古蘭經》則用阿拉伯語唸誦，由 OC 的太太教學。

屋內除了拱門的設置外，牆上掛的均是《古蘭經》經字畫及麥加禁寺的圖像。在節日方面，也只慶祝伊斯蘭教節日，如開齋節、哈芝節（又稱古爾邦節、忠孝節、宰牲節）等，他會邀請客人到家裡做客，也會到馬來人家裡做客。對於華人傳統習俗，如華人農曆新年、端午節、中秋節等，OC 先生則認為這些習俗沒有保留的必要。至於是否應保留華人的姓氏，由於他擔心孩子受馬來人排斥，因此，自己雖保有華人姓氏，小孩則沒有，也盡可能融入馬來社會。另外，OC 先生及其家人均是虔誠的穆斯林，尤其是他讀大學 4 年的學費和生活費都由宗教局支付，致使他對伊斯蘭教格外尊崇。在這個由多元民族構成的一個家庭，呈現的是融合的景象，看不出有任何文化衝撞的現象。另一方面，從他完全捨棄華人傳統習俗看來，OC 先生可說是一種「馬來化伊斯蘭」的文化。

二、馬華混合文化

華人和馬來人之間時常對峙，議題主要是文化和教育。各族間經過長時期的接觸與互動，互相吸取對方的文化是自然的現象。但是，皈依伊斯蘭的華人穆斯林比華人非穆斯林多增添了一層伊斯蘭文化，他們除了慶祝華人農曆新年也慶祝開齋節。

1997 年，馬來西亞同時慶祝華人春節和開齋節。有一對夫婦，男是馬來人娶華人為妻，為了慶祝雙佳節的來臨，男的穿上中國服裝，其妻則穿上馬來傳統服裝，奇特的是丈夫是馬來人，妻子則是皈依伊斯蘭教的華人穆斯林。事實上，華族與馬來族通婚原本不是什麼稀奇的事，只不過這對夫妻同時慶祝華人農曆新年和開齋節，極為有趣又新鮮。

拉查和林敏儀（化名）於 1983 年結婚，結婚時分別舉行馬來婚禮和華人婚禮，他們有 3 個混血的孩子。每年農曆新年，林敏儀就會和穿著華人服裝的丈夫帶著孩子一起回霹靂州怡保過年。開齋節的時候，拉查就會帶著妻子和孩子回安順慶祝開齋節，一家大小穿上了馬來傳統禮服，妻子入鄉隨俗，以伊斯蘭教禮儀拜見丈夫家人，並準備好給長輩與孩子的青包與紅包。[123]另一位也同樣是嫁給馬來人的 FT 女士，在華人農曆新年時，她會和丈夫帶著孩子回家吃團圓飯，也會包紅包給母親和子女，而在伊斯蘭教節日開齋節時也會包青包。她的丈夫非常孝順岳母，[124]令她感到欣慰。從這兩個個案顯示，華人在皈

123 〈一個穿中國裝．一個穿馬來裝　華巫夫妻妙度雙佳節〉，《星洲日報》，1997 年 2 月 12 日。

124 鄭月裡主訪，美里 FT 女士口述，2006 年 7 月 26 日。

依伊斯蘭教後，除了過伊斯蘭教的節日外，依然可保留中華傳統習俗，證明文化在個人方面不會有衝撞的，而且還是融合的現象。但是，他們不能稱得上是單一的「馬來化」或「伊斯蘭化」，只能說是一種兼具「馬來化伊斯蘭」與「華人伊斯蘭」的混雜文化現象。

此外，在雪蘭莪州吉膽島上皈依伊斯蘭教的華人穆斯林，因為大多數是家中唯一的皈依者，他們在皈依伊斯蘭教後，配偶、子女並沒有跟隨皈依。飲食方面，除了極少數仍未禁食豬肉外，大多數會到島上唯一的馬來餐廳吃飯，而與家人共食時也能堅守伊斯蘭教禁食豬肉的規定。雖然有些皈依者會到禮拜堂祈禱，但家裡依然供奉祖先牌位及多種神像，即使由其非穆斯林的配偶或家人供奉，他們之間也沒有發生任何衝撞，因為皈依者及其家人認為，宗教信仰是個人的自由，彼此尊重就好。對於華人傳統習俗，也都予以保留，尤其是農曆新年和中秋節，同時也慶祝伊斯蘭教的開齋節和哈芝節。顯然宗教與文化在這些人身上都是並存的。因此，他們不是單一的「馬來化」或「伊斯蘭化」，也不是「馬來化伊斯蘭」，只能說他們是一種「華人伊斯蘭」的文化。不過，像吉膽島這種情況在馬來西亞其他地方頗為罕見。

三、跨國族群混合文化

除了華印混合文化、馬華混合文化外，另外還有一種是來自中國回族的家庭，由於下一代的嫁娶，呈現跨國族群的混合文化。

來自中國回族的 Rosey Wang Ma（王樂麗）女士，她有兄弟姊妹 8 人，哥哥娶土耳其人、弟弟也娶土耳其人、大姊嫁台灣人、二姊嫁土耳其人、二妹嫁德國人、小妹嫁蒙古人、她則嫁給中國回族。而她的五個女兒和一個兒子在求學的過程中，均是利用學生交換的機會，將孩子送到美國、西班牙、夏威夷、日本、荷蘭、埃及等地學習。透過這樣的學習方式，Rosey Ma 的每個小孩都會講多種語文。大女兒會英語文、馬來語文、土耳其語文、中文、華語；二女兒會英語文、西班牙語文、馬來語文、法語文、中文、華語；三女兒會英語文、馬來語文、法語文、中文、華語；四女兒會英語文、荷蘭語文、馬來語文、中文、華語；五女兒會英語文、馬來語文、日語文、中文、華語，兒子會英語文、馬來語文、中文、華語。Rosey Ma 的每位子女都會中文，也會講一口流利的華語，因為他們在家裡一定堅持要說華語，不許說「洋語」。[125]

作者在 2008 年 8 月間再度登門拜訪，得知第三女兒已嫁馬來人（三女婿的父親是馬來人、母親是華人），第四女兒嫁爪哇人（四女婿的父親是爪哇人、母親是華人）、第五個女兒嫁美國人。王女士不僅利用交換學生的機會，把子女送到各國學習語言及增進知識上的交流，或者是後來通婚的關係，這個家庭已具有中華文化、馬來文化、伊斯蘭文化，以及西方文化等多種文化，也沒有發生衝撞的現象。像 Rosey Ma 這樣猶如「小國際村」的家庭不少，這只不過是其中的一個個案而已。

總而言之，不論原來是華人穆斯林或者是皈依的華人穆斯

---

125 鄭月裡主訪，吉隆坡王樂麗口述，2008 年 8 月 20 日。

林，事實上他們在生活上均已融合了以上所述的五種文化，不像是中西雙文化的現象，[126]馬華穆斯林可說是集多元文化於一身。

小　結

在馬來西亞《憲法》之下，非馬來人有必要接受馬來族文化傳統的某些組成因素，諸如各州統治者的領導作用，伊斯蘭教成為國家的宗教，馬來人特權的持續，馬來語作為 1967 年唯一的官方語文等；至於馬來人方面，他們對非馬來人的政治要求，作出讓步，並且放寬公民權的申請條件，以承認其合法地位。[127]亦盡力拉攏土著，保障土著的權益，事實上等於保障馬來人自身的權益。

從國家層次來看，《憲法》第 160 條規定：「馬來人必須信仰伊斯蘭教、習慣說馬來語、奉行馬來習俗；實際情形與規定有重大的衝撞，特別是皈依伊斯蘭教的華人穆斯林已經符合這三個要件，甚至馬來化，但仍然不是馬來人。《憲法》第 3 條第一項指出伊斯蘭教為聯邦之國教；唯其他宗教可在安寧與和諧中在聯邦任何地方奉行，以及《憲法》第 11 條第一項一方面規定：「人人皆有權利信仰及奉行其本身之宗教」；另一方面又強調：「在第（4）款約束下傳播之」。該條文字充分說明，馬來西亞任何人都有權利信奉自己的宗教。但是，實際情形與

126 伍錫洪、葉嘉雯、吳挺堅，〈全球一體化和雙文化對研究華人心理的啟示〉，收錄葉光輝主編《華人的心理與行為：全球脈絡下的研究反思》，2013 年 12 月，頁 85。

127 陳劍虹，〈戰後大馬華人的政治發展〉，收錄於林水檺、駱靜山合編，《馬來西亞華人史》（雪蘭莪：馬來西亞留台校友會聯合總會，1984 年），頁 117。

法律規定有很大的落差，如非穆斯林的信徒，要興建他們的廟宇經常遇到阻礙。因此，《憲法》文字上的特色與實際情形造成嚴重的矛盾。

作者以 2011 年二月中旬的該國朝野對西洋情人節與華人情人節的態度為例，來細膩觀察馬來西亞內部民族主義與政策的特色及其困難。雪蘭莪州政府的回教局（Jabatan Agama Islam）於 2 月 11 日，祈禱通過各「回教堂」的講道，宣布禁止州內穆斯林慶祝西洋情人節，並聲稱該節日為基督教的傳統節日，指控情人節引發棄嬰潮。「回教徒尤其是青少年必須摒棄慶祝情人節的傳統，因為這在回教社會中被視為腐敗。我們必須銘記，猶太教和基督教徒將繼續欺騙回教徒，他們願意做任何事破壞回教徒的信仰和人格。」該局也促請媒體及社交網站勿宣傳情人節。

就在西方情人節必須被禁的爭論，正甚囂塵上之際，也看到被當地喻為「中國情人節」，其實是馬來西亞華人，在元宵節上加以「改造」而成的節日，不但政府沒有介入，沒有制止，也沒有爭議，而且更被廣泛肯定的情況。

從社會團體層次來看，按《憲法》規定，馬來人即穆斯林，其他信仰各種宗教的族群則一律被歸為非穆斯林，這種認知往往忽略了華人穆斯林的存在。華人的文化認同具有定位及多變的文化特性，但是隨著時間的推移，對於馬來西亞的認同大於對「中國」的認同。《憲法》中第 153 條對馬來人和土著皆有若干的優先權或其他特權的規定;第 89 條也有關於馬來人保留地的訂定。因此，馬來族（含其他土著）和其他民族的邊界劃分就成為一個重要的議題。而伊斯蘭教則是被用來解釋和保護馬來人地位的工具。華人穆斯林確沒有因宗教信仰與馬來人相同，而享有絲毫的權益，因此，往往令華人穆斯林感到不快。從穆斯林與非穆斯林所關注的衣著或戴頭巾的爭議不難看出，大馬至高無上的權威凌駕團體之上，國家壓制團體，政治力介入公司的運作，團體壓制個人，宗教干預教育，以及馬天英在國家政策及團體之下身不由己的焚燒神像等等，一再顯示在團體之下文化的衝撞是大於融合的。

從個人層次來看，皈依的華人穆斯林不論在個人身上，甚至在小家庭內與家人是不會有文化上的矛盾，像是 OC 先生的家庭就是一個極為典型的例子。這個家庭不僅呈現多元民族，而且文化也是多元的，彼此相處融洽，融合大於衝撞，是屬於「馬來化伊斯蘭」的文化，並非單一的「馬來化」或「伊斯蘭化」。林敏儀和 FT 女士是一種兼具「馬來化伊斯蘭」與「華人伊斯蘭」的混雜文化現象，而吉膽島的華人穆斯林則是一種「華人伊斯蘭」的文化。綜觀以上所述，證明層級越高文化衝撞越大，如在國家層次；層級越低文化越融合，如在個人層次。

結　　論

一、本書的主要發現

馬來人、華人、印度人為馬來西亞境內三大種族，他們都是外來民族。華人移殖馬來西亞，始於漢唐，盛於明清，民國時期更趨蓬勃。

有關伊斯蘭教傳入東南亞的時間，一般的說法是從第十三世紀起始。而穆斯林旅行和定居蘇門答臘和爪哇的時間，可能還要早於十一世紀。事實上，更有可能在九世紀時，印尼群島就已有穆斯林的活動蹤影。蘇門答臘島上的 Samudera Pasai 和 Perlak 兩個伊斯蘭國家跟馬六甲有密切的商業關係。馬六甲的米糧，多依賴這兩個國家供應。基於商業的關係，穆斯林商賈（多為印度胡茶辣人），便有機會到馬六甲傳教。至於伊斯蘭教在東南亞的大規模迅速傳播，卻是十五世紀以後的事，即鄭和下西洋之後。

馬六甲傳播伊斯蘭教的方式，不是用武力強迫他人皈依，而是透過通婚和貿易關係，使人們接受伊斯蘭教。在馬來半島上，最先接受馬六甲伊斯蘭教傳播的是彭亨，其次是吉打，再其次是北大年、吉蘭丹和登嘉樓。

至於中國的穆斯林大規模遷徙海外，發生於元末明初。探究其因有二：一是元末戰亂頻繁，沿海地區人民紛紛出海避亂謀生；二是明初朝廷實行海禁，以及對伊斯蘭教徒的歧視政策而遷移海外，尤其是東南亞地區，包括跟著鄭和下「西洋」的許多穆斯林。

非穆斯林的華人向來對自己的宗教信仰非常虔誠。早期渡海南下，海上艱險不可測，為了航行能夠平安順利，總要祈求航海神媽祖或是祖先的庇佑。俟平安抵達目的地後，這些華人為了感謝媽祖與祖先的保佑，加以奉祀。因此，在馬來西亞各地媽祖廟（天后宮）的香火均非常鼎盛。除了祖先崇拜與媽祖崇拜外，土地公、關帝爺、九皇爺，乃至觀音菩薩也都是華人虔誠信仰的神祇。華人移民馬來半島之初，大多數沒有長久居留的打算，但留在當地者，有些與馬來女子結婚，其中之非穆斯林則進而皈依伊斯蘭教。

華人大量移殖馬來西亞是在十九世紀中葉以後，這些移民者，為適應人地生疏的環境，遇到來自同鄉的鄉人，備感親切，彼此互相扶持，時有往來，日子久了即逐漸形成一個小集團，繼之有 「幫」、「同鄉會」及「會館」等名目的社團產生。另外還有一種是不同的方言群體各設其自用的廟宇，作為活動中心。十九世紀中葉以前，華人的社會組織和權力結構不是建立在宗教信仰的基礎上，便是帶著濃厚的宗教色彩。這個時期的寺廟大都由私會黨控制，除了私會黨外，一般的行團和鄉會也都以神廟或祠堂為活動的中心。相對而言，其華人穆斯林的人數很少，因此隱而不彰。

早期華人大多隻身前往馬來亞工作，主要目的是「打工」

賺錢，賺了錢後即歸故里，並無留居的打算。1929 年，發生世界經濟大恐慌，以及 1942 到 1949 的國內變局，才讓華人決定留居馬來亞。藉著華人精英（含穆斯林與非穆斯林）的支持，到了 1957 年馬來亞聯合邦成立後，華人才依法申請公民權。之後又過一般歲月才願意永久成為馬來亞的一份子，由「落葉歸根」 轉為「落地生根」。

從 1960 年代開始，結婚是非穆斯林的華人皈依伊斯蘭的一個主要因素，其次是經濟利益。由於政府為了鼓勵馬來以外的其他族群入教，給予入教者若干優惠，此時非穆斯林的華人皈依者不乏其人。到了 1970 年代，政府實行「新經濟政策」以後，因經濟因素而皈依的華人，即逐漸減少。1980 年代，皈依者的福利更減，因此，經濟已不再是華人皈依的主要考量因素。

目前華人皈依的原因很多，但結婚仍居首位，其次才是自己喜歡，研讀，以及朋友的影響等。至於因經濟利益而入教者，不到一成。其他如受到同儕、真主感召、親戚等影響而入教者，仍然不多。在二十一世紀最初的 10 年中，接受本人訪問的 101 位受訪者當中，結婚因素就佔了 37 人，其次是研讀（研究伊斯蘭教教義及《古蘭經》）有 19 人，受朋友影響皈依伊斯蘭教有 12 人。皈依者的教育程度以中學畢業最多有 35 人，其次是大學畢業 19 人，碩、博士各 1 人，顯然華人皈依者的教育程度並不低。至於皈依者的年齡，多集中在 30 歲到 59 歲之間，共有 86 人，其中 30 歲到 39 歲者有 25 人。

然而時至今日，馬來西亞華人穆斯林人口仍然很少，僅佔華人總人口數的 1%，除了華人社會對伊斯蘭的誤解，無法接受伊斯蘭教外，皈依者最常見的問題是來自家庭，尤其是皈依者的非穆斯林父母，他們反對的理由不外乎：1.孩子皈依伊斯蘭教是不做華人要做「番」；2.違反中華文化、敗壞門風；3.受到降頭師施術的影響；4.伊斯蘭教屬於馬來教，一旦皈依伊斯蘭教就是馬來人，再也不是他們的子女了。朋友認為皈依者要當馬來人了，或者是當政府的眼線，而漸行漸遠，皈依者則覺得自己被孤立了。華人社群對華人皈依伊斯蘭教，即稱之為「Masuk Malayu（加入馬來人）」，而華人穆斯林對一般華人也會說：「你（妳）何時成為 『Masuk Melayu？』」甚至以為伊斯蘭教是「番仔教」。他們認為伊斯蘭教是「番仔教」，入教就會變成「番仔」。「番仔」指的便是馬來人，「番仔教」指的就是馬來教，馬來教亦等同於伊斯蘭教，「番仔」、「番仔教」均是輕蔑的語詞。

本研究發現：不少華人穆斯林在皈依前後都曾經和家人有過一番爭辯。當他們排除萬難地皈依伊斯蘭教後，卻發現成為華人穆斯林的道路，並沒有想像中來的順利而感到灰心。華人皈依伊斯蘭教成為穆斯林之後，需要面對許多的困難與壓力。這些困難與壓力，有些來自家庭，也有些來自社會，甚至來自國家的政策，如他們因改信伊斯蘭教而被華人社會認為是違背祖先，視之為「叛徒」，甚至被冠以「走狗」之名；也被少數馬來人誤認為他們皈依伊斯蘭教是否想撈到什麼好處？儘管如此，仍有不少華人在各種不同因素下皈依伊斯蘭教。即使今天大部份的華人穆斯林是基於和馬來穆斯林通婚而皈依伊斯蘭，可是，有些人在皈依後實在無法適應穆斯林的生活，想離開伊斯蘭教。但也有少數皈依者確實另有其他目的，如為了方便找工作和尋找結婚對象，等目的達到後便想「脫教」。

當皈依者想要脫離伊斯蘭教是否極為困難，答案是肯定的，所謂「入教容易出教難」是皈依伊斯蘭教的最佳寫照。按照伊斯蘭教教規，任何人一旦皈依伊斯蘭教後，便不能輕易離開該教，在馬來西亞甚至會被視為「叛教」。霹靂、馬六甲、沙巴、登嘉樓、彭亨等五州，脫教被視為刑事罪，在沙巴州的伊斯蘭法庭對「叛教罪」的處分，最多可判 36 個月的監禁；而森美蘭州更在 2005 年制定法律不允許已改信伊斯蘭教者脫教，且視脫教者為「叛教者」，這是目前唯一嚴禁穆斯林脫教的州屬。

儘管《聯邦憲法》第 11 條文保障人們信仰自由。事實上，穆斯林若要申請脫離伊斯蘭教，不論是聯邦法院或各州的回教法庭，大多不獲批准。更何況在馬來西亞民事法庭沒有司法權裁決任何人是否脫離回教或叛教。鑑定一個人是否脫離伊斯蘭教是回教法庭的權限。縱使脫教如此困難，但並不代表完全沒有脫教成功的機會，最近也有少數脫教成功的案例，如檳州的女穆斯林陳燕芳（化名）、彭亨州關丹的男穆斯林歐文華（化名）等。只要脫教者有證人足以證實皈依者從未履行伊斯蘭教教義，不曾奉行穆斯林的生活習俗、食用非清真食品、燒香拜神，即可成功脫教。

其實穆斯林和非穆斯林通婚所面對的問題根源，在於對法律有不同的詮釋。根據伊斯蘭教法，任何非穆斯林皈依後，在民事法下所註冊的婚姻即自動失效，而其非穆斯林妻子將喪失繼承皈依者財產的資格。根據馬來西亞民事法規定，皈依後的男性穆斯林，其婚姻並沒有失效，當事人必須申請離婚才能和另一名穆斯林女性結婚，而他的非穆斯林的妻子也有權利要求繼承財產。事實上，要徹底解決這一問題，除了制定明確的法律之外，還要對伊斯蘭教法庭和民事法庭的權限有明確的規定。然而，1988 年的馬來西亞修憲案，卻擴大回教法庭的權限，而民事法庭的一些權限則被剝奪了。

此外，對於父母離婚或脫教所引發的孩童監護權的問題，也只有回教法庭有司法權作出裁定，民事法庭並沒有裁決權。由於回教法庭與民事法庭審理權限不同，這也使得身為穆斯林的一方，他的案子只有回教法庭可以審理，民事法庭不能審理；而非穆斯林的一方，只有民事法庭才能審理，回教法庭又不予審理。以伊斯蘭教為國教的馬來西亞，司法權無法保障非穆斯林的權益，常令非穆斯林一方求助無門。

馬來西亞以伊斯蘭教為國教，憲法第 160 條亦明文規定：「馬來人必須信仰伊斯蘭教。」也因為這一層關係，馬來文化與伊斯蘭文化往往被視為一個整體。連伊斯蘭法庭和世俗法庭也是各審各的。馬來西亞華人皈依伊斯蘭教，必須經過一套皈依的程序，才能成為一位真正的穆斯林。此外，還必須脫離原有的宗教信仰，以及捨棄原有的生活習慣，完全過著伊斯蘭教的生活方式。

作者證實：華人皈依伊斯蘭教後生活上最大的改變，就是飲食，穆斯林禁食豬肉，可是豬肉卻是華人大宗的食物，穆斯林與非穆斯林在這方面有很大的差異。華人皈依伊斯蘭教後，大多數能夠遵循伊斯蘭教教規禁食豬肉，並且吃 Halal 的食物，但有些則不介意食物是否 Halal，只要不吃豬肉就好，僅有極少數皈依者不能適應，至今仍維持吃豬肉的習慣。除了禁食豬肉外，穆斯林也必須禁止飲酒、賭博，而且不得崇拜任何偶像。

可是都市與漁村仍存在明顯的差異，居住在隸屬雪蘭莪州吉膽島（Pulau Ketam）上的華人穆斯林，由於島上居民華人佔 99%，其他族群約佔 1%，華人穆斯林約 50 多位（包括潮州港的 3 位），居民大多以捕魚為生，海產是他們平日主要的食物來源。島上只有一家賣清真食品，要找 Halal 食物是一個問題。若要堅守伊斯蘭飲食禁忌，對島上的穆斯林來說，似乎較為困難。

在穿著方面，馬華穆斯林男女均須遵循教義，不可以穿暴露的衣服，尤其是女子不得露出四肢，除此之外，在不同場所也有不同的妝扮。在社交場所，馬來西亞的華人穆斯林，特別是住在馬來社群的男性，逐漸穿馬來傳統服裝 baju Melayu；皈依的婦女，當她們外出參加社交活動時，穿著遮蔽她們身體的正式服裝，除了手和臉以外，並且戴上頭巾。在家裡，男性穆斯林穿 T-Shirt 配上長褲或穿 sarong；女性穆斯林則穿襯衫配上長裙或長褲。禮拜的時候，華人穆斯林與非華人穆斯林有極大的差異，男性穿印度綢緞或峇迪布（batik）做的衣服或襯衫配上長褲，頭戴宋古或禮拜帽，女性則穿著禮拜的衣服（馬來服裝）並戴上頭巾。但是，並不是每位男穆斯林都會戴上宋古或禮拜帽禮拜，如作者在 MACMA、吉膽島所見一樣。

至於室內的擺設與裝飾，作者則有所發現：因嫁娶對像不同而展現出不同的擺設與裝飾，甚至來自不同族群的背景亦各具特色。因此，在他們的家裡除了可以見到伊斯蘭的文化外，還有回族文化或維吾爾族文化，以及馬來文化、中華文化等多種文化並存。然而在華人居多的吉膽島很特殊，一家人當中只有一人信仰伊斯蘭教，他們的神案上仍供奉著很多的神像。在這些穆斯林的家中，不見有伊斯蘭文化，但中華文化卻保持相當完整。這方面與全是穆斯林的家庭有很大的不同，在馬來西亞其他地方是相當罕見的。

此外，作者又發現：華人皈依後住在馬來社群，較易於融入馬來社會，以及遵守教規。他們常講馬來語、穿馬來衣服、吃馬來食物，行馬來人的飲食方式。日子久了，不會講華語，華人的傳統文化習俗也遺忘了，這些已被同化者自認為是「馬來人」，外觀上也被當成是馬來人看待，其子孫也自認為是馬來人，不是華人。但是，馬國政府仍將其視為華人。

不過，有些馬華穆斯林沒有被同化者則持不同的看法。他們視本民族的文化傳承與宗教教育並重，即使住在馬來社群的華人穆斯林，早上會把他們的孩子送到華校讀書，下午再送到宗教機構辦的學校學習阿拉伯文、《古蘭經》、禮拜儀式；有些則是早上在馬來學校讀書，下午再到宗教機構辦的學校學習。更有些就直接送到宗教學校就讀。如此，這些孩子一方面吸收了華人文化、馬來文化，另一方面也吸收了伊斯蘭文化。因此，中華文化的韌性隱然可見。

在婚喪習俗方面，華人穆斯林與非穆斯林亦各異。按照伊斯蘭教教規，夫妻的宗教信仰必須相同以維護婚姻。穆斯林嫁娶非穆斯林，非穆斯林必須要先皈依才可以結婚。婚禮由阿訇（ākhond اخون）舉行唸「尼卡哈」（Nikāh نكاح）的儀式。至於在結婚儀式所舉行的「並坐禮」（bersanding），這不是伊斯蘭的婚俗，是馬來人傳統的結婚儀式，只不過現在很少人舉行，因為華人穆斯林也不知道該如何去執行。另有「染指禮」，則是印度人留傳下來的習俗，現在仍然可以見到。

至於穆斯林喪葬形式以土葬為主，強調「入土為安」，並講求速葬、薄葬。當一位穆斯林歸真，宗教局依照伊斯蘭教方式處理屍體，將之葬於回教公墓，費用大部份由宗教機構負擔。至於馬來人原先住在蘇門答臘時，早期受印度文化影響，而還是信奉佛教或印度教時，大都行火葬。

從古到今，中國人重視自己的姓名，所謂「坐不改名，行不改姓」，絕不容許任意更改。可是華人皈依伊斯蘭教後為了顯示宗教身份，必須更改名字（取經名）。不過，由於多年來宗教局對皈依者改名換姓經過多次的更動。華人皈依者從在經名之後加上姓氏，再加上在馬來西亞獨有的 bin（兒子）或 binti（女兒）後，在 bin 或 binti 後面再加上 Abdullah，以此作為對皈依華人的辨識。直到今天皈依者可以在經名之後直接加上姓名或姓氏，而不須再加上 bin、binti，以及 Abdullah。此一政策顯然較以往放寬許多。不過，華人皈依的男性，大多數會堅持保留自己的姓氏，也會在他們的下一代冠上姓氏，甚至還會取個華人的名字。他們認為，保留華人的姓氏就是表示對自己族群身份的認同。

除此之外，作者亦證實：華人穆斯林會保留被視為文化習俗的節慶，如農曆新年、端午節、中秋節等就保留，視為宗教的如清明節、俗稱鬼節的中元節便捨棄。特別是農曆新年，因為他們認為這是習俗、是文化，不是宗教。但比起農曆新年，華人穆斯林更重視開齋節、哈芝節等兩大伊斯蘭教節日。

華人一旦皈依伊斯蘭教，常引起親友及社會的反彈，皈依者處在這樣的環境下，自然走向馬來社群，雖然大多數馬來人對皈依者表示歡迎，把他們當成兄弟姐妹看待，遇到困難也會適時伸出援手。因此，作者發現：皈依的華人穆斯林竟然大多認為處在馬來社群較為自在，並且和馬來人有良好的互動，易於融入馬來社會。相反地，住在華人社群，常會被問道：「你（妳）為什麼要信仰那個宗教？」因此，大部份皈依者感覺馬來人比華人容易接受他們，並且相信只要去除隔膜，就會伸出友誼之手。這一點非常特別。

但是，仍然有少數馬來人對皈依者的虔誠度心存質疑。他們認為，華人的皈依並不足以令人完全信賴，如他們的不虔誠、不實踐馬來人的生活習慣等，他們甚至還會檢驗華人皈依伊斯蘭教的行為，譬如向他們的子女，打聽其父親或母親是否有遵守伊斯蘭教規禮拜與齋戒？這些作為往往讓皈依者感到他們是不受歡迎的，而且缺乏安全感。另有一些缺乏伊斯蘭教知識的馬來人，視伊斯蘭教為馬來人的宗教，不許別人分享他們的宗教，導致無法坦然地接納皈依者。然而大多數馬來人卻忘了伊斯蘭是世界的宗教，而堅持伊斯蘭教是他們獨有的宗教，只有馬來人和阿拉伯人才能信仰的宗教。靠著他們的語言和生活方式，認為他們才是真實的、最好的穆斯林。而華人對伊斯蘭教的反應更是激烈，他們自己不接受伊斯蘭，認為這是「背叛」自己的民族與祖先的一種行為，自然也不喜歡看到親友皈依伊斯蘭教。從這裡可以看見皈依穆斯林有處在兩大族群的夾縫間的現象。

事實上，有些皈依的華人穆斯林就如同缺乏伊斯蘭知識的馬來人一樣，對伊斯蘭教教義仍欠缺了解，甚至不知道如何禮拜及讀《古蘭經》。為了鼓勵與輔導這些皈依者學習伊斯蘭教教義、唸誦《古蘭經》、及如何禮拜，馬來西亞官方與半官方宗教機構開設許多伊斯蘭相關課程，除了免費學習外，宗教局還會發車馬費給前來學習的穆斯林。如果皈依者生活上有困難，也會獲得宗教機構的適當補助，但來學習的人意願並不高，原因在於皈依者受的是華文教育，對於大部份用馬來語教學的課程，閱讀馬來文課本，既聽不懂也看不懂，幾次之後便沒有興趣也就不想學習。而半官方及非官方的宗教機構雖然有開設幾門以華語教學的課程，但是很少，主要仍以馬來文教學為主，也沒有車馬費的補助，更重要的是皈依的華人不願意讓別人知道他（她）是一位皈依者，因而不願出現在公共場合，更談不上到宗教機構去學習伊斯蘭教的課程。

值得注意的是，在馬來西亞《憲法》之下，非馬來人有必要接受馬來族文化傳統的某些組成因素，諸如各州統治者的領導作用，伊斯蘭教成為國家的宗教，馬來人特權的持續，馬來語作為 1967 年唯一的官方語文等；至於馬來人方面，他們對非馬來人的政治要求，作出讓步，並且放寬公民權的申請條件，以承認其合法地位。亦盡力拉攏土著（原住民），保障土著的權益，事實上等於保障馬來人自身的權益。所以，在政治方面，華人穆斯林的地位特別值得注意。

從國家層次來看，《憲法》第 3 條第一項指出伊斯蘭教為聯邦之國教；唯其他宗教可在安寧與和諧中在聯邦任何地方奉行，以及《憲法》第 11 條第一項一方面規定：「人人皆有權利信仰及奉行其本身之宗教」；另一方面又強調：「在第（4）款約束下傳播之」。該條文字充分說明，馬來西亞任何人都有權利信奉自己的宗教。但是，實際情形與法律規定有很大的落差，如非穆斯林的信徒，要興建他們的廟宇經常遇到阻礙。因此，《憲法》文字上的特色與實際情形造成嚴重的矛盾。又依據《聯邦憲法》第 160 條對馬來人的定義，指出：「馬來人：1.必須信仰伊斯蘭教；2.習慣說馬來語；3.遵守馬來傳統習俗（Adat Istiadat Melayu）。」馬華穆斯林符合馬來人定義的條件，如 OC 先生，他非常虔誠，時常參加馬來社群內的活動，並努力地希望被當地社會接受，甚至放棄原來華族的文化。然而，事實並非如他所願，馬國政府仍將其視為華人，排斥在馬來人之外。若說宗教是民族識別與文化識別之判準的話，對馬來西亞皈依的華人穆斯林而言，似乎有些困難。可見官方對「馬來人」的認定仍採「血統主義」。

就在西方情人節必須被禁的爭論，正甚囂塵上之際，也看到被當地喻為「中國情人節」，其實是馬來西亞華人，在元宵節上加以「改造」而成的節日，不但政府沒有介入，沒有制止，也沒有爭議，而且更被廣泛肯定的情況。

拋柑活動所拋的東西，其實不止柑橘，也包含香蕉在內。基本上，女性拋的是柑橘，男性拋的是香蕉。

從社會團體層次來看，按《憲法》規定，馬來人即穆斯林，其他信仰各種宗教的族群則一律被歸為非穆斯林，這種認知往往忽略了華人穆斯林的存在。華人的文化認同具有定位及多變的文化特性，但是隨著時間的推移，對於馬來西亞的認同大於對「中國」的認同。《憲法》中第 153 條對馬來人和土著皆有若干的優先權或其他特權的規定;第 89 條也有關於馬來人保留地的訂定。因此，馬來族（含其他土著）和其他民族的邊界劃分就成為一個重要的議題。而伊斯蘭教則是被用來解釋和保護馬來人地位的工具。華人穆斯林卻沒有因宗教信仰與馬來人相同，而享有絲毫的權益，因此，往往令華人穆斯林感到不悅。

再者，從穆斯林與非穆斯林所關注的衣著或戴頭巾的爭議不難看出，大馬至高無上的權威凌駕團體之上；國家壓制團體；政治力介入公司的運作；團體壓制個人；宗教干預教育；以及馬天英在國家政策及團體之下，身不由己的焚燒神像等等，一再顯示在社會團體之下文化的衝撞是大於融合的。

從個人層次來看，皈依的華人穆斯林不論在個人身上，甚至在小家庭內與家人是不會有文化上的矛盾，如吉隆坡的OC、MT、ZH 先生、林敏儀女士，美里的 FT 女士，吉膽島的OS、IA、HC 先生的家庭都是很好的例子。這些家庭所呈現文化是多元的，Chuah 的家庭更是具多元民族的特徵，彼此相處融洽，而且融合大於衝撞，是屬於「馬來化伊斯蘭」的文化，並不是單純的「馬來化」或「伊斯蘭化」。林敏儀和 FT 女士是一種兼具「馬來化伊斯蘭」與「華人伊斯蘭」的混雜文化現象，而吉膽島的華人穆斯林則是一種「華人伊斯蘭」的文化。綜觀以上所述，證明層級越高文化衝撞越大，如在國家層次；層級越低文化越融合，如在個人層次。

總而言之，華人皈依伊斯蘭教後，無論在物質生活、精神生活、及公共儀式方面，在結合馬來文化的同時，也吸取了伊斯蘭文化，甚至還保留了部份華人的傳統文化。因此，馬華穆斯林並非單純的「馬來化」或「伊斯蘭化」，只能說是一種「多元並存」或「混雜並存」的文化。

據作者近年來八次前往馬來西亞田野調查，目前皈依伊斯蘭教的華人。在文化上，其實已經不再遵從華人社會的傳統習俗，像 OC 先生自認馬來化的華人穆斯林已不在少數。至今他們仍被馬國官方認定為「華族」，嚴格說來，也沒有被當地馬來社會真正接受為「馬來人」。並且，各州的馬來保留地法令所訂的馬來人定義，卻沒有包括伊斯蘭教皈依者。這點更加證實，在馬來西亞民族和宗教是兩回事，因此，這些皈依伊斯蘭教的華人，要成為馬來穆斯林，融合入馬來世界中，這條道路依然艱辛。

事實上，華人皈依伊斯蘭教是否能夠遵循教義？完全取決於皈依者的居住社群，以及自己的心理認同。至於馬華穆斯林的民族屬性，則是來自國家的政策，《聯邦憲法》的文字特色與實際情形亦呈現多處矛盾現象。由此觀之，宗教已淪為統治者的一個工具。本書從皈依伊斯蘭教的華人穆斯林的文化變遷與社會適應所研究出的結果，再深入檢視華人穆斯林的文化在國家層次、社會團體層次、個人層次之中的融合（也就是當地化）或衝撞的情形，從而有了以下的若干研究發現與突破。

二、綜論「融合 — 衝撞 — 融合」

作者針對馬華穆斯林的「文化變遷與社會適應」議題，作多角度及系統性的分析，特別是對皈依後的華人穆斯林分別在不同社群的身份地位與處境。之後，再從社會的表面現象、內部文化結構、整體等三方面探究其結果。本書主要發現為：

（一）社會的表象

1.從單向來看

華人穆斯林，就所住地方而言，多住在馬來，少住在華人的社群中，因此少融入華人社群，因為一般華人多排斥；與馬來社群多接觸，因為馬來人少反對多接受。也因為華人社群的排斥，或者忽視了其存在，因此會將華人穆斯林推向馬來社群。

2.從雙向來看

華人穆斯林與馬來社群接觸，彼此相互學習對方的文化，實際上是存在的，華人穆斯林吃馬來食物，穿馬來式的衣服；馬來穆斯林也會吃中華的食物，惟限於 Halal。因此，有兩個層次：從文化本身的交流來看，是一種雙方面正在調適的「文化混合」（cultural fusion）現象。但從馬華穆斯林來看，則這些個體只受到所接觸各大文化的單向影響。而且會因地置宜。

（二）內部文化結構

「文化」一詞在人類學裡的涵義，並不是指特殊的藝術修養或高階層的生活禮儀，而是指某一群人經由世代傳遞與學習而來的累積經驗。因此，文化具累積性。文化所著重的乃是累積的物質與非物質資源的成份，為人們所繼承、使用、改變、增加、並且加以傳授。茲從突變與承續兩方面來說明。

1.突　變

遺傳性的文化的定義，所注重的問題是：文化的來源為何？文化存在及繼續存在之因素為何？此類定義雖亦涉及文化的其他本質，但其重點仍放在遺傳方面。至於馬華穆斯林的文化是否有突變的情形，目前沒有發現。

2.承續、承傳與承新

承續包括自己承傳與承新。皈依的華人穆斯林一方面承傳自己所擁有的傳統文化，如農曆新年、元宵節、端午節、中秋節、冬至等，但被其視為宗教節日如清明節和中元節（鬼節）

必須捨棄。華人穆斯林除了維繫自己的傳統文化外，也承新了伊斯蘭教的文化與馬來文化，在穿著上，女性穆斯林穿著馬來服、戴頭巾，男性穆斯林穿著馬來服，戴宋古（黑色）及禮拜帽(哈吉帽，白色）。節慶方面，慶祝開齋節、哈芝節（古爾邦節、忠孝節、犧牲節、宰牲節）、聖紀節等。因此，華人穆斯林不但承傳華人傳統文化，同時也承新馬來文化和伊斯蘭文化，雖然集多元文化於一身，但也使得華人穆斯林內部文化結構造成某種程度上的改變。

（三）華人穆斯林在多種族群與多元文化之間的定位

1.華人穆斯林的認同、同化、融合或衝撞

王明珂主張以「民族」對應 ethnos，以「族群」對應社會人類學所稱的 ethnic groups，族群指一個族群體系中所應有層次的族群單位（如漢族、客家人、華裔美人）；民族則指族群體系中主要的或最大範疇的單位（如漢族、大和民族、蒙古族、羌族等）。而族群作為一個學術的詞彙，可以涵蓋民族和次級群體，如漢族的廣府人、藏族的康巴、安多人、華族的穆斯林等。

（1）認　同

「認同」有許多不同的說法，原本屬於哲學範疇，後來在心理學中的應用日益頻繁。雖然現在心理學本身很少應用，可是別的領域卻大量出現，並成為這個時代民族政治緊張和壓力的矛盾中最核心的詞。由於大量使用，因而界定也有很多種。在「社會科學領域」，這個概念的使用範圍日益擴大，包括社會認同、文化認同、民族認同（族群認同）、宗教認同等。族

群認同是在族群互動的基礎上發展起來的，如在一個族群中的個體，從未接觸過異質的文化，那麼就不會產生認同。

任何族群離開文化都不能存在，族群認同總是透過一系列的文化要素表現出來，族群認同是以文化認同為基礎。共同的文化淵源是族群的基礎，族群是建立在一個共同文化淵源上的。構成族群認同的要素很多，舉凡共同的歷史記憶和遭遇，語言、宗教、習俗等文化特徵都是族群認同的基礎要素。在現實中華人穆斯林不乏有多重的認同。作者將之歸納為國家認同、民族認同、文化認同、宗教認同等四種，並以此作為檢視華人穆斯林的認同基礎。

在國家認同方面，不論是原來就是穆斯林的華人（即中國回族、維吾爾族等）或是皈依的華人穆斯林，在 1949 年之後，由認同「中國」轉為認同「馬來西亞」是他們的國家。

在民族認同上，原是穆斯林的華人除了認同自己是華人外，還會認同他們是中國回族、維吾爾族；皈依的華人穆斯林有些認同是華人，特別是住在華人社群的華人穆斯林。但是住在馬來社群就有明顯的不同，他們認同自己是馬來人。

在文化認同方面，語言部份，原是穆斯林的華人及皈依的華人穆斯林，除了年紀較大者沒有受過馬來教育，只會說中國方言以外，年紀較輕者幾乎都會講馬來語、懂馬來文，也會講華語，因此，他們跟馬來人及華人溝通均不成問題。飲食部份，華人穆斯林也喜歡吃馬來、印度食物，馬來人也喜歡吃華人食物，食物在馬來西亞已超出民族的界線。至於穿著部份，華人穆斯林也喜歡穿馬來服裝。從以上所述，文化上已達「涵化」的程度。但是，華人穆斯林與華人非穆斯林、馬來穆斯林，在文化、習俗的認同上還是有某些區隔。

華人穆斯林與華人非穆斯林除了認同馬來西亞為自己的國家、民族認同為華族外，在宗教方面，大多數華人穆斯林遵循教義，不崇拜偶像，僅有少數皈依者如雪蘭莪州吉膽島上的 OS、IA 先生及 HC、TS 夫婦等，仍供奉祖先牌位和神像，這點與華人非穆斯林沒有兩樣。在服飾方面，華人男性穆斯林穿著襯衫或 T-Shirt 配長褲，原是穆斯林的女性偶爾穿著洋裝和套裝，皈依者的女性則穿著襯衫配長裙或長褲，部份婦女會在平時戴上頭巾。在習俗方面，大多數華人穆斯林維繫中華傳統文化，僅極少數沒有保留華人習俗，如 OC、SL、RC 先生，在他們看來，這些習俗沒有保留的必要。

至於華人穆斯林與馬來穆斯林均認同馬來西亞是他們的國家，宗教認同則是伊斯蘭教。因此，除了華人穆斯林與華人非穆斯林認同的民族是華族，與馬來人認同的宗教是伊斯蘭教外，三者認同的國家是馬來西亞。其餘如語言、服飾、習俗的認同，對華人穆斯林而言都是變動性的認同。

（2）同　化

就民族同化而言，由於馬來西亞政府仍把華人穆斯林定位在華族的範疇，因此，民族同化目前不可能。對文化同化而言，馬華穆斯林能講多種語言，飲食、穿著具多元，也沒有被馬來人同化。華人穆斯林信仰伊斯蘭教，但其穿著是馬來服裝，女子也沒有像阿拉伯社會一樣戴面紗，而且頭巾顏色極為豐富，從外觀來看也沒有被伊斯蘭文化所同化。華人穆斯林也使用西方的科技文明，也喜歡吃印度咖哩、穿印度質料做的衣服，但也沒有被西方或印度文化所同化。因此，目前華人穆斯林被馬來、伊斯蘭、西方、印度等任何一個文化所同化，極為不可能，即使被馬來文化同化也要千百年後才有可能。

（3）融 合

由於大凡一個民族的風俗習慣，都是由該社會環境所定奪。既然任何民俗都不是一成不變的教條，那麼，隨著時間的推移及環境激變的影響，有些民俗必然或多或少地隨著轉變。如馬來婚禮的儀式，除了一些宗教上的規定，如誦讀《古蘭經》祝福以及吟唱讚聖歌等之外，大體上都是傳自古代印度宗教社會的婚姻禮俗，特別是染指禮和並坐禮，並坐禮現已少見，但是染指習俗至今仍然可見，此一習俗保留著強烈印度文化色彩。又因信仰伊斯蘭教，婚禮上須由阿訇舉行唸尼卡哈的儀式。華人嫁娶馬來人，在婚禮儀式上，至少融合了馬來文化、伊斯蘭文化和印度文化三種。此外，來自中國回族的 Rosey 女士及皈依的 OC 先生的家庭也匯集了多元文化與多元民族的特色，但並沒有因為多元文化發生衝撞，而且非常融合。

（4）融合或衝撞

馬華穆斯林當中，特別是皈依的華人穆斯林，從皈依的因素到文化的改變，在個人層次來講是融合的，如 OC、ZH、MT 先生及 FT 女士等。但是，華人皈依最大的問題仍是來自家庭，特別是自己的非穆斯林父母，認為不做「華人」要去做「番仔」，皈依馬來教就再也不是他們的孩子了，這全是背叛祖先的行為，因而被視為「不孝」。夫妻間也因對方隱瞞皈依的事實，而產生當事人死後，家屬與宗教局上演的「搶屍風波」。一般而言，華人非穆斯林家庭對家庭裡的成員皈依伊斯蘭教反彈都很大。華社也時常把伊斯蘭教和馬來教畫上等號，信仰伊斯蘭教等於信仰馬來教，就是馬來人，已不再是他們的族人，進而排斥。一般華人公司也不喜歡僱用皈依的華人穆斯林，因為飲食的禁忌，以及禮拜時間還得配合休息讓穆斯林去禮拜，簡言之，宗教信仰上的差異，令華人僱主有所顧慮。由此觀之，華人穆斯林與社會團體間的互動，衝撞大於融合。

至於在國家層次，文化衝撞更是明顯，如《憲法》第 11 條第一項一方面規定：「人人皆有權利信仰及奉行其本身之宗教」；該條文字充分說明，馬來西亞任何人都有權利信奉自己的宗教。但是，實際情形與法律規定有很大的落差，如非穆斯林的信徒，要興建他們的廟宇經常遇到阻礙。文字上的特色與實際情形造成嚴重的矛盾。又《憲法》第 160 條規定：「馬來人必須信仰伊斯蘭教、習慣說馬來語、奉行馬來習俗。」大多數華人皈依伊斯蘭教後，已符合「馬來人」的定義三個要件。但是，官方仍將這群華人穆斯（包含皈依者），均歸納為「華人」，不是馬來人，如吉隆坡的 OC 先生及吉膽島的 AM 先生等。馬來政府把他們排斥在馬來人之外，與《憲法》160 條規定的內容不符。因此，證明層次越高文化衝撞越大，層次越低文化衝撞越小。

2.游移的「邊緣」族群

馬來西亞華人穆斯林是不是一個「邊緣」的族群，茲從民族、宗教、文化層面來探其究竟。

王明珂認為，邊緣自為中心的部分，邊緣主觀認為是中心，客觀上也會真的變成中心，使其中心自然客觀擴大，因此，邊緣也可以成為中心。

從民族層次來看，馬來西亞以土著（原住民）為主體，土著包含馬來人與其他土著，華族在馬來西亞屬於少數民族。因此，就民族層面來看，華族自然是屬於邊緣的民族（族群）。又馬來政府將五萬多人的華人穆斯林歸納為華族，是少數民族中的少數，更是屬於邊緣的族群。

從宗教層面來看，華人穆斯林與馬來人有共同的宗教信仰，馬來西亞《憲法》明訂以伊斯蘭教為國教，於是，華人穆斯林因信仰伊斯蘭教之故，居於核心地位。

從文化層面來看，如果一位華人穆斯林，不論是不是皈依者，只要他（她）受過高等教育，有好的職業或是職位高，社會地位高，他（她）就居於上層，就沒有「邊緣」的問題，甚至有些跟馬來政府關係很好，認為自己是居於核心人物，像是馬來西亞華人穆斯林協會（MACMA）的馬琦主席，跟政府關係良好；而在國際伊斯蘭銀行工作的 SC 女士，她擔任某一部門的主管職務，屬下全是馬來人；ZH 先生是商界有名人士等。反之，沒受過什麼教育，沒有好職業或職務不高，靠補助款過日子，社會地位亦不高，日子不好過，似乎做什麼事都不順，像這樣的人很容易自卑，時常抱怨這抱怨那，認為自己是被忽視的一群，自然就認為自己是「邊緣」人了。但是，相信若有一天這些社會階層較低的人士躍居上層社會，屆時自認屬於「核心」群體的一份子也不無可能。因此，是否為邊緣，似乎主觀的味道很濃。

事實上，馬華穆斯林的「邊緣」性是存在的，但會隨著他們的身份地位與角色而改變，所以對華人穆斯林而言，「邊緣」也是游移的，不是一成不變的。「邊緣」不完全是來自心理內心的感覺，有時是來自於政府的制度。

綜觀以上所述，在多元文化矛盾中，解決問題的最好方法是不同民族混居。然而，借著彼此互相學習，甚至以同一語言、同一宗教作為溝通的橋樑，即使能達成同一文化也不能解決問題。並且在一個多元民族的國家裡，如果各民族堅持民族主義，確實會讓事情更惡化。

文化差異應從語言、宗教、習俗、地域等多方面來看，透過學習，隨著時間的推移，導致文化差異的範圍會逐漸縮小。但是，整個文化系統要達成統一，目前不可能，也許須經千百年才有可能。在馬來西亞多元文化的社會，個人或民族（族群）為了求生存，必須走出調適之道去面對不同的環境，如此才能共存共榮。

此外，雖然不同文化群體互動以及不同文化交融結果，會產生文化變遷，尤其是皈依伊斯蘭教的華人改變更大。但是要說一個人僅在短短的幾十年生命中，有可能因為不同文化群體互動出現融合，但不可能同化，或許會產生若干矛盾，與異質文化的衝撞，但不至於有「文明衝撞」的現象發生。而且文化改變的過程需要很長的時間，並非在短時間內就改變，如皈依的華人穆斯林，也不是馬上就改變他們的生活習慣，有些是幾個月或半年，有些要經過一、二年之後才改變，有些還要更長的時間才能適應伊斯蘭的生活，甚至還有極少數的人會參與伊斯蘭教活動，但是仍未改變原來的飲食習慣。

三、綜論本書的發現與未來展望

總之，縱觀華人穆斯林在馬來西亞，還看不見整體性相互融合的現象，只能看到部份的融合，因此，距離整個族群同化的路途仍極遙遠。事實上，同化與融合都是極高遠的想像，在實際生活中，從本研究看到的，是一種因地甚至因人而異的多元性混雜。因此，我們可以說，華人皈依伊斯蘭教後，在結合馬來文化的同時，也吸取了伊斯蘭文化，甚至還保留了部份華人的傳統文化。因此，馬華穆斯林並非單純的「馬來化」或「伊斯蘭化」，只可說是一種屬於「馬來化伊斯蘭」或「華人伊斯蘭」的文化，或者是兩者兼具的混雜文化現象。

（一）釐清華人皈依背景及與社會互動的變遷

本書已經把華人皈依伊斯蘭教的背景，及其文化改變後，與社會互動的情形，詳加論列。

本書的資料來自作者十年來八次到馬來西亞田野調查，經整理、詳細閱讀與分析，同時加上深度訪談資料。從中探究馬華穆斯林的文化變遷與社會適應的問題。作者發現：今天的馬華穆斯林，如果住在馬來社群內，容易伊斯蘭化；如果住在華人社群中，則生活習俗依然故我，還與一般華人相似。

（二）文明並未在馬華穆斯林身上衝撞，只在某些層級有文化衝撞的問題

從宏觀角度模糊地看，以杭廷頓（Samuel P. Huntington）為西方人代表所提的「文明衝突」理論，乍看似乎是對的。但若從微觀角度精確地看，在馬華穆斯林身上所處的五種杭廷頓所謂的「文明」，其實並不存在。特別自 1980 年代以來，並未發現彼此有明顯的文明衝撞。本書懷疑如果其「文明」指的是

以科技為主的文化（本書頁 48），則世界各國之間，只有程度差異，沒有不同的內容。因為，沒有人對科技置疑或因此集體衝撞。所謂衝撞，只有文化上的衝撞。

而且作者又發現：文化的衝撞是集體性行為，極少發生在個（體）人層次。

（三）基督教傳入以前四種文化似未在馬華穆斯林身上衝撞

從本研究的各國案例當中發現：西方基督教進入馬來亞以前的千百年，馬來文化、華人文化、西方文化與印度文化等四大文化，在馬來亞的華人穆斯林社會裏，並未衝撞。

（四）衝撞來自基督教並非來自伊斯蘭教

基督教的新教之來華，始自十九世紀初葉，而集體性衝撞也相繼產生。因此，文化衝撞來自基督新教，在二十世紀中國裏，更發起劇烈的政治與社會改革運動與集體性壓制。在馬來半島與東馬也有相同現象。

（五）展望二十一世紀將如馬華穆斯林，一齊進入五教混雜共生的階段

佛、道（含民間信仰）、伊、基等，與儒家的孔教已經混雜在馬來西亞，很顯然本書所寫馬來西亞的華人穆斯林經驗，正指出二十一世紀全球的華人穆斯林，可望進入在五教之內共生的開端。

徵引書目

一、中文部份

（一）檔案、史料彙編

（作者不詳）

〈「大秦景教流行中國碑」頌并序〉明天啟五（1625）年。西安掘出一塊石碑，正面寫著「大秦景教流行中國碑」，以 1780 個漢字撰寫，另附數十字敍利亞文。

王鐵崖

1957《中外舊約章匯編》，冊 1，北京：三聯書店。

《百奇郭氏回族宗譜》編委會重修

2000《百奇郭氏回族宗譜》，中冊，出版地不詳：百奇郭氏回族宗譜重修委員會。

汪大淵

1985（元）《島夷志略》，臺北：臺灣學生書局。

李東陽等撰、申明行等重修

1587（萬曆 15 年）《大明會典》，163 卷，臺北：新文豐景印，1976。

李時珍

1596（萬曆 23 年）〈本草綱目〉，卷 50 上，《景印文淵閣四庫全書》，第 744 冊，臺北：臺灣商務印書館，1985。

洪秀全

1971〈誓師檄文（1850）〉羅邕、沈祖基輯，《太平天國詩文鈔》，臺北：文海出版社。

張永福

1933《南洋與創立民國》，上海：中華書局。

梁　發

1832《勸世良言》，臺北：臺灣學生書局，1965。

連雅堂

1979《臺灣通史》，卷 23，〈風俗志〉，臺北：眾文圖書公司，再版。

國立故宮博物院編

1978《宮中檔雍正朝奏摺》，臺北：國立故宮博物院，第 3 輯。

黃　衷

出版時間不詳（明）《海語》，臺北：臺灣學生書局，1975。

趙汝適

出版時間不詳（宋）《諸番志》，臺北：臺灣銀行經濟研究室，1961。

繆希雍

1642（天啟 4 年）《神農本草經疏》，卷 18，臺北：臺灣商務印書館，1973。

蔣永敬編

1977《華僑開國革命史料》，臺北：正中書局。

橡膠發展歷史文物研究小組編譯

1981《橡膠歷史文物晚晴園》，新加坡：熱帶經濟植物研究社。

劉　昫

出版時間不詳（後晉）《舊唐書》，卷 95，〈列傳第四十五：睿宗諸子〉，「讓皇帝憲」。

錢恂（出使和國（荷蘭）大臣）

1908（光緒 34 年）奏摺（光緒 34 年 6 月初 2 日），《軍機處．月摺包》，國立故宮博物院檔案，第 2730 箱，132 包，164082 號。

貲金吾（暫行署理山東巡撫印務布政使）

1911（宣統 3 年）奏摺（雍正 7 年 8 月 28 日），《雍正朝漢文硃批奏摺彙編》，中國第一歷史檔案館編，第 16 冊。

勵廷儀（刑部尚書）

1723（雍正元年）奏摺（雍正元年 12 月 7 日），《宮中檔雍正朝奏摺》，國立故宮博物院檔案，1977，第 2 輯。

藝文印書館印

出版時間不詳《漢書補注一》，臺北：藝文印書館據清乾隆武英殿刊本景印。

陳楚楠

1977〈晚晴園與中國革命史略〉，《華僑開國革命史料》，臺北：正中書局。

張永福

1976〈星州書報與中國革命〉，收錄於蔣永敬編《華僑開國革命史料》，臺北：正中書局。

馮自由

出版時間不詳〈南洋各地革命黨報述略〉，收錄於蔣永敬編《華僑開國革命史料》。

陶成章

1908〈論滿洲當明末時代於中國為敵國〉，《民報》，東京，20號，頁1-21。

（二）專　書

巴素著，郭湘章譯

1976 *Chinese in Southeast Asia*《東南亞之華僑》，臺北：正中書局。

今堀誠二著，劉果因譯

1974《馬來亞華人社會》，檳城：檳城加應會館擴建委員會。

中國回教協會

1997《古蘭經中文譯解》，臺北：中國回教協會，回曆1418年5月。

中國國民黨中央委員會第三組編

1961《中國國民黨在海外》上篇，臺北：中國國民黨，頁130。

王明珂

1997《華夏邊緣：歷史記憶與族群認同》，臺北：允晨文化。

王清和

1981《孫文學說之哲學探微》，臺北：正中書局。

王雲五總編輯

1976《雲五社會科學大辭典》，臺北：臺灣商務印書館。

比野丈夫著，劉果因譯

1977《星檳日報新年特刊》。

尼古拉斯・塔林（Nicholas Tarling）主編、賀聖達譯

2003《劍橋東南亞史》，第 1 卷，雲南：雲南人民出版社。

古鴻廷

1994《東南亞華僑的認同問題：馬來亞篇》，臺北：聯經公司。

史徒華（Julian H. Steward）著、張恭啓譯

1998《文化變遷的理論》，臺北：遠流出版社。

安煥然

2010《古代馬中文化交流史論集》，馬來西亞：南方學院出版社。

全馬伊斯蘭福利機構

1991《伊斯蘭之光》，1（1991），吉隆坡：全馬伊斯蘭福利機構。

全馬伊斯蘭福利機構

出版時間不詳《介紹全馬伊斯蘭福利機構》，吉隆坡：全馬伊斯蘭福利機構。

艾驪馬琳

1991《漢志馬天英傳》，吉隆坡：全馬伊斯蘭福利機構。

江炳倫

1989《亞洲政治文化個案研究》，臺北：五南圖書公司出版。

朱東芹

2005《衝突與融合》，廈門：廈門大學出版社。

李亦園

1970《一個移殖的市鎮　馬來亞華人市鎮生活的調查研究》，海外華人會研究叢書之三，臺北：中央研究院民族學研究所專刊。

1977《文化人類學選讀》，臺北：食貨出版社。

李恩涵

2003《東南亞華人史》，臺北：五南。

李東華

1986《泉州與我國中古的海上交通》，臺北：學生書局。

李銳華

1954《馬來亞華僑》，臺北：自由中國社。

李劍農

1969《中國近百年政治史》，臺北：商務出版社。

呂大吉

1993《宗教學通論》，臺北：博遠出版。

何克儉、楊萬寶編著

2002《回族穆斯林常用語手冊》，銀川：寧夏人民出版社。

宋光宇

1996《天道傳燈：一貫道與現代社會》，上冊，臺北：王啟明出版。

宋哲美

1963《馬來亞華人史》，香港：中華文化事業公司。

尚明軒

1979《孫中山傳》，北京：北京出版社。

吳俊才

1976《東南亞史》，臺北：正中書局。

吳 華

1975《新加坡華族館志》，新加坡：南洋學會印行。

何國忠

2002《馬來西亞華人：身份認同、文化與族群政治》，吉隆坡：華社研究中心。

呂實強

1966《中國官紳反教的原因（一八六〇～一八七四）》，臺北市：中央研究院近代史研究所。

周大鳴主編

2002《中國的族群與族群關係》，南寧：廣西民族出版社。

周南京主編

2001《華僑華人百科全書》，「人物卷」，北京：中國華僑出版社。

林水檺、駱靜山合編

1984《馬來西亞華人史》，雪蘭峨：馬來西亞留臺校友會聯合總會出版。

林水檺、何啓良、何國忠、賴觀福等編

1998《馬來西亞華人史新編》，第 3 冊，第 18 章，吉隆坡：馬來西亞中華大會堂總會。

林開忠

1999《建構中的「華人文化」族群屬性、國家與華教運動》，吉隆坡：馬來西亞華社研究中心。

林遠輝、張應龍

1991《新加坡馬來西亞華僑史》，廣東：廣東高等教育出版社。

林廷輝、宋婉瑩

1999《華人社會觀察》，吉隆坡：十方出版社。

林廷輝、方天養

2005《馬來西亞新村 —— 邁向新旅程》，馬來西亞：策略分析與政策研究所。

杭廷頓（Samuel P. Huntington）著、黃裕美譯

1999《文明衝突與世界秩序的重建》，臺北：聯經出版。

卿希泰主編

1997《中國道教史》，卷 1，臺北：中華道統出版社。

姚　枬

1943《馬來亞華僑史綱要》，北京：商務印書館。

馬天英

出版時間不詳《為什麼不吃豬肉》，吉隆坡：全馬伊斯蘭福利機構。

馬天英

1949《回教概論》，第 6 版，馬來西亞怡保：南洋書局。

馬天英

出版時間、地不詳《馬來亞訪問記》。

馬歡著、馮承均校注

1962《瀛涯勝覽校注》「滿剌加國」，臺北：臺灣商務印書館。

馬克思

1975《資本論》，北京：人民出版社。

唐屹主編

1992《我國少數民族概況研究》，臺北：國立政治大學民族研究所。

湯普生

1908《楊格非傳》，倫敦。

許雲（云）樵

1961《馬來西亞叢談》，新加坡：青年書局。

許蘇吾

1978《義人腳蹤》，新加坡：南海編譯所。

閃目氏·仝道章

1999《古蘭經》，南京：江蘇省伊斯蘭教協會。

納·阿·曼爾編，陳克禮譯

1988《聖訓之冠》，第3集，臺北：中國回教協會。

張玉法

1975《清季的革命團體》，臺北：中央研究院近代史研究所。

1980《中國現代史論集》，臺北：聯經出版社。

張中復

2001《清代西北回民事變 — 社會文化適應與民族認同的省思》，臺北：聯經出版社。

張文光

1990《三角關係：宗教自由法律淺析》，吉隆坡：雪蘭莪中華大會堂。

張禮千

1941《馬六甲史》，新加坡：鄭成快先生紀念委員會。

張　磊

1981《孫中山思想研究》，北京：中華書局。

莊英章、許木柱、潘英海編著

1992《文化人類學》，上冊，臺北：國立空中大學。

莊國土

1989《中國封建政府的華僑政策》，福建：廈門大學出版社。

梅　井

1963《馬來風俗與文化》，新加坡：新加坡國家語文局出版。

段雲章、邱捷

1990《孫中山與中國近代軍閥》，四川：人民出版社。

麥留芳

1985《方言群認同》，臺北：中央研究院民族學研究所。

2003《島嶼東南亞人名與稱謂》，臺北：中央研究院亞太區域研究中心。

馮佐哲、李富華

1994《中國民間宗教史》，臺北：文津出版社。

華中興

1992《中山先生政治人格的解析》，臺北：正中書局。

華僑志編纂委員會唐蘇民等

1959《馬來亞華僑志》，臺北：華僑志編纂委員會。

費信著、馮承均校注

1970《星槎勝覽校注》「滿剌加國」，臺北：臺灣商務印書館。

陳中和

2006《馬來西亞伊斯蘭政黨政治 巫統和伊斯蘭黨之比較》，馬來西亞：新紀元學院馬來西亞族群研究中心。

陳烈甫

1979《東南亞洲的華僑、華人與華裔》，臺北：正中書局。

陳鴻瑜

2012《馬來西亞史》，臺北：蘭臺出版社。

曹琦、彭耀編著

1991《世界三大宗教在中國》，北京：中國社會科學出版社。

崔貴強

1994《新加坡華人 —— 從開埠到建國》，新加坡：新加坡宗鄉館聯合總會出版。

黃建淳

1988《新加坡華僑會黨對辛亥革命影響之研究》，臺北：新加坡南洋學會。

黃建淳

1999《砂拉越華人史研究》，臺北：東大圖書有限公司。

黃淑娉

2003《人類學民族學文集》，北京：民族出版社。

廣東華僑歷史學會編

1982《華僑論文集》，廣州：廣州日報社。

楊建成

1988《華人與馬來亞之建國》，臺北：文史哲出版社，再版。

楊慶南編著

1987《世界華僑名人傳指南》，馬來西亞：馬華企業有限公司。

楊逢泰等編輯

1993《民族主義論文集》，臺北：黎明文化公司。

僑務委員會編

1982《僑務五十年》，臺北：僑務委員會。

臺灣商務印書館

1976《雲五社會科學大辭典　人類學》，臺北：臺灣商務印書館。

維多·巴素（Victor Purcell）著，張奕善譯注

1972《近代馬來亞華人》，臺北：臺灣商務印書館。

D.G.E. **霍爾（Hall, D.G.E.）著，中山大學東南亞歷史研究所譯**

1982《東南亞史》，北京：商務印書館。

新加坡同德書報社特刊編輯委員會編

1981《新加坡同德書報社七十周年紀念特刊》，新加坡：同德書報社。

2000《同德書報社九十周年紀念特刊》，新加坡：同德書報社。

2010《同德書報社一百周年紀念特刊》，新加坡：同德書報社。

【澳】顏清湟

1991《新馬華人社會史》，北京：中國華僑出版公司。

鄭月裡

2003《馬天英與馬來西亞：1939～1982》，臺北：中央研究院亞太區域研究專題中心。

【印尼】薩努西・巴尼（Sanusi Pane）原著，吳世璜譯

1980《印度尼西亞史》，上冊，香港：商務印書館香港分館。

【日本】寺田隆信

1984《中國の大航海者鄭和》，東京都：清水書院。

劉子政

1979《黃乃裳與新福州》，新加坡：南洋學會。

賴德烈（Kenneth S. Latourette）

2009《基督教在華傳教史》，香港：道風書社。

（三）期刊論文、學位論文

王明珂

1993〈民族史的邊緣研究：一個史學與人類學的中介點〉，《新史學》，4 卷 2 期，臺北。

王碧君

2003〈馬哈迪世代與馬來西亞的國族建構：政治、經濟與社會文化動力〉（The Mahathir Generation And Nation-building in Malaysia: Political, Economic and Socio-cultural Dynamics），未出版。

王潤華

2010〈新加坡文藝的「孫中山南洋敘述」：真實與神話〉，《南洋華僑與孫中山革命》，臺北：國父紀念館。

中國國民黨

1924〈中國國民第一次全國代表大會宣言〉，中國國民黨黨史委員會檔案，1924 年 1 月。

艾丹

1979〈齋戒對社會的價值〉，《伊斯蘭之光》，第 113 期，吉隆坡：全馬伊斯蘭福利機構。

艾驪馬琳

1976〈伊斯蘭的忠孝節〉，《伊斯蘭之光》，第 79 期，吉隆坡：全馬伊斯蘭福利機構。

朱浤源、王樂麗、鄭月裡

2000〈「融合或衝突？馬華伊斯蘭近代發展初探」簡介〉，《漢學研究通訊》，第 19 卷第 2 期（總號第 74 期），臺北：漢學研究中心。

朱浤源

1994〈孫中山民族主義的變與不必變〉，收錄於劉青峰主編《民族主義與中國現代化》，香港：中文大學。

2010〈從三教合一到五教共和〉，《國家發展研究》，10 卷 2 期，臺北：臺灣大學。

李一平

2003〈試論馬來西亞華人與馬來人的民族關係〉，《世界歷史》，第 5 期。

李亦園

1968〈馬來亞華人的遭遇與處境〉，《大陸雜誌》，37 卷 5 期，臺北：大陸雜誌社。

李金強

1983〈清季福州革命運動興起及其革命團體研究初探〉，收錄於《辛亥革命研討會論文集》，臺北：中央研究院近代史研究所。

李紹明

1997〈馬來西亞的民族與多元文化〉，《雲南民族學院學報》，第 1 期。

李豐楙

2008〈文化識別：從事馬來西亞華人宗教研究的經驗〉，《亞太研究論壇》，臺北：亞太區域研究專題中心。

李寶鑽

1997〈馬來西亞華人涵化之研究 —— 以馬六甲為中心〉，臺北：臺灣師範大學歷史研究所碩士論文。該論文獲郭廷以先生獎學金補助，於 1998 年 10 月，由國立臺灣師範大學歷史研究所出版。

李鴻階、黃春花

1999〈論華僑對開發馬來西亞的貢獻〉，《八桂僑史》，第 4 期（總第 44 期），南寧市：廣西華僑歷史學會。

何國忠

1998〈獨立後華人文化思想〉，收錄於林水檺、何啟良、何國忠、賴觀福編，《馬來西亞華人史新編》，第 3 冊第 18 章，吉隆坡：馬來西亞中華大會堂總會。

周宗仁

1997〈馬來西亞華人地位之研究〉，臺北：國立政治大學中山人文社會科學研究所博士論文。

林廷輝

1982〈大馬華裔回教徒〉，《愛我華裔文化》，雪蘭莪：馬來西亞青年團結運動總會叢書之一。

1983〈皈依伊斯蘭教則成為馬來人？〉，《文道月刊》，第 31 期。

1985〈回教與華人社會〉，收錄於《宗教與禮俗論文集》，吉隆坡：馬來西亞雪蘭莪中華大會堂出版。

林廷輝、宋婉瑩

2004〈馬來西亞新村人口：變化與問題〉，收錄於文平強主編，《馬來西亞華人人口驅勢與議題》，吉隆坡：華社研究中心。

邱麗娟

2000〈設教興財：清乾嘉道時期民間秘密宗教經費之研究〉，臺北：國立 臺灣師範大學歷史研究所博士論文。

姚政志

2004〈星馬地區的媽祖信仰於移民社會〉，《政大史粹》，第 6 期，臺北：政治大學歷史系。

胡恩君

1971〈回教不是馬來教〉，《回教之光》，第 26 期。

R. O. Winstedt 俞君適譯

1935〈馬來半島人種〉，《南洋研究》，第 5 卷，第 4 期，廣州：國立暨南大學海外文化事業部刊行。

俞亞克

2003〈伊斯蘭教在東南亞的早期傳播〉，《學術探索》，第 4 期。

范若蘭

1998a〈當代馬來西亞華人與伊斯蘭教關係略論〉，《東南亞學刊》，第 1 期。
1998b〈馬來西亞伊斯蘭教復興運動試析〉，《東南亞研究》，第 1 期。

崔貴強

1976〈吉蘭丹的華人〉，新加坡：南洋大學研究院人文與社會科學研究所研究論文。

1986〈中興日報：新加坡同盟會的喉舌（1907-1910）〉，辛亥革命與南洋華人研討會論文集編輯委員會編《辛亥革命與南洋華人研討會論文集》，臺北：辛亥革命與南洋華人研討會論文集編輯委員會。

許雲樵

1952〈再談大伯公研究〉，《南洋學報》，第 8 卷，第 2 期。

張中復

2005〈「華夷兼蓄」下的邊緣游移：論當代中國回族屬性中的「少數民族化」問題〉，《國立政治大學民族學報》，24 期。

張意昇

1980〈馬來西亞華人推動經建計劃之研究〉，臺北：中國文化大學民族華僑研究所碩士論文。

張禹東

1996〈馬來西亞的「伊斯蘭化」運動對華人及其宗教文化的影響〉，《華僑華人歷史研究》，第 4 期。

1997〈試論東南亞華人宗教的基本特質〉，《華僑華人歷史研究》，創刊十周年。

2002〈馬來西亞華人宗教文化〉，收錄於高偉濃、石滄金，《中國的華僑華人研究（1979-2000）── 對若干華僑華人研究期刊載文的摘評》。原載《華人華僑歷史研究》，1999，第 1 期。

張繼焦

2007〈馬來西亞城市華人移民就業情況研究 ── 基于 2005 年在馬來西亞實地調查的分析〉，《華僑華人歷史研究》，第 4 期。

張應龍

2007〈華人族群的本土化與馬來西亞的國際化〉，收錄於何國忠編，《全球化話語下的中國及馬來西亞》，吉隆坡：Institute of China Studies。

莊吉發

1990〈從取締民間秘密宗教律的修訂看清代的政教關係〉，收錄於鄭樑生主編，《第二屆中國政教關係國際學術研討會論文集》臺北：淡江大學歷史學系。

陳玉龍

1999〈馬來西亞伊斯蘭福利協會簡介〉，《中國穆斯林》，第 2 期。

陳祖排

出版時間不詳〈大馬種族關係概況〉，收錄於駱靜山編，《馬來西亞華人問題論叢》，馬來西亞：玻璃市州廣東公會獎助學金委員會。

陳鴻瑜

1995〈對《劍橋 東南亞史》第一卷第一冊一些論點的評

述〉，《國立政治大學歷史學報》，24 期。

2007〈西元初期至第七世紀環馬來半島港市國家。文明和航線之發展〉，第 28 期，《歷史學報》。

陳劍虹

1984〈戰後大馬華人的政治發展〉，收錄於林水檺、駱靜山合編，《馬來西亞華人史》，臺北：馬來西亞留臺校友會聯合總會。

唐南發

2007〈「海外華人」與「馬來西亞華人」概念的再想〉，收錄於何國忠編，《全球化話語下的中國及馬來西亞》，吉隆坡：Institute of China Studies。

孫中山

1921〈軍人精神教育〉，《國父全集》冊 2，1921 年 12 月 10 日。

溫梓川

1985〈華人的禮儀〉，收錄於駱靜山編，《宗教與禮俗論集》，吉隆坡：馬來西亞雪蘭莪中華大會堂。

梁啓超

1960〈政治學大家伯倫知理之學說〉，《飲冰室文集》，集 13，臺北：中華書局。

梁元生

2001〈從「斜路黃花」看華僑基督徒與辛亥革命〉，《南洋華僑與孫中山革命》，臺北：國父紀念館。

黃美英

1995〈香火與女人：媽祖信仰與儀式的性別意涵〉，《寺廟與民間文化研討會論文集》。

黃松贊

1982〈試論新、馬華僑社會的形成和歷史分期〉，收錄於廣東華僑歷史學會編，《華僑論文集》，廣州：廣州日報社。

黃　堯

1982〈談華人的禮俗問題〉，收錄於賴觀福主編，《馬華文化探討》，臺北：馬來西亞留臺校友會聯合總會出版。

黃雲靜

2000〈伊斯蘭教在東南亞早期傳播的若干問題〉，《中山大學學報（社會 科學版）》，第40卷，第1期。

黃賢強

2010〈南洋革命運動模式與特色：以新加坡和檳城的革命會社為例〉，《南洋華僑與孫中山革命》，臺北：國父紀念館。

詹冠群

1998〈新馬華人神廟初探〉，《海交史研究》，第1期。

廖小健

2002〈馬華社會面面觀〉，收錄於高偉濃、石滄金，《中國的華僑華人研究（1979～2000）── 對若干華僑華人研究期刊載文的摘評》。原載《八桂僑史》，第4期，1999年。

2007〈影響馬來西亞馬華兩族關係的文化與政治因素〉，《華僑華人歷史研究》，第4期。

廖大珂

1997〈早期的東南亞華人穆斯林〉，《華僑華人歷史研究》，第 1 期。

廖大珂

1990〈論伊斯蘭教在占婆的傳播〉，《南洋問題研究》，第 3 期。

廖建裕

2012〈全球化中的中華移民與華僑華人研究〉，《華僑華人歷史研究》，2012 年第 1 期（總第 97 期）。

楊建成

1976〈西馬來西亞華巫政治關係之研究 1957-1975 年〉（上冊），臺北：國立政治大學政治研究所博士論文。

蔣維錟

1994〈莆田《祥應廟記》碑述略〉，《海交史研究》，第 1 期。

劉少卿

1986〈馬來西亞的河婆人〉，《汕頭僑史》，第 1 期（總第 3 期）。

劉麗川

1997〈論馬來西亞客民崇拜習俗及其「變異」〉，《深圳大學學報（人文社會科學報）》，第 14 卷第 2 期。

劉崇漢

2003〈從歷史深處來 — 搜尋布賴客家歷史文化〉，《中華心・客家情》，第一屆客家學研討會論文集，新加坡：馬來西亞客家學研究會出版。

駱靜山

1984〈大馬半島華人宗教的今昔〉，收錄於林水豪、駱靜山合編，《馬來西亞華人史》，臺北：馬來西亞留臺校友會聯合總會出版。

蔡源林

2000〈馬來西亞伊斯蘭國教化的歷史根源〉，收錄於蕭新煌主編，《東南亞的變貌》，臺北：中央研究院東南亞區域研究計畫。

2006〈大馬華社的伊斯蘭論述之分析，1980-1990：一個後殖民文化認同政治之個案〉，「印尼與馬來西亞的宗教與認同：伊斯蘭、佛教與華人信仰習俗」研討會論文，臺北：中央研究院亞太區域研究專題中心。

韓都亞（Huang Tuah bin Arshad）

1966〈馬來民族社會政治制度之探討〉，臺北：國立臺灣大學政治學研究所碩士論文。

韓槐準

1942〈天后聖母與華僑南進〉，《南洋學報》，第 2 卷，第 2 期。

鄭月裡

1997〈清代中期西北穆斯林的新舊教衝突〉，臺北：國立政治大學民族研究所碩士論文。

2003〈明朝與馬六甲交流年表（1372-1434）〉，《鄭和研究與活動簡訊》，第 11 期，基隆：海洋大學。

2005〈中國傳統與馬來西亞華人伊斯蘭信仰〉，收錄於夏誠華主編，《海外華人研究論文集》，新竹：玄奘大學海外華人研究中心。

2006〈馬來西亞華人穆斯林的馬來化〉，收於夏誠華主編，《新世紀移民的變遷》，新竹：玄奘大學海外華人研究中心。

2008〈馬華穆斯林相關研究述評〉，《民族學報》（原邊政研究所年報），第 27 期，臺北：國立政治大學民族學系。

2009〈皈依後的社會適應：馬華穆斯林田野調查之分析〉，收錄於夏誠華主編，《新世紀的海外華人變貌》，新竹：玄奘大學海外華人研究中心。

2009〈馬華穆斯林的社會變遷與文化適應〉，臺北：國立政治大學民族學研究所博士論文。

鄭月裡、朱浤源

2011〈從東西情人節試論中山先生民族主義在馬來西亞復活〉，收錄於洪泉湖主編，《當代族群關係》，臺北：商鼎，頁 573-596。（濃縮版）

鄭月裡、朱浤源

2011〈從東西情人節試論中山先生民族主義在馬來西亞復活〉，《中華民國族群與多元文化學會學術研討會論文集》（臺北：國父紀念館，2011 年），頁 31-62。（完整版）。

鄭良樹

1982〈大馬華人宗教芻議〉，收錄於賴觀福主編，《馬華文化探討》，馬來西亞留臺校友會聯合總會出版。

鄭慧慈

2005〈伊斯蘭服飾文化〉，《新世紀宗教研究》，第 4 卷，第 2 期，臺北：宗博出版社。

鄭聖峰

1982〈馬來西亞華人社會變遷之分析〉，臺北：中國文化大學民族與華僑研究所碩士論文。

蘇慶華

1998〈獨立前華人宗教〉，收錄於林水檺、何啟良、何國忠、賴觀福等編《馬來西亞華人史新編，吉隆坡：馬來西亞中華大會堂總會。

2006〈「河婆雙寶」：劉伯奎與張肯堂〉，《風下》，528 期。

蕭　憲

2003〈鄭和下西洋與伊斯蘭教在東南亞的傳播〉，《回族研究》，第 1 期。

作者不詳

1989〈瞭解沙巴洲伊斯蘭機構〉，《伊斯蘭之光》，第 10 卷，第 3 期，吉隆坡：全馬伊斯蘭福利機構。

1989〈叮嚀〉，《伊斯蘭之光》，第 10 卷，第 3 期，吉隆坡：全馬伊斯蘭福利機構。

2007〈凡事請示三娘　抬轎送駕去沖涼〉，《亞洲眼》16 期，2007 年 7 月號。

2007〈口傳祈福祭詞　遵循客家和儒家禮儀〉，《亞洲眼》16 期，2007 年 7 月號。

（四）報章雜誌

王維興

2004〈馬來西亞最初華人聚落 布賴（Pulai）人多信仰觀音〉，《東方日報》，7 月 15 日。

丘偉榮

1992〈華裔穆斯林之路〉，《通報》，9 月 30 日。

永豐編輯

2002a〈大馬華人找到自己 宗教信仰多元化〉，《中國報》，9 月 23 日。

2002b〈華人宗教及民間信仰分類〉，《中國報》，9 月 23 日。

永樂多斯

2000〈永樂：華裔回教徒也慶春節〉，《星洲日報》，7 月 26 日。

李 安

1994〈愛心社會的諷刺〉，《中國報》，12 月 11 日。

李惠鈴

2005〈盂蘭勝會減少香火〉，《東方日報》，8 月 5 日。

阿茜雅袁淑明

2001〈伊斯蘭教不是「馬來教」〉，《星洲日報》，3 月 25 日。

努魯蕭

2001〈華裔穆斯林心聲〉，《南洋商報》，12 月 20 日。

林友順

2008〈種族藩籬淡化宗教意識抬頭〉，22 卷 50 期，《亞洲周刊》，12 月 21 日。

林廷輝

2001〈種族與宗教是兩回事〉，《星洲日報》，3 月 25 日。

林廷輝、宋婉瑩

1986a〈大馬華裔回教皈依者〉，《南洋商報》，11 月 11 日。

1986b〈從「華裔女中學生被迫皈依回教事件」談起〉，《南洋商報》，1 月 19 日。

林宏祥

2005〈置家族姓氏沒資格享土著特惠　改名換姓程式繁縟〉，《東方日報》，2 月 5 日。

林楚蓮

2003〈先馬來人俗稱海民山民〉，《星洲日報》，3 月 8 日。

周澤南

2007a〈伊斯蘭福協登記入教〉，《東方日報》，3 月 5 日。

2007b〈入伊斯蘭教須有興趣〉，《東方日報》，3 月 5 日。

2007c〈先越過皈依伊斯蘭教門檻　嫁娶穆斯林須調適〉，《東方日報》，3 月 5 日。

2007d〈民事法庭拒理　5 州視刑事罪　穆斯林脫教太沉重〉，《東方日報》，3 月 6 日。

2007e〈族群及文化認同受嚴峻考驗　華裔穆斯林身份模糊〉，《東方日報》，3 月 10 日。

柯雪潤（Sharon A. Carstens）著、黃寶國譯

1983〈烏魯吉蘭丹一個金礦村莊的回憶〉，載馬來西亞《星洲日報》「特稿」，2 月 28 日。

郭仁德

2003〈官方的華人宗教調查失實〉，《南洋商報》，3 月 2 日。

馬　進

2003〈馬華文化中的人文關懷精神〉，《南洋商報》，9 月 7 日。

馬　琦

2001〈華人穆斯林的兩難〉，《星洲日報》，3 月 25 日。

鳥　哥

1994〈林金華的悲劇〉，《中國報》，12 月 11 日。

曾玉莞

2001〈華裔穆斯林心聲〉，《南洋商報》，12 月 20 日。

張榮昌

2006〈千人護送媽祖雨中出巡〉，《東方日報》，4 月 17 日。

張啓華

2003a〈語言是唯一證明　馬來人出處　眾說紛紜〉，《星洲日報》，3 月 19 日。

2003b〈獨特社會制度　米南加保人　傳女不傳男〉，《星洲日報》，3 月 28 日。

章菁燕

2005〈鼓勵樂齡者參加活動 聚星堂中秋節辦歌唱大賽〉，《星洲日報》，9 月 22 日。

翁詩傑

2009〈全國落實回教法 回教黨終極目標建回教國〉，《星洲日報》，1 月 16 日。

梅光源

2001〈聆聽 華裔穆斯林心聲〉，《南洋商報》，12 月 20 日。

陳慧亮

1991〈夫信回教婚姻無效，妻兒不能繼承遺產〉，《新明報》，5 月 7 日。

黃良儒

2006〈春眠不覺曉〉，《東方日報》，2 月 5 日。

黃啓隆

1985〈首相馬哈迪訪問中國 談到馬六甲王國〉，《新明日報》，11 月 20 日。

葉永衾

2005a〈中泰乞丐拜九皇爺 行乞者增 30%「丐幫」霸位〉，《中國報》，10 月 4 日。

2005b〈美食飄香齋戒月〉，《中國報》，10 月 7 日。

葉愛雲

2005〈九皇爺誕行善積福 香客不計行乞者背景〉，《中國報》，10 月 7 日。

蔡子愉

2003〈世界最古老的電影：馬來民間藝術皮影戲〉，《星洲日報》，7 月 24 日。

劉明珍

2003〈沙巴族群多不勝數〉，《星洲日報》，3 月 2 日。

劉崇漢

2003〈文化發展的省思〉，《星洲日報》，4 月 10 日。

劉錦杏

2003〈甲葡裔脫離民族特徵〉，《星洲日報》，2 月 10 日。

楊微屏

2003〈土生泰裔享土著地位〉，《星洲日報》，2 月 14 日。

詹德拉撰、林青青譯

2003〈宗教司、霸權和改革〉，《星洲日報》，3 月 2 日。

瑞　瑤

2005〈中秋帶我們成長〉，《中國報》，9 月 26 日。

蘇亞華

刊載時間不詳〈馬來廟祝說福建話　跨文化的膜拜〉，《聯合早報》。

範曉琪

2005〈售賣酒精飲料　沙亞南便利店也曾遭取締〉，《星洲日報》，9 月 5 日。

藍子雄

2005〈HALAL 將附註號碼〉，《南洋商報》，5 月 4 日。

鄭清華

1994〈上一代異族姻緣遺恨綿綿 華巫混血兒 11 年後被迫與「家人」分離〉，《南洋商報》，12 月 8 日。

謝邦孝

1995〈皮影木偶魅力不再〉，《光明日報》，4 月 4 日。

作者不詳

1964〈華人回教領袖馬天英的廣播談話〉，《婆羅洲時報》，12 月。

1972〈全馬回教福利會 今年開齋節日 派代表訪問監獄慰

藉犯人〉，《光華日報》，7 月 17 日。
1974〈馬天英氏主持之下 郭氏汾陽堂內焚神像 關公周倉關平大伯公 昨晚九時皆火化歸天〉，《星檳日報》，10 月 7 日。
1985〈李業霖華堂之邀主講 馬六甲王國的興起〉，《光華日報》，4 月 17 日。
1986〈華籍回教徒死不安寧 先依華人風俗出殯受阻 復按回教習俗開棺移葬〉，《新明日報》，2 月 13 日。
1991〈電臺華裔職員皈依回教 死後掀起一場領屍風波〉，《南洋商報》，5 月 4 日。
1991〈李紹基回教信仰 辯訴方各執一詞〉，《中國報》，5 月 4 日。
1991〈夫信回教婚姻無效 妻兒不能繼承遺產〉，《新明日報》，5 月 7 日。
1991〈偷皈依回教死不安寧 搶屍案屢見不鮮〉，《新明日報》，5 月 8 日。
1991〈回教理事會代表律師指出 即使吃豬肉沒行割禮，李紹基仍然是回教徒〉，《星洲日報》，5 月 23 日。
1991〈李紹基循華人習俗 無損其回教徒身份〉，《南洋商報》，5 月 23 日。
1991〈李紹基遺體誰屬 隆高庭今日宣判〉，《星洲日報》，5 月 30 日。
1991〈高庭判系佛教徒 李紹基遺孀勝訴〉，《星州日報》，6 月 1 日。
1991〈爭屍案判決 — 李紹基是佛教徒 遺霜領屍體火

葬〉，《南洋商報》，6 月 1 日。
1991〈李紹基重演歷史 搶屍案華社殷鑑〉，《中國報》，6 月 3 日。
1992〈身份特殊謀生不易皈依回教華婦要還俗〉，《通報》，3 月 26 日。
1993〈少婦爭取與夫離異 面對宗教骨肉問題 皈依回教踏入深淵〉，《通報》，2 月 5 日。
1993〈邢福庄：華人回教徒應向他族宣揚文化〉，《新民報》，2 月 9 日。
1993〈回教孩童監護權問題 僅回教法庭有司法權〉，《星洲日報》，4 月 9 日。
1993〈法院駁回遺孀初步反對 李紹基遺體爭屍案 回教理事會獲准上訴〉，《星洲日報》，6 月 25 日。
1993〈華裔回教徒 缺乏容身空間〉，《星洲日報》，9 月 11 日。
1994〈法院駁回直區回教理事會上訴 李紹基是佛教徒〉，《星洲日報》，3 月 15 日。
1994〈陸庭諭建議：華裔回教徒 撫養林金華〉，《南洋商報》，12 月 14 日。
1995〈華人穆斯林協會開大會：韓佑明當選首任主席〉，《南洋商報》，5 月 22 日。
1997〈一個穿中國裝・一個穿馬來裝 華巫夫妻妙度雙佳節〉，《星洲日報》，2 月 12 日。
2000〈永樂：華裔回教徒也慶春節〉，《星洲日報》，2 月 4 日。

2001 篇名不詳，《星洲互動》，7 月 29 日。
2001〈認識大馬華裔穆斯林協會〉，《南洋商報》，12 月 18 日。
2003〈3 大原住民氏族及籍貫〉，《星洲日報》，2 月 8 日。
2003〈娘惹峇峇『比華人更華人』〉，《星洲日報》，2 月 8 日。
2003〈砂首長：中國歷史證明　華族能包容不同宗教〉，《星洲日報》，10 月 24 日。
2004〈矛盾心態互衝擊〉，《東方日報》，1 月 7 日。
2004〈兩岸文化生態不同 東西馬得融匯貫通〉，《東方日報》，1 月 7 日。
2004〈婦女求判孩子皈依回教無效　民事高庭無權審理〉，《星洲日報》，4 月 14 日。
2004〈2 司法制度遭利用逃避責任〉，《東方日報》，6 月 1 日。
2004〈回教法和民事法在婚姻法律上的差別」〉，《東方日報》，6 月 10 日。
2004〈全馬皮影戲師傅不超過 10 人〉，《星洲日報》，7 月 24 日。
2005〈宰駱駝慶佳節〉，《星洲日報》，1 月 22 日。
2005〈中國華裔回族保留姓氏〉，《東方日報》，2 月 5 日。
2005〈換名字屬大馬獨有〉，《東方日報》，2 月 5 日。
2005〈置家族姓氏沒資格享土著特惠　改名換姓程式繁褥〉，《東方日報〉，2 月 5 日。
2005〈取名指南供參考〉，《東方日報》，2 月 5 日。

2005〈華小禁回教徒戴頭巾？純粹誤會圓滿解決〉，《中國報》，4 月 20 日。

2005〈被禁止戴回教徒頭巾上學　法院批准 3 學生上訴〉，《星洲日報》，5 月 17 日。

2005〈回教發展局將公佈指南　祈禱時段禁播娛樂節目〉，《星洲日報》，5 月 18 日。

2005〈祈禱時間內停播娛樂節目？林祥才：應考量宗教自由〉，《星洲日報》，5 月 18 日。

2005〈回教祈禱時停播娛樂節目　電視臺娛樂界願遵守〉，《星洲日報》，5 月 19 日。

2005〈華裔丈夫信奉回教，身為妻子可以申請離婚〉，《星洲日報》，6 月 5 日。

2005〈婆羅洲語言恐消失　麥西慕籲教育家捍衛〉，《星洲日報》，6 月 10 日。

2005〈巫裔兄弟飲酒遭重判　彭大臣：回教徒借鏡〉，《星洲日報》，6 月 17 日。

2005〈2 回教徒飲酒判刑　鞭笞交獄方執行〉，《星洲日報》，6 月 17 日。

2005〈回教徒祈禱時段　禁播娛樂節目〉，《南洋商報》，6 月 20 日。

2005〈哥市議會加強執法　女回教徒不戴頭巾罰 50〉，《星洲日報》，6 月 24 日。

2005〈13 回教徒購萬字票被扣　男子逃跑跌斷腳〉，《南洋商報》，6 月 30 日。

2005〈華裔老翁冀脫離回教〉，《東方日報》，8 月 15 日。

2005〈郭素沁：異族通婚入回教者　離婚後應可自由信仰〉，《星洲日報》，8 月 16 日。
2005〈集體行馬拉松割禮〉，《星洲日報》，8 月 22 日。
2005〈馬華議員指市會開倒車〉，《星洲日報》，9 月 5 日。
2005〈豬肉罐頭貼 HALAL 標籤 商人罪成罰款 1 萬 5000 令吉〉，《星洲日報》，9 月 16 日。
2005〈18 華團聯辦園遊會　中秋節慶瀰漫龍溪〉，《星洲日報》，9 月 21 日。
2005〈5 千民眾鬧翻天 沙登中秋晚會聲勢浩大〉，《星洲日報》，9 月 21 日。
2005〈共慶中秋在白小 200 人出席熱烘烘〉，《星洲日報》，9 月 21 日。
2005〈胡亞橋：信徒不增反減　道教須加強宣教工作〉，《中國報》，9 月 26 日。
2005〈丹政府達至預期效果　男女分坐看演唱沒問題〉，《星洲日報》，10 月 1 日。
2005〈甲回教理事會通融　華裔回教徒家屬獲歸還排屋〉，《星州日報》，10 月 7 日。
2005〈高官政黨開齋開放門戶〉，《中國報》，11 月 3 日。
2005〈民事庭無權批准脫離回教 高庭駁回阿亞賓 2 追隨者申請〉，《星洲日報》，12 月 30 日。
2006〈道總促道教列身分證〉，《東方日報》，1 月 18 日。
2006〈淡邊老婦無法舉殯 回教高庭宣判非回教徒 黃亞嬌遺體葬華人義山〉，《新明日報》，1 月 23 日。
2006〈黃亞嬌獨子呈宣誓書　14 點聲明證明非回教徒〉，

《星洲日報》，1 月 24 日。
2006〈馬夫茲建議統治者 制定脫離回教刑罰〉，《星洲日報》，1 月 25 日。
2006〈方天興：打麻將剃頭省思 友族應瞭解華社習俗〉，《東方日報》，2 月 13 日。
2006〈酒店受嚴厲提醒重聘哈巴莎 禁員工戴頭巾風波解決〉，《星洲日報》2 月 28 日。
2006〈朝野激辯女警戴頭巾 行動黨議員反對強制規定〉，《星洲日報》，3 月 23 日。
2006〈戴頭巾課題未息波　朝野議員爭辯 15 分鐘〉，《東方日報》，3 月 24 日。
2006〈強制非回教徒女警戴頭巾〉，《東方日報》，3 月 24 日。
2006〈首相：遵循制服指南，女警參與檢閱須戴頭巾〉，《星洲日報》，3 月 25 日。
2006〈章瑛籲非回教徒部長表態反對強制女警戴頭巾〉，《星洲日報》，3 月 26 日。
2007〈作為博士論文研究題材 日本女郎情迷皮影戲〉，《星洲日報》，6 月 25 日。
2008〈森理事會：申請脫教視為叛教〉，《星洲日報》，5 月 9 日。
2008〈回教庭允華婦脫教〉，《星洲日報》，5 月 9 日。
2008〈『忽略新回教徒』法官抨回理事失職〉，《星洲日報》，5 月 9 日。
2008〈陳燕芳代表律師：讓非回教徒恢復身分〉，《星洲日報》，5 月 9 日。
2008〈回理會：陳燕芳婚姻地位仍存在〉，《星洲日報》，5 月 9 日。
2008〈朝野正面看待脫教判決　回教黨持不同看法〉，《星洲日報》，5 月 9 日。
2008〈卡立：民情局勢與丹州不同　雪不實施回教法〉，《星洲日報》，6 月 17 日。
2008〈馬來西亞哥答巴魯市禁回教婦女濃妝穿高跟鞋〉，馬來西亞法新社提供，6 月 25 日。
2008〈以不屑奉行習俗為由　華裔回教徒成功脫教〉，《光明日報》，8 月 10 日。
2008〈回教高庭宣判　華裔男子脫離回教〉，《南洋商報》，8 月 19 日。
2009〈發射古砲婚禮〉，《星洲日報》，3 月 9 日。
2009〈回教上訴庭宣布維持原則 准陳燕芳脫離回教〉，《光華日報》，5 月 9 日。
2009〈一把嗓子變出 12 種聲音〉，《南洋日報》，9 月 25 日。
2009〈獨腳戲傳承傳統藝術〉，《南洋日報》，9 月 25 日。
2011〈雪回教局禁教徒慶情人節〉，《東方日報》，2 月 12 日。
2011〈基督教聯會抗議情人節與宗教掛鉤〉，《東方日報》，2 月 12 日。
2011〈馬佛青：情人節倡導相親相愛〉，《東方日報》，2 月 13 日。

2011〈情人節「道德檢舉」風波 回教徒不宜慶祝〉，《東方日報》，2 月 13 日。

2011〈回青勸未婚男女「回頭是岸」〉，《東方日報》，2 月 13 日。

2011〈外報評論《馬來西亞前峰報》社論（2011 年 2 月 14 日）：回教徒不可慶祝情人節〉，《東方日報》，2 月 15 日。

2011〈回教徒應接受多元宗教事實〉，《東方日報》，2 月 15 日。

2011〈不分種族膚色〉，《東方日報》，2 月 15 日。

2011〈拋柑覓良緣鬧元宵〉，《東方日報》，2 月 18 日。

2011〈回教局撤銷 16 歲少女入教〉，《東方日報》，3 月 4 日。

（五）訪談資料

鄭月裡主訪

2004 吉隆坡 SUS 先生口述，2004 年 1 月 30 日。

吉隆坡 CM 女士口述，2004 年 1 月 30 日。

吉隆坡 LT 先生口述，2004 年 1 月 30 日。

吉隆坡 R 女士口述，2004 年 1 月 31 日。

吉隆坡 OC 先生口述(來自怡保)，2004 年 7 月 17 日。

吉隆坡 MH 女士口述（來自雪蘭莪州），2004 年 7 月 21 日。

吉隆坡 JN 小姐口述(來自柔佛)，2004 年 7 月 21 日。

吉隆坡 JT 女士口述(來自森美蘭)，2004 年 7 月 21 日。

吉隆坡 MH 小姐口述，2004 年 7 月 21 日。
吉隆坡 AL 先生口述（來自馬六甲），2004 年 7 月 22 日。
吉隆坡 MB 先生口述，2004 年 7 月 22 日。
吉隆坡 SC 女士口述，2004 年 7 月 22 日。
吉隆坡 RL 先生口述，2004 年 7 月 22 日
吉隆坡 JT 女士口述(來自森美蘭),2004 年 7 月 22 日。
吉隆坡 FA 先生口述(來自霹靂),2004 年 7 月 23 日。
吉隆坡 HA 先生口述，2004 年 7 月 23 日。
吉隆坡 FY 女士（來自馬六甲）口述，2004 年 7 月 24 日。
吉隆坡 OC 先生口述(來自怡保),2004 年 7 月 25 日。
吉隆坡 KK 先生口述(來自柔佛),2004 年 7 月 26 日。
吉隆坡 SC 女士口述(來自沙巴),2004 年 7 月 26 日。
吉隆坡 YN 先生(來自霹靂)口述,2004 年 7 月 26 日。
吉隆坡 KK 先生(來自柔佛)口述,2004 年 7 月 26 日。
吉隆坡 Y 女士口述，2004 年 7 月 27 日。
吉隆坡 M 女士口述，2004 年 7 月 28 日。
吉隆坡 OA 先生口述，2004 年 10 月 25 日。
吉隆坡 SE 先生口述（來自雪蘭莪州),2004 年 10 月 25 日。

2005 吉隆坡 OC 先生口述(來自怡保),2005 年 1 月 17 日。
吉隆坡 MH 女士口述，2005 年 1 月 19 日。
吉隆坡永樂多斯女士口述，2005 年 1 月 20 日。
吉隆坡直轄區宗教局宗教師 Asniza binte Ahmad 口

述，2005 年 1 月 20 日。
吉隆坡 ML 女士口述，2005 年 1 月 20 日。
吉隆坡 BF 女士口述，2005 年 1 月 20 日。
吉隆坡 OC 先生口述，2005 年 1 月 20 日。
吉隆坡 WS 先生口述(來自柔佛)，2005 年 1 月 20 日。
吉隆坡 NH 先生口述(來自馬六甲的土生華人)，2005 年 1 月 20 日。
吉隆坡 DE 女士口述，2005 年 1 月 24 日。
吉隆坡 HA 女士口述（出生在沙巴），2005 年 1 月 24 日。
吉隆坡 SM 女士口述，2005 年 1 月 24 日。
吉隆坡 YL 女士口述（來自雪蘭莪州），2005 年 1 月 24 日。
吉隆坡 SY 女士口述（來自雪蘭莪州），2005 年 1 月 24 日。
吉隆坡 OC 先生口述，2005 年 1 月 24 日。
雪蘭莪州吉膽島 AM 先生口述，2005 年 1 月 24 日。
吉隆坡 HL 女士口述，2005 年 1 月 24 日。
吉隆坡 SK 先生口述，2005 年 1 月 24 日。
吉隆坡 LE 先生口述，2005 年 1 月 24 日。
吉隆坡 AN 女士口述，2005 年 1 月 24 日
吉隆坡 SD 女士口述，2005 年 1 月 25 日。
吉隆坡 SE 先生口述，2005 年 1 月 25 日。
吉隆坡 MT 先生口述(來自吉打)，2005 年 1 月 26 日。
吉隆坡 NK 先生口述（來自雪蘭莪州吉膽島），2005

年 1 月 26 日。

吉隆坡 MK 先生口述，2005 年 1 月 26 日。

吉隆坡 CM 女士口述，2005 年 1 月 26 日。

吉隆坡 AW 先生口述（來自雪蘭莪州），2005 年 1 月 27 日。

吉膽島 IA 先生口述，2005 年 7 月 20 日。

吉膽島 FW 先生口述，2005 年 7 月 20 日。

吉膽島 OS 先生口述，2005 年 7 月 20 日。

吉膽島 HN 先生口述，2005 年 7 月 20 日。

吉膽島 IH 先生口述，2005 年 7 月 20 日。

吉膽島 AC 先生口述，2005 年 7 月 20 日。

吉膽島 HC 先生口述，2005 年 7 月 20 日。

吉膽島 AM 先生口述，2005 年 7 月 20 日。

吉膽島 AT 先生口述，2005 年 7 月 20 日。

吉膽島潮州港 HC、TS 夫婦口述，2005 年 7 月 21 日。

吉膽島 AC 先生口述，2005 年 7 月 24 日。

砂拉越林煜堂先生口述，2005 年 10 月 31 日。

吉隆坡 RC 先生口述，2005 年 11 月 25 日。

2006　美里 JY 女士口述，2006 年 7 月 26 日。

美里 FT 女士口述，2006 年 7 月 26 日。

古晉 DA 先生口述，2006 年 7 月 29 日。

古晉 KH 先生口述，2006 年 7 月 30 日。

古晉 YA 先生口述，2006 年 7 月 31 日。

林志誠陪訪，柔佛新邦令金（Simpang Renggam）AR 先生口述，2006 年 8 月 4 日。

林志誠、鄧珮君陪訪，柔佛新邦令金 TC 先生口述，2006 年 8 月 4 日。

林志誠、鄧珮君陪訪，柔佛州新邦令金 KC 先生口述，2006 年 8 月 6 日。

林志誠、鄧珮君陪訪，柔佛州新邦令金 RR 先生口述，2006 年 8 月 6 日。

吉隆坡 ATN 口述，2006 年 8 月 6 日。

吉隆坡 SL 先生口述，2006 年 8 月 10 日。

2008 吉隆坡 OC 先生口述，2008 年 8 月 22 日。

吉隆坡王樂麗女士口述（在臺北），2008 年 12 月 15 日。

2010 吉蘭丹皮影戲師傅江文成口述，2010 年 8 月 15 日。

二、英文部份

（一）Government Sources

Department of Statistics Malaysia

2000 *Taburan Penduduk Dan Ciri-Ciri Asas Demografi* (Population Distribution and Basic Demographic Characteristics), Malaysia: Department of Statistics Malaysia.

2001 *Taburan Penduduk Dan Ciri-Ciri Asas Demografi* (Population Distribution and Basic Demographic Characteristics), Malaysia: Department of Statistics Malaysia.

2003 International Law Book Services, *Federal Constitution,* Malaysia: Selangor Darul Ehsan, p.19.

2006 *Taburan Penduduk Dan Ciri-Ciri Asas Demografi* （Population Distribution and Basic Demographic Characteristics）, Malaysia: Department of Statistics Malaysia.

2010 *Taburan Penduduk Dan Ciri-Ciri Asas Demografi* （Population Distribution and Basic Demographic Characteristics）, Malaysia: Department of Statistics Malaysia.

（二）Books

Childe, Gordon V.

1951 *Social Evolution*, London and New York: H. Schuman.

Dato' Paduka Noor Aini Abdullah-Amir

2005 *Malaysian Customs & Etiquette*, Malaysia: Times Editions.

Fredrik Barth,

1969 *Ethnic Groups and Boundaries*, Oslo: Universitets Forlaget.

Ginsburg, Norton and Roberts, Chester F. Jr.

1958 *Malaya*, Seattle: University of Washington.

Gladney, Dru C.

1991 *Muslim Chinese: Ethnic Nationalism in the People's Republic of China,* Council on East Studies, Harvard

University.

Gladney, Dru G.

1998 *Ethnic Identity in China: the Making of a Muslim Minority Nationality*, U.S.A.: Harcourt Brace College Publishers.

Gordon, Milton M.,

1964 *Assimilation in American Life: The Role of Race, Religion and National Origins*, New York: Oxford University Press.

Harris, Amos H.

1950 *Human Ecology: A Theory of Community Structure*, New York: The Ronald Press.

Hobsbawn, E. J.

1992 *Nations and Nationalism since 1780: Program, Myth, Reality*, Cambridge University Press, 2nd edition.

Hultkrantz, Ake

1961 *General Ethnological Concepts: The International Dictionary of Regional European Ethnology and Folklore*. Vol. 1. Copenhagen: Rosenkilde and Bagger.

Huntington, Samuel P.

1996 *The Clash of Civilizations and the Remaking of World Order*, New York: Simon & Schuster.

International Law Book Services

2003 *Federal Constitution*（AS AT 1st December 2003）, Kuala Lumpur: International Law Book Services.

Klineberg, Otto

1935 *Race Differences*, New York: Haper.

Krober, A. L.

1948 *Anthropology: Culture Patterns and Process*, New York: Harcourt, Brauce & Waid.

Kroeber, A. L., Clyde Kluckhohn

1952 *Culture: A Critical Review of Concepts and Definitions*, Cambridge, Mass. : The Museum.

Sharman, Lyon

1934 *Sun Yat-sen: His life and Its Meaning.* New York: John Day.《孫中山之一生及其意義》

MACMA

2002 *Bulletin*, No.1.

Ma, T. Y. Haji Ibrahim

1992 *The Reason Why Muslims Abstain from Pork*, Kuala Lumpur: Muslim Welfare Organisation Malaysia （PERKIM）.

Mak, Lau-Fong

2002 *Islamization in Southeast Asia, Asia-Pacific Research Program,* Taipei: Academia Sinica.

Malinowski, Bronislaw

1945 *Dynamics of Change: An Inquiry Into Race Relations in Africa*, New Haven: Yale University Press; London: H. Milford, Oxford University Press.

Nagata, A. Jusith

1984 *The Reflowering of Malaysia Islam: Modern Religion Radicals and Their Roots*, Canada: The University of Columbia Press.

Chua, Nuraisyah Abdullah

2004 *Conversion to Islam*, Selangor: International Law Book Services.

Chuah, Osman（Osman Chuah Abdullah, Chuah Hock Leng, 蔡福龍）

2001 *Chinese Muslims in Malaysia*, Kuala Lumpur: International Islamic University Malaysia.

2008 *Muslim Converts In Malaysia*, Malaysia：International Islamic

Rahman, Lokman AB.

2001 *HALAL Products: Consumerism, Technology, and Products*, Melaka: Islamic Department of Melaka & Islamic Council of Melaka.

Schiffrin, Hardd Zyi

1968 *Sun Yat-sen and the Origins of the Chinese Revolution,* Berkeley: University of California Press.

Silock, T. H. & E. K. Berkeley（ed.）

1963 *The Political Economy of Independent Malaya. A Case-Study in Development*, California: Australian National University.

Carstens, Sharon A.

2004 *Histories, Cultures, Identities: Studies in Malaysian*

Chinese Worlds, Singapore University Press.

Shamsul, A. B.

出版時間不詳 *Identity Construction: Nation Formation, and Islamic Revivalism in Malaysia: Politics and Religious Renewal in Muslim Southeast Asia*, Honolulu: University of Hawaii Press.

Tylor, Edward B.

1891 *Primitive Culture: Researches Into the Development of Mythology, Philosophy, Religion, Language, Art, and Custom*, London: John Murray.

Wu, Min Aun

1997 *The Malaysian Politics*, London: Addison Wesley Longman Malaysia Sdn. Bhd.

Wang, Gungwu

1991 *China and the Chinese Overseas,* Singapore: Rimes Academia Press, Chapter 9、11、15.

Yen, Ching Hwang

1976 *The Overseas Chinese and the 1911 Revolution：With Special Reference to Singapore and Malaya*, Kuala Lumpur & New York: Oxford University Press.

1983 *The Presbyterian Church in Singapore, 1881-1981: 100th Anniversary commemoration Volume,* Singapore: Synod of the Presbyterian Church in Singapore.

（三）Articles and Theses

Chuah, Osman bin Abdullah（Chuah, Hock Leng）

1997 "Interaction and Integration of Chinese Muslims With Their Malay Counterparts in Selangor, " Ph. D. dissertation, Universiti Malaya（馬來亞大學）。

Chuah, Haji Mohideen bin Moamed Ali

1994 "Muslim Converts in Malaysia: Do we make them feel comfortable？" *Islamic Herald,* Vol. 15. No.1.

Lim, Hin Fui（林廷輝）

1983 "Ambiguity of Identity: The Case of Muslim Converts in West Malaysia," *Ilmu Masyarakat*: *4,* 出版地不詳,1983.

Lam, Chee Kheung（林煜堂）

2002 "The Demographic Characteristics of Chinese Muslims in Malaysia, "九十年度東南亞暨東北亞區域研究成果發表會論文（II），臺北：中央研究院亞太研究計畫。

2004 "Demographic Change of the Chinese in Sarawak, 1960-2000, " Institude of East Asian Studies, Universiti Malaysia Sarawak, Sarawak, Malaysia.

Wang, Rosey Ma（王樂麗）

1997 "Difficulties Faced by Chinese Muslim Converts in Malaysia and The Need to go Through Education and Counseling to Overcome the Problems,"Master dissertation, Universiti Islam.

2000 "Chinese Muslims in Malaysia," Anthropology I：Overseas Chinese and Indigenous People Ethnic Relations in Overseas Chinese Societies （人類學組 I：華人與土著：海外的族群關係，中央研究院第三屆國際漢學會議論文）, Taipei: Academia Sinica.

2002 "The New Chinese Muslims in Malaysia ,"九十年度東南亞暨東北亞區域研究成果發表會（II），臺北：中央研究院亞太研究計畫。

White, Leslie A.

1943 "Emergy and the Evolultion of Culture," *American Anthropologist*, XLV.

Tan, Chee-Beng（陳志明）

1997 "The Northen Chinese of Sabah, Malaysia: Origin and Some Sociocultural Aspects,"*Asian Culture*, 2004.

（四）Newspaper

Ibrahim Ahmad Bajunid

2004 "A well of wisdom in cultural festivities,"*New Straits Times* (簡稱 "*NST*"), 2004. 1.25.

"Spirit of Sharing," *Star*, 2005.1.22.

三、馬來文部份

Ahmad Ibrahim

1994 *Al-Ahkam Jilid 4，Islam Dalam Perlembagaan*(《憲法中的伊斯蘭》), Kuala Lumpur: Dawan Bahasa dan Pustaka.

Amran Kasimin（阿瑪蘭・歌西明）

1985 *Saudara Baru Cina di Wilayah dan Selangor*（《在雪蘭莪州及聯邦區新皈依的華裔穆斯林》）.

Anuar bin Putehm

1999 "Program Peningkatan Kefahaman Islam Saudara Baru Cina di Kuala Lumpur（〈了解吉隆坡的華裔新教胞〉）,"馬來西亞國民大學（UKM）學士論文。

Chuah, Osman bin Abdullah（Chuah, Hock Leng）

2004 "Cabaran dan Pekuang Dakwah di Kalangan Masyarakat Cina di Malaysia.（〈馬來西亞華人社會面對的傳教挑戰與機會〉）,"Fakulti Kepimpinan dan Pengurusan Kolej Universiti Islam Malaysia. Seminar Kebangsaan, Antarabangsa Malaysia（UIAM）（國立伊斯蘭大學）.

Fadzilah binte Mustapa（花芝拉・敏迪・穆斯達巴）

1987 "Saudara baru keturunan Cina di Wilayah Persekutuan dan Sekitarnya: Satu Kajian Mengenai Masalah Masalah Yang Dihadapi dan Penyelesaiannya（〈在聯邦直轄區及周圍新皈依的華裔穆斯林：一個有關所面對問題及解決方法的實驗〉）."

Jabatan Perangkaan Malaysia（Department of Statistics Malaysia）

2000 *Taburan Penduduk dan Ciri-Ciri Asas Demografi* (*Population Distribution and Basic Demographic Characteristics*).

Lim, Hin Fui

1979 "Pengislaman Orang Cina di Kelang: Satu Kajian Kes Mengenai Integrasi Nasional (〈巴生地區華人皈依回教：整合研究〉)," unpublished academic exercise, Universiti Kebangsaan Malaysia.

1983 "Kajian Tentang Identiti dan Pertubuhan-Pertubuhan Permeluk-Pemeluk Agama Islam di Pulau Pinang (〈檳城城回教徒社團及特徵研究〉)," Tesis Yang Diserahkan Untuk Memenuhi Keperluan Bagi Ijazah Sarjana Sains Kemasyarakatan(馬來西亞理科大學碩士論文)。

Mohd. Zuhdi Abd. Majid

1997 *Pengantar Undang-undang Islam di Malaysia* (〈伊斯蘭法在馬來西亞的媒介〉), Kuala Lumpur:Pernebit Universiti Malaya.

Rosmani bt. Hussin

2003 "Modul Bimbingan Saudara Baru: Kajian di Jabatan Hal-Ehwal Agama Islam Kelantan (〈新皈依的回教徒教導模式：在吉蘭丹伊斯蘭教局的調查研究〉)," 馬來西亞國民大學（UKM）學士論文.

Shakirah bt. Mohd. Annuar

2002 “Permahaman Islam di Kalangan Saudara Kita di Negeri Pulau Pinang（〈我們在檳城的教胞對回教的了解〉）,”馬來西亞國民大學（UKM）學士論文.

Yap, Johari Abdullah

2004 “Cabaran dan Harapan Dalam Perlaksanaan Dakwah Islamiyyah Kepada Masyarakat Cina di Malaysia(〈在馬來西亞華人社會執行回教法的挑戰與前景〉）,” *Masyarakat Cina dan Perkembangan Islam di Malaysia*（華人社會與回教在馬來西亞的發展）.

Zainuddin bin Abdulla（柴奴丁・賓・阿都拉）

1982 “Masalah Masalah Saudara Baru dan Cara Mengatasinya（〈新教胞所面對的問題與解決方法〉）,” Seminar Dakwah Saudara Saudara Baru, Jawi-Perkim.

Zlina bt. Mohd. Zait

2005 “Cabaran Ssaudara Cina Terhadap Penerimaan Islam: Kajian di Negeri Johor（〈華裔新教胞接受回教的挑戰：柔佛的研究〉）,” 馬來西亞國民大學（UKM）學士論文, 2005.

“Koran Kelompok Jimatkan Belanja,” *UTUSAN MALAYSIA,* 2005.1.23.

“Mangsa Tsunami di Kuala Muda Tetap Sambut Aidiladha,” *UTUSAN MALAYSIA,* 2005.1.22.

“Sambutan Aidiladha,” *UTUSAN MALAYSIA,* 2005.1.22-23.

四、日文資料

酒井忠夫編

1983 《東南アヅアの華人文化と文化摩擦》，東京：嚴南堂書店，1983（昭和 58 年），頁 104-144。

五、網路資料

http://www.emp.pdx.edu/htliono/Aceh.html（2009 年 2 月 13 日瀏覽）。

http://www. muslimcoverts.com（2009 年 2 月 27 日瀏覽）。

news.sina.com（2009 年 3 月 19 日瀏覽）。

http://www.sunyat-sen.org:1980/b5/192.168.0.100/sun/showxgrw.php？id=303

http://www.sgwritings.com/18526/viewspace_19376.html

http://www.perkim.net.my （2007 年 1 月 10 日瀏覽）

http://www.wanqingyuan.com.sg/ 晚晴園網站

〈「馬華反對敦阿都哈密『普通法法庭』與『回教法庭』或將合併」建議〉網址：

http://www.mca.org.my/Chinese/MCANotices/Pages/1311081kh02.aspx#.（2009 年 4 月 10 日瀏覽）。

http://www.mca.org.my/cn/2008/11/13/%E9%A9%AC%E5%8D%8E%E5%8F%

8D%E5%AF%B9%E6%95%A6%E9%98%BF%E9%83%BD

%E5%93%88%E5%AF%86%E2%80%9C%E6%99%AE%E9%80%9A%E6%B3%95%E6%B3%95%E5%BA%AD%E4%B8%8E%E5%9B%9E%E6%95%99%E6%B3%95%E5%BA%AD%E6%88%96%E5%B0%86/(馬來西亞華人公會 2015年9月3日瀏覽）。

〈回教黨宗教政治走向：回教刑法對回教國〉，網址：http://www.geocities.com/cheahseekian/csk2002/csk20718.html（2009年4月10日瀏覽）

〈馬來西亞否認限制宗教自由〉，網址：http://news.bbc.co.uk/chinese/trad/hi/newsid_3330000/newsid_3336300/3336369.stm（2009年4月16日瀏覽）。

〈種族藩籬淡化宗教意識抬頭：馬國政治生態的隱優〉，多維新聞網，網址：http:www.dwnews.com/big5/MainNews/Forums/BackStage/2008_12_14_3_12_27_616.html（2009年4月16日瀏覽）

〈釐清民事與回教法灰色地帶〉，馬來西亞華人公會，網址：http://www.mca.org.my/Chinese/Commentaries/Pages/201108lk01.aspx （2009年5月3日瀏覽）。

http://www.mca.org.my/cn/2008/11/20/%E5%8E%98%E6%B8%85%E6%B0%91%E4%BA%8B%E4%B8%8E%E5%9B%9E%E6%95%99%E6%B3%95%E7%81%B0%E8%89%B2%E5%9C%B0%E5%B8%A6%C2%A0/（馬來西亞華人公會 2015年9月3日瀏覽）。

蕭一平，〈海神天后與華僑南進〉，中國大陸華夏經緯網，2007年5月14日。

〈回教黨要建回教國 大馬華社表明反對立場〉，星島環球網，網址：www.stnn.cc/cc.82/pacific_asia/200804/t2008046_758088.html。（2009 年 4 月 10 日瀏覽）。

楊培根，〈1988 司法危機的後遺症〉，獨立新聞在線，網址：http://www.merdekareview.com/pnews/8495.html（2009 年 7 月 7 日瀏覽）。

〈回教黨要建回教國 大馬華社表明反對立場〉，網址：http://club.dayoo.com/read.dy? b=news&t=25547&i=25547&p=32（2009 年 7 月 20 日瀏覽）

〈副首相納吉：馬來西亞是回教國　從來就不是世俗國〉網址：http://bar.lifeall.com/tie-9537658-1.ahtml（2009 年 7 月 20 日瀏覽）。

六、工具書

中國伊斯蘭百科全書編委會編

1994《中國伊斯蘭百科全書》，成都：四川辭書出版社。

王雲五總編輯

1976 《雲五科學大辭典・人類學》，臺北：臺灣商務印書館。

Cheng, Song Huat（鍾松發）**Choy Lai**（黎煜才）編

1997 *KAMUS PERDANA*（最新馬來語大詞典），Selangor:United Publishing House（M）Sdn. Bhd.

Della Summers eds.

2003 *Longman Dictionary of Contemporary English*, Essex:

Pearson Education Limited.

七、其　他

李靜茹

2004「南宋興化軍祥應廟記」報告，報告日期：2004年4月17日。

鄭月裡

中央研究院〈續《文獻通考》/卷十四/戶口考三/奴婢。「漢籍電子文獻」，政書、類書與史料彙編（2009年5月5日瀏覽）

鄭月裡

劉崇漢「予朱浤源教授函」，2011年4月30日。

附錄一：8 次田調（2001-2010）時間及地點

時 間	田 調 地 點	備 註
1.2001.2.13 ~18	吉隆坡、古晉（東馬）	
2.2004.1.27 ~2.2	吉隆坡	
3.2004.7.20 ~29	吉隆坡	
4.2005.1.16 ~28	吉隆坡、森美蘭、馬六甲、雪蘭莪州吉膽島	
5.2005.7.17~22	吉隆坡、吉膽島、巴生	
6.2006.7.23~8.17	吉隆坡、柔佛州居鑾（Keluang）、新邦令金（Simpang Renggam）、新山（Johor Bahru）、馬六甲、雪蘭莪州、美里、古晉	8/10.8/11 在雪蘭莪州士毛月（Semenyih）土著部落
7.2008.8.17~24	吉隆坡、雪蘭莪州	
8.2010.8.24-26	吉蘭丹	哥打峇魯、布賴

製作：鄭月裡（2010 年）

附錄二：101 位受訪者資料表

編號	名字	經名	代號	性別	出生（19）	原信仰	皈依原因及家庭情況	皈依時間/年紀	教育程度	職業	居住（社群）	姓氏保留	訪問時間	地點及陪同訪問者
1	鄧＊＊	Daniel Tan	DT	男	66	祖先、大伯公、觀音、佛教	研究（結婚後一、二年後才一起皈依。(與妻子一起皈依)	89/23	小學畢業	老闆	馬來（小家庭）	有	2005/1/27	吉打（吉隆坡訪問）
2	邢＊＊	Datin Suvizah	SD	女	56	佛教（家人都吃素）曾讀基督教學校	聽安拉呼喚（研究安拉為什麼對她呼喚）	84/28	高職畢業	商	混合（小家庭）	有（小孩無）	2005/1/25	吉隆坡
3	陳＊＊	Muhd Adan Tan	MT	男	68	祖先、大伯公、道教	結婚	97/29	拉曼學院	保險業	馬來（小家庭）	有	2005/1/26	吉隆坡（Amin Lum 陪訪）
4	安＊＊	Ann Wan	AW	男	68	祖先、大伯公、觀音	研究	96/28	馬來亞大學畢	作家	混合（小家庭）	有	2005/1/27	吉隆坡
5	曾＊＊	Maswani Chung	CM	女	54	佛教、基督教	同儕影響、結婚	84/30	國民中學畢業	警察（2006 退休）	馬來（小家庭）	有（小孩無）	2004/1/30. 2005/1/26. 2006/7/24. 2008/8/19	吉隆坡

6	林＊＊	Hussain Lim bin Abdullah	SE	男	68	祖先、佛教、民間	找真主保護（未婚）	96/28	國民中學畢業	服務	馬來（租屋）（未婚）	有	2005/1/25	雪蘭莪
7	黃＊＊	Malina Huang	MH	女	66	觀音（皈依後還吃素兩年）	結婚	95/29	大學畢業（雙學位）	私人公司	混合（小家庭）（離婚）	有（自己）	2004/7/28 2005/1/19	吉隆坡
8	曾＊＊（峇峇）	Muhd Najib Chan bin Abdullah	NH	男	55	佛教	研究	85/30	馬來西亞教育文憑（MCE）	PERKIM	馬來（小家庭）	有	2005/1/20	吉隆坡（Osman Chuah 陪訪）
9	楊＊＊	Farah Yong	FY	女	61	無	自己看書覺得 Islam 很好	95/34	大學畢業	電話局	馬來（小家庭）	有	2004/7/24	吉隆坡
10	劉＊＊	Hannis bt. Abdullah Liew	HL	女	64	祖先、媽祖、大伯公、觀音、茅山、基督教	自己喜歡	2002/38	小學畢業	保全，現失業	馬來（小家庭）（獨居）	有（自己）	2005/1/24	吉隆坡（宗教局）
11	葉＊＊	Khadijah Yap See Moi	SM	女	48	佛教	因女兒嫁馬來人而皈依	2000/52	小學五年級	無	混合（小家庭）	有	2005/1/24	吉隆坡（宗教）(Osman Chuah 陪訪）
12	林＊＊	Mastitah Aisyah Lim bt. Abdullah	ML	女	72	祖先、關帝爺	結婚	91/19	初中二年級	家庭主婦	混合（小家庭）	有（小孩無）	2005/1/24	吉隆坡（宗教局）
13	?	D. Ehsan	DE	女	54	無	自己喜歡	73/19	初中三年	家管	馬來（小家庭）	有（小孩無）	2005/1/24	吉隆坡（宗教局）（Osman Chuah 陪訪）
14	?	Muhd Shuki Abdullah	SK	男	日本入侵時	佛教	自己喜歡	2000/57	國民中學肄業	無	混合（獨居）	無	2005/1/24	吉隆坡（宗教局）（Osman Chuah 陪訪）

					期									
15	李＊＊	Lee	LE	男	75	佛教	自己喜歡	2004/29	大學肄業	學生	馬來（租屋）	有	2005/1/24	吉隆坡（宗教局）（Osman Chuah 陪訪）
16	林＊＊	Amin Lum Siew Mun	AM	男	58	祖先、關帝爺、佛教、道教	研究伊斯蘭教是全人類的宗教	78/20	大學畢業	宗教師	華人（吉膽島）馬來（吉隆坡小家庭 2006結婚）	有	2005/1/25，2006/8/10	吉隆坡
17	葉＊＊	Yap Din Sun	DS	男	43	無	太太鼓勵（馬來人）	78/35	沒受教育	無	馬來（小家庭）	有	2005/1/24	吉隆坡（宗教局）（Osman Chuah 陪訪）
18	張＊＊	Chang Yong Lan	YL	女	53	佛教	同儕	94/41	小學二年級	晚上賣東西	華人（小家庭）	有（未婚）	2005/1/24	吉隆坡（宗教局）
19	吳＊＊	HG	SY	女	24	觀音	全家人教（包括父母）	2004/80	少受教育	退休	混合（獨居）	有	2005/1/24	吉隆坡（宗教局）
20	馮＊＊	Foong	FG	女	46	無	自己喜歡	61/15	小學五年級	退休	馬來（小家庭）	有（小孩無）	2005/1/24	吉隆坡（宗教局）
21	白＊＊	Bai	BF	女	69	祖先、媽祖、大伯公、關帝爺、九皇爺等全部民間信仰神祇	結婚（自己喜歡）	86/17	小學畢葉	家管	華人（小家庭）	有（小孩無）	2005/1/24	吉隆坡（宗教局）
22	劉＊＊	Muhd Liew	ML	男	60	祖先	結婚、研究（皈依後才結婚）	77/17	大專畢業	公	華人（小家庭）	有	2005/1/23	馬六甲
23	王＊＊	Shahq Ong Abdullah	WS	男	74	家人信仰道教，自己沒有特別固定的宗教	朋友	92/18	大專畢業	宗教機構（RIS EAP	馬來（小家庭）	有	2005/1/20	吉隆坡

										）				
24	梅＊＊	Hakim Boey	MB	男	62	祖先、媽祖、基督教（16-18歲去過教堂）	結婚	89/27	大專畢業	商	馬來（小家庭）	有	2004/1/30. 2004/7/22	吉隆坡
25	蔡＊＊	Osman Chuah	OC	男	48	祖先、大伯公、天主教（17、18歲）	研究	79/31	博士	教	馬來（小家庭）（妻為印度回回）	有（孩子沒有，擔心受馬來人排斥）	2004/7/23.25, 2005/1/17；7/19 2008/8/18	吉隆坡
26	張＊＊	Sofia Chong	SC	女	62	佛教	結婚	91/29	大學畢業	伊斯蘭銀行	混合（小家庭）（離婚）	有（小孩無）	2004/7/26，2005/1/18	吉隆坡
27	譚＊＊	Juliana Tam	JT	女	53	佛教	結婚	71/18	中學畢業	電台廣播	華人（小家庭）（離婚）	有（小孩無）	2004/7/21	吉隆坡
28	楊＊＊	Fu An Yo	FA	男	53	無	研究（學習）、看到家人賭博…	78/25	大學畢業	工程師	華人（小家庭）	有	2004/7/23	吉隆坡
29	畢＊＊	Shafie Papp	SP	男	58	佛教、道教	朋友	77/19	中學畢業（自修考試合格）	公	馬來（小家庭）	有	2004/7/27	吉隆坡
30	陳＊＊	Haji Amin	HA	男	41	佛教	研究（自己分清楚人與神的關係）	61/20	專科學校畢業	計程車	華人（小家庭）	有	2004/7/23	吉隆坡
31	林＊＊	Adam Lim	AL	男	50	基督教、佛教（曾當過兩年和尚）	結婚（離婚後再婚）	94/44	大學畢業	商	華人（吉隆坡小家庭）、馬來（馬六甲小家庭）	有	2004/7/22	吉隆坡

32	李＊＊	Muhd Ridman Lye	R L	男	67	基督教、佛教	結婚、研究	96/29	高中畢業（基督教學校）	廚師餐廳	混合（小家庭）	有	2004/7/22	吉隆坡
33	黃＊＊	Yusuf Ong	Y N	男	65	基督教、佛教	研究（為了尋求真理、尋求生命的泉源而閱讀書籍及看電視節目）（太太也是皈依的）	85/20	中學畢業	華僑傳教會主任	馬來（小家庭）	有	2004/7/26	吉隆坡
34	邢＊＊	Kamal Ko	K K	男	58	祖先	研究（閱讀）	75/17	中華中學畢業	商	馬來（小家庭）	有	2004/7/22、/7/26	吉隆（太太是吉打州的土生華人）坡
35	吳＊＊	Mohd. Ng. bin Abdullah	B P	男	66	道教	結婚	96/30	國民中學一年級	商	馬來（小家庭）	有	2004/1/17	吉隆坡
36	潘＊＊	Mohd. Pang bin Abdullah	F D	男	44	佛教	自己喜歡	77/33	國民中學畢業	商	馬來（小家庭）	有	2005/1/18	吉蘭丹（MACMA Maswani 代發）
37	？	Mohd. Alif bin Abdullah	T A	男	63	佛教	研究	84/21	大專畢業	工	馬來（小家庭）	有	2005/1/18	吉蘭丹（Maswani 代發）
38	郭＊＊	Mariam Go bt. Abdullah	G M	女	75	佛教	研究	96/21	國民中學畢業	商	馬來（小家庭）	有（小孩無）	2005/1/18	吉蘭丹（Maswani 代發）
39	彭＊＊	Diana Pahang bt. Abdullah	P H	女	76	佛教	夢中的啟示	2004/28	國民中學畢業	服務	馬來（大家庭）（離婚）	有（小孩無）	2005/1/19	彭亨（Maswani 代發）
40	傅＊＊	？	F U	男	75	無	自己喜歡	96/21	小學肄業	工	其他（小家庭）	有	2005/1/19	彭亨（Maswani 代發）

41	?	Fuad bin Abdullah	FC	男	67	佛教	自己喜歡	2004/37	國民中學肄業	工	混合（小家庭）	有	2005/1/19	彭亨（Maswani代發）
42	鄧＊＊	Nohd, Radzwan Tan bin Abdullah	RS	男	72	無	研究（相信獨一真主）	2002/30	獨中畢業	商	華人（小家庭）	有	2005/1/21	雪蘭莪
43		Yusuf. Tai bin Abdullah	OA	男	68	無	自己喜歡	2004/36	大學畢業	私人公司	華人（小家庭）	有	2005/1/20	吉隆坡
44	羅＊＊	Waheeda Lok bt. Abdullah	KF	女	61	佛教	研究、結婚	79/18	國民中學四年級	商	馬來（小家庭）	有（小孩無）	2005/1/19	彭亨（Maswani代發）
45	金＊＊	Jeffry Kim bin Abdullah	TS	男	64	祖先	自己喜歡	2002/38	小學畢業	工	混合（未婚）	有	2005/1/20	吉隆坡
46	?	Yusuf bin Abdullah	SU	男	62	無	自己喜歡	2002/40	小學畢業	工	華人（未婚）	有	2005/1/20	吉隆坡
47	?	Mohd. bin Abdullah	HJ	男	57	其他	自己喜歡	2004/47	小學畢業	工	華人（小家庭）	有	2005/1/21	吉隆坡
48	蔡＊＊	Syed Mohd. Noor	CH	男	56	佛教	研究、結婚	97/41	國民中學畢業	公	馬來（大家庭）	有	2005/1/19	彭亨（Maswani代發）
49	李＊＊	Hajah Englina bt. Abdullah	CN	女	49	無	研究	66/17	國民中學畢業	公	混合（大家庭）	有（小孩無）	2005/1/21	吉隆坡
50	紀＊＊	Nur Hafizah	CC	女	62	無	自己喜歡	83/21	專科畢業	公司會計	馬來（小家庭）	有（小孩無）	2004/7/22	吉隆坡
51	?	Citie Shara	CS	女	71	祖先、民間信仰	結婚（丈夫過世再婚）	92/21	小學畢業	工	馬來（小家庭）	有（小孩無）	2004/7/22	吉隆坡
52	陳＊＊	Muhd Ridhwan Tan bin Abdullah	RT	男	73	佛、民間信仰	自己喜歡	2001/28	大學畢業	市場執行者	馬來（小家庭）	有	2004/7/22	吉隆坡
53	莊＊＊	Jasmin Chong Yoke Leng	JL	女	70	佛	自己喜歡	93/23	高中二年級	私人公司	華人（小家庭）	有（未婚）	2004/1/31	吉隆坡（王樂麗家）

54	黃＊＊	Diana	DN	女	74	基督教	結婚	2003/29	大學畢業	飯店	馬來（小家庭）	有（剛結婚）	2004/1/31	吉隆坡（王樂麗家）
55	李＊＊	？	LT	男	74	道教	結婚	2003/29	大專畢業	設計師	馬來（小家庭）	有	2004/1/31	吉隆坡（王樂麗家）
56	俞＊＊	Ernst Yu Yo Feng	EY	女	51	基督教	結婚	76/25	獨中畢業	家管	馬來（小家庭）	有（小孩無）	2004/1/31	吉隆坡
57	張＊＊	Abdul Rahman Teong	RC	男	58	偶像崇拜	天上下來一塊石頭，放在卡巴，這一定是聖人才可以辦得到。第二天就皈依了。	85/27	文化大學畢業	宗教部	馬來（小家庭）	有	2005/7/21	吉隆坡
58	何＊＊	Ishak Hoo	IH	男	46	祖先、大伯公	自己喜歡	86/40	小學一年級	工	華人（小家庭）	有	2005/7/20	雪蘭莪州吉膽島（Amin Lung 陪訪）
59	謝＊＊	Ibrahim bin Abdullah	IA	男	38	大伯公、玄天上帝、蔡王	朋友	84/46	未受教育（未讀書）	退休	華人（小家庭）	有	2005/7/20（2006歸真）	雪蘭莪州吉膽島（Amin Lung 陪訪）
60	陳＊＊	Asli Tan	AT	男	37	土地神	自己喜歡	74/37	小學五年級	補魚退休	華人（小家庭）	有	2005/7/20	雪蘭莪州吉膽島
61	王＊＊	Muhd Ong	OS	男	47	濟公、達摩祖師、茅山、太上老君、泰國佛、祖先	朋友	2005/58	未受教育（未讀書）	補魚退休	華人（小家庭）	有	2005/7/20	雪蘭莪州吉膽島
62	林＊＊	Salihai Lim bin Abdullah	SL	男	70	道教、祖先、大伯公	自己喜歡	95/25	小學五年級	工	華人（小家庭）	有	2005/7/20，2006/8/10	雪蘭莪州吉膽島
63	黃	？	F	男	52	大伯公、	其他（拜	86/34	小學	小學	華人	有	2005	雪蘭莪州吉

	**		W			大聖公、關公	神不會保祐，拜累了、拜神花錢）		五年級	警衛	（大家庭）	（未婚）	/7/20	膽島
64	黃**	Hasan Ng bin Abdullah	HN	男	38	大伯公、李夫童子爺（治病、中國和山神）	朋友	81/43	小學畢業	船東	華人（大家庭）	有（未婚）	2005/7/20	雪蘭莪州吉膽島
65	蔡**	Ali Chua bin Abdullah	AC	男	28	祖先、大伯公	朋友	75/47	小學三年級	退休	華人（小家庭）	有（太太已世）	2005/7/20	雪蘭莪州吉膽島
66	黃**	Mohd. Ng. bin Abdullah	NK	男	81	無（在澳洲皈依，母親當時並不知道。）	研究、朋友	2000/19	大專肄業	學生兼差打工	華人（小家庭）	有	2005/7/20	雪蘭莪州吉膽島
67	林**（林太太）	Zainab Tan bt. Abdullah	ZT	女	?	無	自己喜歡（一家四口都皈依）	91/不知	國民中學畢業	家管	華人（小家庭）	有	2005/7/20	雪蘭莪州吉膽島（Amin Lung 陪訪）
68	黃**	Muhd Ali bin Abdullah	MA	男	46	媽祖、大伯公、關帝爺、佛教	自己喜歡	2000/54	國民中學畢業	工	華人（大家庭）	有	2005/7/20	雪蘭莪州吉膽島
69	董**	Rohani Teng bt. Abdullah	TS	女	59	觀音、大伯公、土地神	自己喜歡（後者之妻）	85/26	小學六年級	家管	華人（小家庭）	有	2005/7/20	雪蘭莪州吉膽島（Amin Lung 陪訪）
70	謝**	Hassan Chia bin Abdullah	HC	男	49	觀音、大伯公、土地神	哥哥影響（前者之夫）	81/32	小學四個月（識字）	補魚	華人（小家庭）	有	2005/7/20	雪蘭莪州吉膽島（Amin Lung 陪訪）
71	鄧**	Faridah Then bt. Abdullah	FT	女	57	佛教	結婚	84/27	大學畢業	教	華人（小家庭）	有（小孩無）	2006/7/26	美里
72	余	Juriah	JY	女	43	祖先、媽	結婚	65/22	碩士	教	華人	有	2006	美里

	**					祖					（小家庭）	（小孩無）	/7/26	
73	黃**	Mohd. Razif Abdullah	RA	男	65	基督教	結婚	88/23	高中畢業（天主教）	商	華人（小家庭）	有（自用而已，IC沒有，註冊紙也沒有）	2006/7/26	美里
74	徐**	Mohd. Arif B. Abdullah	MA	男	63	基督教	興趣（取馬來人）	79/16	大學畢業	醫生	華人（小家庭）	沒有	2006/7/27	美里
75	陳**	？	CS	男	64	基督教	結婚	89/25	大專畢業	商	馬來（小家庭）	有	2006/7/28	美里（余愛珠陪訪）
76	周**	Mohd. Yusuf Abdullah	YA	男	57	民間信仰（大伯公）	自己喜歡	89/32	小學畢業	工	馬來（高腳屋）	有	2006/7/31	古晉（田愛玲陪訪）
77	林**	Haji Daud bin Abdullah	DA	男	43	無	受馬來同事影響（周圍都是馬來人）	70/27	高中畢業（英文學校）	商	華人（小家庭）	有	2006/7/29	古晉
78	溫**	Rasinali bin Abdullah	WN	男	52	民間信仰	結婚	77/25	高中畢業（英文學校）	私人公司	馬來（小家庭）	有	2006/7/29	古晉
79	劉**	Mortaza Low	ML	男	47	無	結婚	74/27	高中畢業（英文學校）	商	馬來（小家庭）	有	2006/7/30	古晉
80	？	Karim bin Abdullah	KG	男	52	無	結婚	96/44	初中畢業	業務	馬來（小家庭）	有	2006/7/30	古晉
81	鍾**	Rokiah bin Abdullah	KH	男	53	無	可獲得在工作上和生活上的	95/42	中學畢業	私人公司	馬來（小家庭）	有	2006/7/30	古晉

							便利。							
82	郭＊＊	Halimah Abdullah	KU	男	50	民間信仰、大伯公、祖先崇拜	結婚	95/45	中學畢業	私人公司	馬來（小家庭）	有	2006/7/30	古晉
83	劉＊＊	Sharaie bin Abdullah	SB	男	50	民間信仰、大伯公	受伊斯蘭教徒朋友影響	75/25	中學畢業	廣告公司公關顧問	華人（小家庭）	有	2006/7/31	詩巫 古晉（林煜堂陪訪）
84	林＊＊	Nor Aini	SL	女	51	民間信仰、觀音	結婚	96/45	中學畢業	依靠	華人（小家庭）	有（小孩無）	2006/7/31	詩巫 古晉（林煜堂陪訪）
85	？	Mohd. Arip	SA	男	51	民間信仰、祖先崇拜	結婚	74/23	大學畢業	教	華人（小家庭）	有	2006/7/31	Limbang（林夢） 古晉（林煜堂陪訪）
86	？	Syariah Airini	SH	女	51	民間信仰	受伊斯蘭教徒朋友影響	92/41	中學畢業	私人公司	華人（小家庭）	有（小孩無）	2006/7/31	詩巫 古晉（林煜堂陪訪）
87	楊＊＊	S.A.K.	SAK	男	71	佛教	受伊斯蘭教徒朋友影響	2002/31	大學畢業	教	馬來（小家庭）	有	2006/7/31	Sri Aman（斯里阿曼） 古晉（林煜堂陪訪）
88	劉＊＊	Sinah bt. Mak	LW	女	51	佛教	結婚	74/23	中學畢業	教	馬來（小家庭）	有（小孩無）	2006/8/1	詩巫 LAWAS(老越) 古晉（林煜堂陪訪）
89	鄧＊＊	Deng bin Abdullah	BT	男	51	佛教	結婚	94/43	中學畢業	商	華人（小家庭）	有	2006/8/1	古晉
90	李＊＊	Sinab bt. Abdullah	LB	女	50	民間信仰	結婚	75/25	中學畢業	退休	馬來（小家庭）	有（小孩無）	2006/8/1	Limbang 古晉（林煜堂陪訪）
91	陳＊＊	Zaidah. bin Abdullah ？	KS	男	51	民間信仰、祖先	結婚	92/41	中學畢業	私人公司	華人（小家庭）	有	2006/8/1	古晉
92	伍	Muhd	A	男	54	佛教	結婚	78/24	大學	商	華人	有	2006	新邦令金

	先生	Aris Bin Abdullah	R						畢業		（小家庭）		/8/4	（林志誠、鄧珮君陪訪）
93	陳先生	Muhd Tan Chan bin Abdullah	TC	男	60	道教、基督教長老教會二年	結婚（家庭因素為了保護財產）	2001/41	高中一年級	商	華人（小家庭）	有	2006/8/5	新邦令金（林志誠、鄧珮君陪訪）
94	林小姐	Nor Ashikim Lim Binti Abdullah	LA	女	60	祖先崇拜、大伯公、佛教	結婚	89/29	中華中學	家管	混合（小家庭）	有（自己，沒有小孩）	2006/8/5	居鑾（林志誠之弟、鄧珮君陪訪）
95	劉金鳳	Nur Asyikeen Liew Bte Abdullah	NAL	女	65	祖先崇拜、拜觀音	受馬來朋友影響	90/25	高中畢業	教（幼稚園）	馬來（小家庭）	有（小孩無）	2006/8/6	新邦令金（林志誠、鄧珮君陪訪）
96	陳坤財	Hafiz Tan Koon Chai	KC	男	67	祖先崇拜、佛教	自己喜歡，環境都是馬來人	87/20	高中畢業	商	馬來（小家庭）	有	2006/8/6	新邦令金（林志誠、鄧珮君陪訪）
97	（華印混血）	Muhd Ragh Raja B. Abdullah	RR	男	63	祖先崇拜、拜觀音	自己喜歡	89/26	大專畢業	商	馬來（小家庭）	無	2006/8/6	新邦令金（林志誠、鄧珮君陪訪）
98	？	Aminan Abdullah	AN	女	54	無	自己喜歡	80/26	國民中學畢業	家管	華人（小家庭）	有（小孩無）	2006/8/8	吉隆坡
99	陳＊＊	Muhd Ali Tan	ATN	男	36	祖先崇拜（皈依後仍如此，每年華人新年大年初一仍回加影老家拜祖先）	結婚	60/24	大學畢業	醫生退休	馬來（小家庭）	有	2006/8/9	吉隆坡
100	陳＊＊	Halijah	CH	女	53	在外面拜神	自己喜歡	78/25	國民中學二年	私人公司	印度人（小家庭）	有（小孩	2006/8/7	馬六甲亞羅亞也 Alor Gajah（林志

									級			無）		誠陪訪）
101	鄭＊＊	Ir. Javet Y.W. Tay	ZH	男	46	拜神、媽祖	結婚	74/28	台灣大學畢業	寶嘉達公司（發展商）	混合（小家庭）	有	2004/7/27、2005/1/20、2008/8/19	吉隆坡
例外	德國葡萄牙混血	Marzuki Charles Bin Abdullah	MCA	男	56	錫克教、基督教	兄弟姊妹都是穆斯林。追求歸屬感（非華裔，未列入100位中）	？	說：德語、習克語、馬來語		馬來（小家庭）	無	2006/8/6	柔佛州新邦令金前妻錫克人（去世）再娶馬來人

索 引

編按：「文明」，特別「文化」，是本書核心關懷，因此幾乎在每頁多提及，不在索引裡贅提。此外，「皈依」也是常見詞。這三個詞，不做索引。

Index
（in English, Malay, Arabian, etc.）